唐代墓誌彙編（修訂本）

三

周紹良 主編
趙超 副主編

歷代碑誌彙編

上海古籍出版社

唐代墓誌彙編

咸亨

咸亨〇〇一

【蓋】程君之誌

【誌文】

大唐故程公墓誌銘并序」

君諱義，字元方，廣平人也。自雲官馭曆，秀玉援而」凌霞；火德司辰，激瓊瀾而浴日。緬尋緗簡，遠鑒緹」油，冠冕蟬聯，可略言矣。祖鑒，父通，並棲襟學苑，浪」思文河，澄雅量於黃陂，叶華遊於許月。公業宇閑」曠，局韻淹和，仁義控情，温恭植性。遽而金烏易往，」玉菟難留，忽遘沉痾，俄淪茂範，奄以總章三年二」月廿七日卒於通利之第。即以咸亨元年三月十」二日，殯於芒山，禮也。嗣子全德等痛深傷腎，禍切」壞牆，俯厚地而崩心，仰高穹而茹血。雖二儀已謝，」而令望彌彰，聊紀德音，勒斯貞琬。其詞曰：

扶疏玉援，浩蕩瓊漪，纓紱荐映，聲德載馳。瞻星比」□，望月齊規，華宗冠冕，顯族羽儀。其一。□嬰沉痼，奄歇風煙，松低落日，澗咽悲泉。霧昏埋」隴，雲愁暗天，芳儀已掩，令範長懸。其二。」

（北京圖書館藏拓本　開封博物館藏石）

咸亨〇〇二

【蓋】失。

【誌文】

唐故劉公墓誌銘并序」

公諱德閏，彭城人也。曾祖伾，周任殷州別駕；祖平，隋」任雄州刺史；父褐，隋任刑部員外郎；茲器宇沖浚，風」神英跱，道德冠於一時，慶祚隆於七葉。惟公抽鮮稽阜，」耀彩荆崖。學海疏潤，總九流而沃日；翰林聳幹，敷」六義而含葩。用能雅韻不羣，英姿出。才逾西杞，譽等」重東筠，固當克享百齡，光膺五福。豈謂閲川長逝，揆」日不居，奄若蕣華，俄驚薤露。粵以咸亨元年三月廿」八日卒於私第，春秋七十三。於戲哀哉！」夫人隋吏部主事鄭毗沙之女。夫人稟和蘭室，資芳」桂苑，姆儀斯備，婦德克彰。藻徐媛於酬琴，敬梁妻於」舉案。所恨天義靡停，隙光無駐，以乾封元三月十四」日終於私第，春秋六十一。即以咸亨元年歲次庚午三月十四」日，嗣子弘毅合祔於河南縣平樂鄉邙山之陽，禮也。」弘毅等席薪茹痛，集慕纏哀，恐負趨於舟壑，任遺範」於泉臺。其詞曰：

華宗舄奕，景胄繁昌，鼇峰迥構，鮮壑悠長。慶流杞梓，」德茂琳琅，爲朝之望，爲國之光。景祚潛備，誕茲時彥，」文重南金，才華東箭。筆妙黃童，辭高曼倩，良冠之首，」人倫之選。龍幰戒旦，鳳簫臨空，朱城望遠，青山路窮。」泉門廣薤，隧道遐通，一銘翠石，水閟玄宮。」

（周紹良藏拓本　河南千唐誌齋藏石）

咸亨〇〇三

【蓋】失。

【誌文】

唐故郭君夫人劉氏墓誌銘并序」

夫人諱賢□，偃師縣人也。夫華宗慶」遠，□□□□，後族紛綸，五侯承胤，此」□□□□也。□夫人稟性幽閑，心存」□□，□□□□，令色令儀，故得女□」□高俱素慶。粤以咸亨元年四月廿」四日卒□福善坊私第，春秋卌有一。」即以其年五月廿日窆□北邙山平」原之陽，禮也。恐陵谷俄□，桑田變□，」□此清徽，□□銘曰：

□風□□，晨月方明，看花落淚，聽鳥」心驚。山多暮色，樹足秋聲，一埋珪玉，」永別佳城。」

（北京圖書館藏拓本）

咸亨〇〇四

【蓋】失。

【誌文】

唐故處士劉君墓誌銘并序」

君諱德師，字仁楷，彭城彭城人也。昔馴螭夏載，攸彰命氏之源；析」虺酆躔，用啓興王之兆。峰□玉壘，坤維開鼎立之雄；水帶金陵，震」澤掩龍盤之盛。至若星台茂秩，龜劍崇班，映縹册而聯華，蔚緗圖」而疊彩。祖宗，父貞，并器宇虚廓，識理淹明。漾黄沼之長」瀾，偃嵇松之迥蓋。玄津養憺，方從弋鈎之娱；道秘棲真，且遂丘園」之適。惟君孕華丹穴，振響青田，豔六象以騰蕤，切九皐而吐韻。言」河引態，架珠浦而翻濤；翰苑疏叢，拂桂林而擢穎。沖襟迥邁，雅操」孤標，望明月以齊規，指貞篁而競節。以爲祈榮冒利，多罹覆溺之」憂；守素安貧，必獲全昌之福。每有徵賁，咸辭不起，遂乃接神泉石，」怡想煙霞，臨清風而載懷，眄白雲而延佇。壺開緑蟻，泛陶菊而流」芳；琴翔玄鶴，軫孫絃而吐引。雖迹沉下里，而名動上京，密契深期，并一時英俊。既而夢徵珠淚，疾異冰牀，未遂蓬渚之遊，奄從京兆」之使。春秋八十有三，以總章二年五月廿六日卒於陶化里。夫人」武陽范氏。質凝崑璧，性馥荆蘭，作儷華宗，實惟嘉偶。降年不永，早」歲沉魂。粤以咸亨元年五月廿四日，合葬於東都洛陽縣之北原，」禮也。長子前蘄州永寧縣尉思儼，少子桂州崇仁縣主簿思徵等，」并趨庭漸訓，斷織承規，望屺岵而長號，茹蓼荼而永慟。玄觴已奠，」如在之敬行申，翠琰莫刊，不朽之名詎□。是用勒兹有道，垂之無」極。嗚呼哀哉！乃爲銘曰：

滔滔迥派，邈邈崇基，導源伊水，連族碭霏。星台迭曜，蟬劍分暉，德」必有慶，流祚斯歸。其一。載誕哲人，寔生吾子，隱迹荒徑，飛聲素里。毓」道全牛，齊名非指，含淳守朴，期之没齒。其二。壞門興夢，降服延災，霜」荼茹酷，風樹飅哀。月明新隴，露染殘荄，鴻徽永劭，鳳琰斯裁。其三。」

（北京圖書館藏拓本）

咸亨〇〇五

【蓋】失。

【誌文】

大唐故左領軍翊府親衛劉君墓誌銘并序」

君諱朗，字保，其先彭城人也。原夫蒼精構祉，初開慶」緒之源；丹羽鄷祥，即挺昌基之本。入兩漢而流譽，歷」三晉以飛芳。疊耀騈視，可得而闕也。曾祖旻，隋朝任」丹州刺史；驥途載騁，鶴履方騫，掩十步之芳，崚百城」之範。祖隋任岐山縣令；中孚被物，彫越九派之流，上」□通神，翔鸞赴七盤之節。君發熊羆之兆，藴河海之」□，義以方外，信必由中。父明，前任右領軍翊府親衛。」俱稱望實并顯，棻風月峽，暈鮮秀異，浮於錦浪。光音」俄寂，春秋七十有二，越以咸亨元年五月廿日卒於」嘉善坊私第。以其年六月一日葬於邙□□樂鄉，禮」也。長子萬達等，感樹風庭，花鮮陵曲。□□之戀方勵，」樂餌之慶斯歡，欸警寒流，□帷餘霰，音儀彫素，□占」虛編，敢託良遊，敬述清節。其詞曰：

愛惠將多，仁稱智在，其德不愆，量同山海。□□□□」急，造次無改，成詠鄉閭，歌□邑宰。其一。山深□□，□□」川長。聲切黄鳥，悲生白楊。新墳範涷，宿草凝霜，□□」山足，刊石留芳。」

（録自《芒洛冢墓遺文》卷上）

咸亨〇〇六

【蓋】失。

【誌文】

唐故魏王府參軍毛君墓誌銘」

君諱景，河南人也。祖基，齊任趙州長史；父達，隋」任鄭州滎澤令。君□峰吐秀，渥浪騰馬，承」□趨庭，禀義方於温席，漱六藝之芳潤，咀百氏」之精微，絢藻麗雲霞，英詞響鍾石。既而鴻陸斯」□，龍門易超，投函谷之符，□□□之策，蒙授魏」□□□參軍。風颷青蘋，侍南荆□□翰；水沈朱李，」□□□曲以佳遨。蓊藹竹園，既時□□宴酺；嶇嶔」□□□，亦頻預於淹留。方當壽□松喬，位齊賈馬，」□謂難調腠理，易染膏肓，西□□社莫徙，東嶽」之魂長邁。以咸亨元年五月廿一日，□春秋六」十四。即以其年六月十三日窆於邙山之陽。將」恐□□巨溟，陵遷濬谷，敬刊貞礎，爰紀德音。其」詞曰：

粤惟河洛，載誕貞賢，多才□□，焕」後光前。陪遊竹囿，翊□□泉，庶延遐壽，遽□□」□。其一。東逝難息，西暉易沉，人隨物故，夜□□□。」□愁鳥泣，隴暗松吟，唯餘銘誌，永著徽□。」

（北京圖書館藏拓本　河南千唐誌齋藏石）

咸亨〇〇七

【蓋】失。

【誌文】

大唐申處士誌并序」

君諱恭，字思德，滎陽中國人也。夫仞金靈㟁，天孫鬱聳地之基；」鳳册祥圖，軫析分畿之趾。月遊摛藻，詞條蔚黄運之英；獻日開」文，翰府冠素靈之穎。祖寂，周任永州刺史；祖廉，隋任鄫州録事；」父節，隋任益州雙流縣令；並玉匣挺霜鋒之妙，銀字振雲豪之」奇，露冕集栖梧之翰，皛鳥洽馴桑之羽。惟君明璣孕照，皎胎魄」於星潯；玉潤含清，警龍篠於風緒。加以局度韶肅，機神明遠，裁」文盡夢之妙，麟翰轉迴鸞之奇。至若月鈎秋潯，時諧淡水之客；」風香春徑，乍接遊蘭之賓。庶其芝華駐齡，方陟松之壽；不謂桑」池景，遽淪柳谷之陰。以咸亨元年五月日卒於思恭里第，秋五」十。夫人弘農楊氏，開華李徑，明四照以浮輝，藻日梅梁，耀十」枝而鏡色。御月輪作儷，叶星序其移天。孕曹媛之流芳，軫萊嬪」而飛馥，早悲潘簟，尋栖陶鶴。以永徽六年終，春卅。以此年歲次」庚午六月壬寅朔廿日辛酉合葬於邙山清風之甸，禮也。嗣子」文幹等芳流薰桂，景韜曾史，望屺陰而茹血，仰昊色之麋心。嗟」夫！懸鏡青烏，祥悲玄鷀，恐高芬於壤，改庶人風。其詞曰：

天孫」昌緒，舟鱗錫祉，海源演派，分壝疏趾。耀玉連珪，輝金接紫，赫赫」英淑，蕭森杞梓。其一。爰挺瓌德，毓貞韶爽，辨高日下，衿清月上，詞」華吐鳳，通交接曩，璧岫淪輝，明璫沉朗。其二。蕙心芳媛，蘭淑嬪」開，華梅序徙，星珮晨齊。銜薦矩褥，饋饁如賓，柔規增馥，婉範逾」新。其三。劍没蓮波，二龍沉景，枝留仙羽，鵠栖雙影。隴草晨吟，松」風宵警，刊兹壤末，音徽詞永。」

咸亨元年六月壬寅朔廿日辛酉。」

（周紹良藏拓本）

咸亨〇〇八

【蓋】失。

【誌文】

唐故楊君墓誌銘并序」

君諱湯，字仵朗，河南洛陽人也。粤以遥源紀地，干青雲」而冠紫霞；積潤遐基，滔乾貞而蕩坤載。是以居晉享德，」處齊斯貴，簪纓不絶，冠蓋綿連，家牒詳焉，可略言矣。祖」□，齊沁州長史；竭□奉國，化俗歸仁。父□，隋陽州法曹；」令出九儀，政存五美。公素結霜冰，情敦山岳，頓逸足於」千里，懷遠志於天垂。豈其福虚傳，俄馳電影，没洪名於」□録，逝襟抱於泉滋。以顯慶四年十一月二日卒於東」京立行里第，春秋七十有五。嗚呼哀哉！良可歎也。粤有」夫人曹氏，克嬪楊室，七德在已，五禮兼行，典則無虧，而」□早殯。夫人宿著貞明，志縈清潔，端居美行，以保天終。」既而曜景易除，哀顏罕□，固無金石，便有去留，以咸亨」元年五月廿一日卒於陶化里第，春秋八十有一。於是」遐邇交賓，莫不流涕。即以其年七月十四日祔於芒山」之平原，禮也。有子行表，擗趨庭之無奉，哀陟岵之長隔，」泝風樹以摧魂，仰天潯而褫魄，庶音徽之未沫，敢圖芳」於貞石。其詞曰：

濟濟楊君，其惟淑人；翹翹車乘，招此家賓。其一。天道輔德，」方知其詭，□壑縱心，窮塵遽委。其二。

窈窕曹氏，關雎□□，」禮義無愆，其儀不忒。其三。降年有永，□□不借，□□□□，」□歸長夜。」

（北京圖書館藏拓本）

咸亨〇〇九

【蓋】失。

【誌文】

大唐故瀛州河澗縣令樂府君墓誌之銘并序」

原夫小冠貽禮，滿歲擅於方書；太丘隤慶，聚緯光於員」象。其有置祠洛邑，配享浚儀，寫鑒前徽，兼之者矣。君諱」達，字智通，南陽宛人也。若乃戴公疏胄，遠烈承於宋墟；」安國開基，鴻勳啓於齊境。高祖逸，魏朝戴州長史；祖德，」隋任貝州清河縣令；展驥騰規，馴翬緝化。軿油始御，四」見騁於超塵；將鼓不驚，五關光於大邑。惟公資神秀氣，」宅性貞猷，韶韻夙標，領格宏峻。金衣振而警露，聲藹聞」宵，瑤林挺而起虹，價崇魄柱。於是祈榮天爵，浪志星墳。」韞子師千里之材，懷司馬九卿之捷，總章元年十二月，」授瀛州河澗縣令。銅章曜彩，錦製聯輝，屏晨飲於中都，」寢宵鈞於單父。方期守闕陳眷，拒輪締恩，未居呂望之」榮，遽奄董宣之化。以咸亨元年六月二日遘疾，終於章」善坊私第，春秋八十有一。爰以其年歲次七月壬申朔」十四日乙酉，與夫人吴氏同窆於河南縣郟鄏鄉，葬於」邙山之陽平樂鄉界內。嗣子元偘等倚廬孺慕，集蓼」飛悲，歎幽扃之永訣，嗟遠日之戒期。恐滕城而難固，託」孫表而摛詞。其詞曰：

銜珠雄略，被霧清猷，誕靈時彥，」允迪前脩。士元才美，子奇譽休，江陵滅火，巫岫雲收。小」年俄謝，巨室方幽，梁摧東魯，石折西州，峻範遺愛，終古恒流。」

（周紹良藏拓本）

咸亨〇一〇

【蓋】失。

【誌文】大唐故張君墓誌銘并序」

君諱軌，字道彥，清河武城人也。原夫黃軒統極，創曆參」十聖之蹤，炎漢乘乾，英蕃列八王之貴。識通繫表，明浴」渭之美星；智絡機先，辯沉酆之寶氣。門承慶業，代襲勳」榮，爰備□圖，載彰家諜。大父諱仲，陳雄勇將軍兼長水」校尉，馬頭、江陰二郡太守，雲騎將軍，又轉曲江侯，隋授」上儀同三司、使持節信州諸軍事、信州刺史；顯考諱曉，」隋右翊衛務德府鷹揚武賁郎將，朝散大夫，又授朝□」大夫兼銀青光祿大夫，又授右軍八總□，又授金紫光」祿大夫，加上大將軍，右領軍總管，使持節虢州諸軍事，」虢州總管，江陽縣開國公。君丹穴孕彩，赤野涵珍，素履」居貞，黃裳元吉。神凝牡谷，滋道性而荒聰；辯瀉詞河，□」玄言而遺照。將謂龍丘削智，蹈南岳以栖高；既而焉□」飛輪，晦西崦之驚景。忽以咸亨元年九月十四日終□」私第，春秋六十一。即以其年歲次庚午閏九月辛丑廿」日庚申窆於邙山洛陽縣平陰鄉之陽，禮也。恐青山變」礪，碧海成田，故紀芳猷，式□貞琬。乃爲頌曰：

承基開地，表慶汜書，瑞呈金册，華飄緑車。鍾英末裔，令」□光初，逸情雲舉，野性風疏。忘機藴德，遊刃投虚，夢開」□□魂闞仙閭。聲悽鳳簫，霧黯龍輿，凛然生氣，千載□」□」

（周紹良藏拓本　開封博物館藏石）

咸亨〇一一

【蓋】失。

【誌文】

唐故處士索君墓誌銘并序」

君諱行字威，洛陽人也。夐鑒泉源，騰清流於壠西；遐觀」枚幹，振華蕊於洛川。莫不荆岫連城，隋濱照乘。祖忠，父」昭，並性捐軒冕，輕轉蓋而好韜光；情去簪裾，棄纓顯而」珍晦跡。深崇大隱，尤慕小山，雖居涅而靡緇，縱處磨而」不磷，可謂斌斌君子，濟濟逸軌者哉！惟君禀氣貞淳，挺」容淑慎，少豊奇偉，長富英猷，閲禮敦詩，欽仁重義，百金」不乖於然諾，千里有契於金蘭。每以月夜風前，會良儔」而嘯詠；日朝池側，命毫翰於篇章。酒德則豈謝於劉參」軍，琴操則詎慚於嵇中散。於是逝川易往，屢改金徒；歲」序難留，頻遷玉琯。命從風燭，方瘞泉扃，魂逐隙駒，爰沈」馬鬣。粤以咸亨元年九月十六日終於時邕坊私第，春」秋七十有三，嗚呼！即以其年閏九月二十日權殯於金」谷鄉芒山之陽，禮也。孤子義弘，生事之儀已畢，死葬之」禮未修，既宅兆於荒郊，乃建塋於野隧。數長筮短，海變」桑田；日居月諸，陵從穹谷。勒□□□窀穸，表黄壤於幽」靈，飾實録事百齡，記芳聲於□□。其詞曰：

一代英奇，不終遐壽，何期竹□，□□蒲柳。魂歸異壤，煙」生隴首，勒此清徽，千齡靡朽。其一。□□漸冷，夜月方明，看」花落淚，聽鳥心驚。山多寒色，□□□聲，一埋於桂玉，永」別佳城。其二。

（周紹良藏拓本　河南千唐誌齋藏石）

咸亨○一二

【蓋】失。

【誌文】

唐故齊州歷城縣令庫狄君墓誌銘并序」

君諱通，字豐仁，天水人也。因家河南縣永泰」鄉焉。夫華宗慶遠，□爵啓基，後族紛綸，五侯」承胤，祖賢，隋任東宮直寢、上儀同；父通，任衛」州黎陽縣令；並茂範英聲，昭彰□□，□儀雅」俗，抑揚當□。君禀性忠□，資齡立德，淳懿」之量，囊括昔□；貞白之心，□□往列。乾封元」年，蒙敕授齊州歷城縣令，固可俯儀真氣，」振道懸風，豈其四影催齡，三胡伐姓。西山五」色，既不遇於今辰；南海一丸，空有聞於往日。」粵以咸亨元年閏九月□日終於道化坊私」第，春秋八十有三。即以其年其月廿一日權」窆於北邙平樂鄉之陽，禮也。哀子惠感，勞悴」之感，痛甚風枝；惸獨之悲，悽如霜葉。恐陵谷」俄遷，桑田變海，式斯玄□，其詞曰：

一代英奇，不終遐壽，何期□栢，忽彫蒲柳。魂」歸異壤，煙生隴首，□□清□，千齡靡朽。」

（周紹良藏拓本　河南千唐誌齋藏石）

咸亨〇一三

【蓋】 失。

【誌文】

唐故趙夫人墓誌銘并序」

夫人諱　，字　，洛陽縣人也。夫華宗慶遠，三」爵啓基，後族紛綸，五侯承胤，此可略而言也。祖」雄，父業，並茂範英聲，昭彰彫篆，羽儀雅俗，抑揚」當世。惟夫人令淑有聞，天姿婉媚，魚軒肇娉，百」兩言歸，執輿之禮無虧，捧案之儀盡矣。既而常俄流採，未度牖而先沉，栊葉初開，不及昏而遂」卷。粵以咸亨元年閏九月十三日卒於歸仁坊私」第，春秋七十有六。即以其年十月一日權窆於」北邙山河南縣平樂鄉之陽，禮也。嗣子處言、處基等，勞悴之感，痛□枝；惸獨之悲，悽如霜葉。恐」陵谷俄遷，桑田變海，勒此清徽，乃爲銘曰：」

恒娥上月，弄玉昇天，吹簫得道，竊藥成仙。斯須」萬代，倏忽千年，一朝分別，三見桑田。其一。酒別緑」珠，琴離碧玉，瑟上絃悽，箏間柱促。恨滿玉臺，愁」盈金屋，變竹之啼，崩城之哭。其二。朝風漸泠，夜月」方明，看花落淚，聽鳥心驚。山多寒色，樹足秋聲，」□埋於桂玉，永別而佳城。」

（周紹良藏拓本　開封博物館藏石）

咸亨〇一四

【蓋】樊君之誌

【誌文】

大唐故交州都督府行參軍樊君墓誌銘并序」

君諱玄紀，南陽人也。若夫補衮凝歌，振響隆周之日；辯」鍾緝譽，飛聲炎漢之年。茂緒攸稱，高門斯在。祖敬，周任」相州零泉縣令；父頭，隋任左武衛長史。既如蘭而吐馥，」亦似菊而流芳。爰傳積慶之基，載誕嗣徽之美。惟君夙」彰敏悟，幼發機神，婉肅穆於清飈，湛凝華於止水。聊從」蠖屈，未逞鴻翔。一同是毗，千里斯佐，初任桂州始安縣」尉，後轉任交州府參軍。聲流跕墮之鄉，歌溢連蜷之境。」既而高春遽落，翳□雲崗之峰；下瀨遄流，閱態龍川之」浪。總章二年五月九日，卒於交州館舍，春秋五十有八。」夫四序迴薄，百年荏苒，雖乘化之同盡，而殲良之可哀。」息纘南荒，歸舟中縣，等楓株之辭浦，鶩還魂於洛陽。夫」人萬俟，京兆人也。望華標族，清芬自遠，婦儀婉孊，女誡」昭章，不□□□，俄從風殞。夫人范氏，順陽人也。芳規可」躅，美德無忘，來嗣前蹤，好仇君子，未招繁祉，奄隨怛化。」孤子習禮等，無遺同穴之旨，式遵合祔之儀，以咸亨元」年十月四日，□魂共兆，俱窆崇邙，乃敬述徽猷，寄諸貞」石。其詞曰：

孔門顯懿，燕國流芳，績凝天水，功推舞陽。」惟君纂哲，雅度難量，德浹交部，恩霑桂鄉，遽魂南徼，歸」骸北邙。俟範華族，作嬪君子，比操雙筠，齊□二芭。奄辭」昭代，永遊蒿里，同穴山阿，合窆林阯，貞石斯記，芬芳無已。」

（周紹良藏拓本　河南千唐誌齋藏石）

咸亨〇一五

【蓋】失。

【誌文】

唐故曹州離狐縣丞蓋府君墓誌銘」

府君諱蕃，字希陳，魯郡泗水人也。齊太公裔孫，漢武牙將軍延之後，元魏邳州刺史」靈之曾孫，北齊泗水主簿平棘令暉之孫，隋許昌令洪之子也。小名叔文，後繼從叔」順改焉。公性淹純，操履中正，少私寡欲，澹如也。博覽經傳，尤精王易。幼孤，事兄嫂甚」謹，鄉邑稱之。未弱冠，隋大業初，以父蔭入爲太廟齋郎。久之，授堯臺府司馬。此後金」革日用，喪亂弘多，皇泰仍饑，開明連禍，窘身虐政，自拔無由。及皇唐威靈暢於東」夏，以隋官降授文林郎，從時例也。府君以爲遭天人革命之秋，君子經綸之會，而棲」附非地，沉於散冗，豈命也乎？遂安之。無復宦情，唯以講授爲事。洛中後進李大師康」敬本等，並專門受業，其後咸以經術知名。而子暢不棄士林者，實資過庭之訓也。貞」觀中，兄伯文任洋州洋源縣令，坐事幽縶，將置嚴刑，府君泣血申冤，辭令懇惻，見者」莫不歔欷。使人漢王府參軍蘭陵蕭德昭，孝友人也，不堪其悲；左僕射房玄齡特爲」奏請，得減死配流高昌。此國初平，磧途險澀，距長安七千餘里，白兄曰：正爾而往，取」達何期？某受彼官，庶幾可濟。於是起選，授西州蒲昌縣丞，允所祈也。乘駟赴官，先兄」而至，躬率人力，渡磧東迎。德昭每言及天下友于，即引府君爲稱首。及秩滿，兄亦當」叙，接轡連車，共遵歸路。以永徽元年至於京洛。初許昌君及夫人隋仁壽中相次薨」於本州瑕丘縣，府君昆季，既幼且貧，卜厝稱家，力不逮禮，常以此疚心。至是方議遷」合。竊念曰：儻得便近，一任經營，豈不易從。生平常事藥師琉璃光佛，忽於夢中髣髴」見之曰：當如意。果授曹州離狐縣丞。濟泗舊川，風壤鄰接，可謂孝悌之至，通於神明」者歟？越三年春，大事始畢。自違鄉從官，更歷亂離，邑里蕭條，桑梓蕪没，眷言疇昔，千」不一存，唯府君弟兄白首俱至，州寮縣宰，吊祭成行，鄉里以爲哀榮，咸增悲仰。既而」解印，還於河南，從地斷也。營新安之山墅曰：吾將老焉。池亭院宇，花藥竹樹，盡觀賞」之致。行二十年，忽謂人曰：吾昔夢遇韮兩畦，是重九也。老子今年正八十一，其殁乎？」人曰：」不祥言，胡爲涉口！府君曰：死者人之終也，賢聖未如之何。得非夭折，幸耳，何諱」爲？以總章二年十二月八日寢疾，薨於莊第，春秋八十一。凡在親賓，咨嗟知命，夫人」宜陽孫氏先薨，自有墓記。今以咸亨元年歲次庚午十月庚午朔四日癸酉，合葬於」洛陽芒山之月崗，遵周禮也。桂坊太子司直清河崔懸黎，暢之遊款，府君言行，是所」欽承，故敬憑爲銘。其辭曰：

舜岳咨賢，昌田悦聖，枝葉雲吐，源流海鏡。功啓漢封，道康齊政，家善既積，門風惟競。」誕生懿德，載襲芳塵，堅中表性，通理騰彬。滔天雲擾，戰野雷屯，鸞栖舛附，蠖屈何申。」進輕卑職，退尋幽賛，巾卷自遠。韋編是玩。在原有切，陟崗增歎，花颺連跗，雁歸齊翰。」俗推友政，靈感淳心，卜塋舊壤，灌栢新林。庭趨荷戟，邑佐鳴琴，一丘披薜，三徑投簪。」庶兹永日，翻隨厚夜，泉閟桐闇，風迴柳駕。淚集枝改，年移草化，玉篆有刊，金聲無謝。」

咸亨〇一六

（北京圖書館藏拓本　河南千唐誌齋藏石）

【蓋】失。

【誌文】志文係兩面刻。

隋故騎都尉司馬君墓誌銘并序」

君諱興，字文達，河内人也。自隆周」御曆，大漢膺期，或公或侯，鬱映於圖」史，允文允武，紛綸於簡牒。祖譽，」齊上儀同務舉韓王參軍事；託乘」梁蕃，聯裾魏邸，聲塵洽來葉，光價」鶱當年。父□，隋任澤州濩澤縣丞；」弼宰絃哥，嘉猷遠播，翼綏黎庶，令」勣遐彰。以貞觀廿年五月一日卒」於私第，春秋卌有五。夫人南陽張」氏。門風演慶，重誕容華，四德洽於母」師，六義光乎女則。豈期天道」冥昧，」賦命□□，朝露溘晞，燭風俄逝。以（以上正面。）」總章三年七月廿二日歸於蒿里，春」秋七十有二。粤以咸亨元年歲次庚」午十月庚午朔四日癸酉同葬於」河陽縣東北一十七里平原，禮也。俄」摧千丈，徒懷肅肅之音；奄閟三泉，空」軫冥冥之欲。懼桑田有變，陵谷尚移，」故勒碑銘，乃爲詞粤：

荒源蒿里，寂寞佳城，泉門永閟，地户」長扃。松風警隧，霜月凝瑩，生平已矣，」空餘頌聲。其一。八火焚軀，忽然歸故，先」墨盡龜，卜居安厝。神靈具飛，遊魂遠」墓，既返輴車，寂然無怖。其二。九泉寂寂，」幽壙冥冥，分辭同户，永別英聲。翔」鴻作伴，狐菟盈庭，一丘（下泐，爲人磨去。以上背面。）

（周紹良藏拓本）

咸亨〇一七

【蓋】失。

【誌文】

唐故處士廣平穆君墓誌銘并序」

君諱碩，字大範，廣平人也。若夫昌原海湛，引虬波以疏派；靈基山」鬱，聳鳳屺以開華。曁乎延祐趙門，爍恩光於金策；擁旄漢室，標武」算於銀編。朱黻聯輝，青緺疊灼，象賢無替，鴻胄相趨，紛藹緹油，可」略言矣。曾祖儼，齊任許州司户；祖處，隋任開府；父達，隋任吏部文」林郎；並玉葬踈芳，瓊巖煥色，月襟虚白，風□克清。毗去贊以飛華，」贊來凰而振景。惟君雅懷韶逸，曠宇澄明，皎皎孤軒，昂昂獨上。漱」清筆海，振彩文房，淡默自居，糠粃聲利。探一馬之鈎妙，鏡二諦之」幽文，栖心於得性之場，落塵於無染之境。廓焉三徑，肅然一丘。庶」保遐齡，方貽鶴鬢之壽；忽翻華景，俄仄烏輪之輝。以咸亨元年六」月四日遘疾，卒於私第，春秋七十有五。夫人隴西車氏，隋越州録」事參軍胡之第五女也。惟夫人蘭儀芳婉，蕙質端凝，比絮裁文，斷」紘標敏，隅星應序，曳珠珮而施襟；迓兩齊輈，乘月輪而作儷。閨儀」□穆，婳德淑清，孕梁媛以增華，韜萊姝而引馥。韋珠凝映，謝玉温」明，徙第垂風，倚廬貽念。冀期福仁無舛，長擅嬪規；不謂夜壑俄遷，」奄傾閫範。以總章二年八月十三日卒於樂成里之第，春秋七十」有四。以咸亨元年歲次庚午十月庚午朔四日癸酉合窆於河南」縣平樂鄉邙山之陽，禮也。嗣子上柱國、右武衛懷音府隊正士基」等，並孝謹莊心，温嚴砥行，傃風枝以潰魄，望雲屺以崩魂。恐仞石」飛山，漱玉遷浦，式刊玄琰，用鏡清猷。其詞曰：

淼漫昌流，鬱華高趾，挺列松竹，森羅杞梓。大夫標彦，將軍弈美，烈」祖標清，顯考騰軌。其一。爰誕韶令，馳芳孤映，七略遠明，九流高鏡。□」中自守，與物無競，拾紫是捐，毓清怡性。其二。淑媛芳明，舍粹凝貞，端」儀嬪則，緝道閨庭。班親孕白，蔡敏流清，川波倏駭，石燄俄驚。其三。昭塗」如寄，幽扃永閟，始切挽奇，已悲旋綺。隴霄月慘，松晨風田，式圖明德，長標芳懿。其四。」

（周紹良藏拓本　河南千唐誌齋藏石）

咸亨〇一八

【蓋】失。

【誌文】

唐相州湯陰縣故令王君墓誌銘并序」

君諱君德，太原晉陽人也。若夫周儲鶴引，葉令鳧飛，仙客之後，挺」王高尚。曾祖禕，祖文，屬周齊俈據，干戈未戢，逃名避地，山北牆東。」弓旌屢招，確乎不拔。父約，文林郎；情忘充倔，道貴獲全，智效免於」犧牛，齊物存乎搶鷃。君出處語默，性尚疏通，弦韋兩兼，水火交濟。」是以朝歌舊邑，密爾湯陰，君調絃制錦，姦訛自息。何止翬馴表異，」鸞集呈祥而已哉！固當祝壽綿長，降年多福，何謂與善徒語，餘慶」無徵，嗚呼！止座災禽，能催賈誼之命；巢門怪鳥，遂殂張碕之形。大」唐咸亨元年歲次庚午八月辛丑朔廿六日景寅，君寢疾彌留，終」於思順坊之第，春秋七十有九。嗣子上柱國明感，第二息始州臨」津縣令明朗，悲陟岵之無見，痛結終天，恨過庭之不聞，哀纏叩地。」即以其年十月庚午朔四日癸酉合葬於邙山之陽。四神具而咸」吉，三鏡照而逾光，勒景行於貞琰，共蘭菊以傳芳。其銘曰：

在天成象，在地成形，少微處士，嘉遁居貞。惟祖乃父，挹損遺榮，牆」東晦跡，山北亡名。其一。顯元良宰，聞家忠國，行總九思，情袪三惑。絃」歌其道，人頌其德，鸞集和鳴，翚馴斂翼。其二。戴僑呈怪，子服生憂，悲」哉閱水，倏爾藏舟。飈驚挽咽，景落雲愁，圖南望盡，智北魂遊。其三。七」尺之身，一棺之土，有移岸谷，安知宿莽。勒此徽猷，置之泉户，騰芳」蘭菊，無絶終古。」劍龍雙没，仙鶴兩遊，薤音凝引，松陌長秋。草宵露泣，隴署雲愁，一」刊紺琬，萬古清猷。其四。」

大唐咸亨元年十月庚午朔四日癸酉葬於」邙山，禮也。」

（北京圖書館藏拓本　河南千唐誌齋藏石）

咸亨〇一九

【蓋】失。

【誌文】

大唐故趙府君夫人墓誌銘并序」

君諱德令，天水上邽人。隆周啓祚，茅土肇封，析族秦□，因城命氏。曾祖榮，魏高陸縣」令，嗣仁風於馴翟，狎仙侶於飛鳧，詔授北交州刺史，流恩渡虎，清德殞鴞。祖虬，鸞駕」巡郊，鳳旗狩境，策勤稱旨，詔贊其能。封鄖縣開國男，食邑五百户。天禄告歸，有周承」統，頓綱該異，懸旌招逸，□拜使持節、儀同三司、咸州□史，撫遏邊隅，詎勞吠犬；闡揚」□化，實降翔鸞。父澄，澡身黌館，絢道文林，隋擢爲侍御史；披繡衣以指佞，傳驄馬以」驅邪。霜飛簡下之光，毫動緗中之采。除楚州司馬。孕珠華於□□，□玉潤於荆岑。君」即其第二子。君稟賦幽通，含章貞遠，志棲雲甸，調藹日門。秋□□□□□□粿九蘭」□馥及雄圖革緒，雌伏□□，曜穎詞林，飛鋒翰苑。釋褐□□□□□以仁翼化，」以禮飾名，州府羣僚，每多從議。考終，改梓州司户。公家豈倦□□□□□歙州都督」府户曹。散財賑乏，歲不留儲，秩滿言歸，次於洛邑，洗心妙理，託□□□，□編貫濟源」縣，遂安斯土。鯨鱗徒就，豈遊泳於四溟；鵬翼空成，詎翔飛於萬里；□□無潰，此之謂」乎？顯慶元年八月十九日寢疾，終於私第，春秋六十有六。夫人京兆杜氏，其先唐堯」之派胄，隋職方侍郎德遇之女也。夫人發暉承慶，什禮柔明，紃組十年，婉娩四德，言」歸百兩，庶允三從，室家之道載孚，寧親之禮靡忒。拂髦警夜，猶踐兔暉，捧盥候晨，幾」移烏照。枕篋衣般，年未同藏，忽化金夫，空瘞玉簪。孀居累載，鞠撫孤遺，訓之以閨儀，」導之以閫則。循期佇駕，噬指驚心，褭春露以涵清，貫秋霜以凝潔。既而勞生有極，閲」水無愆，咸亨元年歲次庚午七月十八日卒於道化坊之第，春秋六十有七。即以其年十月十五日合葬於河南縣平樂鄉邙山之陽，禮也。有子行簡，行立、行□，悲纏陟」屺，號絶呼天，閔樂昔哀，顧漿今屏，毀不至滅，俯禮殆存，窀穸有期，宅兆爰定，列英聲」於翠石，藏婉譽於素楸，千齡貽其令範，萬古播其徽猷。乃爲銘曰：

素鱗曜祉，丹禽降祥，剋定侯服，爰有封疆。分秦建氏，翼晉惟良，冬日愛集，夏景威揚。」其一。登山臨代，決隄解否，茂漸往真，盛由斯起。鬱華令則，騰暉芳軌，垂懿後昆，承風未」已。其二。奕葉相襲，蟬聯交映，家膺積善，君期延慶。性蘊貞吉，心儲孝敬，在里興歌，蒞官」昭詠。其三。耕獵文史，懷藏珠玉，秋實可珍，春華信屬。耿介超物，蕭條俊俗，潔若冰清，爽」如水渌。其四。忽榮賤利，歸恬養真，銷聲箕壑，吊影漳濱。有志無命，即化辭春，泉臺閟竇，」蒿里埋珍。其五。移天承娉，窈窕芳華，於歸徇禮，雍和室家。柔聲怡色，執纊持麻，言必擇」葳，視□□邪。其六。龍劍孤鳴，鳳桐半折，松操持性，筠貞守節。兼貫秋霜，苞含冬雪，婦德」稱異，母儀標絕。其七。七子承恩，」三徒垂教，樂金捐色，韋珠吐曜。長筵詎幾，福善無校，薤」上晞光，桑閈下照。其八。平生俱盡，窀穸斯歸，藻文化服，菊采銷衣。金聲空振，銀薄徒暉，」悠悠荒隴，寂寂泉扉。其九。笳哀邙阜，鼓疊溫洛，水照軒魚，雲籠蓋鶴。愁氛散漫，悲松蕭」索，同穴禮終，佳城寥廓。」

（周紹良藏拓本）

咸亨〇一〇

【蓋】失。

【誌文】唐故隋車騎將軍吕君墓誌銘并序」

君諱道，字安，河南伊闕人也。四嶽緜基，五原曾構，惟師□」□□□騰猷，分茅與剖竹連華，銅虋共銀龜接耀。業紹絕」秦之□，閥標懸市之才。閱青史而斯存，誌玄堂而可略。曾」祖彥□東宮率；祖璋，東魏鄴郡臨漳令；藻思飇騰，英規霧」涌，聲馳墨綬，望掩青闈。父祥，隋孝廉，舉上第，尋而高尚不」仕；湛明鏡而揚輝，泛虛舟而自逸。君靈芝授彩，浮筍凝神，」霞仞難窺，風儀可範。曩居隋葉，早厠羣英，臨鶴陣而推□，」撫龍韜而盡妙。有隋之季，累遷車騎將軍。暨乎」皇運初基，搜揚舊德，君以屢纏痾瘵，頻讓弓旌，於是體容」成謙，仰山知止，吟嘯仲長之第，招攜元禮之賓，映秋月而」調弦，傣春風而舉酌。桂巖仙驛，方佇賞於麟驂；蒿里望途，」遽延悲於鵲史。以咸亨元年九月廿九日遘疾，終於嘉善」私第，春秋七十有三。夫人王氏，白沙令仁本之長女也。地」積絃歌，門承□順，才苞謝雪，豔奪巫雲。樓上鴛飛，雙驥甫」就，匣中□□，□影先沉。即以其年十月十六日同窆於洛」陽之邙山。長息輕車都尉同友念纏風樹，苦結霜荼，攀□」駕而崩心；俯梅□而灑血。慮遷幽谷，式紀佳城。其銘曰：

釣璜之緒，懸書之苗，長源括地，迴構籠宵。伊人嗣美，□谷」遷喬，鷹揚挺節，鸞鑣辭招。攄襟月樹，遺累霞摽，□□抱汲，」□靜挹瓢。金丹未化，瓊夢延災，滕城既闢，趙瑟甫調。懍懍」□路，烈烈松□，千秋永畢，式紀貞瑶。」

（河南千唐誌齋藏石）

咸亨〇二一

【蓋】郭君之銘

【誌文】

唐故徵士郭君墓誌銘并序」

若夫濯纓之義，業應時來；挂冕之規，理符終遯。是以蹈江湖而踰」遠，望林壑而忘懷。燭王神庭，踐芳蹤於詡徑；載隆德宅，疏貸圃於」周園。景霜竹以申情，浪雲松而□賞，清源迥□□□郭徵君乎？君」諱德，字行滿，太原晉陽人也。自德先命氏，哲後□□分符示竹馬」之期，露冕彰衮龍之貴，昭乎史册，可略而言。祖□，隋沙州刺史；荆」衡逸驥，□旋駕於危塗；沂海康歌，播良謡於秀麥。父敬，隋原州他」樓縣令、定州司馬；派德澤於龍沙，留祠□井；被仁風於虎澗，畫象」百城。君金杜延祥，瓊芝吐絢，質標東箭，業嗣南弓。坐生白而凝襟，」披煞青而洽賞，澡心懷玉，汰魄流珠，既從芝谷之遊，載佇栢陵之」駕。俄而少微匿曜，石柱摧峰，□咸亨元年七月八日，卒於私第。雖」弱喪知歸，有欣於懸解；而傳薪罷照，載切於舟移。夫人安定梁氏。」蘭儀挺秀，椒頌滕芬，德鴻妻，行高梁婦，芥榮萊室，筮節著原，始贊」揮金，奄嗟薤玉。以麟德元年，卒於私第。仍以咸亨元年歲次庚午」十月庚午朔廿一日庚寅，合葬於清風鄉崇義里邙山之陽，禮也。」青烏啓隧，帶晚日以蒼芒；白鶴臨塋，遡歸雲而摇裔。望隋原之膴」膴，感滕室之悠悠，撰遺芳於豐石，刊盛烈於靈丘。乃爲銘曰：

晉野瓊胄，汾川鼎族，式贊王基，載延公服。榮參侍輦，紬華丹轂，職」總分符，旌芳翠牘。其一。」嶽祀隤仁，川靈毓智，道昭德一，神包體二。絶想朱輪，託情玄轡，未」窮遊海，俄悲閱泗。其二。」崇蘭春悴，高松夏摧，龍韜劍匣，鳳去簫臺。履塗悲霰，撫嬪驚雷，寒」泉水噎，喬樹風哀。其三。」馬鬣疏封，龜□啓宅，雲幌詎曉，月帷長夕。式紀芳猷，敬疏貞石，闌」□有盡，德音無斁。其四。」

（北京圖書館藏拓本）

咸亨〇二二

【蓋】失。

【誌文】葬日曾改刻過。

大唐故處士朱君墓誌銘并序」

處士諱通字儒達，吴郡人也。其先食菜汝南郡，因家焉。□」兩漢天平，忠旌折檻；三吴地阻，威憑杖鉞。調玉鼒於□□，」景絢梁墟；締金友於神樞，香浮楚塞。流芳竹素，可略言□。」曾祖□，祖，考子玉，并一説輕組，五册乘扁，賁道中園，貽經」後葉。處士戲堂鑒理，禀訓髫年，鋭業青襟，窮微絳帳，脱略」軒冕，耕耘道德。每臨風步月，則蕭然物表。郡辟從事主簿」皆不就。僞魏之吞鞏洛也，威逼麾下焉。及天步夷庚，籍」通神甸，河内蔣亞卿、鄴下劉隆迴遡清風，高談累日，言次」簪裹，諷以輕肥，處士目之，拂衣而去。但性神上藥，齊物小」年，俛仰生涯，止足性分。而居諸遞襲，勞息有期，粤以大唐」貞觀廿三年五月庚子卒於惠和里第，春秋五十有二。以」今咸亨元年龍集敦牂十月庚午朔廿五日庚寅，與夫人」馮氏合葬於東都之北芒山，禮也。夫人同郡人。捎雲挺概，」暢律含貞。四德初笄，狎龍蟠於霸谷；一言投畚，資鳥粒於」江南。故能紡績忘劬，耿介垂列，擇鄰鞠稚，扶義終年。春秋」六十有三，卒於嘉猷里第。恐舟移大壑，陵變小平，庸劭德」音，乃爲銘曰：

蘊被辭魯，葭牆謝荆，屬車旋軔，千載芳聲。猗歟處士，襲隱」賓名，遁時輕禄，封已全貞。逍遥葛杖，掩映陳星。其一。僞將□」戎，真君靜鉞，七遷懷楚，五□□□，青簡落雲，綺紘臨月，」霜摧玉蕣，露低瓊樾，翠琰□□，□□□沒。其二。」

（周紹良藏拓本　河南千唐誌齋藏石）

咸亨〇二三

【蓋】失。

【誌文】

大唐故汴州中牟縣丞樂君墓誌銘并序」

君諱玄，字通才，南陽育陽人也。原夫玉緯編珠，表太丘之夜集；金」波湛璧，發平輿之旦語。是故幽貞鳳舉，祕彩仙皃之域；嘉遁龍蟠，」浮蓋祥鱣之里，信絕代而同規，今可得而言矣。祖豐，隋汴州浚儀」縣令，德潤金璧，清厲冰霜，馴雉之謠，駕芳聲於三異；舞鸞之政，揚」茂軌於一同。父昉，隋驃騎將軍，英略內融，雄情外發，克展戎昭之」節，威宣致過之勳。拔勇氣於風雲，振武功於偏旅。惟公資和地嵒，」宅粹雲郊，聲馳對日之年，辯架參玄之歲，辭褐爲汴州中牟縣丞。」仁以表行，德以基身，動合禮容，言成物範。職參製錦，不乖寬猛之」儀；務贊絃歌，自得廉平之譽。豈謂景業未融，膏肓成疾，春秋六十」有七，以永徽三年三月十七日遘疾，終於思恭里第。山扉月牖，杳」冥林澗，策府靈臺，激揚風雅。皇穹坦化，俄悲京兆之遊；玄夜同歸，」竟慘佳城之穴。夫人趙氏，稟姿蛾媛，孕月桂而騰芳；毓質婺靈，炳」星珠而疊耀。春秋八十有四。以總章三年二月三日遘疾，終於時」邕里。長子毛德，痛貫霜景，哀深露節，以咸亨元年歲次庚午十月」庚午朔廿八日丁酉，合葬於邙山之陽，禮也。永惟萬古，罔極之慘」逾深，長號九原，終天之疚彌切。懼負舟之徙夜，庶騰芳於後烈。嗚」呼哀哉！乃爲銘曰：

台門甲族，軒冕流譽，令問夙彰，徽猷載著。允矣夫君，崇德多聞，彩」交瓊蕊，聲鏘玉温。華文錦照，壯思濤奔，彼倉不憖，虚白同銷，終焉」靡覿，去矣何招？荒荑泣露，寒拱吟飈。」嘉哉趙氏！柔德□貞，靨珠星色，鬢玉雲輕。言辭桂户，來蔭松庭，刊」翠雕於大暮，庶傳美於脩齡。」

（周紹良藏拓本　開封博物館藏石）

咸亨〇二四

【蓋】　仵君墓誌

【誌文】

唐故朝散大夫儀同三司上柱國右戎衛開福府旅帥仵君墓誌銘并叙」

粤若龍躍雲衢，南國肇基於羲叔，鳳翔山路。東□創業於尚公。理□齊登，六」府之標咸紀；忠義兼舉，三雲之潤方滋。君諱欽，字祖仁，本薊縣人也，自弔影」吴江，駕英聲於身後；單車鄭野，騰令望於名前。曾諱泰，齊驃騎將軍、雲州刺」史、襄陽公；内巡清徼，肅蘭錡而端威；出宰華蕃，扇梅霖而楊潤。祖諱禮，隋虎」奔郎將；五校分營，神鶴之儀奮列；八陣齊起，靈蛇之勢昭先。考諱德，隋懷信」府車騎；龍沙寫望，夜徼沉虎落之蹤；馬塹馳光，朝庭發錦鱗之瑞。君構緒貂」門，誕靈龜室，年方問道，時屬雲雷，傃驚飈而謁帝，候長星而擇主。武德五年，」詔授朝散大夫、儀同三司，仍令留守。公雄心貫日，爽氣浮天，聊申破竹之謀，」遂受專城之任。」太宗文皇帝紉地垂則，維天闡化，睠崑丘之不賓，弔東夷之多僻。長轂亘野，」雷動玄兔之郊；高鋒簭雲，電照狼河之曲。君履義爲基，資忠成行，精窮飲石，」勇冠蒙輪，征旆纔臨，羣兇褫魄。貞觀廿三年，」詔授上輕車都尉。君地居朔野，壤載燕郊，永徽五年，除開福府旅師。景操高」列，威策駭於三韓；神王肅清，聲教霑於七澤。龍朔元年，涓江道敬奉天規，承」威問罪。君沉戈晝鷁，瞻獨鶩於星樓；水劍浮龍，競先鳴於月峽。有」詔封君上柱國，餘勳十轉。是知流移目占，望景趣庭，浹日未登，生涯遽促。將」使豫章脩史，取媿於前文；桂浦貞臣，多慚於往列。馴車瑞雁，未展銜蘆之恩；」陟屺風枝，遽動鼻魚之疾。以總章元年五月卅日終於家，權殯於私寢。春秋」六十有七。惟君韶音振玉，秀氣韜霞，望千古而神郊，踰萬夫而翹首。皇穹恒」化，委長策於龍萁；日御頹輪，閟徂暉於狼谷。烏呼哀哉！粤以咸亨元年太歲」庚午十一月戊子朔三日壬寅，遷柩於城東北五里之平原也。夫人白水張」氏。疏祥楚甸，降心洛濱，宿符秦晉之歡，遠葉瑟琴之調。豈謂形異朝鸞，思假」昭於塵鏡；居非霄鶴，倦單止於長松。哀子上護軍神獎，次子騎都尉神通，翊」衛神昶等，痛切風樹，哀纏露節，丹旐啓路，永惟萬古之悲；素幰戒塗，長結九」泉之恨。雷宫□委，兑野山移，式贊玄猷，勒銘幽户。其詞曰：

列漢疏源，分巖搆趾，雄動肇闢，茂功爰起。哲人梁壞，勣墜星亡，驚飇道截，閲」水流長。哀風咽響，孤月澄明，嘶驂各影，祭鳥同聲，期碧濤兮無紀，庶翠琰兮」騰名。」

（周紹良藏拓本）

咸亨〇二五

【蓋】失。

【誌文】

唐故隋奉重都尉姑臧段君墓誌銘并序」

君諱瑋，字文欽，武威姑臧人也。若夫迴鬱望宗，敷道括於三極；緬疏賢」□，富義光其四海。暨乎太尉匡燮，負日月而增耀；將軍馳筭，擁星旄以」遐指。雖金河淼淼，喻昌原以韜浚；玉壘峨峨，比靈基而失險。高祖緣，魏」驃騎大將軍、通直散騎常侍、司空、雁門郡公；虎石標奇，雁峰疏瑞。曾祖」嚴，周右衛大將軍、開府儀同三司、左光禄大夫、朔州刺史、襄垣縣簡穆」公；授鉞翔英，隨輪灑渥。祖達，隋右驍衛大將軍襄垣縣公；清鳳闕之九」城，肅龍荒於萬里。父師，隋左千牛、東宮左内率、太常卿、殷州刺史；承明」紫禁，擢寀青宮。結芳實於棘林，竦貞凝以分竹。惟君韋珠寫耀，鏡驪囦」之夜輝；衛王開華，朗虹屺之晨色。宅和天發，佩道冥符，翔翠鵰於詞條，」孕蒼虬於文海。隋大業十年，解巾建節尉。風騏始騖，雲鶴初騫，賁德逾」沖，鳴謙載穆，杖□奇邁，倏踐華司。至十二年，授奉車都尉。祇衛宸居，侍」玄極而星拱；承輝馳道，陪翠輦以大行。俄而運喪玉羊，時亡金虎，王充」鵲起，竊憑黿汭。君之大父，連據小平。暨夫唐日開輝，圭野賴昌」明之運，鄭氛奄撤，台宗落纓緌之緒。君已凋青紫，栖襟玄白，安恬取逸，」削智乘貞，庶期德水澄華，長清萬頃，不謂仁山迴聳，遽摧千仞。以咸亨」元年八月卅日遘疾，卒於私第，亨年七十有二。則以其年歲次庚午十」一月庚子朔十日己酉，窆於邙山之陽，禮也。嗣子懷節，芝華引馥，銑鑒」韜明，潰魄霞晨，崩心火夕。恐鼇峰落仞，鯨壑遷波，式紀素猷，鐫芳紺琬。其詞曰：

浮關景族，式閭昌胄，槐庭擅美，棘門標秀。疊灼青」緺，連光紫綬。瓊崿疏趾，琁波引溜。其一。列祖韶邁，顯考温芳，陳星聚彩，闢」月流光。分茅五色，牽絲一方，振華少海，銘勳太常。其二。聯暉載德，誕生材」令，賁玄遥舉，毓清孤映。神虚牝壑，心懸堂鏡，鶴鼎承宗，鳳門從政。其三。麟」傷掩日，龍戰騰氛，白波驚浪，烏陣連羣。俄開堯景，署引虞薰，圭驪遏祲，」構落承雲。其四。簪黻既替，聲華遂屏，落塵遺雜，棲閑任靜。霞酌陶靈，雪紘」□□。紫芝方秀，青梧摧穎。其五。馬轅齊白，旆影飄丹，行悲奠桂，永絶遊蘭。」□□風急，山空月寒，式旌幽壤，明德斯刊。其六。」

（周紹良藏拓本　河南千唐誌齋藏石）

咸亨〇二六

【蓋】失。

【誌文】

申德墓誌

君諱德，字儒宗，南陽人也。周則申伯□職，生甫稱申，封爵莅民，遂居太原祁邑矣。祖達，慈臨撫育，亮合皇風，美譽既彰，乃任清河縣令。君性懷杞梓，德邁夜光，養志丘園，琴觴放曠。何忽隙駒莫再，燭氣競馳，春秋七十，卒於私第，妻孥剥裂，膽碎腸分，於咸亨元年歲次庚午十一月庚子朔十日己酉改葬上申村西南平原安厝宅兆，□□靈禽相葬德感幽祇，恐谷徙河遷，扃題貺其詞曰：

其一。職臨一宰，官蒞百民，美譽先彰，三或稱仁。性懷宫徵，娱酹丘園，長辭慈養，永卧幽墳。

（録自《山右石刻叢編》卷四）

咸亨〇二七

【蓋】失。

【誌文】

大唐故李府君之夫人王氏墓誌銘并序」

夫人諱婉，字令璣，其先太原之望族也。爾其」崩疏源香綿圖而荐祉，夢蘭開馥，騰芳靄於」瑶編。夫人禀月摛祥，分星落媛，婦儀女誡，少」自天挺，華姿懿範，可□言焉。方期永茂閨儀，」豈謂彌留大漸，以大唐咸亨元年歲」次庚午十二月庚午朔一日庚午，因疾卒於」萬年縣永昌里第，春秋八十有一。即以其月」十五日甲申遷窆於雍州白鹿山之北原，禮」也。子給事郎伏奴，蹐厚地以崩心，仰元穹而」傃感，將恐岸渝陵谷，水變灰桑，凝貞礎以題」徽，冀慈芳而不朽。其詞曰：

杳淼浚源，閑華」令質，禀月開貺，崇蘭滿室。折蔓懸範，移鄰就」吉，積善無徵，樹風寧謐。遽徙夜舟，俄從朝露，」白楊吹夕，青松霜暮。代日恒新，泉扃永故，庶」憑貞琰，餘芳靡蠹。」

（録自《關中石刻文字新編》卷三）

咸亨〇二八

【蓋】失。

【誌文】

隋故金紫光禄大夫右武衛武賁郎將江陽公張府君墓誌銘并序」

昔周平□外方驅七萃之雄；漢淨域中，□守四方之士。是知位隆社稷，諒資□胤之功；業」盛皇□，□□爪牙之用。□乃沉機倜儻，飛辯縱横。□武略於鈎陳，雄毅之風絶代；掩文□」於□苑，宫商之韻冠時。既勒績於景鐘，亦標名於策府。昔居隋代，獨見於張武賁矣。公諱」曉字士明，清河武城人也。其後徙居河南偃師，故今□縣人焉。原夫素馬標奇，黄龍啓變。」抵清河而紹業，飛派極天；掩白水而承家，長瀾紀地。加以漁陽導俗，爰著績於兩岐；博望」窮深，極靈源於萬里。自兹厥後，簪紱連華，平子以製作稱奇，載興謡於崔瑗；伯英以飛豪」見重，方留眷於仲將。故得孕美緗紬，揚蕤簡牒，英聲門閥，可略言歟。曾祖真，梁武州刺史；」褰帷求瘼，俄振響於百城；握節□條，遽騰芳於千里。祖礌，梁邵陵王府諮議；道洽好書，恩」融置醴，春蘭被坂，恒隨東閤之遊；秋桂開巖！屢入西園之醮。父仲，陳雄勇將軍、□州刺史；」□□萬里，既表譽於三江；聲冠千夫，亦標芳於七德。建旟涖職，卧閣飛聲，司扇□揚，叶仁」風而共播；傳車爰動，帶膏雨以俱流。惟公上德凝神，中和叶祉，道資純粹，慶漸□□□」仙□融輝德水。孔庭聞禮，行申莊敬之規；揚閣參玄，己暢精微之蹟。粤以門蔭解褐□王」府庫真。梧臺之辯，該楚澤而乘風；桂嶺之英，掩曹園而賞月。又轉左監門直長。九重崇峻，」通夕漏於曾軒；千門廣闢，警晨鐘於複道。尋遷務德府鷹揚郎將。頻昇武秩，屢綰兵鈐，得」人之謡，允當時望。爰授金紫光禄大夫、右武衛武賁郎將、江陽縣開國公。七萃儀表，八校」□□，□兵鈐於紫徼，嚴武庫於彤樞，是知周京舊儀，惟賢是選；漢朝故事，非功不侯。故得」□□朝倫，聲飛僚伍，仁勇之途必備，文武之道斯存。既而鼎祚行遷，日月興鬬麟之變；王」綱既絶，郊畿生戎馬之災。公雷息歎時，冰心泣道，夷□遁跡，痛禮樂之將崩；藏器韜光，佇」經綸之有建。太武皇帝紐地鈐而登極，爰肅八荒；統天正以臨人，載清九有。公横」戈挺劍，應接義旗，式從鑾輿，遠陪仙跡。不謂途經霧市，俯控靈巖，展驥之用未申，沉烏之」悲先及。以武德二年四月四日薨於華州之官第，春秋五十。惟公神機獨運，祕略無方，履」孝成忠，踐義爲勇。至若繫越亡吴之策，夷秦霸魯之籌，實含孕於神□，□包藏於靈府。不」謂辭榮大樹，方延泣於穎山；粤棄戎軒，乃纏悲於梁木。即以咸亨元年□二月廿日遷窆」於□山之陽，禮也。長河北望，曲洛南臨，水含湍而咽響，風帶慘而流音。□塋寂寞，泉壤深」沉，敬勒銘於荒隧，庶傳芳於古今。其詞曰：

白水浮天，清河紀地，祚茅列壤，彤弨啓位。詞掩金科，毫驚寶字，珪璋茂德，瑚璉標器。其一。博」望沉機，光□漢室，公儀倜儻，聲隆魏日。自兹厥後，英髦閒出，代襲簪纓，家傳文律。其二。烈祖」導俗，褰帷振響，顯考匡時，冰碧孤上。文德載洽，武功斯廣。威加萬里，譽隆千長。其三。穆矣夫」君，承兹寶胤，玉壼比潔，霜鐘齊韻。武節内融，兵符外振，德隆嵇巘，道高孔仞。其四。王綱既紊，」鼎祚行遷，禮樂載毁，日月空懸。原鹿大駭，戎馬無□，爰興奥主，拓地補天。其五。外肅八方，内」清九壤，發軔東洛，鳴鑾西上。爰陪玉輦，指途仙掌，玄鶴來驂丹烏遽往。其六。沉沉□壟，寂寂」孤墳，草樹蕭瑟，峰巒糺紛。松含苦霧，櫝積愁雲，無復申於武略，空警譽於元勳。其七。」

〈周紹良藏拓本〉

咸亨〇一九

【蓋】失。

【誌文】

大唐故康敬本墓誌銘」

君諱敬本，字延宗，康居人也。元封內遷，家張掖郡。酋率望重，播美河西。因地命氏，」派流不絕。故知東南擅竹箭之美，西北蘊球琳之珍，莫不率藉□蘇。兼耳望」□昔，金行失馭，水德未□，五馬躍而南浮，六龍矯而西墜。自戎居□，世襲簪裾。」曾祖默，周甘州大中正。祖仁，隋上柱國、左驍衛三川府鷹揚郎將。□□挺劍，欄」□□清戴鶡彎弓，鈎陳外警。父鳳，隋起家右親衛、加朝散大夫。屬□□道銷帝」□改□，□降夜舉，羽檄晨飛。永泰元年授銀青光祿大夫，遷上大將軍，尋除左」龍驤驃騎大將軍、陽城縣侯。五千攸長，照華轂以騰光；六校參營，肅雕戈而動」色。□星聳劍，縱賁育之雄□；貫葉鳴弦，總平良之秘策。君襟神爽悟，性靈歆俊，」操德學海□羽翰林道實因□才不習古文秀事刃之歲，窮覽孔府之書，子山」受□之年，洞曉姬公之籍，以貞觀年中鄉貢光國，射策高第。授文林郎，尋除忠」州清水縣尉，改授豳州三水縣尉。兩造甄□□□備舉官不留辜，行冤滯，遷」上臺司禮主事，清覽要樞，仙關總轄，君爰松表性，指水濯心厠鷄香而含芬，陪」雀□而爲□司成碩學，就釋卜翼之微。弘文大儒，詢明六義之奧。□□絢綵，筆」海澄漪，聳鄧林之翹幹，湛疊波而積翠。授晉州洪洞縣丞，魏地要□，關河重複」吏多機巧，人懷狙詐。君□贊一同，□輔百里。夜漁莫隱，朝雉見馴，遷授虢州録」事參軍事。境麗神皋，地華仙邑，聽雞之谷，表裏山河；休牛之郊，襟帶□陸。□上」珪璋令望，杞梓賢明，行修兼舉，詞藝具瞻。何得預茲簡擢，授受僉宜。君□□方，」抗庳無避，居忠處正，履道依仁，以丁憂還，哀感行路，號天靡傃，擗地□無□，」生雖返。扶而不起，遂嬰□痼，亟改炎涼，與善無徵，降年不永，春秋卅有八，卒於」章善里第，喬木欲秀，嚴霜□摧，長衢方騁，騰雲景滅，巷歌輟相，寂寞無聞，□水」成風，悽然有輟。目毀滅□行，誠闕禮經，孝感神明，彰於典册。即以咸亨元年□」月十四日遷於□□北上翟村西原，禮也。乃爲銘曰：

邈矣遥緒，遐哉遠跡，流派崐墟，指分弇石。勳高東夏，族名西掖，效彰提劍，功標」□□□。誕茲光國，實美榮家，居謙守節，履儉蠲奢。德已玉潤，才聞金沙，揮豪寫露，」綴藻舒霞。□□蒞□，貿□秦里，馭黠從風，懲姦喻水。屏除三横，弘敷五教，惠浹鄰」廛，恩流縣鄙。掩神蒿□，□魂大夜。松郊鬱鬱，遂草萋萋。黄鳥哀思，白馬悲嘶，」□□□□，壟暗雲低。人蹤蕪□，獸跡□□。惟餘□□，琬琰俱齊。」

（河南千唐誌齋藏石）

咸亨〇三〇

【蓋】失。

【誌文】

唐故吴王府執仗張君墓誌銘并序」

君諱節，清河人也。原夫南星命氏，北岳承家，蓬澤濬其曾源，菊」水疏其遠派。踐槐端而挹粹，逸篋無差；趨棘列而探微，攘環有」裕。是以華蟬疊慶，祥鳩效靈，松磴逾高，蘭猋自遠。曾祖敬，周藍」田縣令；黄裳杼美，墨綬騰猷，晨飲俄悛，朝飛遽狎。祖猷，隋青州」別駕；材均逸璞，理切題輿，四見之榮，驅屏星而分照；半刺之重，」披袵雲而流渥。父略，皇朝涇州録事；風格純素，氣岸高深，」措枉彈非，遂著老成之節，繩愆糺謬，實標王佐之才。君浮笋開」華，靈芝擢秀，業優地芥，德聚天榆。孟德之營，敏窮雞肋；伯仁之」坐，望重牛心。弱冠授吴王府執仗。揚蕤竹苑，道亞鄒枚；發藻蘭」宫，聲駢景宋。暨乎秩滿，高謝言歸，是知捧檄怡顔，在親存而可」屈；捐瓢道俗，雖道泰而彌申。滅竈推廉，忘機守樸，大雲五色，洪」陂萬頃，鍊金□而幽思，未洽蓬壺之術；對瑕丘而長想，倏嬰辰」巳之期。以咸亨元年歲次庚午十二月庚午朔七日丙子遘疾，」終於私第，春秋六十有八。以二年正月十一日窆於洛陽之邙」山。息知九等，披手澤而崩心，仰魂輿而灑血。式題青琬，用紀玄」堂。乃爲銘曰：

黄公孕祉，紫貂聯慶，復緒傳弓，長源寫鏡。專城播美，康沂動詠，」簪黻交輝，芝蘭疊映。其一。潛圖積善，剋誕鄰幾，嵇松磊落，趙梓芳」菲。臨池盡妙，聚雪窮微，辭榮桂屺，養素蓬扉。其二。一芥無嫌，千甘」靡税，室虚衣帛，門盈擁篲。白日西傾，渌波東逝，麟驂未揖，鵲衣」成厲。其三。庭幽月滿，野曠春鶯，龍幰輟軔，馬鬣疏塋。松風蕭瑟，薤」露悽清，九原長望，淚盡佳城。其四。」

（周紹良藏拓本　河南千唐誌齋藏石）

咸亨〇三一

【蓋】韓君之銘

【誌文】

大唐故韓府君墓誌銘并序」

君諱昱，字雲，昌黎人也。爾其全社承家，掩七雄以開國；玉」纓參務，振三齊而裂壤。相門鄉族，揚華西漢之圖；奇士異」人，摇□東晉之史。備諸策府，可略言焉。曾祖恭，龍翰鳳翼，」玉幹金楨；祖護，躡玄踐素，緯義經仁；父才，居心道舍，鬱重」構以開華。君藍田孕質，荔浦生姿，灼靈虵之夜光，焕仙虹」之朝彩。春規秋矩，早照重襟；清質濁文，夙沈虚抱。亭亭秦」桂，拂霜葉於萬尋；落落嵇松，架雲條於千丈。謙以被物，玉」譽斯高；機以成務，瑶塵方遠。通而能固，具息美於情華；嚴」而不殘，畢登芬於性彩。至若鏤情海藉，鎔思河書，飛弱翰」以淩雲，厲强學而漂雨。故□態態曉映，東岳抱清龍之暉；」藹藹霄浮，北斗判黄麟之氣。鳴舌素論，道峻九言；孕吻玄」談，義高三語。以爲鐘鳴召患，理照綿書；乘軒載憂，文詳繡」策。於是息名林野，浪迹泉池，照花潭於三桃，映葉帷於五」柳。日車峻軌，方驚大夜之悲，春秋六十有三，以咸亨二年」二月廿二日終於東都章善里之私第，嗚呼哀哉！即以其」年三月九日遷窆於芒山之陽，禮也。方彫翠琬，庶紀清埃，」乃爲銘曰：

業隆開國，職華分甸，德高千里，威稜百戰。其一。心鏡澄丹，詞」鋒激電，雁落虚弦，猨鳴矯箭。其二。遺心寵辱，忘情貴賤，方悦」挂冠，遽驚承弁。其三。夜舟遷壑，朝隙徂光，言違白社，竟掩玄」□，松區方古，竹帛徒芳。其四。」

（録自《芒洛冢墓遺文四編》卷三）

咸亨〇三二

【蓋】張君之銘

【誌文】

洛州洛陽縣張處□□誌并序」

公諱昌，字吴生，其先鄧州南陽人也。漢□□侯良之」胤胄，秦相儀之裔孫。祖僧護，周任相州刺史；□□理」□，德邁三王之謡；農桑勸□，豊盈五袴之詠。父通，隋」任上柱國；武超七德，智果六奇。公乃幼懷肥遁，黜弓」冶之良欒；長好消聲，哂逌聞於夷皓。襟清質白，涅而」不渝，精誠布施，勤脩無怠。伽藍營構，遠近必臻，經像」造書，大小咸預。屋潤陶公之寶，家豊車子之錢，金穴」無以籌，銅山何足算。豈意蘭蓀欲茂，而秋風敗之，春」秋六十有一，□終於洛川里。豈獨春鄰罷相，抑亦黨」□巷歌而已。即以咸亨二年三月十五日葬於邙□」之山，禮也。白驥斯而降兆□域於佳城懅櫖礪帶□」□夷庶銘芳於篆誌。其詞曰：

明明遠祖，穆穆張侯，興宗白水，列爵黄疇。沙中擊軫，圯上收符，文感魯箭，武懾田牛。其一。處士融朗，肥遁怡」好，南山弗□，東海無蹈。殷夢靡形，周□□告，矯狷佯」□，杜門却掃。其二。富擬公侯，殷俾長者，意曉三乘，心明」□解。捨彼死生，永離虛假，怡顔體順，聲揚夷夏。其三。」

（周紹良藏拓本）

咸亨〇二三

【蓋】失。

【誌文】

唐故荆州大都督郯襄公孫女張墓誌銘」

蓋聞乾坤立極，必資忠孝；陰陽間化，無先今□□□」受性軒丘，觀弧星而表德，抗蹤媯水，望霄漢以騰□。」誠著宗周，節標隆漢，崇基□構，遐慶宏飛，令問令賢，」唯兹女矣。女諱無量，字　兒，敦煌酒泉人，户部郎中」□□之長女也。曾祖大儒，□□朝深州刺史、定遠郡」公；祖公謹，荆州大都督、郯襄□，並爲時秀，俱參□□，」玉臺飛蓋，金闕揚軒，出贊皇猷，入康帝道。名□□」諜，可畧言焉。而女爰自□□□彰令譽，綺紈之□，□」誕嘉聲，歷覽羣書，□□□□，方希壽逾南岳，□□□」□，豈謂天道無徵，□□□驗，於咸亨二年歲□□□」四月朔日遘疾，卒於洛陽慈□□里第，行路□□，莫」不傷惋；卜吉□期，庶臨玄隧，即以其月廿二日窆於」平原，禮也。嗚呼哀哉！高臺寂寞，無復嬉遊；邃閣蕭條，空」餘蕣影。霜天慘駕，隴月沉輪，泉户無開，松扃永閟。冀」□□秋菊，齊芬於昔年，吴玉謝珠，同弈於兹日。啜其」□□，繼以悲歌，翠琰□鐫，爲銘曰：」

□□華胄，冠冕承基，瑶宫啓範，璧沼澄漪。方希岳壽，」□□□地，書臺落月，琴帳飄飈。松扃永閟，無復陰輝，」□□□□，千秋不移。」

（周紹良藏拓本　河南千唐誌齋藏石）

咸亨〇三四

【蓋】失。

【誌文】

唐故上護軍王君墓誌銘并序」

君諱字慈善，瑯瑘臨沂人也。原夫圭烏降阯，曾輝與」十日均華，玉鶴騰休，□緒共五雲齊蔭。曾猋萬里，迴」派千尋，固日備之人□詳諸史録。大父建，武賁郎將；」顯考本，白沙縣令；□□心膂以牙龍邸之前；允膺牽」絲，製錦暈場之左。□□名題闕月，德昭陳星，俱扇譽」於天□，並馳聲於□宅。君黄中藴粹，紵表韜□，虚襟」將白露齊明，逸韻共朱霞等絢。於時盤桃作梗，細柳」□□君乃獻策轅門，推鋒寇壘，奇謀電躍，北節飈騰，」摧□之效克彰，□壐之策遂及，以功授上護軍。君質」温冬日，氣厲秋霜，傅物裝襟，閑居遺累，風前三雅，澹」爾忘歸；月下一絃，怡然自得。□丹經而走思，眄碧絡」而翹魂，行希赤鯉之祥，遽軫白龍之夢，以咸亨二年」四月廿一日遘疾，終於本第，春秋卌有四。即以其年」□月□日窆於□□之平樂鄉，乃爲銘曰：

□□□丘，蓬瀛巨壑，□智斯在，英賢間作。景緒乘凫，」華□□鶴，岧嶢基構，芳菲花蕚。其一。猗歟纘德，望古思」齊，□□遼左，氣壓山西。絃風柳握，舞月桃蹊，倏貽瓊」夢，俄□石□。其二。却背紳河，前臨鼎邑，荒野雲聚，□□」風急。紫陌駟奔，□廬燕集，虞□一奏，空餘雨泣。」

（北京圖書館藏拓本）

咸亨〇三五

【蓋】 奇府君銘

【誌文】

大唐故承務郎前相州林慮縣丞奇府君墓誌銘并序」

君諱玄表，字護，其先燕人也。自遠系寓居惟豫，故今爲洛陽縣」人焉。譬夫摇嶺丹枝，徙南州而分馥；江皐玄實，移北土而稱珍。」然其道藹家風，榮標國史，遂迺胤隆上谷，列茂下都。曾祖獻，齊」任齊州長史；祖續，隋任并州太原縣令；鷹揚負海，鶡笓朔埸，展」休徵之股肱，緝漢宗之歌頌。父師，道幹貞秀，行葉芳華，肆沖用」於妙門，洞真如於德岸。班丘削智，鄭陂吞響，□有孚於盈缶，叶」齊物於大椿。惟公奉訓趨庭，離經左熟，超衆標於萬里，敏學擅」於三冬。韞丹穴之虹輝，韜赤野之驪彩。括羽挺於東箭，鼓篋入」於南雍。升第厠於匡衡，利用侔於敬仲。永徽之際，蒙授登仕郎，」公業著拾青，情希養素，屢頒楊歷，不愿薄遊，戀彼庭闈，歡於色」養。至麟德二年冬選，蒙擬相州林慮縣丞，輔化道清，提綱規劭，」執文憲於錯節，凝準的於具寮。重以尊天吉成，展采云畢，恩」徽普暢，榮級預霑，又蒙授承務郎，隨班例也。方期化鱗遐舉，搏」角上征，遽招瞰室之災，俄結止隅之禍。以咸亨二年遘疾，五月」三日終於豐財坊私第，春秋卌有□。爰以其年歲次辛未五月」景申朔十四日己酉殯於河南縣平樂鄉邙山之原，禮也。嗣子」仲祥等，八龍矯首，雙鸞整翼，集蓼迷心，席薪而泗，結如慕之崩」絕，卜先遠之期至，恐玄扃而易遷，憑翠石而圖懿。其詞曰：」

醫閭聳仞，易水分源，疏華銑葉，聯茂瓊根。贈刀歸祉，配社居尊，」誕靈懿哲，無替高門。德逾劭訓，第擬公孫，守官舉直，毗政除繁。」方膺翹乘，行悲露軒，松庭雲慘，梓城煙昏，唯餘懿烈，終古□存。」

（周紹良藏拓本　開封博物館藏石）

咸亨〇三六

【蓋】失。

【誌文】銘文首「唐故」二字後改刻爲「大唐」，「十四」改「十七」，原字俱存，故併列之。

大唐朝議郎行周王西閤祭酒上柱國程務忠妻鄭氏墓誌銘并序」

唐故

夫人諱　，字　，鄭州滎陽人也。□□冑基，凌制巖而聳構；沉潛」遠派，控滎流以疏源。若乃曳履南宮，聲華建禮之閤；橫經北海，道」高通德之門。騎列四郊，獨標奇致；鹿□□軔，迴應嘉符。金鉉連輝，」騰芬於絕代；瓊柯布族，貽慶於後昆。曾祖叔武，銀青光祿大夫，北」豫州大中正，青、光二州刺史，謚平簡公；祖道瑗，密州高密縣令、泗」州下邳郡丞、朗州武陵郡丞；或望重國華，或器優邦幹，宣風列岳，」政轀六條；敷化屬城，績超三善。父懷節，絳州曲沃縣令、舒州望江」縣令，揚州六合縣令，貝州鄃縣令，邢州鉅鹿縣令；神襟散朗，識用」淹通，理綜連環，藝該羣玉。歷官趙北，未窮遊刃之功；累政淮南，寧」申利器之用。對酒肆長筵之樂，聞絃興下調之悲。夫人蕙性幽閑，」松姿婉艷，六行兼闡，四德咸臻。柳絮椒花，詞韜往製；鶴綾鴛綺，妙」掩前工。容止會儀，詎藉曹門之誡；周旋中禮，無求女史之箴。既而」樹標三梅，兆發於鳴鳳；軒歸百兩，譽叶於乘龍。資孝敬於舅姑，著」恭勤於娣姒。閨門仰其徽範，少長挹其箴規。既比茂於松筠，亦等」好於琴瑟。何必饁田相敬，始覿如賓之容；春廡承歡，方窺舉案之」德。所望魚軒賁禮，將期石窌之榮；豈謂鸞鏡沉輝，不駐金丹之壽。」咸亨二年四月廿六日，卒於毓德里第，春秋卅有四。即以其年五」月十七四日，葬於北邙原，禮也。雖天地之長久，懼陵谷之遷化，勒貞」石於幽塗，紀芳塵於大夜。其銘曰：

昌基已峻，靈源靡絶，衮服增華，白衣逾潔。弈葉前史，昭彰後列，玉」秀瓊田，珠生寶穴。柔情内朗，韶儀外晰，作配嘉偶，從歸令哲。永好」匪申。促齡俄滅，悲笳兮曉引，楚挽兮晨咽，白日兮長辭，黄泉兮永」訣。」

（周紹良藏拓本　河南千唐誌齋藏石）

咸亨〇三七

【蓋】失。

【誌文】

大唐故武騎尉岐州雍縣主簿謝君墓誌并序」

公諱慶夫，□闕人也。其先鴻源景胄，本自陽夏，五馬南游」爲江東令族。華宗與沃日分流，懿緒將於天比峻。若乃□」嘉高尚，爲四始之司南；豫章宣教，有萬里之英望。尚書簡」要，憲子清優，斯迺典册之所詳，今可得而略也。公禀秀淳」和，器宇崇邈，夙藴風姿，早馳聰譽。標奇日下，顯豪末於□」□；擅敏月初，彰梢雲於綺歲。洎乎青衿之□，披藝羣言，蒲」□自精，螢雪無怠。緣枝□□，□彼濫觴，索隱鈎深，理歸超」詣，清辭彬鬱，飛令譽於□華，仁裕閑明，效貞□於秋實。內」玉潤，外發金聲，在涅不渝，凌寒有□。方欲震□雲漢，□羽」波瀾，而舟壑潛移，摧梁奄及，以咸亨二年歲次辛未三月」十三日卒於雍縣之建安里舍，春秋卅有二。即以其年七」月十二日，遷窆於北芒山平樂鄉之原，禮也。有子乘景，□」夫陵谷遽馳，聲徽不泯，金石有變，芳烈□旌，式播遺塵，乃」爲銘曰：

猗歟□烈，於穆惟清，山標杞梓，水秀英靈。辭華騁譽，林□」飛聲，襟徽□□，興會飇警。其一。傳芳蘭□，誕生通理，器敏夙」年，□彰幼齒。業盛九冬，玩優三市，牆□可□，神情難擬。其二。黄陂委輸，嵇松直上，汪汪萬頃，森森千丈。道性□霏，虛心」月朗，令問令望，可則可仰。其三。雲裝迢遰，煙駕良難，待傳羽」寵，空□□丹。藏山徙壑，逝水驚湍，風生谷冷，日落松寒。彼」千秋與萬歲，貞礎儼其猶刊。其四。」

（北京圖書館藏拓本　開封博物館藏石）

咸亨〇三八

【蓋】失。

【誌文】

□故王君墓誌銘并序」
□諱小，字隆，其先太原人也。夫慶發」□，駕鶴笙而騰美；祥開葉縣，控鳧鳥」而含芳。莫不贊譽匏絲，揚蕤竹帛。曾」祖祖　父徹，並禀靈柔胄，擅氣中」和，所以代襲珪璋，門多杞梓。惟君蹈」仁履孝，蘊義含貞，志尚惟虛，情辭爵」禄。忽以逝水不停，奄從朝露。粤以咸」亨二年六月廿七日卒於私第，春卅」有六。即以其年七月十二日窆於邙」山之陽，禮也。有子龍兒，露草纏哀，風」枝痛結，望塋城而摧裂，仰旻穹而悲」檄，乃爲銘曰：

一代英奇，不終」遐壽，何期竹栢，忽彫蒲柳。魂歸異壤□生壟首，勒此清徽，千齡不朽。」

（周紹良藏拓本）

咸亨〇三九

【蓋】失。

【誌文】

大唐故并州司兵張君夫人王墓誌銘并序」

夫人諱智，字梵行，太原人也。汾陽望重，杖豹略於秦」郊，祁邑族隆，鼓龍驤於晉牒。七貴曜金璫之彩，五侯」流玉弁之暉，備詳簡册，可略言矣。曾祖忠，隋通事舍」人；祖昱，隋和州別駕；父音，皇朝光州録事參軍；並德以潤身，謙以自牧，二州著」行能之譽，十室有忠信之資。宣勞紫宸，舉直朱筆。夫」人結褵君子，琴瑟克諧，四德含章，三從備禮。加以檀」誠久運，慈行夙彰，識金貝之開因，曉珠胎之禁戒。修」多秘藏，經目不忘，祇夜深宗，□心自覺。入則首楞觀」想，出乃法吼隨機，道合緇門，□同梵旅。故知刹那不」息，乾城易盡，心序不嬈，係念無虧。咸亨二年七月十」一日右脇而卧，奄即泥洹，春秋七十有六，卒於殖業」里第。其年八月八日，窆於北邙平樂原，禮也。哀子敬」玄，痛深圓昊，悲切方輿，陟岵長違，風枝永絶。其詞曰：

龍山甲族，鶴岫高門，五侯接漢，七貴連雲。良冶克構，」箕裘是襲，聲振紫宸，直筆光邑。誕兹令質，結褵齊體，」言容有章，聽從備禮。法流澡性，貝葉懲心，長辭五趣，」寂滅雙林。足登蓮座，手授觀音，寄言同利，極樂相尋。」鐫斯實相，式表松陰。

（周紹良藏拓本　河南千唐誌齋藏石）

咸亨○四○

【蓋】失。

【誌文】

洛州陸渾縣飛騎尉毛君故夫人李氏墓誌銘並序」

夫人字無等，隴西成紀人也。曾祖毗，隋開府儀同三司、」嶲州郡守。祖通，唐朝奉議郎、嶲州和集縣令，所□」□移猛贊，異狎馴翚，縱夜火於安哥，遽行□而理務。父」□恭，高尚樂道，□乎不拔，追魯連之泛海，從法正之遊」山。夫人□質圓流，騰芳長□，中饋惟孝，野敬如賓，嗟□」淵之恒嬰，恐生涯之易盡。於是承龍宮之妙丹。採鹿□」之良藥。結念一乘，虔誠六度，悲夫！花臺忽迓，安養業□，」負藏舟而不還，尋德水而長往。越以大唐咸亨二年歲次辛未九月□未朔九日癸卯卒於尊賢坊之第焉，春秋廿有六。仍以其年月廿一日乙卯厝於邙山之陽。恐人非代遠，谷徙田移，勒芳名於貞石，誌佳城之□斯。其銘曰：

彼美淑女，儷此良人，蘭芳玉潔，婉敬如賓。容華春樹，節峻秋雲，四德無爽，六度惟勤。其一。嗟乎閱水，力負藏舟，舜華先落，劍匣孤留。粧臺何照？挂壁誰收？空餘愛子，髣髴垂休。其二

（河南千唐誌齋藏石）

咸亨〇四一

【蓋】失。

【誌文】

唐故夫人宋氏墓誌銘并序

夫人諱五娘，廣平人也。自瑶臺瑞洞，玄鑣控黑帝之符，貝□□鱗，紫宫刊素王之筆。一畿經野，弥繼燭於山魑；八座調風，阻鳴簫於天媛。載標鴻伐，累振龍光，疏爵里以開榮，冠封門而勵德。列祖瑒，齊殷州刺史；材光奉扇，風清麥秀之墟，器□召刀，霞明竹箭之水。顯考文，隋校書郎。技效屠龍，名高執雁，□□芬閣，開德宇以懷風；託架蘭臺，闢詞扃而引月。夫人苕華漸潤，映方折以涵輝；桂暈初昇，掩圓胎而寫照。承筐洽譽，□絢□於鞶絲；紛悦流音，自韜奇於墜軫。既而三□應節，□梅流韻，爰光待鳳，允寄乘龍，年甫弱笄，言歸畢氏。入韋庭而展藝，似上緇帷之壇；臨謝帳而飛鋒，如解

白登之陣。若乃嬪」儀獻誡，遐籠隱豹之詞；媛範申嚴，迥架如狼之諭。方期椒花」□□，風樹還年。寶瑟鏤琴，遽分聲於扣缶；綵衣畫扇，翎□□」□□□□□二年歲次辛未六月甲子朔十月癸酉遘疾」□□□□□□□□十五，遺命薄葬，務修功德。粵以其年十」一月甲午朔三日景申，遷窆於洛陽縣平陰鄉之原。嗣□□」□等，白華驛美，黄理扶□，□□□而愴寒泉，對慈丘而□風」□。□蘭策之湮滅，勒松闕之□□。詞曰：

寶符却鎮，金鳳斜」□。□□允集，天爵攸欽。露□蟬珥，風泛鼲簪。家聲疊響，門緒」重陰。□□華宗，優柔令德。芝蘭宅性，瑤琨樹則。閫教□□，閨」儀靡□。□從東里，騰茱南國。禮崇沃盥，訓洽徙鄰。察賢窺牖，」饁野如賓。禪枝架霧，覺蘤含春。方超愛納，旋悲苦輪。息馬西」□，蟄龍東急。驚雷起愴，捎雲灑泣。梓棫煙凝，松門風入。傷蟻」□□，□□□鄰墓。□易揖，（下泐）

（武漢大學歷史系藏拓本　河南千唐誌齋藏石）

咸亨〇四二

【蓋】失。

【誌文】

君諱恢，字文廓，南陽人也。因官徙駕，遂宅屯留。其先□」基黄帝，漢相侍中鄧艾之苗裔，鎮北將軍鄧辰之貴□。」若夫瓊根始構，瑶緒發於帝軒；玉樹分柯，寶族興於□□。」洎兹以降，厥後大昌，閥閱蟬聯，不可同日而言矣。曾」祖顯，齊燿烽將軍，使持節四州諸軍事恒州刺史；祖」遵，明威將軍兼長流幽州都督；父霞，隋朝請，俄還清」胡府校尉；并得謀猷王略，參預霸機，有熠緹緗，照彰雲」閣。惟君承家赤水，藴質紫山，竹野逢猨，早知劍術。」唐運之始，九五龍飛，君預八百之期，遂簉盟津之會，褰」旗斬將，屢捷魚麗，告廟策功，起家上柱國。方當輸誠降」闕，盡節紫庭，不謂忠效莫申，風霜湊理，大唐咸亨元年」十月六日，殞於私第。嗚呼哀哉！楚寶不復登壇，漢珠無」由照乘，士女流涕，如思鄭産之亡；寮寀咨嗟，似喪羊公」之没。宅兆無曠，窀穸有期，即以咸亨二年十二月甲子」朔十日癸酉遷窆於余吾城東北二里。東瞻大澤，龍蛇」所生；西瞰峻山，風雲交會；南臨絳水，縣帶屯留；北眺傾」城，聖泉靈異；於其四勝，乃置廟焉。恐陵谷遷移，勒斯銘」記，其詞曰：

壽丘孕聖，鄧國開基，金柯潔燿，玉葉凝暉，」千齡軒冕，萬古垂衣。其一。君之嗣也，維岳降生，松貞竹」秀，玉潤珠明，雄圖鬱起，謀略縱横。其二。閲川不駐，日迫」崦嵫，玉辭荆岫，珠沉漢湄，勒銘悽愴，斯人在斯。其三。」

（録自《山右冢墓遺文》）

咸亨〇四三

【蓋】失。

【誌文】

唐故遊擊將軍劉君墓誌銘并序」

君諱盛，字□達，弘農人也。原夫潛龍膺運，族茂斬蛇之墟；泣驎代終，」啓邑休牛之塞。而祥風往氣，氤氛於兩都；桂葉蘭根，芬芳於百祀。八」舍光拾遺之譽，六戎拜推轂之威，□選材能，榮編史册。祖尊，隋臨渝」郡司馬；績著馮德，來晚興謡；道映昌犂，去思成詠。父勝，隋白沙鎮將；」標奇獨秀，藴異罕儔，淮泗馳聲，江滁擅美。公質禀貞邃，體道居真，履」孝依仁，蹈忠踐義。弱冠入仕，任昭武副尉行左衛率親衛旅帥，執戟」文貔，腰鞬華錡，擢授遊擊將軍，侍奉如故。鶡冠外警，魚服内融，心懷」止足，意出塵表，倚衡嘯傲，晦跡盈虚，琴酒陶性，詩書養志。既而東瀾」遽瀰，景景俄沉，粤以總章元年八月六日卒於私第，春秋七十有二，」□於洛陽縣清風鄉。夫人逯氏，河内懷人，齊陳留郡太守之孫，隋河」東縣令第四女也。並貞荷翠葉，桂質松心，德被千城，道光百里。夫人」簪裾地望，孝友天資，德備□容，禮兼敬愛，結褵君子，作配惟京，爰崇」唱和之儀，克諧琴瑟之譽。躬執蘋藻，式展蒸嘗，訓子有方，奉姑流裕。」俄而烏次沉景，徂川逝瀾，以咸亨二年十一月廿八日卒於景行里，」春秋八十一。即以三年正月三日合葬於北邙，禮也。長子文義等，噬」指長違，風枝永謝，式鐫徽烈，用光泉夜。其辭曰：

弈弈華胄，綿綿令族，望氣春岫，占風柳谷。驎泣代終，龍翔膺籙，道標」緗帙，聲流簡牘。其一。縉墨蒞俗，露冕調時，馮德謡晚，昌犂詠思。江滁美」擅，淮泗聲馳，河東去惑，陳留慎知。其二。公懷勁直，依忠履孝，夫人柔順，」言容表貌。翊輦無愆，侍宸彌效，奉姑有裕，訓子從教。其三。蘋藻親務，紃組躬勞，白賁夜紡，黄璽晨繅。忌滿思覆，防危慎高，心凝内固，顔怡外」陶。其四。春景迅沉，閲川波擊，墳隧荒蕪，泉扃幽寂。令名可紀，神儀靡覿，」式播音徽，鐫斯金石。其五。」

（周紹良藏拓本　河南千唐誌齋藏石）

【蓋】失。

【誌文】

唐故上騎都尉馬君墓誌銘并序」

君諱寶□，字孝先，洛陽人也。家本扶風，因宦而居洛陽焉。自若水」疏源，□宗締緒，常山命氏，華族肇開，太守崇華，演文儒於綺帳；伏」波雄略，騰茂績於朱鬣。自茲以降，英賢接武：祖任，周馮翊郡丞；父」建，豫州梁縣令；並澡生輔運，德進廉平。君風量淹通，神機英略，凝」襟霜淨，藻質冰清，冥孝敬於齠齡，挺雄奇於壯齒。洎以三韓肆虐，」恃玄菟以蜂飛；九種挻妖，阻黄龍而蝟聚。」聖上愍茲萌庶，方申吊伐，君情懷義勇，思運宏謀，□掩金湯，威申」玉帳。負吴戈而掃祲，荷越棘以清塵。故得暢洪伐於生前，播芳名」於殁後。□總章三年二月十二日詔授上騎都尉，」詔曰：或長驅戰艦，振戎捷於玄夷；或遠泛征艫，濟軍儲於碧海。豈」謂錦綸東逝，竟移沉石之波；璧彩西遷，終謝流金之影。以咸亨二」年四月廿一日遘疾，卒於私第，春秋六十有七。以三年歲次壬申」正月甲午朔十三日景午殯於邙山平樂鄉之原，禮也。嗣子元整，」歎風枝而瀉涕，悲薤露以崩心，刊貞石而紀德，庶無絶於徽音。乃爲銘曰：

華基峻遠，洪緒綿長，代生珪璧，弈載貞良。誕茲英傑，禀志懷剛，德」融夏景，威振秋霜。其一。辰韓逆□？□夷肆兇，縱虐玄菟，恃險黄龍。投」軀儛劍，輕命飛鋒，功申玉□，戡暴金□。其二。」名昇壯籍，勇貫人□，□□積慶，奄閟黄泉。松低曉月，隴暗朝烟，英」靈永謝，風烈空傳。其三。」

（周紹良藏拓本）

咸亨〇四五

【蓋】王君之誌

【誌文】

大唐故洛州王君墓誌銘并序」

夫以兆隆基於岐嶺，瑞暢鳴鸞；駐齡慶於嵩丘，祥標」去鶴。故知洪濤激流，事資於濫觴；峻嶠將崇，理宗於」一匱。遂得滋蘭蔓延，茂菊彌崗，佩刀旌惠德之莫先，」方淮表派流之是廣，芳躅清構，可略而言。君諱師，其」先太原人也。因宦波寄，寓居洛涘，産積殷壯，永爲保」生之里。然君用孝敬爲立身之矩，將清直作處俗之」規，動必三思，信唯一諾。加之忽小名利，顧重平生，託」孟氏之環牆，足共十一；慕榮期之三樂，可暢百年。宜」其婆娑閭閈，持五福而安生；攜幼弄孫，循四序而光」賞。豈圖池萍始纈，柳陌方絲，景望妍輝，人其奄逝。致」使新林囀鳥，切飛旐而含啼；梁處雙禽，軫分張而迴」復。春秋七十有一，粤以咸亨三年正月十日，卒於章」善里。以其月廿二日，窆於平樂鄉之原，禮也。嗣子文」表，恐田成碧澂，仞委青山，故勒斯銘，以旌不朽。辭曰：

邈矣宗周，實惟我祖，棄彼帝基，是忻霞路。爰暨炎漢，」根鳳光祚，佇德留刀，幼章簡度。景純將淮水而方隆，」夷甫以清高而見慕，德之杇，實伊其後。青蠅入弔，」白馬馳誠，松風切挽，隴霧凝旌，生平永隔，空擅芳名。」

（北京圖書館藏拓本　開封博物館藏石）

咸亨〇四六

【蓋】無似。

【誌文】

維咸亨三年歲次壬申正月甲午朔廿八日辛酉，故周王府隊正李元昭以今年正月廿一日構疾身亡。生居城邑，死□宅兆。謹以今月廿八日寄於興道坊□□□内權殯，以立記驗。

（北京圖書館藏拓本）

咸亨〇四七

【蓋】大唐故朝散大夫玄都觀主牛法師墓誌

【誌文】

大唐故朝散大夫開府儀同三司玄都觀觀主牛法師墓誌銘并序」法師諱弘滿，字無逸，隴西成紀人也，因官長安而家焉。原夫紫氣浮空，識仙才之」始邁；白雲騰景，辯真性之良遊。駕鶴來翔，同塵播於閒野；乘牛戾止，混迹比於臨」池。言象所陳，可而略也。若迺隴坂陵虚。秀氣與煙霞同色；秦川徙望，高蹤共玉石」齊貞。河漢疏源，靈派開於七夜；斗極聯彩，華胄貫於三辰。曾祖遠，周甘州別駕；祖」伯，隋蘭州録事參軍；父明，隋豹騎領備身校尉；並秀人傑，俱稱家寶，邦國不空，戎」麾且略。法師幼懷雅素，早厭囂塵，年甫十三，辭家入道，伏膺妙旨，高步玄宗，括幽」鍵之樞機，潄微言之瀝液。雅好林壑，尤精攝餌，亟陟名山，多遊勝境，紫書垂露，疏」石壁於高文；丹竈凝煙，溜金泥於秘決。調神水玉，託志流沙，晦博物之生知，陋飛」錢之小術，靈溪千仞，雜地籟以俱吟；神符六甲，與天文而並印。年踰壯齒，甫喪慈」親，毀瘵過於禮經，窮哀震於心骨。五日之內，不入浮漿；三年之中，空餘飲溢。雖勞」息均於雅識，而至性逾傷；聚散在於常期，而因心尤切。神皐奧壤，是日珍藏；帝里」高門，由多勝侶。法師卓爾孤出，拔萃不羣，鋭氣陵霄，沖襟照月，每鑾輿順」動，祇謁宮闈，出入功德，周施顧答。隴西王帝族分枝，天人早秀，降貴交結，味道殷」勤。至若月上桂山，風清竹苑，每輟南皮之務，恒接西園之遊。法師委質和光，虚情」澹水，無違玉醴之賞，且洽金文之會。豈直道存八叟，申密契於劉安；跡邁九天，暢」真遊於魏植。加以貺賜交積，珍玩盈門，前後相資，不可勝數。然而薄己厚物，革侈」循恭，凡有所臻，並持充施。帝城豪傑，戚里貴遊，仰喻馬之高談，挹如龍之盛德。自」維持觀務，積有歲年，無辭伏柱之勞，且叶司關之用。情田獨茂，自託賞於真臺；心」鏡凝華，乃忘懷於負扃。觀宇周給，施惠豐饒，家傾金穴之資，人委銅山之贍，門徒」道衆，飲德知歸；異侶緬俗，飡風仰止。暨乎歲椿將晚，朝月移辰，空驚西域之香，遂」斂東山之魄。以咸亨三年二月一日化於觀，春秋七十有一。弟潤痛天倫之永隔，」切同氣之斯分，嗟墜石於擔山，泣輿泉於逝水。弟子弘農楊安，陝東高士，關西盛」族，纂業勗四知之訓，承師去三惑之情。號慕靡追，攀援莫逮，以其月十日壬申窆」於長安杜城之原，其塋即法師生平之所預修也。道俗不期而會，俯鄰石槨，即對」秦城，方掩玉棺，遥悲楚隧，敢陳盛烈，敬託銘云：

隴首金陸，秦庭玉京，雲低朔雁，石踴池鯨。地多靈傑，國富人英，逸氣孤上，仙姿挺」生。其一。粤自出塵，□徙入道，怡閑習曠，味莊滋老。友洽交蘭，孝纏哀草，峻峙崖岸，從」容襟抱。其二。化凝碧落，道晦丹沙，東田水變，西谷陰賒。解形委壤，遊跡超遐，竹壇低」葉，桃源落花。其三。伊余令弟，在原斯急，惟彼門人，訴穹何及。絳河夜遠，玄霜曉泣，貞」琬或殘，高風永立。其四。

幽素承務郎京兆杜踐言撰。」

（周紹良藏拓本）

咸亨〇四八

【蓋】失。

【誌文】

故田君墓誌」

君諱紀，字文綱，北平人」也。君降靈星影，受氣山形，挺奇質於千」尋，澄洪波於萬頃。莫不聲高振遠，聞徹」京華，略而言之，豈詳載矣。君資慶誕靈，承」華盛族，幼彰通理，隘日下而無雙；長標」生知，高漢南之獨步。藻德青巖之下，行歌」白社之中，或琴或書，怡然自得。心踰塵」俗，志勵風雲，愛士樂賢，善尤刀筆。當應」貌同仁壽，庶保遐齡。豈期積善無徵，奄從」風燭，春秋卌有一，卒於私第。以咸亨三」年二月十日權殯於郎將村東南四百」步平原，禮也。恐田成碧海，谷變青陵，不」述芳猷，更同冥寞。

哀哉！乃爲銘曰：

賓堦」既闕，龍轜將逝，有識含靈，莫不流涕。」山泉旦噎，日輪朝翳，鳥木雖悲，一維難繼。」

（北京圖書館藏拓本）

咸亨〇四九

【蓋】失。

【誌文】

大唐孟君墓誌」

君姓孟，諱善王，齊州歷城」人也。自軒丘誕慶，若水疏」瀾，弈葉聯華，君其胄矣。」君雅亮高致，風猷軌物，動」爲俗範，言必鏘金。夫人阮」氏，毓德重閨，早標令淑，好」齊琴瑟，恩諧諸姻。瓊夢禍」謙，金風墜葉，里鄰絶相，行」路增感。粤以咸亨三年歲」次壬申二月癸亥朔十一」日癸酉，合葬於州東北二」里之平原，禮也。恐河神歛」帶，海若居桑，庶令德之長」存，鏤斯銘於泉户。」

（録自《山左冢墓遺文》）

咸亨〇五〇

【蓋】張君墓誌

【誌文】

張府君墓誌銘

君諱祖，字遠，南陽白水人也。蓋承軒轅皇帝之苗裔，張羅之」後。自降昴承家，飛聲於縑策；昇台襲慶，播美於緗圖。永平卜」年，封侯下博，大業云季，遷邑滏陽。祖珍，齊任汾州録事參軍」事；父長，隋任下博縣主簿。君天縱生知，坤靈誕秀，春華豔質，」秋實呈姿。捧手之年，己申孝敬，牽衣之歲，方獻忠規。道應扣」鍾，學符飲海。顯慶四年，詔版授豫州褒信縣令。龍朔二年，」改授冀州翼水縣令。粟帛屢頒，牛酒頻錫。幸屬埋金梁府，瘞」玉云亭。乾封元年，又授蘇州昆山縣令。解五斗之印綬，歌三」樂以自娱。户電難常，窗駒易往，哲人長逝，梁木斯摧，春秋九」十有四，咸亨二年閏九月廿二日終。夫人李氏，趙郡人也。承」姑捧盥，訓子停機。豈圖風落芝田，霜凋桂苑，春秋七十有二，」麟德二年六月廿一日殍。粤以咸亨三年歲次壬申二月癸」亥朔廿二日甲申，合葬於相州滏陽縣滏泉西三里之平原，禮也。詩云：穀則異室，死則同穴。祔葬之禮，自周興焉。伏岫峙」其南，神鉦聳其北，諒九仙之勝境，實三隱之攸居。大男客朗」等五人，孝履自天，哀慕過禮，但恐海桑變改，陵谷貿遷，故勒」斯銘，庶存不朽。銘曰：

本系軒丘，疏源白水，漁陽出守，」河間入仕。家表義門，鄉旌孝里，靈鵲垂應，神鳩降祉。其一。惟君人」隱，藻掞天章，披雲覩樂，鑒水窺黄。泗上馳譽，稷下流芳，時遊」愚谷，乍賞山陽。其二。如何昊天，殲我良懿，一歸蒿里，千齡掩燧。」白馬來而范悲，黄鑪感而向思，唯丹青與金石，歷萬祀而無」墜。其三。

第二男基，年卌六，乾封二年卒，葬在墓北連。」

（北京圖書館藏拓本　周紹良藏拓本）

咸亨〇五一

【蓋】康君墓誌

【誌文】

唐故陪戎副尉康君墓誌銘并序」

公諱武通，字宏達，太原祁人也。遠派洪流，導長瀾於漢浦；崇」基峻阯，擢遠條於鄧林。芳聲與史册俱傳，珪組與圖緗並載。」祖默，周任上開府儀同大將軍；父仁，隋任左衛三川府鷹揚」郎將；□奇必奮，八陣是□，武略挺生，文雄倜儻。惟君天縱凝」□，□□迥秀。皇墳帝典，探幽賾於志學之年；擊劍控弦，負壯」氣於强仕之歲。於時隋室清蕩，思弘志道，暨皇泰初，仕至大」將軍、陽城縣開國子。既而隋曆告終，唐皇啓聖，惟新是」建，豈復齒於諸任，以貞觀一十二年改授陪戎副尉，從班例」也。君爰自盛年，有懷禄位，逮乎晚節，實重閑居。覽踈公止足」之言，庶松子浮雲之志，春秋六十有五，以貞觀廿三年五月」十九日終於章善坊里第。夫人唐氏，即酒泉單王之胤也。嚴」肅齋敬，出自天然，凝懿範於室家，執大義於兹日，挺生五子，」皆□利賓，俱有王佐之材，並堪瑚璉之器。豈其從善不效，與」福無徵，康寧養壽，安寢而殞。以大唐咸亨三年正月廿二日」終於利仁坊私第，春秋七十有二。即以其年二月廿三日合」葬於洛州洛陽縣諸葛村北一百□□山之陽，禮也。□□等」不忍長離，無堪承訣，瞻邙山以登□，聽洛川而嗚咽，□□□」感，庶幾同穴。其詞曰：

蒲昌貴族，酒泉華裔，地靈不絕，人□攸繼。鍾鼎方顯，天□□」對，屏去衣冠，棄捐環珮。其一。慈恩未

□，□災忽臻，思養不果，念」報無因。割切肌骨，抽剥心神，穹倉不憖，獨苦斯人。其二。賓徒漸」散，獨有孤封，月開東岳，日隱西舂。風疾草勁，宵寒夜濃，何年」何月，再奉尊容。」

（北京圖書館藏拓本　河南千唐誌齋藏石）

咸亨〇五二

【蓋】失。

【誌文】

唐故平陽路夫人墓誌銘并序」

夫人諱昭，字惠姬，平陽人也。若夫昌原海鏡，湛玉液」之清瀾；靈趾山巍，鬱仞金之迴構。暨乎豹韜馳算，絶」漠鼓旋嵐之威；龍闕昌言，聖庭敷藻績之旨。象賢弈」彩，鴻胄聯華，道爍瑶編，紛靄瓊册。曾祖弈，齊任許州」刺史；大父信，隋任齊州山茌縣令；父虬，處士；並霞牆」聳嶷，風器韶明，或雲纓撫時，或雪絃調俗。標祥仁於」三異，鏡冰華於六條。惟夫人桂魄資芳，蘭茗擢秀，引」宵燭而凝範，佩曉帨以流清。應梅序其移天，端蕙心」而作儷，式光玉度，用華金柅，韞梁妹而振景，韜冀媛」以翔英。不謂香落蕖波，奄閲潘池之水；弔流仙羽，俄」興陶鶴之悲。以咸亨三年二月十日遘疾，終於福善」里，享年卌有七。則以其年二月廿八日窆於北芒原，」禮也。悲夫！遽扃玄壤，長分白日，對雲隴之蒼茫，瞰松」原之蕭瑟，勒風徽於泉隧，與終古而相畢。其詞曰：

玉流演派，瓊巖聳趾，弈景珪璜，聯輝青紫。飛香五禁，」翔英千里，磊砢松竹，蕭森杞梓。其一。烈祖温華，顯考韶」令，詞峯山上，文波海鏡。泗贊蒞時，曳舄從政，月魄遐」皎，雲柯遠映。其二。爰挺芳嫕，柔婉凝明，萊姝孕白，斑矩□□，□塵落草，絃□□□，□礎斯勒，素□長旌。其三。」

（北京圖書館藏拓本　河南千唐誌齋藏石）

咸亨〇五三

【蓋】失。

【誌文】

□唐故王君墓誌銘并序」

君諱逸，字文超，太原人也。源夫踈枝布萼，指崇岳以挺□；」□秀分□，晢清淮而引胄。並詳之史策，著自縑緗。曾祖□，」周揚州别駕，贇馥名藩，含香仙署，謡喧赤坂，輝□丹墀。祖」林，□明威將軍；崿立挺生，冠韓彭之絶跡；霞秀出，驍衛霍」之餘蹤。君隋汝州梁縣令。道叶翔鸞，德兼馴雉，梁形自掩，」蒲影斯潛。加以雅量沖虚，風範横遠，譬驪川孕彩，方鷃穴」騰文。温温表春柳之滋，落落挺寒松之操。豈謂仁不必」□，積慶無徵，俄逢二豎之災，奄及兩楹之夢，春秋年七十，」武德元年九月八日，卒於私第。君孝友居心，貞純在慮，才」同佇□，學表人□，門標懸市之賢，户顯亂車之迹。□哉盛」業，赫矣清猷。如何蒼天，頓摧良木。夫人和氏。地胄清華，嘉」容□朗，蕙馥□□之美，表自閨闈；□儀婦德之功，彰乎宜」□。□漪蕩彩，方鮮照乘之珍；瓊絢凝輝，望美連城之價。三」□□懿，六行斯專，嗚呼不天，翳兹賢淑，春秋年六十二。其」□五月十五日，終于私第。即以咸亨三年歲次壬申三月」壬辰朔廿九日庚申遷窆於邙山，禮也。悽涼丘隴，空餘落」照之悲；憫默泉曙，詎軫逝川之歎。長孫行表，情悲長往，心」慼永安，勒茲銘石，庶美幽泉。其詞曰：

盛矣王公，□□遐」通，帶河引嗣，礪岳傳宗。猗歟令哲，天儁自然，文超儒□，學」□□□，垂謂一旦，乖乎百年。悲哉美淑，朱光靡弔，照□去」□，□□□□，共背華堂，同歸冥兆，千古長終，九泉詎曉！」

（北京圖書館藏拓本　河南千唐誌齋藏石）

咸亨〇五四

【蓋】失。

【誌文】

□唐故王君墓誌銘并序」

君諱□，字德，太原人也。君□」居洛陽□，弈葉簪纓，門傳閥閱，乍談□於往代，或作相□先」朝，備載緹緗，可略言矣。曾祖林，梁明威將軍；勇冠挺生，□韓」□而驤首；雄瞻天縱，轢張陳以連鑣。祖簡，隋懷州録事參軍；」作茂華藩，千里仰其風德；既毘上郡，百城資其抑揚。一正有」清肅之音，六曹無冤滯之訟。父逸，隋汝州梁縣令；叶馴雉於」一同，遂振宵魚之唱；顯鳴於百里，便留夜錦之歌。君奇嶷自」□，凝和天發，重道德岱嶺，輕榮禄於鴻毛，加以捃採詞叢，析」翹華於□蕚；漱瀾筆海，摭翠瀲之鳴璣。馴翬之寮，祇衿仰德；」泗寶之牧，拂席佇儀。豈謂積善徵，良醫罕暫□之效；壑舟已」往，藤公興駟馬之悲。以咸亨三年三月十六日卒於私第。夫」人弘農楊氏。地望膏腴，門稱杞梓，聯輝龜組，積耀金章。祖英，」□揚州江都縣令；父藏，隋太府寺録事；或耻載星之勤，家有」□絲之調，□九棘於華閣，振清響於遐方。夫人委質芝□，□」安蘭沼，爲母儀於往代，傳婦德於當時，懷三徙於孟親，盈舉」案於鴻婦。既而四虵不駐，方摧白鶴之姿；二鼠難停，詎闕青」烏之兆。去乾封元年十一月十八日，終於私第。今以咸亨三」年三月廿九日合葬於北邙山，禮也。孤子行表，茹血摧肝，徒」魂露夕，痛深泉壤，踈華幽石。其詞曰：

烈祖基德，山精岳靈，顯考□□，□潤金清。厥父時秀，没亦有」聲，時稱長者，俗號兼□。痛兮良匹，□矣同征，既千秋兮幽穸，」□萬歲兮齊貞。」

（北京圖書館藏拓本　河南千唐誌齋藏石）

咸亨〇五五

【蓋】失。

【誌文】

大唐故李府君墓誌銘并序」

公諱祖，字孝仁，隴西成」紀人也。邈矣遠祖，道叶清虚，鎔範二儀，陶鈞萬品。捐情物」我，浮氣於函開；柔遠開疆，耀白壇之勁節。浚川瀰瀰，派別」泱泱，翊宗周之崇基，弼大漢之宏祚者。祖神，隋朝號州湖」城縣令；搴帷布政，絃歌宣易俗之風；樹善勸賢，黔首起來蘇」之詠。考士該，覩隋季之將崩，乃摶飛而高舉，盱碭雲以遐」逝，睟白水而風馳，佐命立功，締構之始，以武德元年授左」驍衛左十二府驃騎將軍。公降靈崇嶽，挺秀英姿，孝以養」親，忠而事主，冬温夏清，盡負米之情；假寐晨趨，竭忠誠之」節。以總章元年授左衛、翊衛二府衛正。朝儀之禮，罄無不」閑，方將振鴻漸之宏材，擢清徽之雅量，而乃降年不永，遘」疾彌留，纏疢日臻，終於私第，春秋五十有一。以咸亨三年」歲次庚申五月辛卯朔十九日己酉葬於北芒山，禮也。□」秀而不實，慟尼父之悲；哲人其委，切端賜之思；豈直止機」輟相而已哉！痛雹景之難停，悼泉扃之大暮。嗚呼哀哉！乃」爲銘曰：

禕歟遠祖，道叶上玄。滌塵善水，振偈昊天。絳」雪之妙，彩鳳之仙。龜鶴莫識，詎辯桑田。而君挺秀，惟忠孝」友，奚藝不踐，奚師不受。曾未登庸，遽臻廣柳。如何昊穹，殲我瓊玖，慠慠孤嗣，哀哀慈母。白楊萋兮青松勁，悲風嘯兮」思鳥傷。繁笳斷兮隴已闇，泉扃閉兮斯夜長。」

咸亨三年五月十九日書」

（河南千唐誌齋藏石）

咸亨〇五六

【蓋】 失。

【誌文】

唐故上柱國王君墓誌銘并序」

君諱玄字明感，其先太原晉陽人也。祖在齊之日，□宦洛」陽，情貴神州，遂家於此。父諱君德，早標令譽，夙悟生知，才」溢當今，調高往古，行學可紀，藝合時須。去武德年中，蒙杭」州鹽官縣令，於是調弦韻俗，三異呈祥，製錦一同，姦訛自」息。所部莫不懷其惠，畏其威者也。明感竹馬之歲，有異諸」童；强仕之年，志逾其友。爲性英烈，意不仕儒，投筆從戎，負」戈航海，運策舳艫俱濟，叱咤面縛羣兇，功勳既彰，蒙酬上」柱國。寄望慶延，永久何期，忽染時痾，九轉罔愈疾之能，神」香無返魂之效，遂以咸亨三年五月九日奄於私第，時年」卌有九。嗣子阿八，年纔髫齓，心懷陟岵，攀號殞絶，禮不滅」性，須備宅兆，乃葬於河南縣平樂鄉北邙之山。其地北背」平原，南面洛水，西臻翠嶺，東至齊陵，雖形勝可嘉，只恐田」海變易，故勒銘記，芳傳不朽。其銘曰：

二儀肇判，日月居明，鑒照品類，唯人最靈。□中以上，王君」振名，孝家忠國，友弟敬兄。三惑遠已，九思留情，作福招慶，」望保遐齡。豈期不固，俄從逝川，松摧修幹，蘭罄斯馨。痛哉」七尺，忽奄泉扃，亭亭孤隴，鬱鬱佳城。愁雲增思，悲風傷情，」悽切五内，彌加涕零。

大唐咸亨三年歲次癸酉五月庚寅朔廿四日壬子」其日用巽時。」

（周紹良藏拓本　開封博物館藏石）

咸亨〇五七

【蓋】失。

【誌文】

大唐故朝散大夫尹君墓誌銘并序」

君諱達，字博通，瀛州樂壽人也。昔帝雲流祉，爰爲王者之師；史」氣降祥，方應真人之舉。自茲以降，代爲卿相之門，高祖撥，燕恒」州長史；大父嵩，齊代州五臺縣令；父貴，隋懷州河内縣令；並馳」逸驥於千里，化馴雉於一同，教被燕南，聲流趙北。君即河内府」君長子也。少而聰敏，長遂大成，委質明時，早從驅策。及」太武皇帝龍飛晉野，鳳跱秦中，即爲侍從之臣，復作股肱之任。」起家授朝散大夫、行軍司馬。未經多歲，志在歸田，遂散黄金，偃」扉緑野。常以得失軫念，息死安懷，大□情田，廣開心路。一乘啓」教，八解發機，悉罄家財，用營淨土。輔仁未驗，福善無徵，去貞觀」廿二年二月二日，終於私第，春秋五十九。即以其年二月廿二」日，殯於清風鄉之北原。夫人孫氏，吴郡富春人也。曾祖梁邵陵」王託室，祖陳水部郎，父隋壽春縣令。並文苞白鳳，化表□翬，詞」足崩雲，政兼移雨。夫人即壽春之長女也。年甫初笄，移天從禮，」四德無爽，六行具聞。豈只曹號大家，梁稱高行，方之今古，自可」齊聲。大夜難違，小年易往，以大唐咸亨三年歲次壬申五月」辛卯朔十日庚子，終於時邕里第，春秋八十。即以其年六月庚」申朔一日庚申，合葬於舊塋，禮也。酆城雙劍，終亦相隨；晉□兩」環，中塗暫别。哀子行欽等，痛露草之易落，惜風樹之不寧，命彼」工人，勒銘泉户。其詞曰：

家臨滄海，地帶清江，野稱守一，朝號」無雙。文兼玉振，食總金摐，錫茅祚土，承家列邦。其一。惟祖文華，思」兼夢鶡，惟父清慎，言必三反。含光鵷閣，流聲菟苑，坐綰白衣，行」張組幰。其二。魂驚廣野，旐曳長空，百身難贖，千歲易終。玉壺低箭，」金波上弓，悲聞薤露，泣聽松風，鶴關一掩，鷄鳴不通。」

（北京圖書館藏拓本）

咸亨〇五八

【蓋】失。

【誌文】

大唐中大夫使持節湖州諸軍事湖州刺史封公墓誌銘并敘」

公諱泰，字安壽，渤海蓨人也。發源姜水，命氏封丘，師保陳翼贊之功，方岳著」宣條之業。丹青襲彩，衮紱交映，詳諸典册，代有其人。高祖回，魏司空、孝宣公；」曾祖隆之，司徒、宣懿公；祖子繡，齊潁川渤海太守、隋通州刺史；並所謂鹽梅」鼎餗，體國專城，弈茂緒於華宗，固河山之帶礪。父德輿，齊著作郎、隋扶風南」由令；學窮延閣，文同製錦，得實忘筌，逍遥致效。公志氣清明，弱齡早達，青衿」絳帳，睹奥升堂，收萬卷之菁華，竭九流之玄液。屬隋人失馭，幅裂土崩，鹿逐」秦原，龍飛晉水。狡兔不死，尚假指蹤之力；高鴻未落，猶資舉弋之功。於時」秦王勇冠任城，泉躍代邸，應欃槍以除舊，抗挌擇而申律。公蓄鋭逢時，思鳴」偶旦，以石投水，獻策建瓴。武德中，擢秦府參軍。委任樞要，運籌制勝，充國全」師。公以疏附元勳，頻優寵命，碑傳具紀，略而靡述。後遷豪、湖二州刺史。公謇」諤匪躬，忠誠利物，佩牛移海，猛虪浮江，舉扇馳輪，風揚雨沐。然則虚舟不繫，」遊刃忘懷，體東道之浮淺，仰西方之至聖。於是披龍宫之秘藏，究鹿野之微」言，繕寫勒成，删定魚魯，固能空有雙妙，得喪俱融；至誠冥感，上生符合。何圖」名當考計，行未達京，乖豫膏肓，協夢辰巳，咸亨二年九月十三日，舡次汴部，」薨於旅館，春秋七十有六。冕旒興悼，朝野銜哀，賻贈禮儀，每優恒典。嗣子」中牟令玄朗、次子玄景、玄震、玄節、玄慶等，岵屺望斷，霜露悲深，聲將楚挽同」哀，氣與泝洄俱咽。奉靈歸洛，權窆章善之里第焉。夫人隴西李氏，信都郡君，」唐吏部郎中規之女也。挺圓流之明潤，結長坂之幽芳，内政生知，賓容匪忒。」降年弗永，福謙無驗，同薤露之晨晞，將舜華而先落，永徽元年十二月三日，」薨於澤州之公第，春秋三十有八。繼夫人隴西李氏，狄道郡君，慈愛情深，紀」德追遠，營著稽蔡，貞吉協從。越以咸亨三祀龍集涒灘律中南吕十四日壬」申，合葬於邙山舊塋，禮也。恐墳當武庫，海易桑田，契玄宫於白日，覩斯誌以」知年。其銘曰：

遐觀遂古，緬尋圖録，命氏因丘，鬱爲封族。師良襲冶，台和繼」餗，茂衍流芳，榮班重禄。顯祖烈考，重暉疊映，邦彦國楨，分符錫命。鷗儀翬翀，」循名美政，盛德不泯，松高竹勁。惟公挺生，氣俠材英，孝友兼備，書劍俱成。鷄」鳴接武，鶴唳騰聲，陳謨入幕，飛箭降城。主貴臣遷，從宦多年，江干淮服，軼」後光前。名高賈杜，器重閎延，百金靡貴，一紙稱賢。常娥降魄，婺女垂光，誕生」淑媛，玉潤蘭芳。琴和鳳兆，鏡掩鸞亡，寶匣神劍，先後沉湘。前臨鄽洛，却睇龍」河，函關白馬，廣里蒼鵝。風交日會，地久墳多，勒銘紀德，誌此山阿。」

（録自《芒洛冢墓遺文五編》卷三）

咸亨〇五九

【蓋】失。

【誌文】

大唐故銀青光祿大夫行揚州大都督府長史魏縣子盧公墓誌銘并序」

若夫緬睇緗圖，詳觀青史，營丘創其景命，盧邑肇其丕基，本枝將八桂齊榮，長源」共九河俱濬，爾其含中和之秀氣，苞上德之貞規，藴生知於半千，踐鄰幾於體二，」其惟魏公矣。公諱承業，字子繪，范陽人也。曾祖道亮，韜光不仕。祖思道，齊黄門侍郎，隋武陽太守；詞林綺合，筆海濤奔，拜青瑣之嚴扉，馳朱軒之迅轂。父赤松，太子」率更令、柱國、范陽公；譽總華紳，藝殫緗册，飛纓博望，鳴珮肅成。公氣茂雲柯，標棟」幹於神宇；襟清銑鏡，皎冰雪於靈臺。至若瑶編寶笥之文，孔壁魏陵之篆，其猶指」掌，成誦在心。解巾左親衛，仍爲讎校。腰鞬蘭錡，暉映巖廊，提槧蓬丘，羽儀觀閣，誦」補魏王府兵曹參軍事，除太子舍人。侍睢苑之雲罍，奉搖山之風樂。秩滿，遷豳州」司馬，貳隼旟而緝化，撫鼉江而緯俗。轉安州司馬，兼吴王諮議。迴簪楚甸，徙紱吴」宫，謡冠海沂，錫高雲夢。以内憂去職，起爲太子中允。直城馳道，更趨銅輦之遊；曲」洛長川，還陪玉笙之賞。今上嗣曆，拜雍州司馬，仍遷長史，又兼左丞。神京務」殷，仙臺政本，四方由其取則，百揆於是允釐。以公事出爲忠州刺史。江連巫峽，地」接宕渠，麥秀兩岐，人歌五袴。復爲雍州司馬，頃除長史。八川帝宅，千里王畿，」屢燮問羊，頻膺展驥，又兼邢州刺史。壤惟全趙，寄重專城。仁隨轉扇之風，恩浹迴」輪之雨。尋爲淮南道大使，仍拜同州刺史。登車淮隰，雅志叶於澄清；露冕河關，盛」績光於刺舉。使還，詔爲銀青光祿大夫、行右丞，俄轉左丞。總轄文昌，允歸僉」議。掩黄香之增秩，陋郄詵之舉才。屬慶洽射牛，禮昭疏爵，封魏縣開國子，食邑三」百户。久之，除陝州刺史。聽訟已聞於行露，留愛方稱於坐棠，又詔爲銀青光」祿大夫、行揚州大都督府長史。方劭題輿，俄悲易簀，一漂魂於東岱，空罷肆於南」荆。以咸亨二年龍集辛未八月廿四日薨於官舍，春秋七十有一。易名考行，謚曰」公，禮也。粵以三年歲次壬申八月己未朔十四日壬申葬於河南平樂鄉邙」山之原，悲夫！崦峯遽晚，佳城易遠，庶紀清芬，鏤兹玄琬。其銘曰：

列山竦構，表海導源，昭彰侯服，舄弈公門。悠哉神派，蔚矣靈根，慶標前躅，禎流後」昆。其一。猗歟載德，肅承休則，三復不騫，再思無忒。文兼篆籀，學該儒墨，資孝履忠，」自家刑國。其二。蘭署濯纓，梧宮策名，載遊儲禁，爰弼皇京。剖符推美，杖」節騰聲，漆沮河潤，淮海風清。其三。克光樞轄，允膺茅賦，分陝宣條，惟楊毘務。天機」易轉，日車難駐，終謝金丹，空淪玉樹。其四。闢兆河陽，疏阡帝鄉，迴旌巨室，税」駕崇邙。哀笳化吹，楚挽凌霜，勒銘泉户，永契天長。其五。」

（周紹良藏拓本）

咸亨〇六〇

【蓋】失。

【誌文】

大唐故何處士墓誌銘并序

君諱褘，字元慶，楚國廬江人也。若乃黄星表慶，仙臺懋其成績；玄石開符，玉署光其粹範。昌源九派，曾構百常，必復箕裘之資，實標冠冕之望。曾祖休嗣，隋振武將軍、汝南郡守；祖無畏，滕王府諮議參軍事；東郡但風，聲流別扇；西園明月，色泛仙豪。父悉，文林郎；毓性煙霞，隱居朝夕，非有土牛之滯，將祈木雁之間。君鳳穴來儀，驪泉薦寶，長河千里，喬松百仞。思□玄壯，夙成無悶之姿；心會虛舟，己得自然之性。出處齊致，賓實兩捐，門植五株，庭開三徑。仲長林沼，符隱士之嬉遊；叔夜琴樽，狎幽人之賞託。豈期聲喧鬭蟻，影泛懸蛇，與夕景而俱沉，隨夜舟而遂往。以大唐咸亨三年歲次壬申庚寅朔七月十八日丁未，終於長安義寧里之私第，春秋四十有七。即以其年八月己未十四日壬申遷厝於雍州明堂縣畢原，禮也。平原超忽，幽隧蒼茫，轉愁雲於素蓋，振悲風於白楊。佳城未曉，厚夜何長，庶金石之永固，紀蘭蕙之餘芳。其銘云：

翦鶉華甸，疏龍奧壤，山水多奇，風雲異賞。英靈疊藹，琳瑯振響，道光斂築，才高魏網。猗歟君子，早承門慶，霜動情鋒，日華心鏡。獨梁可涉，虛舟靡競，盛德不羈，曾芬遠映。是非顯晦，出處朝市，稽康竹林，蒙莊秋水。上德無門，達人知止，自狎芝蘭，無言桃李。昔聞愴別，猶傷岐路，況此言離，長揖丘墓。風銷華燭，日晞仙露，滕室不開，昊天誰訴？

（録自《陝西金石志》卷九）

咸亨〇六一

【蓋】失。

【誌文】

唐故通州宣漢縣尉嚴君及夫人燕氏墓誌銘并序」

君諱朗，字玄宗，天水羣周莊之後也。崑峰月彩，光含」璧於三元；漢浦星輝，曜連珠於八極。心藏琬琰，懷隱」瑭璑，金軀胤天地之精，玉骨嗣陰陽之氣。算符何氏，」質彩芝蘭；册叶嚴宗，敷華松竹。曾祖安，隋任潞州司」倉參軍；祖粲，任豫州真陽縣令；風凝百里，道晦三奇，」響潤翔鸞，聲温狎雉。惟君表仁瑚璉，挹德琁璣，蘭□」舒芳，荷衣散馥。不謂隙駒難駐，電謝難留，積善無□，」已從朝露。以貞觀十五年二月廿九日，薨於私寢，殯」於北邙山。夫人燕氏。神參桂魄，胎拂□精，衣變雲羅，」袿凝霧縠。三從四德之義，影滅光沉；玄鬢紅顔之姿，」霞莊散態。咸亨三年十月二日己未，薨於植業里。」子明才等，將歡羔雁，俄酸薤露之悲；方悦鳧鷖，奄動」樹風之泣。其年十月十六日癸酉，會葬於邙山王趙」村北，禮也。於是繐帷聲咽，素蓋風悲，行櫝參差，林松」蕭索。勒兹金石，以紀嘉猷。乃爲銘曰：」

陸沉傲仕，淪隱賓王，春蘭扇馥，秋桂流芳。心清鏡水，」志潔冰霜，福善無驗，良木虧常。其一。芝田寫態，竹嶺摛」□，星眉約葉，雲鬢疏花。腰參翥鳳，黄拂飛鵐，歲不我」□，奄化仙家。其二。荆□玉碎，合浦珠融，蕭蕭楊隴，鬱鬱」□□。金鈿響滅，□□聲終，千秋兮播美，萬代兮□風。」

（北京圖書館藏拓本）

咸亨〇六二

【蓋】失。

【誌文】

唐故河州大夏縣主簿武騎尉張君墓誌銘并序」

君諱弘，字爽，清河清河人也。原夫南星命氏，北岳承家，蓬澤濬」其曾源，菊水疏其遠派。踐槐端而挹粹，逸篋無差；趨棘列而探」微，攘環有裕。是以華蟬疊慶，祥鳩效靈，松磴逾高，蘭芬自遠。曾」祖奈，隋任瓜州司馬；材均逸璞，理切題輿，四見之榮，驅屏星而」分照；半刺之重，騁隴川而寫涯。祖昉，隋任滑州白馬縣丞；虛襟」泫露，聳仞干霞，爰資吐鳳之才，式贊馴翬之局。父達，皇朝衛」州恭城縣主簿；繩愆糺謬，名高雷澤之前；播美揚棻，績著星畿」之外。君黃中毓彩，紵表韜華，轡駕荀虯，聲包禰鶚，載光賓實，遂」應明揚。傣文苑而霞開，撫士林而風委。以永徽三年三月一日」授河州大夏縣主簿，隨班例也。黃牛極野，地接瑶池；白馬遺泜，」俗鄰砂塞。人多傑黠，家務豪華。君澄水鏡而光臨，鑒冰壺而理」化，沃以春露，肅以秋霜。既措枉於衡羅，亦彈非於製錦。計居上」最，誠洽中孚，茂軌方遥，促秋俄滿。雖欣有道，終佇無爲。垂五柳」於高門，掇三芝於絶澗，暢生平於故友，傾樂莫於新交。下澤之」遊，正符幽思；高春之景，遽落曾輝。以咸亨三歲次壬申八月十」六日朔遘疾，終於本第，春秋五十有九。嗚呼哀哉！即以其年十」月廿七日朔窆於河南之邙山，乃爲銘曰：」

黃公孕祉，紫貂」聯慶，敻緒傳弓，長源寫鏡。題輿播美，繩愆動詠，簪紱交輝，芝蘭」疊映。其一。潛圖積善，剋誕鄰幾，嵇松磊落，趙梓芳菲。辭榮桂屺，養」素蓬扉。其二。一芬無嫌，千甘靡税，室虛衣帛，門盈擁篲。白日西傾，」渌波東逝，麟驂未揖，鵠衣成厲。其三。庭幽月滿，野曠秋驚，龍幰輟」軔，馬鬣疏塋。松風蕭颸，薤露淒清，九原長望，淚盡佳城。其四。」

咸亨三年十月廿七日寫。」

（周紹良藏拓本　開封博物館藏石）

咸亨〇六三

【蓋】 失。

【誌文】

唐故上柱國楊君墓誌銘并序」

君諱大隱，字朝，河南人也。傍求七德，赤泉開□名」之元；歷選九功，玄閣吐翰林之秀。見諸圖策，可略」言焉。曾祖賓，周驃騎；大父處默，隋巒州司户；父藝，」義寧中秦府庫真；或養正文雅，或經時幹略。君少」稟風規，早成聰敏，調清金石，志符松篠。貞觀之日，」有事遼陽，選百勝之威雄，占三河之勁勇。君乃棄」文士之筆，挺壯夫之劍，舞戟交前，方驗一身之膽；」楊桴直指，仍慴九夷之氣。勒勳上柱國，賞物五百」段。是日戰功，實彰忠果。豈意降年不永，俄從厚夜，」春秋五十有八。咸亨三年歲次壬申十月戊午朔」十□日丁卯，終於清化里之第。粵以其月廿八日」遷窆於城北平樂里之原，禮也。嗣子等痛貫濡柏，」迷纏集蓼，事深追遠，見託爲銘。其詞曰：

經緯伊始，」王侯厥初，天輔之德，道集其虚。焕焉圖史，肅矣簪」裾，星津遥裔，日斡扶疎。載誕猗人，夙標通雅，譽追」三鳳，神融一馬。勇伐既優，宦情徒寡，人代芒芴，□」樽蕭灑。惜其不憖，斯疾彌留，大年未極，倏爾先□。」林寒□□，□□雲愁，其言空在，此室長幽。」

（周紹良藏拓本）

咸亨〇六四

【蓋】失。

【誌文】

大唐處士淳于府君之夫人陳氏墓誌銘并序」

夫人諱恭，字令徽，貝州清河縣令陳師敏之第二女也。」粤以堯圖既喪，臣唐踐璿極之尊；姬曆載昌，賓周應星」弧之慶。氏因胙土，已著良書，代襲苴茅，今可而略。夫人」柔姿婉順，顯自髫年；懿範貞規，彰於笄歲。洎乎三星燭」牖，百兩將歸，舉桉申婦德之容，斷機成母儀之訓。良人」洛州河南縣處士淳于才，藝該文武，器總珪航，晦跡丘」萊，怡神衡泌。輔仁莫驗，奄閱孔川；京兆佇能，遽扃滕隧。君以貞觀廿二年十月廿日卒於河南縣之私第，春秋」五十有九。即以其年十一月五日窆於邙山之陽。夫人」蓬首孀閨，鉛華不御，柏舟自勗，之死靡他，廿餘年，克終」貞吉。咸亨三年二月廿日遇疾而終，春秋八十有三。即」以其年十一月十五日合葬於邙山之南原平樂鄉之」界。有子武義等，痛靈根之夙殞，泣血終天；哀聖善之無」追，崩心罔極。將恐田成涔蹬，義和迷浴日之津；谷變哥」峰，行人無墮淚之所。式銘貞石，用紀音徽。

重華堯輔，胡滿周臣，王姬下嫁，胙土斯因。其一。粤惟吉士，」積慶前脩，載誕貞懿，比德河洲。其二。結褵奉訓，作嬪君子，」闈譽班門，飛聲孟里。其三。良人早逝，淑質晚彫，誰云異室，」同穴山椒。其四。丹旐委鬱，白驥威遲，雲昏斧隧，風吟劍枝。」其五。恐陵谷之遷貿，慮緗簡之彫亡，踸爵里於玄石，庶」不朽於黃腸。其六。」

（周紹良藏拓本　河南千唐誌齋藏石）

咸亨〇六五

【蓋】失。

【誌文】

大唐故左驍衛萬歲府折衝都上柱國韓府墓誌銘」銘并序」

公諱昭，字炅，洛州河南縣人也。若夫□□」秀異，地洩英靈，傳茂緒於遐方，列清源於永代，載德」無泯，箕裘相襲。高祖□，周驃騎大將軍，開府儀同三」司，青、虞二州諸軍事，二州刺史，新義郡開國公；父擒」祖雍，」周開府儀同三司，左衛大將軍，洛、宜、華、□、陝五州諸」軍事，五州刺史，新義郡開國公；父擒隋，本郡太守，金」紫光禄大夫，和、永二州諸軍事，二州刺史，盧、□、慶、涼」四州總管，上柱國，新義郡開國公；清□素業，□鏡緗」編，德盛宏規，昭彰天宇。公釋褐東宮千牛、上臺千牛、」左衛翊□府校尉、右勳府校尉、陳王府典軍。縱容藩」邸，聲芳顯著，知名於童綺之歲，敏悟有成人之德，遷」東宮率府郎將、左驍衛萬歲府折衝都尉。公志氣縱」横，風情倜儻，□林□猨，遍知劍術；代爲名將，見於□」矣。以大唐咸亨三年十月十六日終於東都□」□里第，春秋七十有一。即以其年十一月十五日葬」於河南縣之北郊芒山之陽，禮也。面清洛，背□□。□」日黯而□□空，涼風急而雲旌圈，懼岸谷□□□□」聲塵於翠琬。其辭曰：

玉山落構，珠□□□。□□□□，」黄壚瘞賈。好非可恃，仁亦促齡。悠哉□暮，□□□□。」

（周紹良藏拓本）

咸亨〇六六

【蓋】失。

【誌文】

唐故處士王君墓誌銘并序」

君諱　字甑生，洛州洛陽縣人也。自玉策呈祥，爰著」三皇之□；金章譽美，方超五帝之隆。曾祖仲，齊任謁」者、登仕郎；體忠良之閑雅，韞淳惠之高風。祖嵩，隋任」□州長史；贊六條之善化，與王祥而方美；播千里神」□，共羅含而並駕。父威，隋任驃騎將軍、上柱國；故能」風華遠逸，贊務之道有方；德政清平，恪勤之功有裕。」君年唯綺歲，言行早彰，文武兼資，材宏見重。乃射策」甲科，遂超石渠之用；加以如珪挺質，飛白雪以爲心；」□水澄清，抱寒松而表志。既而隙駒鶩景，崦嵫之照」已沉；川龍急瀾，□泗之流永逝。粤以咸亨三年十月」十九日，卒於私第，春秋六十。即以其年十一月十五」日，殯於洛州北邙之陽，嗚呼哀哉！乃爲銘曰：」

赫弈昌宗，聯華盛族，文武相輝，詞林簡牘。代有忠良，」家傳福禄，材宏綺繡，英旌令淑。其一。休哉鴻緒，蔚矣重」□，德高善政，道冠含章。境來馴雉，化洽飛蝗，遽嗟人」□奄泫摧□。其二。□□難留，東川易倏，蒼芒丘隴，蕭條」原陸。風驚宿草，雲低拱木，代變桑田，時移陵谷，勒此」堅貞，遺芳篆籀。其三。」

（北京圖書館藏拓本）

咸亨〇六七

【蓋】失。

【誌文】

□唐故張處士墓誌銘并序」

君諱義，字成，南陽西鄂人。漢河間相衡之後也。秦基」爰啓，則儀贊人謀；漢道剋昌，則神符天授。詳諸簡牘，」可略而陳。祖鳳，齊大都督；父見，任左監門録事；並忠」唯奉主，孝實事親，仁義洽於衡閭，詩禮儔於□目。君」性尚沖簡，志好虛無，習嘉遁之閑遊，懷丘園□潔。立言立」德，歷夷險而靡虧；基孝基忠，涉歲寒而無爽。豈」謂輔仁同海桑之□，降禍叶頹山之歎，不憖斯德，殲」我良人，以咸亨三年十月廿日卒於私第，春秋五十」有五。長子孝讓等，茹毒號天，銜哀扣地，卜其宅兆而」□措之，即以其年歲次壬申十一月戊子朔廿二日」己酉遷合葬於北邙之原，禮也。雖地久天長，恐山飛」□□，敬圖貞石，用誌泉門。銘曰：」

珠潛水媚，劍藏光溢，立侍漢朝，坐論晉室。都督儒雅，」才標文質，録事領袖，夙昭名實。載生令哲，素稟貞真，」□□樂道，懷橘思親。積善餘慶，聞之古人，矧伊今日，」德亦有鄰。膏火自煎，無用斯寶，屏迹軒冕，遐相太皓。」鑿井耕田，優遊卒老，西崦遽晚，東逝不停，奄辭華屋，」□□□□，白楊吟吹，黃鳥悲鳴，一鎸琬石，長播□□。」

（周紹良藏拓本　開封博物館藏石）

咸亨〇六八

【蓋】失。

【誌文】

唐故司成孫公墓誌銘并序」

若夫聖□之受命繼天，握圖踐極，必有風雲協契，俊乂挺生，負佐命之宏圖，蘊經邦之偉略。運籌丹禁，揮翰紫宸，翊□玄樞，」參□神化。□夏資而式叙，中外籍以和平，望伊傅以齊聲，擬鍾張而有裕者，其唯孫司成公乎？公諱處約，字茂道，本□乘樂」安人也。自支分岐岳，緒派淇川，康叔以□弟匡周，孫惠以宗卿輔衛，姓因王父，既著於左言；慶籍公門，實彰於右記。巖巖崇」構，擬日觀以齊峰；淼淼長源，方天池而等浚矣。曾祖靈懷，後魏直閤將軍，平原内史，安康、清河二郡太守。子孫遂居清河之」鄃縣，德推人範，望重國華，文武兼資，内外唯允。祖士瑮，高齊河間王開府行參軍，員外將軍，直寢侍御史，武邑太守，隋陳州」司馬。霜毫與駿馬俱馳，露冕共繡衣同賜，威望素重，□謡迄今。考子起，以明經應舉，射策高第，隋授沇州司法參軍事，司隸」從事，襄城郡司□□□，皇朝湍陽、漣水二縣令，輕車都尉。因器宇弘雅，機神秀發，禁止令行，刑清訟簡。珪璋易達，雖」德邁於中和；才命難并，而位窮於下秩。官汝潁，又編貫於襄城郡之郟城縣焉。公大昂擒英，高房授色，風期晻曖，凌潁渚」而騰精；雲物氤氳，

□嵩巖而降彩。生而駭俗，言必驚時。心馳黃琬之聰，口注楊烏之辯。大衍知來之數，窮玄索隱之詞，總妙」幽襟，洞開靈府。兼以孝窮通感，悌極仁慈，并發自中試，非由外獎。初膺賓貢，特簡帝心，擢第金門，升簪蓬閣，貞觀元」年，授校書郎。陳農以先代碩儒，劉向以當時□德，方膺此任，自昔稱難，仍奉敕充修梁陳周齊隋等五代史學士□□」敕授齊王府記室，又轉韓王府記室。孫惠以應命立成，孫楚以高才亮拔，方得頻膺管任，歷處文闈，榜道焚林，莫之能類。永」徽元年禮部尚書驃騎都尉申國公應詔舉，遊情文藻，下筆成章，射策甲科。蒙敕授著作佐郎，又遷授禮部」員外郎，轉考功員外郎、弘文館直學士、騎都尉，又頻蒙敕授守考功郎中、上騎都尉，又遷守給事中、中書舍人。或史」觀清華，或仙壇崇秘。公乃飛纓璽禁，珥筆鵷池，自非才邁興公，望超安國，孰可連膺寵授，歷徙要津，孫氏詞人，獨冠於今昔」矣。顯慶三年，詔加朝散大夫、弘文館學士，餘依舊任。其年從幸合璧宮，忽□思敕使內侍銀青光禄大」夫□□□□□□□□□□仍遣聞奏，對使服訖，應時便愈。尋遷朝議大夫、司禮少常伯、輕車都尉，又受東台侍郎、知軍」國事、又奉敕兼知西台事，尋正除西台侍郎，知軍國如故。茂先之對千門，士季之□五字，既稱博物，復嘆□才，各授」此官，允符清望。麟德二年又授司禮少常伯、扈從□□□□詔加中大夫，仍依舊任。乾封二年詔除少司成。」總章元年二月上丁□□皇太子親臨國學，蒙恩敕賜絹六十匹。從貞觀已來，奉敕修撰周史，續貞」觀實録，兼國史文館詞林等；前後賜物八百段，并加勛級。又別奉敕修書，賜繒彩七百段，仍加時服。又嘗」御製詩面奉敕令和，和訖表進。蒙手敕曰：朕才輕黃竹，辭淺白雲。直以駐輦兹川，遂爲此作。卿棲情□海，浪」秋月而華金；瀁志言泉，花春露而皎玉。本望潤色，故示斯文。忽見比温洛於短章，喻滎河於拙句，十枝照景，□□□星，色以」真龍，音之儀鳳，循虛顧鄙，何褒飾之過耶。□玩來言，增其厚愧。咸亨元年五月染患，久未痊復。十月，蒙恩敕：早荷恩」榮，屢經驅策，出入臺閣，歷踐清階，勤宣政理，備□誠效，自嬰疹瘵，已變炎涼，精力既衰，不可牽以常務，宜聽致仕，遂其閑逸。」禄及賜會，并同京官，防閤三分給一。復蒙皇太子□使舍人就宅降□，□遺藥藏丞蔣義隆專在宅救療。二年春，從」駕東都，遂至危□。以其年歲次辛未五月景申朔四日癸亥薨於河南縣寬□坊之私□，春秋六十有九。蒙敕賜絹」布等一百段，粟六十石，還□□造□□，仍給□糧。并降璽書至宅垂吊。粤以三年歲次壬申十一月戊子朔二十二日己酉」遷厝於洛州洛陽縣清風鄉邙山，禮也。□公□範沖邃，器韻清通，言合典章，行成模楷，爰自弱□，□□芳譽，博聞强記，兼藝」多□，總萬卷於清寰，洞百氏於心極。研機緝思，則韻動咸美；命律摛文，則言成□績。至於精含萬象，體備六文，落紙如神，□毫擬聖，既銀飛而玉灑，亦鳳翥而鸞回。此乃楷□□義，妙符鍾索，加以琴情弈□，膺矢猿□，□散慮怡襟，□□降鶴；□瞻機」望□，飲石函□。并□瑑九能，斧藻百行，既稱奇絶，足冠古今。乃舍釣攀霄，彈冠膺□，聲摶九萬，價□十六。望大夏而高翻，□□修途而回騖。伊公始嘆，即遇興王；葛叟裁吟，仍逢英主。運泉源之智，掌綸翰之辭，曲盡物情，傍通藩俗。雖玄龍丹鳳之野，青」丘紫徼之□，□□□□□，□□□□之絶，□□亥□，□□□游。所謂□□□□□□□海□□□□□。敘恩煦則萬域□□，」論威武則百蠻震慴，妙符神算，特允聖心。已恃廟堂，仍參□幄，內□心力，外盡□猷，宜享□□之□，獲升台鉉之任。」豈圖福善無驗，□良奄臻，痛矣逝川，忽共宣尼俱遠，□□□景，遂□子建，同傾楚才，昔以庸虛，早□恩眄，方□引仲，□□期」張。契等松筠，歡同花萼。忽悲萬古，豈□百身，朝夕賓階，去來書户，感知已而興悼，撫餘□而自傷。□所著□集三十卷，見□」當代。夫人平原□君河南陸氏。有子六人，嫡子侹，前太子通□舍人；第五子儆，前岐州□□縣令；□六子□□，右驍衛三□」府右果毅都尉等。以爲舟壑易遷，山河難固，紫書或隕，青編行蠹，望杞堞以長號，對阜□而永□，擕孤幼而俯咽，瞻穹蒼而」仰訴。庶托志於巖阿，永圖芳於泉路。乃爲銘曰：」

赫弈軒緒，蟬聯姬胄，龜算北延，鼎業東構。貽慶未隕，英靈每授，武鏤丹青，文琱篆籀。其一。桓桓直閤，昂昂開府，天禁濯□，王門」曳組。司隸儒傑，高冥振□，望葉增暉，瞻門□□。其二。□□才子，體妙黄中，三玄獨寤，八素潛通。辨彰初綺，智表方沖，文機動律，」思律生風。其三。亦既□摇，仍符從壑，鴻漸蘭□，□□禮□。絓組陸離，□□□□，□□□□，參籌帝幕。其四。年催拱木，路促□原，□」□曉愴，薤鐸晨喧。雲深隴没，霧杳松昏，式鎸幽户，徽音永存。其五。」

（録自《考古與文物》一九八三年一期）

咸亨〇六九

【蓋】失。

【誌文】

唐故陝州司馬郭君墓誌」

君諱遷，太原人也。疏基漢牧，延茂譽於齠男；列派魏□，□芳名」於巫女。絢諸圖史，可略言焉。祖實，周任脩州司户；職毘千□，位」□六條，榮譽剋彰，無勞驗豕；令□斯洽，詎解詢雞。父興，隋任并」州□谷縣丞；諧兹集鷗，弼彼馴翬，仁政一流，歌聲□□。君武標」聰令，早擅英奇，孔仞難窺，毓文宗於筆海；黄陂叵挹，□學府於」詞條。粵處丁年，早從戎路，飛尺書而折寵，纓丈紅以超班。既而」景謝桑榆，漸衰蒲柳，皇恩尚齒，虞沐殊私，再除分陝之□，頻」□惟揚之地，雖亨鮮掣□不親於理方，而□醴樊」枯尺諧□養」□。豈圖禍淫斯謬，俄纏二豎之災；福善無徵，遽遘一蛇之疾。以」咸亨三年十一月十四日終於崇讓之第，春秋九十有九。□以」其年十二月三日窆於東都城東北平陰鄉之原，禮也。嗚呼哀」哉！痛結行謡，悲纏鄰相；靈□啓兆，瑞馬開塋。丹旐晨飛，指松壥」而肅路；素轜宵引，望蒿里以脂塗。絮蟣薦而神□移，□馬贈而」泉扃掩，顧」百齡之已盡，懼十地之遷訛，聊紀德於豐銘，庶傳芳」於不朽。其詞曰：

疏基漢闕，毓派魏朝，譽彰巫女，信洽垂齠。餘芬未泯，載誕英翹，」立圖勁質，溘爾先凋。其一。爰開宅兆，式薙荒埏，丹旗赴陌，素軜隨」阡。風驚蒿里，霧擁松壥，一雕豐碣，永固幽泉。其二。」

（北京圖書館藏拓本）

咸亨〇七〇

【蓋】失。

【誌文】

□唐故處士李君墓誌銘并序」

君諱子如，字仁靜，隴西狄道人也。原夫紫氣騰真，降」珠曜而凝祉；彩虹疏慶，掩玉壘而開圖。鏡水仙舟，闡」龍樞而衍貺；金山飛將，藴豹略而通奇。固以績列曦常，」業刊雲鼎，詳諸青史，可略而言。

乃祖貞，周任侍御史；」凝威梓署，校籍蘭臺，照霜簡以臨秋，運風毫而警俗。」顯考賢，隋任芮州大昌縣令；湛液疏廉，處膏彌潔，調」鳳琴而總務，帶龍鍔以毘風。惟君黃池育彩，紫萼浮」華，偃八桂以騰芬，艷九芝而混色。文光玉藻，翻夢鷃」於詞條；字落銀鈎，集驚鸞於翰苑。孔樽浮菊，庭招結」薛之賓；仲徑開蓬，座引製荷之客。泣瑰霄夢，曳杖晨」吟。方調龍鼎之滋，翻膺鶴板之召。以咸亨三年十一」月十八日卒於從善坊私第，春秋七十有九。夫人南」陽韓氏，苕華泛彩，菊蕊飛文，敷峻節而瓊溫，體柔姿」而蕙馥。迴風□釁，行飄落堇之英；閱水馳波，遂掩仙」蕖之色。以永徽二年十一月卒，以咸亨三年十二月」三日合祔於邙山之陽，禮也。恐塵驚日母，礪盡天孫，」敢勒彫瑜，式昭微範。其詞曰：

飛泉啓睨，託樹疏基，瓊峰搆趾，銑萼連暉，朱軿冰騖，」翠蓋雲霏。其一。若人誕粹，靈源衍慶，雅韻霜華，孤情月」映，彩浮楚玉，光□鄰鏡。其二。朋龜薦繇，祥鳥開塋，隴雲」朝結，松風曉清，一沉幽隧，永閟佳城。其三。」

（周紹良藏拓本　開封博物館藏石）

咸亨〇七一

【蓋】失。

【誌文】

□□□辰州刺史上護軍費府君墓誌銘并序」

□諱胤斌，江夏人也。蜀丞相禕之十二代孫。若乃德邁虞書，□」□植而誕慶；功宣魯史，傳封邑以飛英。曾祖浩，梁直閤將軍、」江夏太守；祖安壽，梁通直散騎常侍；父清，周本州大中正，隋」上儀同三司、澠池縣開國子、左驍衛武賁郎將，贈金紫光禄」大夫。君承徽茂緒，襲祉靈苗，解巾本郡司功書佐。既而飛鴻兆」孽，伏鼈流妖，擁膝而歎時屯，杖劒而欣奥主。武德四年，蒙」授東南道行臺舍部郎中，尋授秦州大總管府屬。貞觀中，□」轉原、慶、鄧三州司馬，兼鄧王府司馬，改授婺州司馬。永徽□」又授吴王府司馬，兼行梁州都督府司馬，又除吴王府司馬，」行安州都督府司馬。顯慶元年，除曹王府司馬，遷長史，兼行」梁州都督府長史，尋授使持節巴州諸軍事，巴州刺史，轉辰」州刺史。雖風徽克壯，有裕褰帷，而沖挹載懷，思從解組，丹祈」屢請，優詔許焉。息鍾漏於洛城，闢園林於邙阜。咸亨三年」八月廿五日，卒於河南里第，春秋八十三。夫人隴西李氏。粤」以其年十二月三日，合葬於平陰鄉之原，禮也。瞻言郢遂思」旌，易朽之銘，略撰徽迹，勒之幽壤。其詞曰：

探奇劍室，繹祕書帷，遁迹交喪，效欵昌期。承臺曳組，燮□」條絲，爰集鴻鷺，載騁驊騏。其一。榮復巴水，超忽辰陽，符竹迺□，」椒蘭以芳。憲清胡質，酌範任棠，惠孚賓壤，化偃蠻方。其二。景迫」徂圭，言辭頒玉，屏居洛涘，追風海曲。擔石寡儲，義方貽勗，□」挹庠酺，俄隨岱録。其三。薤歌悲夕，柳駕移朝，邙山遂近，江□□」□。□光隱陌，霜吹吟條，玄關靡曙，素範逾昭。其四。」

（周紹良藏拓本）

咸亨〇七二

【蓋】失。

【誌文】

大唐故宋君墓誌銘并序」

君諱季，字伯奴，南陽□定人也，今貫居洛陽縣，仍住河南」人焉。祖洛，父伏，並行高常塾，道邁時英，教義挹其清瀾，縉」紳籍其餘論。逍遥里閈，酒傳味道之賓；放曠風雲，琴玩談」□之旅。君以擢秀芝田，業優庭訓，分枝桂浦，藝洽私門，器」宇淹凝，神衿横溢，屬隋綱絶紊，寶祚將終，明去就於計先，」定存亡於未兆，於是辭吴去楚，入漢歸周，故得託乘西園，」曳居東閤，陪清夜之高興，偶飛蓋之嬉遊，功成於提構之」初，業隆於幕府之始，於貞觀年中，詔授陪戎副尉。」方當朱紫交映，銀玉相輝，豈期報施無徵，流謙莫效，以咸」亨三年十一月廿九日遘疾，卒於私第，時年七十焉。痛深」泉壤，思噎波川，即以其年歲在壬申十二月戊午十五日，」殯於邙山王趙村東北五里。嗣子楷，恐年零侵遠，岸谷隆」頹，勒玄石於幽泉，怨風猷之無泯。其詞曰：

天地權輿，陶甄萬類，篤生夫子，禀靈凝邃。輕禄遺榮，賾神」養志。懽彼微班，惡兹名利。其一。」陽烏遽掩，陰菟俄沉。淚班風篠，氣噎松陰。繐帷慼遠，素帳」哀深，逝矣君子，永息徽音。其二。」野奠既羞，殯階將徹，旐影蕭散，薤歌哀噎。荒郊雲□，窆門」風切，永閟夜臺，長扃曉月。其三。」

（河南千唐誌齋藏石）

咸亨〇七三

【蓋】　失。

【誌文】

大唐故房州司法參軍事李君墓誌銘并序」

公諱志，字元節，隴西狄道人也。原夫頊帝飛英，疏遠宗而槩日；柱史標」藹，構華族以横霄。瓊緒鬱乎隴西，文昌鋈藻鏡之鑒；璿葉芳於朔北，武」略冠騎射之雄。逖覽崇基，固難揚確；緬尋鴻派，豈易言焉。曾祖義，魏臨」河郡守；祖和，周諫議大夫，儀同三司；並器宇淹弘，風姿秀逸，俱藴韋絃」之德，咸申啓沃之謀。父遷，隋趙州栢鄉縣丞；孔仞干霄，仰者罕窮其際；」黄陂湛量，游者豈測其涯。尋以貳政有方，特蒙大使舉授房子縣令。及」綰斯銅墨，蒞彼絃歌，馴翟編謡，儀鸞緝譽。公纂仁延祉，表嶷於髫初；襲」慶承家，揚蕤於綺旦。嗣少卿之振藻，紹元禮之凝規。逮乎强仕之年，釋」褐合州漢初縣尉，又德州滴河、」寧州襄樂縣丞，武騎尉。職毘製錦，噬虆」踰江；位佐亨鮮，災螢遠境。自秩終畿甸，徙宅伊瀍，叙級增班，又授房州」司法參軍事。將欲弼褰帷於千里，遂發軔於三川，經途所届，爰臻汝部。」輔仁既爽，寢疾彌留，春秋五十有三，以永徽六年八月十七日終於魯」山縣旅館。嗚呼哀哉！夫人河東薛氏，隋汴州户曹會之女也。資禎神婺，」藴粹仙娥，糅桂含芳，儀蘭扇馥。柔順和於琴瑟，陰教穆於閨闈。洎孀旦」興慈，至訓標其斷織；惇年致育，雅量聞於廣衾。方冀積慶延祥，永固南」山之壽；豈圖福善乖祐，遽閲東川之逝。以咸亨三年六月九日卒於東」都之宅，享齡六十四。以咸亨四年正月廿二日合葬於邙山之陽，禮也。哀」夫往罽殯宇，阻偕老於明時；今祖轜軒，奄同扃於幽室。凄清夜月，流素」彩於孤墳；蕭索寒風，響悲音於迥壟。子寶意等，痛纏霜露，哀結蓼莪，想」山隤兮翠壤，懼海竭兮洪波，勒銘誌兮泉户，閟琬琰兮巖阿。其詞曰：

赫矣靈基，昭哉慶胤，配天崇德，括地疏潤。緜系瓊鏘，遐宗玉振，互簪蟬」冕，迭腰龜印。其一。猗歟淑人，克光餘祉，閒出髦彥，挺生才子。屢佐一同，亟毘」千里，令問孤映，清輝獨跱。其二。通閨鼎鉉，接閫琳瑯，門儔秦晉，族茂潘楊。琴」瑟諧調，蘭桂資芳，賓儀罔墜，傅訓逾彰。其三。壑舟遽徙，風枝靡固，日落霞」朝，翼摧雲路。鏡鸞緘彩，㪉驂跼步，高臺倏別，泉扉永暮。其四。蕭條曠野，寂」寞孤塋，一辭榮代，並瘞佳城。薤濡露泣，楊慘風清，式刊貞琬，用紀嘉聲。其五。」

（周紹良藏拓本　河南千唐誌齋藏石）

咸亨〇七四

【蓋】　失。

【誌文】

唐故德州平原縣丞畢君墓誌銘并序」

君諱粹，字思温，東平之盛族也。顯祖因官，家於洛邑，遂爲河南陸渾之人」焉。□源濬於皇澗，溢豳奏以登歌，慶葉高於大梁，□文昭而繼響。周封三」后，壬申爲册命之書；晉作二軍，震坎迺公侯之卦。以克成之緒，崇必復之」基，弈代有聲，緜圖不絶。曾祖義，齊殿中將軍、野王縣開國子；祖子詮，齊明」威將軍、安德王開府掾；父仕政，隋廣寧王府行參軍，並緝道光身，基忠事」國，蘇田開□封之邑，梁苑預招賓之禮，華望載融，英徽允劭。公風襟自遠，」霜操孤明。沖簡之規，託於仁巢之上；敦雅之性，行於信國之中。汪汪然湛」珠川之萬頃，落落然秀琪林之獨影。其道可久，其名不朽，固德器之瑚璉，」賓人倫之龜鏡。貞觀五年，蒙召預本州進士。一枝昇第，七步呈材，利用雖」騁亨衢，敏學猶精通誥。其年遂授密州博士。戴席標折角之譽，吴筠資栝」羽之工，暫齒鱣庠，遂階鴻陸。至十年，又任石州定胡縣尉。十九年，轉絳州」夏縣主簿。食菜柳下，夙擅孤貞，蔭苗山上，有沉英儁。至永徽四年，改任蓬」州安固縣丞。顯慶二年，又授德州平原縣丞。西踰九折，詞鋒高入劍之銘；」東望八支，智水廣容舠之詠。鳴絃佇佐，人唯調下之悲；振錦馴風，官止雄」飛之歎。公自束髮從宦，卌餘年，每樂道居常，流謙待物，以仁爲本，以禮爲」基。儉作德之恭，清爲行之寶。公明無貴仕，元淑苦沉淪，天道難言，生涯易」盡，粤以咸亨三年歲次壬申八月己未朔十八日景子，遘疾終於教業坊」私第，春秋八十有三。公之平生，每懷感激，屬纘之際，造皇箴一篇，鑒□」替於前王，成匡救於今帝。雖史魚勵節，翟黄直詞，取譬往賢，兼之者」矣。自餘文筆，多存好事。踰年正月廿二日，遷兆於洛陽平陰鄉之原，與夫」人宋氏連墳合葬，從遺令也。白楸行掩，仍賚拜斗之書；玄隧將淪，更崇同」窆之禮。嗣先昔因造閤，遂展通家，有子師旦、師丘，並申遊執。欒悲殆絶，荼」疚方深，見託爲銘，固之幽壤。其詞曰：」

肇基王跡，周有烈光，下武嗣興，大名克昌。以燕翼子，亦孔之臧，時惟顯胄，」允迪兹祥。潤篠抽節，縹蘭吐芳，識該學府，敏綜文房。清規映月，直幹淩霜，」君由志遠，位以言□。□□陰促，桐闇夜長，趨門鶴弔，集野烏傷。□黯□□，」風吹白楊，遥瞻通德，□然鄭□。」

（北京圖書館藏拓本）

咸亨〇七五

【蓋】 失。

【誌文】

隋故金紫光禄大夫淮南郡太守河内公慕容府君墓誌并序　夫人叱李氏，後夫人虞氏」公諱三藏，字悟真，其先昌黎棘城人也。前燕文明皇帝之第四子，太原王恪之七代孫也。昔」乾鑒歸明，艮維躋祉，儀天聳構，分緯開基，故其帝道王風，鬱華方志，曾動奥範，集絢旽謡。曾」祖郁，魏昌黎郡公，岐州刺史；祖遠，并州大中正，襲爵昌黎公，恒州刺史；烏旟沓映，熊軾荐驅，」惠化芬於百同，循風偃乎千里。父紹宗，尚書右僕射，東南道大行臺；氣稟星雲，光融日月，濟重剛於帝險，靜多難於時艱，定霸興王，暉圖藹史。公器資冥濬，識以慶優，忠孝之規，因心究」匹；仁義之道，被物咸孚。六象靈儀，既揚威而警瑞；九皐仙羽，遂激響以聞天。年十有七，擢齊」孝昭帝挽郎，尋辟太尉府參軍，旌衮胄也。於時陳宗紹舜，鵲起三江；□右稱周，龍驁八水。以」公武侯之胤，見委兵戈，真將之師，累彰戡獲，以軍功授開府儀同三司，武衛大將軍，仍食北」豫州滎陽縣幹，遽而非廉，進説地乳。所以稱兵宫奇，輟謀天齊。由其□□公之聖善，魏東平」長公主，即周武之中表姊也。帝往居西土，迺懷東顧，既申契闊，便委□□。況復義切表閭，情」深頓綱，親賢之重，公實兼焉，特授大將軍，尋遷晉州刺史。俄而蒼靈告謝，彤曆受終，精搜揭」日之才，共荷龔天之業。開皇元年，命以舊官從事。四年，加野王縣開國公。七年，除□州刺史。」時以貪泉逆命，昌澗挻災，側佇人謀，遐敷廟算。九年，敕公副行軍大總管襄陽公韋汪往伐。」汪以朱截梗慮，赤蟻銷魂，强飯無徵，裹屍先入；詔公總統軍事，并檢校廣州都督。公懋申藩」紀，體如傷於六條；肅奉戎機，陶必勝於三略。遂使凶擢誓兕，德泛文狼，仰清蔽斗之氛，下變」同川之俗。十一年，轉大將軍。十五年，除洮、旭、芳、宕、扶、珉、疊等七州諸軍事，疊州總管。長驅龍」節，緬跨雕陰，道濟中和，聲孚夐服。仁壽元年，改封河内縣公。已而文帝陞遐，煬皇祗極，遵姬」□之轍迹，超伯禹之疏奠。淮婴楚塞，濬感宸哀；江送吴濤，深儲帝念。維揚近甸，非親勿居，當」利腴圻，通賢乃寄。大業元年，除和州刺史。三年，加金紫光禄大夫，徙淮南太守。尋以乘輿播」幸，征調殷蕪，崇信姦回，狎棄衡保，危邦之恥，每疚於宿心；恤緯之憂，競傷於暮齒。大業九年」六月十一日，薨於私第，春秋六十有八。夫人叱李氏，齊武威王國妃；後夫人虞氏，隋河内郡」夫人。粤以大唐咸亨四年二月廿八日，合葬於洛陽縣之北芒山原，禮也。惟公彩昭夷朗，情」順瓌邈，九德兼劭，六行聿脩，學綜鈎深，文摛藻焕。鄧林棲鳳，若詞條之振葩；溟海横鯤，契鰓」□之激浪。鼓中庸以流訓，恢大雅以垂風，信列代之休光，乃中區之麗觀。故能成其後大，穆」□遺芳。令孫雍州涇陽縣尉知廉等，並業畛籯金，藝優全璧，正情遠概，登高臨下，遲家風之」□洽，思祖德之遐敷，鏤珪璋於壤末，播聲彩泉隅。雖凄晅之更運，將蘭菊而不渝。銘曰：

□鄉頹祉，乾造登庸，棘城增構，柳堞開封。祥摛鬬馬，業泰和龍，道暉緗策，響泛笙鏞。於穆雄」□□敷祖武，互分河嶽，繼生申甫。月清談旦，星沿德聚，識濟興王，謀貞奥主。春墟玉穎，漢浦」□□□光騰照，五美宣榮。允丕宗烈，還標國楨，春□藝苑，秋澹詞瀛。肇嗣兵戈，仍遭墋黷，渭」□□□□走鹿。何事非君，遂求多福，時逢擢杞，榮參剖竹。周綱不競，隋籙告□，爰旌舊德，」□□□□。□□闡務，藩紀馳猷，茂澄儇狡，洽彌虔劉。烏次徂暉，龍光奄謝，爰□□德，長隨萬」□□□□□□□□夜，終愴風楊，徒昭□舍。」

（周紹良藏拓本　河南千唐誌齋藏石）

咸亨〇七六

【蓋】　慕容君誌

【誌文】

唐故三品孫慕容君墓誌銘并序」

君諱知禮，字思恭，其先昌黎棘城人也。前燕高祖武宣皇帝之十」一代孫。曾祖紹宗，魏尚書左僕射、東南道大行臺；祖叁藏，隋金」紫光禄大夫、淮南太守；父正言，唐朝請大夫、行兖州都督府司」馬；並玉縝重暉，金精疊彩，鏤曾華於國典，驛峻範於萌謡。君襲」祉疏英，含休挺俊。生而五色，抗威鳳於仙嶺；吾家千里，軼瑞馬」於靈潭。風局幼清，襟神獨朗，雅擅詞藻，尤工篆隸。年甫十五，身」長八尺，雅性好學，服膺儒素。明經拾紫，業用斯優。君以志篤温」清，情深孝敬，卑濕之區，鬱蒸成疾。埋地演慶，方集祐於高旻；問」鵩躅憂，遽沉魂於下土。以顯慶四年七月七日卒於永康之廨」宇，春秋一十有九。粤以咸亨四年二月廿八日遷窆於北芒山」之大塋，嗚呼哀哉！惟君幼禀靈和，夙標純至，懷橘締想，符囊陸」於髫年；扇枕竭誠，均昔黄於綺歲。錫類之道，因心以極。匪莪之」思，臨屬纊而遺哀，敗蘭之歌，及蓋棺而餘響，令終垂裕，歿有清」徽，迺刻琬昭銘，式光泉路。其詞曰：」

寶曹開緒，璇源孕祥，重規□蔚，疊慶彌光。顯允君子，猗歟嗣芳，」心凝朗鑑，質瑩華璋。其一。榛對早奇，梅言幼辯，露綵翰，雲飛艷篆。」測奧儒津，探微藝鍵，鶴陰佇唳，鴻階未踐。其一。神聰靡徹，天鑒虛」陳，貽算爽孝，錫壽睽仁。屺望逾切，泉塗遽堙，終英落曙，顏秀凋」春。其一。歌切頽山，悼深埋玉，楚挽晨喝，悲驂曉□。松密壠青，草滋」墳緑，陳迹易古，夜臺難旭。其一。」

（周紹良藏拓本　河南千唐誌齋藏石）

咸亨〇七七

【蓋】失。

【誌文】

唐故絳州司户參軍慕容君墓誌」

君諱知敬，字思虔，其先昌黎穀城人，後因仕□□□□□□□□□」洛陽，今爲河南洛陽人也。自邑居蒙野，靈基分□□□□□□□□」苑□儀之德，故能遷風外域，撥亂中原，霸迹龍□□□□□□□□□□」起延玉板之休符，大業成乎四海，高門重乎千載，本□□□□□□□□」祖紹宗，魏尚書左僕射、東南道大行臺、武威王；藍玫顯俊，□□□□□□」具寮儀形列辟。祖三藏，隋金紫光禄大夫、淮南郡太守、河内縣□□□□」方榆象名動桂舒。一代龍門，風流籍甚；百城熊軾，甿俗澄清。父正言，」衛州長史、兖州都督府司馬，通襟滌忝，峻節凝貞，馳價士林，聲優汝論，首」僚藩席，化洽沂歌。君純嘏自天，膏腴有地。桑弧始御，明潤比於韋珠；行騎」初遊，符彩光於衛玉。年甫七歲，便工四始，□

復孟堅摛藻，是謂生知；季則「觀書，稱爲幼敏。黄中通理，德操欽恭嗣之奇；清朗無雙，伯偕歎元瑜之美。「語其連類，多愧司塵。既而德業弘宣，令名光遠，行遵筮仕，言就解巾，龍朔「三年，補右奉宸衛兵曹參軍，秩滿改授絳州司户參軍。汾絳之鄉，境殷三「晉；寀寮之任，選重九流。非我良□，豈膺繁局。司馬公時爲衛州長史，君以「久隔晨昏，深思定省，隆暑之月，駕言遄邁，冒兹炎鬱，遂積疲痾，登涉往來，「斬加沉篤，勉力扶曳，歸赴京都，居肓之疾□瘳，負□之歌奄切。以總章元「年八月十七日終於宣陽里，春秋卅有二。君妙達因果，洞該生滅，雖嬰疢「彌久，而推理自安，針石湯藥，拒而不進。逮乎屬纊，神色怡然，陳死生之大「期，顧親友而長訣。豈謂幽祇濫眚，□造不仁，□□殁於中年；生涯亡矣，□「壹殄於下位。□命哀哉！粤以咸亨四年二月廿八日歸厝於芒山之原。□「恐乾坤反覆，西山之柱一傾；陵谷遷移，東海之田三變。墐玄廬而掩迹，空「歎非春；勒翠琰而圖徽，方傳不朽。其詞曰：「

碣石東臨，燕河北注，地靈無歇，人英有裕。儁啓神圖，垂參寶數，祖宗繼德，「文武兼資。台儀鼎望，國範人師，慶流千祀，賢生一時。策名從政，振景升朝，「式扃引□，藩局班寮，清風暢穆，雅問宣昭。家薪墜業，庭蕚分雲，山秋月思，「松□□□，空餘令範，留芳士林。「

（周紹良藏拓本）

咸亨〇七八

【蓋】失。

【誌文】

大唐故道王府典軍朱公墓誌并序」

公諱遠，字元通。若夫峙茂族於陽陵，聲高俠窟；植華宗於沛國，業」峻儒宗。是以貞宣易名，騰士林而結藹；文忠孝行，振家葉而連芳。」代襲珪璋，門傳紱冕。曾祖廣，鎮軍大將軍；神窮豹略，藝洽隼墉，恢」七校之宏模，闡三門之祕術。祖綽，齊洺州長史；升榮展驥，底績效」於康莊；奉職題輿，令問馳於輦轂。父寬，隋嵐州司馬；卷舒人野之」際，隱不違親；逍遥得喪之間，貞不絶俗。公騰暉驥浦，夙標千里之」姿；濯耀驪宫，早發十城之價。禮而後動，苞五本而潤身；謙以自居，」藴四美而光德。暨乎解巾捧檄，挹投翰之雄圖；攬轡升車，篾調蟲」之小技。俄而擢拜絳州同鄉府果毅。趙冠耀首，越劍文腰，神交黄」石之符，訓洽青巾之侣。固已望華蘭錡，聲重羽林。三臺推殉國之」功，六郡掩干城之譽。於是皇枝列壤，資武略以恢藩；」帝葉分珪，佇戎昭而肅邸。遂轉公爲道王府典軍。風驚楚澤，時陪」雁沼之遊；月上梁園，屢奉猨巖之宴。既而光衰蒲柳，景謝桑榆，固」申匪石之祈，頗展揮金之樂。萬里封侯之愿，終屈志於風雲；百齡」遷壑之斯，遽纏悲於霜露。以咸亨三年九月廿五日卒於大賢里」之私第，春秋七十有五。即以四年二月廿八日遷葬於咸陽之原，」禮也。長扃萬古，終寂寞於滕公；永託九原，空流漣於隨會。嗣子護，」任三原縣天齊府左果毅；哀纏霜岵，欷結風枝，撫松劍而無追，瞻」楹書而靡託。敬刊沉石，永播芳聲。其銘曰：」

慶發指河，祥開鑑日，譽宣蘭檻，威横石室。猗人誕命，荷茲隆吉，逸」志請纓，壯心投筆。策名羽校，委質玳筵，飲石餘勇，揮金暮年。光」賢薤露，影謝蒿泉，山悲夜月，隴思寒烟。」

咸亨四年二月廿八日。」

（周紹良藏拓本）

咸亨〇七九

【蓋】 失。

【誌文】

君諱廉，字清，潞州上黨人也。府君蓋承暴成侯之苗裔，定」陽王之玄孫，莫不令譽綿長，神基遠古者也。高祖功深」業大，流芳圖史，開國承家，緬餘千載，任懷州刺史；曾祖」聞秤領袖，道藝幽長，令哲高明，綽有導人之德，齊任許州」司馬；祖任岐州大中正。君德望斥丘，流芳潞部，器宇凝」邃，邑宰稱其楷模；雅量洞開，鄉閭望爲規矩。可謂芝蘭獨」莠，不鏤而彫；松竹挺生，不扶自直。加以開閤待士，長袖留」賓，意悦百家，情興九醞。發言爲論，下筆成章，禮讓自居，儉素」恒足。誰知善根未淑，果業先彰，朝露易晞，隙駒難駐，春秋八」十有八，卒於華館。又復生爲仁孝，亡而有零，遂感里無巷」歌，春不相杵。夫人賈氏，妍同洛浦，智□恭姜，四德有餘，七」備咸悉。不謂歲當沽洗，奄就泉門，九族傷嗟，興言哽塞。大」息謂杭竿志業，望伴鳳以沖天；閉户脩文，擬乘龍而入漢。何」其遠志未申，上年夭歿，□以咸亨四年二月丁巳朔廿八日」葬於州城西一十六里。左瞻白水，右覩青山，前望藍河，却」臨崗阜。不謝春園秋月，芳樹花池而以哉。恐畏年深歲易，海」變成塵，勒石刊名，乃爲銘曰：

誕生君子，體包仁物，避宦潛形，舉衣高拂。若愚若賢，且榮且鬱，談詠古今，其言似訥。」其一。年來歲往，去若輪迴，寒移暑換，節氣相催。瀸河東度，照」日西頽，何其電火，奄就塵灰。其二。顔如司馬，貌似潘陽，迴如」鳳轉，動若龍翔。言成軌則，語合宫商，天不擇善，奄喪貞良。其三。泉門易奄，墜户難開，嗚呼逝矣，哽咽悲哉，幽零共萃，永卧塵灰。」

（録自《山右冢墓遺文》）

咸亨〇八〇

【蓋】失。

【誌文】

大唐故左親衛裴君墓誌銘并序」

君諱可久，字貞遠，河東聞喜人也。祖勣，」衛尉少卿邢州刺史翼城公；父居業，梁」州都督府司馬。君擅美藍田，虹光絢彩；」標奇渥水，龍友呈姿。見賞通人，知名先」達，選補國子生，俄轉左親衛。既而魂驚」大夢，運迫小年，夏首西浮，徒切思歸之」望；邯鄲北走，永絶平生之遊。咸亨三年七月廿八日遘疾，終於襄陽，春秋廿五。」粤以四年歲次癸酉二月丁巳朔，廿九」日乙酉，窆於京兆之朱坂。其銘曰：

卿相舊門，公侯子孫，荷戈運否，離經道存。佳城俄寂，夜臺寧曉，獨有仙禽，空遊華表。」

（周紹良藏拓本）

咸亨〇八一

【蓋】失。

【誌文】葬日原刻「十七日癸卯」，後改爲「月四日庚寅」。

大唐故度支郎中彭君夫人安定鄉君侯氏墓誌銘并序」

夫人上谷人也。漢準平尹、尚書令、臨淮太守、司徒、關内侯霸之後也。□□□」源，將天潢而並濬；昂昂望族，與地軸之齊高。平國之勳，雅辯稱於强漢，□□」之美，令望重於大梁。故已暉絢緹油，芬芳篆素，有自來矣，可略言歟。祖戎，齊」蔚州長史；父華，隋左監門兵□參軍；並人望國珍，羽儀領袖，鴻材利器，匡俗」濟時。運促道長，没而不朽。夫人剖耀珠藪，光暉載融，擢秀蘭叢，芳風彌劭，操」履貞粹，神情散朗，譽聞邦族，道映師宗。彭郎中幼挺瓌姿，早標岐嶷，永言秦」晉，難爲配偶。夫人以兹懿淑，作儷人英，百兩載驅，三周已御，似密妃之出洛」浦，同行雨之向陽臺，諧韻甚於塤篪，好合踰於琴瑟。綢繆箴誡，婉娩閨闈，儀」靜體閑，明詩習禮。九族資以爲範，庶姬仰而成則。俄而昊天不弔，與善無徵，」夢竪成災，哲夫先逝。悲鳳桐之半死，傷龍劍之分沉。夫人上奉尊堂，下提孤」幼，絶甘攻苦將卌年。慼貌嚬容，踐霜雪而彌悴；貞心固節，歷歲寒而不渝。匪」唯邁彼黔妻，實亦超兹孝婦。宜應克全五福，永保百年。何圖隙駟不追，□□」□及，以大唐咸亨三年八月五日，卒於趙州之公第，春秋七十有七。夫人植」□果於□田，茂禪枝於心鏡，爰居平昔，留情釋典，晤是非於空有，不絓礙於」塵雜，齊物我於得喪，豈凝滯於死生。雖年疾兩侵，精誠不倦。但人非金石，生」死有崖，朝露之恨遽深，反魂之香難見。有子濮州司兵參軍同慶、趙州司倉」參軍同壽，並克隆堂構，不墜箕裘。恨過庭之靡聞，痛陟岵之無望，感風樹之」不靜，踐霜露而號絶，瞻九原之可作，思百里而無期。粤以四年歲次癸酉三」月丁亥朔月四十七日庚寅癸卯，開北邙之舊墳而合葬焉，禮也。儉以安神，□□□□」之隙□而合禮，方憂東海之田，憑他山兮不朽，庶家風兮永傳，其□□」

綿綿茂緒，昂昂望族，臨淮之勳，流芳漢牘。夷門之美，傳名魏録。□□□□，□」官代禄，積善貽慶，誕茲懿淑。其一。懿淑來嬪，言歸哲人，三周宛宛，百□□□。□」琴如瑟，唯晉唯秦，箴誡在己，詩禮兼陳。以茲六行，睦彼九親。其二。□□□□，□」瞻是仰，天雖輔仁，報施終爽。哲夫先逝，余將安杖？睠彼遺孤，爰□□□，□□」顧復，明珠在掌，攻苦食淡，自幼而長。閱川難駐，隙駒易往，永謝□□□□□」壤。其三。靈轜夙駕，言赴洛中，薤歌悲露，丹旐翻風。聲嘶去雁，吹轉□□，□□□」木，月照寒叢。邙山舊隴，魂路應通，百年雖謝，雙劍還同，勒銘□□，□□□□。其四。」

（北京圖書館藏拓本　河南千唐誌齋藏石）

咸亨〇八二

【蓋】失。

【誌文】

大唐故王夫人墓誌銘并序」

蓋聞史稱芳軌，超其不爽之尊；詩表城隅，嘉其四德之謂。」故褻絆騰詠，石席凝規，德教洽於當年，淑問標於笄歲。其」有家傳女憲，代奉閨儀，獨炫光前，於夫人有矣！夫人□」王，并州太原人也。竊以隆崗棲嶽，派逐天波；瓊林蘀虧，□」侵婺曲，挺維妍粹，降出賢明，實縱辯通，神姿婉麗。祖諱□，」汝益二州司馬；父諱珍，不仕；並以臨庭寄命，露冕承光，弈」葉簪裾，標諸圖史。惟夫人挺生蘭室，稟潤荊山，幼習美」於長洲，長馳風於史氏，循儀騁譽，申禮防以屢旋；睦孕繁」孫，節鳴環而類客。府君早年偏喪，瞻拱木於墳塋；掩鏡」澄輝，凋玉樹於茲日；以咸亨四年遘疾，三月廿二日薨於」洛州温柔坊之第，春秋八十有一。其年四月五日，奉寧於」北芒之原，禮也。嗣子亮徵等，痛容猷之虚設，擁如慕於長」違，怨壽觴之次空，悼慈顔之永訣，叩心魂於八土，啓十慼」於九蒼，攀柳車而不歸，想椒風而慟絶，冀音徽之不没，敢」勒銘而俟今。其詞曰：

福源金礫，資玄承□。□水珠胎，光」圖譽紀。香纓漸訓，良家播美，式備禮閑，芳連宋子。其一。言依」女誡，動舒嬪則，淑慎寧慼，容華無忒。陳茲一行，包之四德，」□鑒恒明，懷柔不惑。其二。魂兮奄逝，冥寞歸真，儼容可□髣」髴如神。形沈響震，鸞鏡披塵，空傳餘馥，長謝芳筠。其三。」

（周紹良藏拓本　開封博物館藏石）

咸亨〇八三

【蓋】失。

【誌文】

洛州洛陽縣張處士墓誌銘并序」

君諱翌，字善宜，其先鄧州南陽人也。漢博望侯良之」胤胄，秦相儀之裔孫。祖僧護，周任許州縣令；褰帷理」務，德邁三王之謡；農桑勸分，豐盈五袴之詠。父伽，唐」曲□縣令；武超七德，智果六奇。公乃幼懷肥遁，黜弓」冶之良榮；長好消聲，哂逌聞於夷皓。襟□質白，涅而」不□，精誠布施，勤修無怠，伽藍營構，遠近必臻，經像」□書，大小咸預。屋潤陶公之竇，家豐車子之錢。金穴」無以籌，銅山何足算。豈意蘭蓀欲茂，而秋風敗之；春」秋六十有四，終於惟新里。豈獨舂鄰罷相，抑亦黨絶」巷歌而已。即以咸亨四年五月十七日，葬於北邙山，」禮也。白驥嘶而踢顧，兆窆域於佳城，懼礪帶之頹夷，」庶銘芳於篆誌。其詞曰：

明明遠祖，穆穆張侯，興宗白水，列爵黄疇。沙中擊□，」圯上收符，□曾箭，武懾田牛。其一。處士融朗，肥遁怡好，」南山弗履，東海無蹈。殷夢靡形，周兆匪告，矯狷佯愚，」杜門却掃。其二。富擬公侯，殷倖長者，意曉三乘，心明八」解。拾彼死生，不離虛假，怡顔體順，聲揚夷夏。其三。」

（北京圖書館藏拓本　開封博物館藏石）

咸亨〇八四

【蓋】無。

【誌文】

維大唐咸亨四年歲次甲乙」五月丁未朔廿二日西州高」昌縣人左公墓誌并序」

君諱憧憙。鴻源發於戎衛，令」譽顯於魯朝，德行清高，爲人」析表，財豐齊景，無以驕奢，意」氣陵雲，聲傳異域，屈身卑己，」立行修名。純忠敦孝，禮數越」常。以咸亨四年五月廿二日卒」於私第，春秋五十有七，葬於」城西原，禮。嗚呼哀哉！啓斯墓殯。」

（周紹良藏拓本）

咸亨〇八五

【蓋】 失。

【誌文】

唐故處士康君墓誌」

君諱元敬，字留師，相州安陽人也。原夫吹律命氏，其先肇自□」居畢萬之後，因從孝文，遂居於鄴。祖樂，魏驃騎大將軍，又遷徐」州諸軍事；父仵相，齊□州摩訶大薩寶，尋改授龍驤將軍；皆以」忠勤奉主，操等松筠；委贄稱臣，心貞崐玉。故得弈葉傳芳，崇其」□遠；纓紱遞襲，詳諸圖史。昔由余入秦，日磾歸漢，流芳簡牘，譽」擅縑緗，彼乃一時，未可同年而語。君生於□□之門，幼聞仁」義之訓，居身廉慎，口無擇言，立性恭儉，交遊以信，不貪榮禄，怡」然自安，放曠里閭，逍遥卒歲。然瀍洛中都，地惟神壤，往逢喪亂，」郛邑彫殘。文明握圖，四紘清謐，爰降綸旨，令實三州。」君光應朝命，徙居河洛，即編□土圭之鄉，洛州陽城人也。幸屬」禋宗大禮，瘞玉雲亭，山稱萬歲之聲，壇起白雲之瑞，遇斯嘉會，」授君爲公士。理應積祉餘慶，永保遐齡。豈謂瘵疾彌留，溘先朝」露，春秋六十有六，五月七日壬辰，殞於私第陶化里。以咸亨四」年五月景戌朔廿九日甲寅，遷厝於河南北邙平樂鄉，禮也。東」望首陽，惻夷叔之荒隴；南瞻伊洛，切田客之哀歌。子宋生，年餘」齠齓，號悲在疚，泣風樹之不停；陟岵無見，追昊天之罔極。恐寒」暑變化，陵谷貿遷，敬撰徽猷，乃爲銘曰：

人惟英彦，志懷秀異，金玉在躬，雕琢成器。不貴榮禄，怡然是恣；」不尚軒冕，無容造次。闔棺邙野，啓殯中荒，靈影風滅，筵寢徒張。」松風蕭颸，宿草滋長，及真冥昧，芳猷永彰。」

咸亨四年歲次癸酉五月景戌朔廿九日甲寅。」

（北京圖書館藏拓本）

咸亨〇八六

【蓋】失。

【誌文】

唐故成夫人墓誌銘并序」

夫人成氏，其先上谷東平人也。自有周建社，晝土」封疆，分命啓族，始於成叔，於茲弈葉，代有英華。曾」祖瓚，周任恒州常山令；祖粲，隋處士；父莊，涇州陰」槃縣尉。夫人即瓚女也。若夫淑慎窈窕，令儀温雅，」女史典戒，義方明訓，藻綷盤帨，靡不備兼。亦既有」行，將嬪周氏，洒掃饋奠，怡性承顏。惠渥既深，思酬」未答，永言偕老，翻喪初笄，謂善輔人，方其無驗。粵」以咸亨四年歲次申酉六月十四日卒於延福里」第，春秋廿。即以其廿三日殯於邙山之陽，禮也。生」孩七日，猶未撫名，痛此藐然，無母何恃？冀其成立，」瞻望蓼莪。恐舟壑貿遷，芳音不紀，勒茲玄石，用播」無窮。乃爲銘曰：

膴膴周原，綿綿瓜瓞，錫土封疆，大牙非絶，出守□」城，實茲華裔。嫋嫋素女，灼灼紅顏，連衡齊宋，方□」趙班。如何關念赤子兮靡識，在襁褓兮誰讚？豈□」門之悲咽，亦親賓兮慟潸。」

（周紹良藏拓本）

咸亨〇八七

【蓋】　失。

【誌文】

大唐故上柱國邊君墓誌銘并序」

君諱真，字行感，西涼人也。若夫括地疏靈，運鯨波而曳」緒；極天標峻，駕梁首以開宗。茂族磐根，崇基自遠。曾祖」清，隋任和州司馬；澄波萬頃，竦枝幹於千尋；落落懷遠」□之規，昂昂有逸羣之操。佩犢移風之教，諭滿江濱；褰」帷入境之歌，聲超淮海。祖端，宿丹墀而警衛，捧曹劍以」申誠，望極寵章，垂則後代。君三河炳耀，九市騰輝，湛秋」月之光華，縟春林之秀彩。往以三韓作逆，九種不賓，彀」月騎以長驅，指霜戈而獨遠，忠烈槩世，志勇三軍，封茅」之勳既彰，便授之以上柱國。不爲栖雋告釁，止鵬延災，」碎玉樹於庭陰，掩芳蘭於户籟，以咸亨四年六月五日」卒於私第，春秋五十有四。以其年六月廿六日葬於邙」山之陽平樂鄉，之禮也。嗣子仁則，茹荼飲痛，泣血銜恩，」陟屺岵而長號，攀日月而何及。於是勒銘神道，鏤主鐫」圖，知陵谷之貿遷，表蘭蓀於終古。乃爲頌曰：

峩峩茂族，藹藹鴻勳，桂華芳歇，桐枯半昏。令問令望，惟」君道存，琴懸牙室，萬古傳芬。其一。露晞朝薤，壑徙昏舟，芝」焚蕙歎，柳變蒲秋。先後迭謝，幽明再流，松門一閟，桂户」長幽。其二。泉扉寂寞，文物將終，百年已極，萬事皆空。寒松」凝影，宿草摇風，圖名紀德，播美無窮。其三。」

（周紹良藏拓本　開封博物館藏石）

咸亨〇八八

【蓋】韓君墓銘。

【誌文】

大唐故武騎尉韓君墓誌銘」

君諱節，字蕃，昌黎人也。原夫疇庸疏社，命氏因生，響被歌」鐘，功銘彝鼎，無資染翰，標昳緹油。祖胡，隋任中牟縣丞；父」才，唐任隰州永和縣令；並道包衆藝，器總羣英，德水重瀾，」孕含金碧；仁峰疊潁，蓄洩煙霞，玉潤蘭滋，堅芳弈代，隤禎」吐秀，載誕夫君。趙日内融，混少微而降象；黄陂外湛，包習」坎以流坤。履素無何，不釣名於箕潁；遊玄牝壑，豈逃利於」滄溟。蓄無待之心，坻流一槩；驩有崖之分，生死齊歸。未極」人榮，遽折武擔之石；夙符天爵，忽降陶安之龍。粵以咸亨」四年七月六日，遇疾卒於章善里第，春秋五十有二。嗚呼」哀哉！夫人樂氏。簪著展譽，衣布流芳，肅慮梁閨，矜容冀□。」先以咸亨二年正月廿七日，終於章善里第。接閈停梭，鄰」春輟相。即以咸亨四年八月三日，合葬於芒山之陽，禮也。」穀則異室，言從百兩之儀；死則同穴，終遂九京之禮。將恐」波遷懸米，舟移接漢之川；峰低委粟，澤貿干雲之嶠。假翠」琰以騰芬，擬乾貞之久照。乃爲銘曰：

長源濺日，崇岫干雲，瓊林桂圃，疊潁連□其一。篤生明哲，養」素太虚，心迹雙遣，形神晏如。其二。天欺與善，丹誣駐色，舟貿」伊何，終從大力。其三。棺留白削，書藏紫麟，形沉鏤壤，魂遊王」晨。其四。喝松風於夕景，歌薤露於晨陽，唯貞徽與素範，庶日」久而彌彰！」

（北京圖書館藏拓本　開封博物館藏石）

咸亨〇八九

【蓋】失。

【誌文】

唐故溱州録事曹君墓誌銘并序」

君諱澄，字景澈，沛國譙人也。叔振鐸之初□，因封命氏；平陽侯」之雅望，纂慶承家。帝子周親，仲尼慚聖人之後；功臣漢□，茂先」恥王佐之才。由是弈葉傳芳，□□間出，固以載諸史册，今可略」而言矣。曾祖仲將，周南陽郡□□書佐；寬以濟猛，明足照姦，雖」折獄片言，而隨狀流涕。祖俊，隋□州平棘縣令；功參製錦，先□」袪服之鄉；務綰牽絲，更動絃歌之曲。父開，隋漢王府典籤，東□」□池，引長裾之上客；西園蘭坂，奉飛□□良遊。君稟岳騰精，□」山秀質，心明若鏡，目朗懸珠。吐宏詞滔滔而江海不極，縱雄辯」凜凜而風霜坐飛。學以從政，爰膺褎舉，釋褐任相州安陽縣尉，」轉濟州盧縣丞，□□溱二州録事參軍。頻處撥煩，終傷調□。□」稱刀筆之吏，乃辭州縣之職，閑居逸士，初縱賞於家園；通德□」人，忽驚夢於□已。然則大觀齊物，知命勿憂，以存亡爲晦明，□」□爲朝夕。春秋八十，以大唐咸亨四年八月五日終於洛州□」道之第。嗚呼哀哉！惟君青天寫鑒，玉樹含芳。道德五千，佇准繩」而立義；禮經三百，應規矩而開宗。徒想平生，長嗟冥漠。孤子玄」□等，苴竹殞氣，陟岵崩心，無復避暑承恩，侍遊河朔，獨有臨終」□令留□洛陽。即以其年八月十四日，窆於北邙之原，禮也。山」川望□，煙雲夕而風樹寒；簫挽聲哀，隧路深而泉門掩。式圖貞」琬，用紀芳猷，將使陵谷有遷，丘墳可識，豈獨河南城外，唯見□」弘之□；偃師縣傍，□知王弼之墓。其詞曰：

天地降精，□□錫□，□靈凛慶，挺生材子。氣納風雲，學苞經史，」□□□宦，□□□□。其一。□□□牖，終悲奠楹，分河控洛，□□□」□，□□烏思，野□□□，□□□□，鬱鬱佳城。其三。」

（北京圖書館藏拓本　開封博物館藏石）

咸亨〇九〇

【蓋】失。

【誌文】

大唐故劉君夫人華氏墓誌」

夫人諱□□，河南人也。祖玉，隋□□令；瑚」璉成器，□□□□。父希令，皇朝」衛兵曹洛州録□；武衛綱維，濟玄機於赤」録；神州管轄，總劇務於丹豪。夫人生自華」宗，長於望閫，年將十六，禮過劉門，訓惟鵲以」兢懷，感初雞而切抱。不謂瓊簫合奏，徒結」軫於仙儷，寶匣初開，□分飛於靈劍。以咸」亨四年八月，終於洛陽之里第，春秋一十」有九。悲纏教義，思結風流，以咸亨四年八」月廿七日窆於洛陽北邙山。夜聚愁雲，晨」飛弔鶴，皓月沉兮晦松野，白露凝兮掩珠」薄，紀四德於泉扃，誓千秋於舟壑。其詞曰：

緇帷抒軸，縞服揚旌，翬祥晉道，鳳舞昭聲。」神襟蘭郁，風格筠貞，星嬪輟曉，月女□英。」香消華屋，魂卷佳城，式圖芳於翠琰，將席」美於玄扃。」

（北京圖書館藏拓本）

咸亨〇九一

【蓋】失。

【誌文】

大唐故黃州行參軍韓府君墓誌銘并序」

君諱仁師，字子敬，河南人也。粵以緜基遠趾，孕」華周而錫宇；積潤遥源，光大晉而揚紱。家諜詳」載，今可略焉。曾祖超，祖通，父政，並味道幽蹊，□」松喬而抗跡；棲遲素里，韻巢許以居貞。公雅□」□遠，風規自然，開筆海之清瀾，聳詞峰之藻秀，」釋褐蓬户，從宦金門，以乾封二年五月九日授」黄州行參軍。存五美於政塗，重二難於交友。而」降年不永，與善無徵，咸亨二年六月廿六日寢」疾，卒於官舍，春秋五十有二。嗚呼哀哉！至四年」九月廿一日，遷窆於邙山之原，禮也。嗣子令真擗趨庭之無□，哀陟岵之長隔，泝温洛以摧魂，」仰天潯而□□□音徽之未沫，敢圖芳於貞石。」其詞曰：華周錫宇，大晉開源，慶鍾來葉，爰生」哲人。神機無二，濬旨泉分，志高松梓，美馥蘭蓀。」其一。天厲不戒，積善難忱，鬼籙名顯，岱嶺魂沉。塋」松蓋落，壠柏風吟，奄凄零而懷感德，仰假墨而」□□音。」

（周紹良藏拓本）

咸亨〇九二

【蓋】大唐楊君墓誌

【誌文】

大唐故前齊府直司楊君墓誌銘并序」君諱晟，字世雄，其先弘農華陰人也。七代祖禎，徙居洛陽，今爲縣人焉。周」宗建極，西河導積石之源；楊侯命氏，西嶽起削成之鎮。川原爽塏，帝師降」丞相之精；人物殷豐，國華充太尉之撰。日來月復，蘭菊芳榮。祖超，陳鄱陽」府長史。帝子西園，馭燕臺之上席；天人南館，挹楚醴於中罇。父正巒，陳太」子洗馬。鶴鑰初開，弼前星之景耀；龍樓肅侍，延少海之恩波。公禀叡黄中，」和容素履。靈臺巏嵼，鬱槩日之崇標；神宇蕭條，寫陵雲之逸氣。黄叔度之」凝浚，萬頃澄瀾；和長輿之通雅，千尋直幹。談天詞令，韻黄馬之鏗鏘，垂露」文章，焕雕龍之彪炳。士林傾仰，當四海之通人；天爵威儀，得萬夫之華望。」隋末釋褐建節尉。峻節霜明，爲六軍之壯觀；奇謀川瀉，毓千里之神機，俄」而金鼎遷時，蒼穹革命，天下鬱拔山之氣，域中揚絶紐之紛。於是剗迹幽」蹊，息機時務。崤函之亡秦族，綺里山中；河洛之毁晉圖，山濤林下。洎夫」聖人有作，斷鼇埏立極之功；植物含滋，春鳥亮遷喬之曲。武德二年，召充」齊王府直司。鳳邸英華，極選鄒枚之客；猨巖形勝，高遊文雅之場。天謂流」□，方蓋南溟之羽；神欺與善，俄從北帝之遊。以顯慶四年正月十二日遘」疾，卒於東都積德里之私第，春秋八十有四。嗚呼哀哉。夫人隴西李氏，涇」州司馬瓊之女也。質挺柔明，器含貞順，肇飛皇之慶，演巢鵲之徽。

温氏玉」臺，忽照孤鸞之影；延津寶劍，終藏二龍之匣。粤以咸亨四年歲次癸酉十」月壬午朔三日甲申，遷窆合葬於北邙洛城之原，禮也。山門寂靜，空留蔓」草之悲；隴月徘徊，非是夜臺之色。琱翠琬而懸範，庶清暉之不極。其銘曰：

太華峻極，太史靈長。山川逸氣，人物含章。其一。」鑠乎君子，清源萬里。神槩碧霄，道牽黄矢。其二。」九州飛鼎，三極迴天。心馳物外，動處幾先。其三。」□郊正曆，猨巖承宴。倒景無時，遊魂爲變。其四。」□山北固，伊水南流。玄臺永夕，白日千秋。其五。」

（開封市博物館藏石、藏拓）

咸亨〇九三

【蓋】王君之銘

【誌文】

唐故處士王君墓誌銘并序」

君諱儉，字甑生，太原人也。若夫神烏絢趾，岐蓮標峻極之基；仙鶴凝空，桃□」演蕩雲之慶。暨乎金行首出，珠韜顯推轂之勳；炎景時乘，金鉉耀鼎臣之貴。」故得重暉冠冕，鏡月桂以涵芳；疊映組珪，佩星蘭而扇馥。金枝玉葉，可略言」焉。曾祖炅，周任昭武校尉；爪牙由寄，心膂是司，武帳陳謀，未乖千里之決；兵」鈐算略，無違百勝之功。祖珗，隋任蘇州崐山縣令；清直内融，皎朱絲於意户；」强明外朗，鑒白雪於情關。井井矜身，謙謙惕慮，迴鸞赴化，無謝於先賢；

乳雉」依仁，豈慚於往哲。父奬，隋任齊王府親事；杞梓交映，棘林琗璨，文潭春景，莊」錦水以霞開；詞刃秋霜，綺蘿松而雲揆。君局度翹敏，業亮英奇。筆海驚濤，激」龍門之竹箭；談叢貫岳，機豹略以舒蓮。抱素捨藏，捐衿利用，混姸嗤於一致，」體嘿語之同歸。養性閑居，遊心藝苑。以文會友，挾風月之情；以友輔仁，展琴」樽之趣。克荷堂構，無墜箕裘，文武兼資，名行雙美。以茲厚德，宜享永年，彼蒼」不仁，殲良奄及。以貞觀十一年五月廿九日遘疾，終於洛陽立行坊之里第，」春秋卅九。夫人劉氏，擢秀芝庭，抱金紺而發彩；陶襟蘭圃，佩玉質而含章。四」照分蹊，蕩春冰之龍鏡；九光昇浦，泛朝日之虹梁。六行是遵，四德無爽。既而」苕華發譽，蕣景騰芳，瞻彼户星之儀，爰偶移天之儷。弼諧君子，齊眉之敬已」弘；匹此好仇，徙第之規方展。文明履操，應彼牝牛；柔順居貞，顯茲行馬。母儀」垂訓，孕曹媛以流芬；婦德陳模，邁萊嬪而飛馥。冀以瑟琴偕老，鍾鼓同驩，俄」而雄劍先沉，巖桐半落。而夫人晝哭彌切，夜績方嚴，孀節不虧，孤貞自潔。實」期積善餘慶，永緝隆家；何圖司化無徵，奄摧芳淑。以咸亨四年八月五日遘」疾彌留，卒於洛陽私第，春秋七十一。即以其年十月四日合葬於北芒山之」平原，禮也。嗣子文殊，純孝宅心，温恭砥行，悲昊天之罔極，痛風樹之莫追。幽」路冥冥，墳塋窈窈，雲慘光兮松已闇，月悽明兮壟難曉。用鐫美兮紀薰猷，庶」旌範兮德踰皎。其詞粤：

孕靈岐岳，毓慶伊濱，金枝擢茂，玉葉揚芬。萬方服德，四海悦仁，鼎光顯績，衮」職褒勳。其一。才兼邦彦，文藻時英，情温玉潤，體勁金清。松筠比操，霜雪全貞，風」月俱賞，名利兩輕。其二。爰有華族，來韻瑟琴，冰壺寫態，水鏡澄心。母儀作則，婦」德是欽，兩楹遽奠，雙劍俄沉。其三。蟠龍抗兆，朋龜襲吉，霧黯欑塗，風蕭闇室。一」代英規，奄辭白日，千載播揚，芳猷踰鬱。」

（周紹良藏拓本　開封博物館藏石）

咸亨〇九四

【蓋】失。

【誌文】

大唐故襄州襄陽縣主簿上輕車都尉張君墓誌銘并序」

君諱傑，字超倫，南陽白水人也。漢相留侯之苗胤，因官遷」轉，遂爲洛陽縣人焉。祖略，周任相州刺史；父慶，隋任定州」長史；並以文物見知，廉平授識，或守或宰，仕周仕隋。執別」扇以揚風，處牛刀而訓俗，德均去獸，化洽宵魚，何直卧轍」攀轅，實亦砌父杜母而已。君禀質清貞，姿神温雅，言泉流」吻，靈鑒棲心，朗樂鏡於心臺，湛黄陂於性海。談叢議窟，一」代所先；吹薤偃波，四方攸重。皇朝授襄州襄陽縣主簿」簿。懲奸息訟，遠跨於一同；舉目提綱，政成於百里。風庭月」館，未虧嵇阮之遊；麗景花朝，每縱林泉之賞。誰謂閲川東」逝，隙影西奔，未符積善之徵，俄軫奠楹之夢。以貞觀廿三年」九月十七日卒於私第，春秋六十七。夫人王氏，百行兼脩，」四德咸備，芝蘭外馥，松竹内貞。未終偕老之期，奄遵同穴」之契。以大唐咸亨四年歲次癸酉十月壬午朔十六日丁」酉，與君合葬於北邙之陽，禮也。嗣子婺州信安縣丞處真，」心崩屺岵，情痛蓼莪，□起之清既乖，七旬之温永隔。仍恐」岸移川易，河變山□，□鐫玄石，永誌音徽。其辭曰：

嶽峻天孫，流長地紀，□冕更襲，英賢代起。其一。或武或文，時」守時宰，杜媿其庫，陸□其海。其二。其海難測，其庫難知，英英哲」人，孕彩崐崖，風庭縱賞，月夜忘疲，既齊物我，亦混妍蚩。其三。」寒暑更襲，日往月來，同傷王毁，共怨梁摧。倏辭華屋，長扃」夜臺。其四。風雲旦慘，煙霞夕霏，庶玄石與茂實，共天壤乎同歸。」

（周紹良藏拓本）

咸亨〇九五

【蓋】失。

【誌文】

大唐故韓君之墓誌」

君諱寶才，長安人也。君德行著於」鄉閭，物義芳於鄰里。不謂天降痾」疢，漸加困劣，名醫頻療，曾不見瘳。」忽以咸亨四年歲次已酉十月朔」廿九日卒於京城懷德之第，春秋」七十有三。遂以其年十一月九日」殯於京城西布政之原小嚴村之」左。恐年代遷移，墳將彫落，勒兹玉」琬，以記其處。乃爲銘曰：」

然君孝行，莫不恭順，生前著芳，没」後留潤。」

（録自《八瓊室金石補正》卷三十七）

咸亨〇九六

【蓋】 失。

【誌文】

唐故儀同三司董府君墓誌銘并序」

君諱仁，字賢德，隴西狄道人也。若乃藝總儒林，玉盃疏其奧旨；術窮」仙道，丹杏蔚其芳規。派浴日之長瀾，昌源自遠；蔭千雲之峻屺，曾構」斯隆。立事立言，英聲焕乎油素；一丘一壑，粹氣昭於煞青。祖嵩，齊鷹」揚郎將；父則，齊鹽池監；並風神夷曠，襟靈峻邈，國華斯在，人望攸歸。」惟公幼標奇節，不偶俗人，抗跡寰中，遊心物外。非吏非隱，自叶逍遥」之致；或琴書，足暢生平之樂。煙霞締賞，顧巢許而非遥；風月趨歡，想」尹斑而奚遠。靈仙可託，方欣太上之都；福善無徵，俄掩少微之宿。春」秋七十四，以咸亨四年十月七日，終於洛州洛陽縣彰善里。夫人戴」氏，即廣陵人也，隋驃騎將軍通之女也。閨儀載淑，婦則攸宣，柔婉彰」於五宗，貞順資於四德。作嬪君子，爰膺好求。蓬蓽相歡，偶高情於萊」婦；帷房展敬，均秀範於鴻妻。理契安排，賦天倪以偕老；痛深分劍，抵」平津而共沉。春秋□十三，以咸亨四年十月五日，終於私第。以其年」十一月廿一日，合葬於河南縣平洛鄉北芒之山，禮也。嗣子行操，次」子同州馮翊縣尉師道等，□過庭遺訓，痛結寒泉；思斷織之嚴規，哀」纏風樹。嗟日夜相代，懼陵谷之推遷，敢勒泉扃，式旌餘烈。其銘曰：

降基載峻，靈派攸長，史臣貽範，仙客流芳，辯推金碧，秩綰銀黃。猗歟」君子，爰契行藏，龜疇賾粹，龍翰擒光。仙雲降彩，柔儀秀發，既欣偕光，」遽嗟同穴，雙沉匣劍，孤流簟月。荒徑絶兮薤露滋，幽泉閟兮松風咽，」懼飛塵於碧海，敢圖芬於翠碣。」

東都留守御史兼敕勾大使弘農楊再思撰文。」故西臺侍郎息前岐州岐陽縣令孫儆書。」

專檢校人隋户部尚書孫逸士、京兆楊元珣。」

（北京圖書館藏拓本）

咸亨〇九七

【蓋】失。

【誌文】

大唐故張君賈夫人墓誌銘并序」

君諱威，字弘重，中山人也。即後魏儒林之裔。神交受略欃槍」於垓下；制侔造化，候地動於銅渾。晉室三臺，司空鑒斗牛之」氣；秦□雙闕，前涼表卧龍之城。其後弈葉衣冠，爲光相襲。祖」冏，隋任濮州濮陽令；父訓，唐任上柱國、河陽城總管、并州静」智府别將、定遠將軍、昌平侯；可謂一代名公，竹帛之後選也。」君嗣高門之餘慶，□神嶽之秀靈，少顯譽於鳳雛，長揚聲於」驥足，峨峨與□雲俱遠，□□與嵇松競高，異將來之苦圖，喻」飛光而入昴。春秋六十有一，以總章二年四月三日卒於住」所，狀□已詳之。夫人賈氏，涼州長史廉之女也。望重扶風，地」□近蜀。峨峨層構，與蓮峰而競高；淼淼長瀾，共箭流而俱遠。」談微宣室，誼延譽於西京；早頌蘭臺，逵博物於東漢。當金太」□，文和榮耀於鼎司；典午尚書，公閶寵冠於臺閣。濟美斯在，」可略而言。夫人心貞良玉，氣茂幽蘭，緑綺斯諧，青蘋夙薦。雖」復成都有召，曹氏先亡，蹈景之跡斯行，自誓之言彌著。不謂」傾羲西邁，桑榆之景俄沉；逝水東流，河□之光奄落。春秋□」十有七。以咸亨四年十一月四日卒於私第。可謂孤鸞隻影，」獨思絶於菱光；兩劍分飛，共潛暉於玉匣。以咸亨四年十一」月廿一日合葬於邙山之原。孝子玄福等瞻陟岵而横涕，感」風樹而銜悲，懼碧海西成田，勒玄礎而旌軌。其詞曰：

穆穆夫人，洛渚稱神。善光蘭室，譽滿桑津。泉扃奄夜，隴樹□春，」勒兹玄礎，式播清塵。」

（周紹良藏拓本　河南千唐誌齋藏石）

咸亨〇九八

【蓋】　失。

【誌文】

唐故處士任君并夫人孫氏墓誌銘并序」

夫人諱　洛州洛陽縣人也。夫華宗慶遠，三爵啓基；□」族紛綸，五侯承胤。此可略而言焉。曾祖信，祖念，父德，並」茂範英聲，昭彰彫篆；羽儀雅俗，抑揚當代。惟君早履貞」高，家風不墜，性惟清溺，志礪冰霜。隙駟難留，逝川長往，」粤以咸亨四年十月廿一日卒於私第，春秋八十。夫人」孫氏，隋定州定城縣令仕之女也。夫人令淑有聞，二姿」婉嫕，魚軒肇娉，百兩言歸，執輿之禮無虧，捧按之儀建」矣。既而常流採，未度牖而先沉；棫葉初開，不及昏而遂」卷。粤以龍朔二年九月十九日遘卒於私第，春秋七十」有九。即以咸亨四年十一月廿二日合葬於洛陽縣清」風鄉界之舊塋，禮也。嗣子善生，勞悴之感，痛甚風枝；惸」獨之悲，悽如霜葉。恐陵谷俄遷，桑田變海，故勒芳猷，乃」爲銘曰：

□□英奇，不終遐壽，何期竹柏，忽彫蒲柳。魂歸異□，煙」生壟首，勒此清徽，千齡靡朽。其一。恒娥上月，弄玉昇天，吹簫」得道，竊藥成仙。斯須萬載，倏忽千年，一朝分別，三見桑」田。其二。酒別緑珠，琴離碧玉，瑟上絃悽，箏間柱促。恨滿玉」□，愁盈金屋，變竹之啼，崩城之哭。其三。朝風漸冷，夜月方」明，看花落淚，聽鳥心驚。山多寒色，樹足秋聲，一埋珪□，」永別佳城。」

（北京圖書館藏拓本）

咸亨〇九九

【蓋】　侯君之誌

【誌文】

大唐故處士侯君墓誌銘并序」

君諱彪，字基，涿郡上谷人也。列國名臣，陽秋紀其盟會；信陵上客，史令」義其登賢。至於功定三秦，參伐謀於天步；玄圖用九，亦著録於師門。蘭」菊有芳，珪璋不墜，家傳儒素，業粹士林，斯爲盛矣。父敬，南陽郡守，惠政」風流，時稱有道。君幼而耿介，韶宇虛凝，遊必有方，居無塵雜。鴻生義窟，」藝業紛綸；童子參玄，扶踈枝葉。既而龍山改獻，鱉野猶迷，隋煬帝親總」戎軒，弔人洌水，以君薊門義勇，上谷良家，授遊擊將軍，賢能也。及恃威」翫武，神瀆馨香，巨猾挻災，下□流釁，元元蕩析，有聖經綸，堯武封泥，崤」陵風雨。君八磎流寓，九洛娛神，不面僞庭，惠訓無倦。海隅孫度，根矩棲」遊；隴右隗囂，班彪避地。自嵩華卷浸，混一車書，俗被唐風，人咸樂職。君」獨昧榮利，陋巷蕭然，樂巢許之逢時，□園綺之嘉遁。遂留心十部，如置」一瓶；妙蹟五圖，若指諸掌。毗城居士，空有兩忘；壺丘丈人，芝木成性。沉」跡隱耀，優柔而已。以貞觀十八年四月三日構疾，卒於上東鄉私第，春」秋五十有六。嗚呼哀哉！夫人弘農楊氏，隋業縣令雄之中女也。甄識明」敏，風儀温淑。以能仁之性，當執杼之勤，無是已之談，飾奉巾之禮。故能」獨高里行，惠此家風，德備先姑，道敦居室。以咸亨四年十一月卅日寢」疾卒，春秋七十有九。嗚呼哀哉！粤以五年太歲甲戌二月辛巳朔二日」壬午祔於平洛鄉邙山之阜，禮也。息文琮等，痛崦曦之俄閟，感風槓之」徒春，勒石流芳，孝於惟孝。銘曰：

燕華表瑞，上谷流□，地鄰龍塞，山連海隅。哲人是里，號多君子，秀出蘭」翹，卓然瓊跱。儒流□室，文房武庫，跨輾卿雲，卷懷遊路。爪牙之舉，荒服」是懷，帝難其任，僉曰爾諧。人忘隨德，禮屬欽明，身田法雨，常樂香城。陰」傷不□，或浮或休，奄從神惠，俄悲閣流。介貞有兆，柳轅分轍，神祔雙魂，」禮遵□□。隧霧晨藹，風松夜悲，玄扃遽掩，白日無時。」

（周紹良藏拓本）

咸亨一〇〇

【蓋】失。

【誌文】

唐故飛騎尉王君墓誌銘并序」

君諱則，字孝才，太原人也。其先奮傑標奇，光帝師於漢室；弘文」博物，盛王業於魏朝。所以列峙派流，固難得而祥矣。曾祖泰，齊」任鄭州陽武縣令；祖行滿，隋任雍州録事參軍；父寶德，隋任滄」州鹽山縣丞；並流美譽於一同，飛英聲於百里，德高仕伍，道冠」周行。公幼有令聞，宏量□遠，故慕林泉而縱賞，夢城闕而不遊。」麗景芳辰，命二難而遣慮；風前月下，引三雅以陶情。豈謂金丹」不成，遽悲星隱；煙霞未御，遂泣梁頹。粤以貞觀十五年四月廿」七日，卒於時邕坊私第，春秋五十有三。夫人陳氏，□井人也。籍」緒高華，資裔芳婉，清規有曜，奉池無虧。敬合蘋蘩，行彰圖史。自」可享茲多福，錫以遐齡。豈意生香無返魂之徵，人事有去留之」驗。以咸亨四年十二月廿七日，奄從窀穸，春秋七十有二。即以」咸亨五年歲次甲戌二月辛巳朔四日甲申，合窆於河南縣平」樂鄉界邙山之平原禮也。南瞻書涘，髣髴珠波；北眺圖津，依希」貝闕。嗣子玄亮，幾於滅性，□□以禮，毀瘠偷存，但恐陵谷貿遷，」桑田變易，所以刊文勒石，永紀芳猷。嗚呼哀哉！迺爲銘曰：

桓桓遠胄，邈邈遐芳，偉哉□□，是曰晉陽。毗漢輔魏，歷代彌光，」簪裾赫弈，繼軌相望。其一。六行久著，四德不移，膏腴文史，優柔姆」儀。如賓詎怠，琴瑟無違，將求軌則，實曰在斯。其二。四蛇起禍，二豎」興災，誰言輔義，翻泣梁頹。哲人斯朽，行路傷哀，几筵□設，空想」魂兮。其三。時序代謝，人事無恒，高山爲谷，深谷成陵。鐫文刻石，永」□清風，庶同不朽，乾坤無終。其四。」

咸亨五年二月四日記」

（北京圖書館藏拓本　河南千唐誌齋藏石）

咸亨一〇一

【蓋】　王君之誌

【誌文】

大唐故梓州通泉縣令王君夫人姜氏墓誌并序」

夫人隴西上邽人也，若華朝景，遠照昇於十枝；積石遥源，奔流委於九派。故」周庭獵相，道映垂□；魏册推賢，功成束馬。祖謨，皇朝金紫光禄大夫、秦州都」督、長道縣開國公，披荊贊業，裂壤登庸，衣繡光乎晝遊，分茅盛乎異葉。父□」基皇朝刑部郎中、太子僕，隰、利二州刺史，襲長道縣開國公；辰象垂耀，□焕」臺門；杞梓飛柯，攸生美地。夙延青紫，近躡含香之華；歷剖珪符，重浹留棠之」愛。夫人銀牓程形，瓊田毓德。凝規散彩，儷仙質於金波；映雪昇霞，偶神光於」翠浦。手文成相，方伉魯侯；顔玉流姿，還生趙國。乘龍道備，和鳳年登，爰逮初」笄，言嬪貴胄。牀第加慎，式展移天之儀；門閫不踰，載奉申襟之訓。擬班昭而」綴思，藻黼裁紈；均蔡女之彈毫，工超命草。通泉府君曩臨名邑，接翰雙飛。織」紝克脩，陰宣製錦之績；瑟琴調合，密佐鳴弦之政。乘凫遽落，雄劍先沉，言對」庭芝，用安心棘。教侔遷里，愛結倚閭，竟令賈氏諸昆，咸標虎號；荀家八子，俱」擅龍名。第二息同政，擢秀金門，委班松澗。夫人薄言從養，暫爾成裝，孝幼相」攜，嘯歌俱遠。膝前怡志，掌上融情。方謂人生若斯，未窮於激楚；豈知有涯如□，遽閲於驚川。春秋五十有七，終於婺州永康縣之官邸。嗚呼！去棹夷猶，纔聽榜歌之曲；歸艎委鬱，旋聞楚挽之音。足使行路縈酸，寫哀南陌；詎唯親族結慟，悽涼於北堂。粤以咸亨五年二月四日祔葬於府君之舊域。惟夫人寒筠誓志，匪石旌心。昔守孀闈，紅顔變於朝哭；今來蒿里，白骨同於夜臺。畢百年之大期，流千祀之芳譽。長子履□，囓臂違侍，暫乖扇枕之誠；噬指驚心，已屬撤懸之後。是用崩肝擗地，裂骨號天。奉櫬言旋，瀝血窮於萬里；負土申慕，銜痛於三靈。緬惟播美騰芬，實存於翠琬；安神卜兆，是託玄房。敢緝柔明，式揚不朽。其詞曰：月輪生桂，漢浦含珠，豈如邦媛，實應仙圖。行循軌則，容合典謨，言既無玷，德亦不孤。其一。天孫婺彩，陰祇兑質，是用茗華，言歸鼎室。望隆宋子，義先秦匹，照灼金閨，葳蕤彤筆。其二。笙歌祚遠，淮筮流長，韋珠映膝，衛玉成行。千鍾致養，萬壽稱觴，脩袖拂席，清謳遶梁。其三。如何降年，匪云遐命，餘輝未泯，芳猷在詠。地散珠精，墳臨石鏡，昔時孤月，亭亭獨映。

（周紹良藏拓本）

咸亨一〇二

【蓋】無。

【誌文】塼。

維大唐咸亨五年歲次壬午二月□□□□六日戊寅，前□□曹懷明妻索氏諱□□，春秋七十有二卒。少禀生知，早懷令聞，爲人□志，懽卓無同，親族之楷模，鄉閭之軌則，磨而不磷，涅而不□，松柏不比其貞，冰玉無方其潔。既而」魂馳西景，魄驚東流，名與風騰，隙駒難住，」致使絶人倫之軌則，朝野之失楷模。貴聞者哭於」宮，高覩者悲於室，嗚呼哀哉！乃爲銘曰：

人非金石，禍故無常。嗟兹亡婦，秋葉彫霜。身隨」煙滅，名與風翔。同生隔死，天命難量。昔與人處，今與」鬼居。生死既異，□□□□。不見白日，空卧丘埌。甘從灰」滅，□□□如。殯埋時訖，迴駕言皈。何愁不生，何患不□。」□□□□□□□□□□□□」

（録自《高昌專集》）

咸亨一〇三

【蓋】失。

【誌文】

唐故夫人史氏墓誌銘并序」

夫人史氏，鄴人。原夫靈嶠分峰，聳崇天而架迴；鴻源控液，」揭厚地以疏瀾。是以起導漳漪，建芳名於漢日；警崇魚瀲，」馳美譽於齊庭。弈葉布於詳圖，冠冕飛於簡册。祖訶，隋陳」州刺史；器宇祥整，風度淹弘，理人諧五袴之哥，濟俗合兩」岐之詠。父仁，朝議郎；文峰迴秀，藻五色以霞明；筆海淵深，」乘九奏而含韻。惟夫人桂苑流芳，蘭叢引馥，赤星含照，素」魄連華。總四德而含貞，均六行而齊美。至於崇遵釋教，傾」信首於法城，標覺蘂於情原，絢心花於意樹，豈謂月靈落」照，星務沉輝，鸞鏡靈明，神儀邃遠，春秋五十三。以咸亨五」年正月廿五日終於嘉善之里。哀子敬忠等，望風樹而摧」軫，泣寒泌以傷神，以其年歲次甲戌二月辛巳朔廿九日」己酉葬於邙山之陽，敬叙芳德，其詞云爾：巖巖遠岫，浩浩長源，昆山玉潁，漢水珠泉。干天秀峙，帶地」資川，簪纓繼踵，冠冕仍傳。其一。□秀月魄資靈，德容早備，柔」順夙成，仁周地義，孝盡天經。其二。閱川不駐，過隙恒馳，洛」濱化雪，巫嶺雲移。空傳柝誦，徒緝蘋詩，始辭人里，終結泉悲。其三。」隴雲朝□，谷霧宵昏，風吟古木，鳥思荒墳。草深霜遍，煙上」山門，惟斯貞石，芳音永存。其四。」

（周紹良藏拓本　開封博物館藏石）

咸亨一〇四

【蓋】失。

【誌文】

唐故夫人何氏墓誌銘并序」

夫含章獨秀，禀氣淹和，總六行以騰芳，標四德而流美者，」唯夫人矣。夫人太原人也。遠祖因宦，今家洛陽焉。若夫水」部挺生，振藻秀於梁國；侍中間出，播榮貴於晉朝。動璜佩」而連音，接冠蓋而環影，史諜具在，難可名焉。祖湛，隋河內」令；風度宏偉，識量虛明，潔雅操於冰霜，灑仁恩於雨露。父」樂，皇朝上柱國、朝散大夫、游騎將軍、酆川府果毅；機」神內照，謇略外朗，□仁義以爲心，感孝誠而興慮。屬隋氏」失馭，皇運□昇，附鳳翼而居榮，攀龍鱗以列貴，惟夫」人荆岑寫閏，桂圃延英，引素月而流輝，下朱星而分照。年」甫十七，歸□曹氏。既而移天展敬，箴誡有聞，琴瑟既諧，閨」儀更整。加以資神解液，藻十範以流襟； 識淨明珠，絢四心」而耀首。 行階無替，期□有憑，勝業既成，魂飛淨域。 春秋五」十，咸亨五年三月廿五日終於章善里之第，嗚呼哀哉！ 洛」川雪化，巫嶺雲沉，感親識之流慟，驚里閈之傷心。 子感，孝」該地義，志極天經，泣斷織而無追，想倚廬而增慕，以咸亨」五年歲在甲戌四月庚辰朔六日乙酉厝於河南縣平樂」鄉邙山之陽，禮也。 恐天環地轉，海變陵移，故勒芳音，刊茲」貞石。 其詞曰：昆山引閏，漢水源長，代承華緒，家傳棟梁。 在梁乃□，輔晉」還昌，圖緗播美，史諜馳芳。 挺生淑婉，桂馥蘭香，遽沉娥影，」倏奄星光。 霧淒□□，風悲白楊，徽音紀石，萬代逾□。」

（録自《芒洛冢墓遺文續編》中）

咸亨一〇五

【蓋】 黃府君銘

【誌文】

大唐故黃府君墓誌銘」

君諱素字方，其先江夏安陸人也。 自遠葉寓居洛州河南郡，因」爲縣人焉。 譬諸星柱危懸，去瑯琊而北徙； 煙峰疊峻，構羅鎮而」南遷。 原夫淮陽盛烈，光紫綬而分位，餘姚景胄，飛皂蓋而宣風。 」亦有天下垂名，掌樞機而藉寵，月初騰譽，擅端古而栖榮，弈代」有聲，英華靡絶。 祖道，隋任岐州郿縣令； 父滿，隋任曹州參軍事； 」緝化平陽，毗風陶域，裁錦參尹何之邑，牽絲擬孫楚之規。 惟公」藍墟宅粹，漢川韜媚，殖衡嶽以標材，入殷廟而藏器爾。 其仁甲」義的，德胄禮輿，敏學擅於外堂，中孚叶於盈缶，至若措杯投札」之妙，十憍六箸之工，皆遞習靈臺，潛運神户，雖後欽賢闢録，待」士懸旌，不顧拔茅之榮，終全孤竹之操。逮乎晚歲，卜構周京，背」芒契應□之情，面郊狎潘仁之致，□期鳩杖取逸，乘日以遊，而」舊巢降災，倚□□化。以咸亨五年四月三日遘疾，終於洛陽縣」景行坊私第，春秋八十有四。爰以其年歲次甲戌四月庚辰朔」卅日己酉，遷□□河南縣平樂鄉芒山之陰陶村北狼谷之原，」禮也。哀子衛尉寺守宮署丞玄義等，千門寫懿，十德揚蕤，哀絶」倚廬，感招銜塊，庶雕鐫之可託，唯徽音之□昧。甚詞曰：金印慶隆，銅符業峻，署門表德，公車延俊。澄陂湛清，對日流晉，」軒冕遞襲，簪纓遠振。其一。必復無替，宴翼克修，任人調俗，參事宣」猷。屬城稱最，毗郡垂休，鳴絲狎雉，遊刃全牛。其二。瓊根疏鬱，雲器」誕靈，蟻□削智，鹿澗韜聲。蘭室延賞，芝朋締情，嬉遊卒歲，閑居」面城。其三。人事不居，曦舒易往，奄悲瞰室，俄驚曳杖。松帳陰生，柏」庭煙上，敢撰德於青石，寫餘徽於泉壤。其四。」

（周紹良藏拓本　開封博物館藏石）

咸亨一〇六

【蓋】失。

【誌文】

唐故許州長葛縣丞李君墓誌銘并序」

君諱辯，字言，隴西狄道人也。原天胤玉衡之遠裔，□太𡾊以干霄；胄」□□之瑶源，控姜闌而委地。羽儀鐘鼎，飛絢緗圖，弈葉分枝，揚蕤素」諜。祖嗣，隋任密□司馬；父同，皇朝兖州金鄉縣令；并寓量淵凝，襟神」儁發，清規素譽，□甚一時，或化表於翔鸞，或才標於展驥。播良謡於」錯節，顯美政於頌條，軫妙響於三河，馳嘉聲於九有。惟君鍾慶蟬聯，」炳靈特挺，積和順而養菁華，尚仁義而重道德，歷落經史，梗槩怡然，」歸心所值，闇與理合。貞觀十五年，起家爲豫州偃城縣尉，尋轉許州」長葛縣丞。才比昔賢，英侔先哲，潘江競濬，陸海爭流，贊美錦於一同，」□□琴於千室。人歌滿路，是彰王渙之威；邑頌途謡，更標史起之化。」□得名光日下，道契雲中，仁義著於鄉閭，孝悌聞於州國。方當昇朝」贊位，服彼衮章，瞻鷄樹以翔儀，仰鴛池而獻册。豈謂輔仁無驗，與善」徒欺，兩童之藥難逢，二豎之夢奄及，春秋七十有五，以龍朔三年十」二月五日寢疾，終於清化之私第。即以咸亨五年五月十七日，與夫」人武城張氏，同葬於北邙平樂鄉。夫人則隋蒲州刺史嵩之孫，唐滑」州白馬令興之第四女也。夫人珠澤騰精，芝田吐秀，性理明悟，風□」幽閑，雖梁稱高行，曹號大家，代有古今，人無優劣，以大唐咸亨五年」四月十七日寢疾，卒於東都立行之私第。悲夫！龍劍先沉，始參差□」閲水；鸞□後晦，終委絶於玄霄。有子行琛等，揚名顯德，遡風樹而摧」軫，望寒泉而哽絶，逝者難追，悲纏於奉倩；遺□猶在，哀結於□仁。乃」爲銘曰：

隱隱洪源，巖巖峻趾，疏彩天潢，騰輝玉峙。飛英麗藻，揚芬絢史，鐘鼎」連芳，羽儀繼美。其一。爰有猗德，承家履□。玄府凝霜，珠池湛桂。赴期東」岳，脩文北帝。其二。嗟歎懿淑，君子作嬪。從風雪轉，映日霞新。圓昭育朗，」方逝流津。其三。人生若浮，光陰摇秋。低松月慘，覆隴雲愁。唯餘竹帛，永」播□□。其四。」

（河南千唐誌齋藏石）

咸亨一〇七

【蓋】張君誌銘

【誌文】

大唐故騎都尉張君墓誌銘」

君諱玄景，字元暉，本武城人也，今居河南焉。璧」瑺珠徙曜，無昧沖融之彩；桂樹移栽，詎損氳氳」之氣。留侯盛烈，昭章於漢年；壯武鴻名，紛綸於」晉策。其能嗣茲高躅，繼彼徽風，於何屬焉？在乎」君矣。惟君孝友裝性，仁義居心，於鄉黨則恂恂，」於兄弟唯穆穆。孰不挹其洪量，誰不仰其宏規？」展茂績於三韓，效奇功於九種。遂乃勳隆都尉，」名亞輕車。方冀搏飈，望長空而振□；何期□景，」傃幽墜而沉魂。咸亨五年七月一日，卒於私第，」春秋五十有二。即以其月十四日窆于邙山之」上，禮也。君美度斯在，徽範無虧，居不玦於白珪，」行豈愆於素履。可謂人氓之標準，風俗之規横。」未蒙五福之□，遽膺六極首。固乃悲涼潦友，悽」切親姻者□。□而厚夜將臨，深埏正闢，孀妻宛」頸，孤崩心，故敬述徽蹤，寄之堅名。其詞曰：

珠星啓號，睽孤擅名，居周孝友，兄弟宇量，淹通」心懷，情洮華堂，罷宴深泉，寓體名寄，□□義□。」

（北京圖書館藏拓本　開封博物館藏石）

咸亨一〇八

【蓋】 失。

【誌文】

□□故處士張君墓誌銘并序」

公諱才，字貞幹，南陽人也。□□大姓，因家於洛，即今」河南人也。原夫開地□□，五代標相韓之貴；大梁分」構，八王參輔漢之榮。祖、父並立德立言，可久可大，□」潤資於道勝，取樂安於容膝。君淹通□性，夷雅飾心，」居閨門以孝悌□事一□朋友以忠信。君輕財重義，」忘己徇公，不以寵辱□□，不以聲名爲累。自可心齊」大隱，神逸小山，豈復徇虛名於林藪，安□職於郎署」而已。方復追蹤七子，齊志八廚，災始西河之馬，禍起」長沙之鵩。以咸亨三年五月廿八日寢疾，卒於里第，」春秋六十有七。夫人何氏，行窮二百婦則，德備柔儀，」饁田如賓，詎慚於缺婦；舉案無□，自比於鴻妻。既而」君子云亡，義切□天之痛，雖魯稱節母，粱曰高行，無」以過也。以今咸亨五年六月三日寢疾，卒於私第，春」秋七十有四。即以其年七月廿六日合葬於北邙，禮」也。有子元纂，□渭源而沫泣，淚咽塞泉歷三百風□」□崩心□動松檟，仰遵故實，式播清芬。」其詞曰：

繫分大隱，星列少微，無爲□貴，嘉遁稱肥。」夫既辭祿，妻亦知機，斜景不留，閱川難駐。奄隨風燭，」俄傷朝露，一絶車馬，永鄰狐菟。

咸亨五年歲次甲戌七月戊寅朔廿六日癸酉葬。

（周紹良藏拓本　河南千唐誌齋藏石）

咸亨一〇九

【蓋】失。

【誌文】

唐故仁勇校尉飛騎尉張君墓誌銘并序」

君諱貞，字舍利，南陽人也。四代祖寬，後魏因官，今家洛陽焉。原夫」靈耀摛祥，感軒黄於姬渚；光流入應，降昊帝於華津。初則樹德封」榮，後乃觀星命氏。自文成授籙，表師帝於漢朝；壯武挺生，顯王佐」於晉室。長源遠係，難可名焉，台相公侯，詳諸史諜。祖超，隋洺水縣」令；雅量閑遠，儀表温詳，展錦製而增輝，動絃歌而流詠。父剛，隋朝」議郎、行雍州録事參軍；壇宇峻整，理識凝明，均露飛霜，威惠兼舉。」惟君襟質夷曠，機神爽拔，佩九流之芳實，冠六藝之菁華，清文發」而春暐舒，威武振而秋霜落，蹈仁踐義，履信居忠，捷慶忌而先□，」勇專諸而首發，閈閭振響，朝野有聞，詔君爲仁勇校尉。昔阮公」洞照，尚董職於步兵；今君識悟清通，乃資貴於仁勇。銜恩出塞，智」略從戎；望壘觀營，策標先覺。弓彎月偃，頻驚醜虜之庭；劍轉星迴，」屢摧逋寇之陣。授飛騎尉。俄而楹祠夢警，豎論成災，玉瀝虚陳，金」膏莫驗，春秋五十有八，顯慶四年十月廿三日終於時邕里之第。」夫人太原王氏，齊絳郡太守琰之孫，隋中牟縣令賓之女也。惟夫」人珠瀾漸潤，虹嶠流光，擢秀松柯，」飛華桂苑，春秋七十有三，咸亨」五年七月廿日遷神於尊賢之里。子師政等，想趨庭而增慕，思斷」織而纏哀，即以其年甲戌八月戊寅朔七日甲申，合葬於河南縣」瀍澗鄉邙山之陽，禮也。恐陵移巨壑，谷變崇丘，故勒芳猷，紀兹貞」石。其詞曰：

少昊遥胄，軒黄遠係，燮理陰陽，師王佐帝。冠蓋□」襲，公侯相繼，慶肇先人，福流後裔。積善餘慶，異人挺生，彈□□」仕，播德揚名。武横霜氣，文振金聲，遽嗟神理，與物虧盈。閲川水」急，日轡恒馳，昆峰玉墜，巫嶠雲移。空嗟玉瀝，徒泥靈芝，始辭□路，」終結泉悲。霧霾高隴，雲暗平川，風吟古樹，水咽悲泉。獸驚巨壑，」鳥思荒原，刊兹翠琬，芳音永傳。」

（録自《芒洛冢墓遺文四編》卷三）

咸亨一一〇

【蓋】失。

【誌文】

大唐故祕閣曆生劉君墓誌銘并序」

君諱守忠，字高節，楚國彭城人也。原夫玄珪錫成，御龍所以」命氏；金刀發彩，斷虵所以握祚。況乎派別五宗，□□源而不」測；枝分再命，播神葉而逾芬。其後雄才接武，揚蕤□國，逸氣」成章，鏡華七子。曾祖和，秀映嵇松，彩韜潘璧，得粹旨於濠上，」靡輟逍遥；獵玄風於柱下，無希寵辱。祖延，隋西平郡化隆縣」令；父捧，杞王府記室；或馴翟舞鸞，敷恭皐之良政；或瑇簪珠」履，侍楚趙之英蕃。君秀氣資靈，元精毓粹。纔登羈歲，即蘊黃」中之心；未越齠齡，先預玄文之賞。既而凝神圖史，瀝思緹油，」步七耀而測環迴，究六曆而稽踈密。精通五劍，有薛蜀之高」風；諾重百金，負季布之奇意。雖復用存過險，居滿誡於宥卮；」施而勿念，益寡符於易象。而福善芒昧，神塗超忽。臨溟激水，」翻閱逝於黃陂；披霧觀天，遽聞傾於趙日。粤以咸亨五年七」月廿一日遘疾，終於崇仁里第，春秋卅。即以其年歲次甲戌」八月壬寅朔十三日庚寅遷窆於高陽原之舊塋，禮也。元子志」誠，懼夜舟之移壑，憂桑田之變海，勒翠琰於玄泉，俾風徽而」斯在。其銘曰：

上哉神葉，□矣靈條，分枝炎漢，錫胤伊堯。白珩紫紱，金蟪華」貂，累踐□□，代躡清飈。其一。爰挺若人，是稱奇儁，雕鞶繡帨，瓊」敷玉振。□□括羽，莫窺牆仞，水鏡成姿，徵商飛韻。其二。西景駿」驅，東川□□，潘髮未見，滕城奄襲。楸壠月寒，松埏露泣，儀形」可泯，徽猷靡戢。其三。」

（周紹良藏拓本）

咸亨一一

【蓋】失。

【誌文】

大唐劉君之墓誌銘」

君諱嶷，字開明，彭城人也。祖君逸，綜閱經史，究覽典」墳，説詩擅解頤之談，答難標折角之譽。始橫經而去」土，終鼓篋而來賓。景暨高春，卒州博士。父絢，志存高」蹈，思訪逸於牆東；性禀恬和，慕追潛於竈北。遂迺拂」衣塵表，振翮雲霄，不事王侯，收心仕進。君幼而岐嶷，」早著家聲，庭訓有承，堂構無墜。及乎弱冠，□仕爲郎，」然失調同於十年，不遇歷於三□，年垂知命，竟不昇」遷。所冀福善有徵，誰謂輔仁無驗，遂以咸亨五年八」月三日遘疾，卒於思恭里第，春秋六十有四。即以其」年歲次甲戌八月戊寅朔廿五日壬寅，葬於洛州洛」陽縣邙山之南，禮也。母陳氏，痛鞠育之深恩，念温清」之闕禮，既傷舐犢之情，又軫啾噍之愛。懼山成碧浪，」水變青疇，嘉譽莫聞，徽音罕紀，哀哉永往，迺作銘云。」其詞曰：

疏派漢高，分枝宋武，積善餘慶，載延帝緒。烈祖顯考，」箕裘克舉，猗歟君公，光承宗旅。其一。志存謙順，性篤」温仁，緝熙六行，敦睦九親。爰仕縣職，清介著聞，方希」福壽，奄痛災身。其二。朝露易晞，夜川俄逝，同穴分歡，慈」親棄愛。鄉黨悲嗟，朋僚歎慨，已矣天道，悠哉人代！其三。」靈輀儼駕，神旐飛精，一辭華室，千載幽塋。松風夕起，」隧鳥晨驚，惟當沉石，勒美佳城。其四。」

（北京圖書館藏拓本）

咸亨一一二

【蓋】失。

【誌文】

大唐故潞州禮會府果毅王府君墓誌銘」

君諱郎，字客，太原晉陽人也。粵若鳳笙賓帝，緘秘籍於珠經，梟□□□，□」仙題於王室。是知冰河衍慶，翊素水之英圖；笠淮疏祉，贊玄石之丕□。萼」開金埒，彩散瑶林，絢鳳毛以凝姿，掩龍驚而緝譽。故以鱣衣螭冕，□上京」之□□，人望地華，集潁川之羔雁。大父僧，隋任并州録事參軍、秦州别駕、」□州刺史；緹油警冗，洗幘宣風，集西蜀之靈烏，展南荆之逸驥。父伽，隋任」□州司馬、澧州刺史；題輿縉懿，飛鶴舄以凌虚；褰帷案部，列鳥旟而絢彩。」惟公巖□飄香，庭蘭振芳，映秦城而吐耀，寫魏軫以浮光。爾其青田流響，」功警露於九皋；丹穴騰姿，終絶雲於五色。髫年表譽，夙彰懷橘之誠；綺歲□芳，爰敷□榛之對。既而飛龍演卦，洞十翼而鈎深；獲麟光史，探五例而」詳奥。皇朝擢授上柱國、遊擊將軍。六韜秘策，妙挹釣璜之佐；三略」英規，精窮化石之叟。尋授同州秦城府果毅。彫弓寫月，侔貫葉於楚臣；□」□浮星，掩操觶於越女。仍□潞州禮會府果毅。魚麗鶴列，七萃仰其宏圖；」□馬連鷄，五校資其妙術。小年□往，俄嬰霧露之悲；大夢流嗟，遽軫瓊瑰」之釁。以咸亨五年七月十一日遘疾，終於清化里之私第，春秋七十。嗟乎！」人琴俱逝，終切王子之哀；膏蘭共盡，猶傷楚老之□。嗚呼哀哉！惟君靈臺」寫鏡，照符彩於四鄰；神宇澄陂，控波瀾於萬頃。碧雞飛辯，下談囿以先鳴；」素鷗摛文，翔翰林而獨翥。嵇松吐秀，韻警長風；王柳開華，影敷春月。巢雋」結釁，摧勁翮於摶飈；隙駟侵年，踠高足於追景。粤以其年十月八日，葬於」邙山之陽，禮也。朋龜薦兆，靈鶴開墳，晦孔樹以流煙，照滕城而慘日。繐□」爰啓，玉樹終沉，夕霧結兮蒿燧暗，朝雲積兮松逕深，齊終古於蘭菊，庶無」昧於徽音。其詞曰：

長淮紀祚，崇岱疏基，政光鸞舞，譽警龍飛。忠宣化蜀，績著歌沂，琱戈錫祉，」金鼎圖徽。其一。迺祖分竹，祥弊叶慶；顯考斑條，伐枳流詠。朝霞獨舉，明月以」映，佇扣梟鍾，詎□鸞鏡。其二。誕茲令胤，籍慶生知，華松千丈，芳桂一枝。識該」孔壁，翰□張池，□環談藪，濯錦文漪。其三。華敷玉樹，彩流琁甹，劍飛鴻斷，絃」□雁落。擅譽荀龍，馳芳郄鶴，迅風飄景，藏舟徙壑。其四。松崩結欷，蕙歎流悲，」□延黃鶴，哀纏素騏。原阡□霧，宰木吟颸，恐白楸之易朽，託翠琬以敷□。」

（北京圖書館藏拓本　河南千唐誌齋藏石）

咸亨一一三

【蓋】失。

【誌文】

唐河南□□安邑關君夫人墓誌銘并序」

夫人姓王氏，其先太原祁人也。□義之長女。□□□□」御鶴，闢銀牓以登仙；葉縣飛舄，綰銅章而謁帝。□□□」冊，可略繁言。夫人挺妙星漪，含章光緒，韻華□□，□□」莊情。四德垂風，不因於保訓；七篇成範，得之於□□。□」夫有行，作嬪君子，和聲木，綷翼平林，譽重饁田，□□□」饋，固謂□芳菊頌，道映蘋詩，而閱水成川，藏山□□，□」□偕老，奄謝生涯。春秋六十有四，以咸亨四年□□□」日終於思恭里之私寢。即以其年二月十六日□□□」芒山之阜，禮也。惟夫人婉順居貞，雍和允塞，恭勤□□，」險陂無私。薤露忽侵，椿齡遽謝。息汴州封邑縣主□□」會集蓼崩心，茹荼嬰感，酷泉原之莫曉，訴蒼旻以終□。」懼陵谷之言遷，託琬琰而披頌。嗚呼哀哉！乃爲銘曰：

魚舟遠慶，鳳笙遐祉，赫弈百王，葳蕤千祀。舄長亢，傳刀」濟美，懿□懿親，惟蘭惟芷。猗歟閑令，允著音儀，三星耀」彩，四德垂規。韶容景蔚，淑範風馳，情勤組紝，禮洽饘酏。」閲水無歸，藏山奄謝，孔丘真宅，莊生物化。樸散小年，燈」窮大夜，泉扃永閉，塗車何駕？」

（北京圖書館藏拓本　河南千唐誌齋藏石）

唐代墓誌彙編

上元

上元〇〇一

【蓋】失。

【誌文】

唐故處士程君墓誌銘并序」

公諱逸，字棲遠，河南人也。側聞漢將明順，感靈贇以銜珠；魏□□」□，夢仙閭以捧日。既而喬柯窠月，秀葉籠煙，綿德業於家風，宣勳」庸於國典。祖歙，周任幽州薊縣丞；父暠，隋任潞州司功參軍；贇錦」疏文，摛律暄於黍谷；輔銅昭粹，聚星景於楡關。光輔銀章，飛狐靜」險；雅匡竹使，祥鷗翻儀。公貞邁方流，鑒符圓折，清襟外映，沖檢内」□，考白賁以居心，仰青霞以棲景，情祛押翔庭之鳥，志樂別游濠」之鱗，不悟飛月霄流，奔曦曉落，金液靡駐年之驗，瓊瑰成泣夢之」妖。春秋五十三，貞觀廿二年九月二十四日，終於脩義里。夫人嚴」氏，周宋郡穀熟縣令之慶孫，隋鄭州參軍之令女也。道協坤柔，情」含巽德。芳姿桂馥，猶疑棲月之儀；懿範璿貞，仍著捐金之度。閨中」令秀，非止張妻；林下清風，豈唯謝婦。鳳兆感和鳴之婉，一劍沉□，」寡居奪邕睦之棲，孤鸞睇影。泛柏舟而表節，眷松栴以偶貞。豈期」月薄星翻，嫠景與娥姿尚在；運移塊息，春蘭共秋菊銷芬。大唐咸」亨五年八月九日卒於修義里，春秋七十一。嗣子威、積等，眷風枝」而泣血，痛遺劍以□欒，延子驚玄鶴之翔，相域建青烏之兆，粤以」上元元年歲次甲戌八月戊寅朔廿九日景午合葬邙山之原，禮」也。大力真迴，喬峰落峻，嗚□式運，牝壑湮深，遷貿□常，音徽有□，」刊諸翠琬，茂實攸傳。其詞曰：」棱威翼漢，靈夢匡曹，東旦義婉，西蜀財豪，響飛六二，聲華九臯。其一。」贊錦蘇門，毗銀藕澤，道懷鸞鳳，文清金石，處士誕靈，棲仁晦迹。其二。」伊何□□，隱諧蒙吏，鞭羊封已，害馬祛志，地邇心遐，塵和趣異。其三。」婉彼夫人，冀嬪君子，百鸞希匹，□光萃止。和此鳳鳴，温其鴛跱。其四。」劍謝蓮掩，婺没星沉，帳虛垕積，泉冥更深，圖二芳於貞琰，庶□□」而攸欽。其五。」

（周紹良藏拓本）

上元〇〇二

【蓋】大唐故文林郎王君夫人墓誌

【誌文】

大唐故文林郎王君夫人墓誌銘并序」

夫人雍州乾封人也。原夫靈根蔵茂，秀玉樹之青葱；」純派悠長，控珠流而浩汗。由是聲塵肸蠁，冠蓋蟬聯，」備在方册，可略言矣。曾祖等並抽芒星緯，毓慶雲枝，」漸鴻陸而遊天，激龍津而運海。父義通，任秦州上邽」縣令；牛刀遊刃，武城之譽克隆；魚躍享鱻，萊蕪之芳」式序。積善餘慶，信而有徵。夫人則柏明府第三女也。」驪川孕彩，虹浦翹姿，藻四德而揚芬，劭三從而有裕。」年甫十五，適于王氏，粉繪徙鄰之訓，財成斷織之規，」欽若張箴，允釐曹誡，所謂蘭閨淑慎，襲蘅薄而流芳；」豈圖夜臺超忽，掩泉扃而褫魄。粵以上元元年歲次」甲戌八月戊寅朔廿二日己亥寢疾，終於醴泉里第，」春秋七十有一。即以其年八月廿九日權殯于長安」城西一十五里高烽原，禮也。子安仁等風枝結欷，寒」泉增感，青烏演兆，猶未祔於重衾；黄壚啓墜，軫分塋」於改卜。恐丹青歇滅，人事推遷，爰闡德音，式題貞石。」其詞曰：

龍丘錫祚，虹姿絢美，猗歟令淑，克明終始。柔婉自天，」徽猷在已，丹桂流馥，紫蘭貽祉。于嗟婉範，倏掩芳蓀，」鵷機絅織，鸞鏡塵昏。風淒隴墜，月落山門，天長地久，」身翳名存。」

（周紹良藏拓本）

上元〇〇三

【蓋】失。

【誌文】

唐故洛汭府隊正董君墓誌銘并序」

君諱軸，字文衡，隴西狄道人也。三代祖瑒，因宦今爲洛陽人焉。□」夫太尉馳芳，播榮名於兩漢；翟王稱貴，振勝參於三秦。威贊隆□」於晉朝，新成奉謀於沛室，史諜具載，難可詳焉。祖擬，周涇州刺史；」寓識凝澈，機韻閑清，仁扇百城，澤潤千里。父訶，英秀天發，風骨夙」□，縱琴酒以陶情，賞林泉而藻性。惟君器識淵博，神鑒韶明，擢鄧」幹之千尋，湛黄陂之萬頃。學窮六藝，解總九流，筆峰運而五彩宣，」詞韻暢而八音會。至於五行一覽，風振逸羣之姿；問一知十，早超」倫輩之敏。地義天經之孝，□自齠年；温恭悌友之情，彰於弱歲。若」乃壯氣標舉，望風雲而善六奇；智勇兼資，叶深謀而窮七略。起家」授洛汭府隊正。毗緝禁武，勣彰五校之中；叶贊戎昭，美振一麾之」內。既而兩楹奠響，奄嗟梁木之摧；二豎潛神，忽同隙駒之逝。春秋」六十有四，咸亨二年三月　五日，終於思順里之私第。夫人劉氏，」彭城人也。惟夫人荆巒毓彩，總四德而均芳；洛渚含姿，該六行而」流美。春秋六十有二，上元元年八月十五日，遷神於思順之里，悲」夫！龍劍先沉，遽没延平之溆；鴻儀後奄，俄銷楚嶠之雲。子思齊等，」痛趨庭而絶訓，悲徙宅而無從，即以上元元年歲在甲戌十月丁」丑朔十四日庚寅，合葬於河南縣平樂鄉邙山之陽，禮也。恐峰平」巨，谷變丘陵，敬勒芳音，紀兹貞石。其詞曰：」

在秦稱貴，居漢標榮，或列台輔，或佐公卿。並傳冠蓋，俱列仁英，千」齡萬葉，尚振嘉聲。其一。自君載祉，慶延兹出，禀象均舟，謀天對日。學」溟濤注，詞波飇溢，德列士班，身從下秩。其二。萬古奄歸，百齡俄暮，璿」驚夜壑，遽同朝露。節流時運，人移代故，泉閟一關，何年有寤？其三。平」原霧慘，高隴雲愁，日昏山闇，風晚松秋。岳翻成瀣，海變爲丘，唯此」貞石，永播芳猷。其四。」

（周紹良藏拓本　河南千唐誌齋藏石）

上元〇〇四

【蓋】 王君之銘

【誌文】

唐故處士王君墓誌銘并序」

君諱義，字思貞，太原晉陽人也。高祖毅，入仕西魏，家于」京兆，又爲京兆人焉。止戈爲武，將軍靜漢東之師；戚里」吹竽，良守啓宜春之境。亦有雄規直節，羞爲晉臣；思妙」登樓，恥歸劉表。風猷地望，代爲人宗，豈徒族胤仙儲，三」才命氏而已矣。祖操，牟州刺史；風猷骨鯁，時譽所歸。父」逸，黄梅令，敏古柔明，實稱有道。君克岐履尚，孝友之性」純深；志學疏通，玄儒之風兼裕。義而有禮，廉不苟求。善」史書，工劍道，雖閑遊自致，名位未階，而仁勇公方，每□」爲己任，果於從政，嚴而不殘。至於弱子家僮，咸能訓誘。」及邛山構沴，瀘水挺妖，東馬勞師，繩橋利武，君從征以」義，終廓滇池。既而返旆沉犀之鄉，巇楫啼猨之峽，而炎」風結膆，茵露侵肌，粤以上元元年七月七日構疾，卒於」荆南之野，春秋五十九，嗚呼哀哉！即以其年十一月廿」五日歸葬於河南之北山之陽，禮也。息潁賓號慕終矜，」追援不及，以爲殁而不朽，樹之風聲者，子之道也。勒玄」扃而播美，庶地久而天長。

銘曰：」

爰有猗人，是稱君子，頡頏」五萬，權奇千里。惟孝友于，善」交利物，仁而有度，德音秩秩。鑾陬逆命，資我師貞，夷氛」既蕩，返舳旋征。黄牛湍急，荆門道峻，温祲成災，奄傾家」訓。雲飛素蓋，風轉丹旐，山扉俄闔，白日悠悠。」

（周紹良藏拓本　開封博物館藏石）

上元〇〇五

【蓋】失。

【誌文】

亡宫七品年七十二。

内人諱　字　，　州　縣人也。」挺閑婉之姿，稟柔明之性，職奉桂」殿，芳流椒闈。豈謂芝從烈火，蘭悴」秋霜，以上元二年二月十八日遘」疾，卒於坊所，日以其月廿八日，遷」厝於北芒山，禮也。嗟乎一朝長逝，」萬代不歸，埋玉質於黄壚，鏤金聲」於翠琬。嗚呼哀哉！乃爲銘曰：」閑華早著，才令先彰，如何不淑，淹」耀摧芳。昔遊丹闕，今悲白楊，千秋」萬歲，玄夜何長？」

（北京圖書館藏拓本）

上元〇〇六

【蓋】失。

【誌文】

□唐故滄州東光縣令許君墓誌銘并第」

君諱行本，字奉先，本河間高陽郡人也，後家於晉陽，從牒徙居于河内，故「今爲河陽縣人焉。夫亭亭太嶽，構瑶屺於天中；瀰瀰姜川，涵珠源於地紀。「故資和秀氣，風飄抗洗潁之賓；籍貺英靈，月旦有平輿之鑒。由是功昭史「汗，道被笙鏞，鬱萬古而傳徽，今可略而言矣。曾祖彪，齊儀同三司、善元郡「守、寧國縣公；祖康，齊梁州都督、江夏縣公；並冰壺齊質，霜筠比操。或褰襜「按部，或露冕宣條。父緒，皇朝散騎常侍、司農太府等卿、瓜州都督、「上柱國、真定郡公；朝陽五色，渥洼千里，早識碭阜之雲，夙參垓下之筭。洎「□宫受籙，舜旦承天，既申横草之勤，即預披荆之舊。遂得飛纓棘寺，剖箭「□河，派積慶於公門，載有光於令胤。君辯縱髫辰，風清丱日，道光地義，孝「極天經。黄陂内湛，嵇松孤秀，蔑彫蟲之小技，懷補衮之良□，爰以妙年，言「從筮仕。屬地維絶紐，陰靈弛馭，枚紓之選，允寄時髦，貞觀十年，以門調爲「太穆皇后挽郎。顯慶二年，擢爲霍王府兵曹參軍。出入梧宫，優遊碣館，侶「枚馬於東閣，奉軒蓋於西園。總章元年，爲滄州東光縣令。政穆鳴絃，化光「裁錦，百里之材尚屈，九原之感遽悲。去秩言歸，以上元二年二月寢疾，終「於洛陽弘教里之私第。即以其年二月廿八日，窆于邙山杜郭村之故墟，「禮也。□君體具淹和，道先忠孝，風塵不雜，捷徑莫遊。何期止帳流災，巢門「告沴。所謂成蹊表慟，釋耒興悲。楚挽宵驚，與牙琴而共絶；凝雲曉布，將壠「霧而齊昏。嗣子義琳等，釁集匪莪，酷纏毁棘，懼桑溟之湮謝，悲手澤之無「□，敬題貞礎，乃爲銘曰：「

□派昌源，崇基峻趾，物色攸屬，英靈相峙。樂成冠蓋，高陽杞梓，爰膺个□，「□流華祉。其一。猗歟遠構，化總分條，誠孚帝扆，功被甿謡。飲羊空□，「□大停宵，高門克紹，貽厥斯昭。其二。申穆歸楚，河陽滯潘，言成士則，政美□「□。曾旻寡惠，人事云殫，一驚吊鶴，無復棲鸞。其三。昔日芳園，依依花柳，今來」□□，悽悽絮酒。塵積露帷，風悲月牖，勒遺芳於幽隧，庶傳徽於不朽！其四。」
上元二年歲次乙亥二月乙亥朔廿八日壬寅建。
（北京圖書館藏拓本　河南千唐誌齋藏石）

上元〇〇七

【蓋】失。
【誌文】
亡宮九品年六十八。」內人諱　字　。　州　縣人也。」挺閑婉之姿，禀柔明之性，職奉桂」殿，芳流椒闈。豈謂芝從烈火，蘭悴」秋霜，以上元二年二月十九日遘」疾，卒於坊所，日以二月廿八日，遷」厝於北芒山，禮也。嗟乎！一朝長逝，」萬代不歸，埋玉質於黄塵，鏤金聲」於翠琬。嗚呼哀哉！乃爲銘曰：」
閑華早著，才令先彰，如何不淑，淹」耀摧芳。昔遊丹闈，今悲白楊，千秋」萬歲，玄夜何長。」
（周紹良藏拓本　河南千唐誌齋藏石）

上元〇〇八

【蓋】失。
【誌文】

□唐故刑部尚書長孫府君墓誌銘并序」

公諱祥，河南洛陽人也。若夫靈源派日，分□□於榆溪；神岳干霄，」峙崇基於柳塞。金翮始茂，初移自北之陰；玉羽將摶，俄矯圖南之」訊。曾祖兕，周武衛大將軍，勳絳雄三州刺史，平原公。祖熾，隋户部」尚書，饒良靖公。父安世，隋通事舍人，□縣令。並雅量經時，雄姿冠」俗，代襲分茅之業，家傳剖竹之榮。公授彩青田，資靈赤野，夙禀成」人之重，遽申經國之謀。起家中山王功曹，尋除□舍直長，又改雍」州司兵，尋遷□□□□郎，又除駕部員外郎，尋轉兵部員外郎。又」改吏部員外郎，俄遷中書舍人，又任太子率更令，又轉户部侍郎，」又除吏部侍郎，又除尚書左丞，尋轉御史大夫，又遷刑部尚書、檢」校荆州長史，又除常州刺史。累授□臺，□□」宸極，凜嚴霜於性□，皎明月於情都，兩京資其翼贊，九列賴其□」謀，位隆任重，禄厚憂深，失在一朝，差以千里。以顯慶四年□□□」日因事卒於雍州界，春秋六十一。惟公分華銑穴，毓照珠胎，清風」懔然，高山可仰，未遇西山之術，奄歸東岱之魂。以上元二年二月」廿八日遷窆於洛州河南縣平樂鄉界，禮也。子光等痛結風枝，悲」纏露節，敬憑貞礎，式揚休烈。其詞曰：」

延基梓嶺，洩派榆溪，金枝杳杳，玉葉萋萋。紛綸紫蓋，照耀彤闈，惟」祖惟考，如璧如珪。閒出英賢，挺生翹秀，歷參榮秩，頻資顯授。響振」瑶庭，影連珠宿，仕緯模楷，人倫領袖。毫髮一差，□□千里，蒼蒼落」景，滔滔逝水。永閟芝蘭，長埋杞梓，陵谷可貿，英靈□巳。」

上元二年歲次乙亥二月乙亥朔廿八日□寅銘記」

（周紹良藏拓本　河南千唐誌齋藏石）

上元〇〇九

【蓋】失。

【誌文】

大唐故處士左君墓誌銘并序」

君諱祐，字乾福，洛陽人也。原夫紫芝靈葉，秀龍英於」九莖；丹桂芳枝，拂蟾輪於八樹。故能象賢無替，鴻伐」有隆，銘勳日月之旗，紀象丹青之閣。祖顒，父粲，並繕」性□玄，凝英養白，玉浦即閑居之地，金園迺別業之」廛。公珠樹仙榮，金芝濡英，乘南箕而降粹，夢西魄以」懸名。若不好弄，雍容信國之中，立行以恒，顧步禮輿」之上。交標集鳳，凌逸氣於雲莊；武架甘蠅，飲餘良可」霜岫。不謂東川易逝，西景難羈，瓌夢有盈，銑膏無化。」武山碎任公之石，將智士而俱亡；靈筵靜王子□琴，」與善人而兩謝。忽以上元三年二月廿五日終于私」第，春秋七十有七。即以其年歲次景午三月乙巳朔」十七日辛酉，遷窆于邙山之陽，禮也。上苑西臨，中川」南映，蘇韶請葬之地，孫瓚辭親之所。萬株靈圃，連宰」樹以交□；□渚泉埃，接野氣而浮闕。恐天孫變礪，太」史淪波，爰勒芳猷，式彫圓礎。迺爲銘曰：」

右臺仙嶽，貝闕榮津，賦靈才子，翰精妙人。露筠齊功，」霜松比真，籯中藝寶，席上儒珍。金釭閟曙，玉樹霾春，」空餘玄穸，緜理長神。」

（周紹良藏拓本　河南千唐誌齋藏石）

上元〇一〇

【蓋】 大唐故郭府君墓誌銘

【誌文】

唐故騎都尉郭君墓誌銘并序」

公諱義本，字義本，潁川陽翟人也。粤若北燕構緒，闢」曾臺以降賢；東漢馳英，泛仙舟而警譽。故乃焚衣斷」靷，閟跡於神經；金穴瓊廚，飛華於戚里。曾祖穆，周任」陽翟郡守、驩驤將軍、潁川縣侯；祖摩，隋任許州州都、」秦孝王親事、折衝都尉；或榮兼剖箭，期馭竹以流恩；」或寵擅賜衣，秀長榆而表氣。父恢，將仕郎；志凌霞日，」韻警霜天，龍輔沉結霧之輝，龜文掩衝星之鋭。惟公」稟中元而誕粹，資上善以降靈，性府凝珠，情臺寫鏡。」流螢曳影，集照於書帷；顧鵲騰文，驚飛於翰苑。加以」控弦流妙，發素羽而穿楊；説劍通奇，擊青冥而斷竹。」庶希莊鳥，輕摶九萬之飇；礜結滕驂，奄照三千之景。」以上元二年六月十二日，終於私第，春秋卌有六。即」以其年七月四日葬於邙山之陽，禮也。嗣子懷亮，對」楹書而茹泣，撫遺劍而崩心。敢圖芳於貞琬，庶無沫」於徽音。其詞曰：

流烏降室，祥鳳」鳴岐，疏基瓊巘，引派璇漪。蟬冕昭晰，龜組陸離，福慶」潛衍，珪璋藴奇。玄枵毓質，紫蓋騰儀，孤松千仞，芳桂」一枝。文韜陸海，書控張池，夢楹俄奠，藏舟遽移。栢庭」風急，松門露垂，彼帶礪之可盡，庶芳猷之不虧。」

（周紹良藏拓本）

上元〇一一

【蓋】失。

【誌文】

大唐故泗州漣水縣主簿范府君夫人柳氏墓誌銘并序」

君諱裒，字彦裒，會稽人也；因官遷播，今爲河南郡人焉。原夫樞電降祥，」克讓劭於唐典；珪茅錫祉，盛烈光乎夏盟。其後鋭葉瓊柯，疊華聯彩，昭」彰簡素，可略言焉。祖弘，隋涿郡薊縣丞；商徵絃哥之音，磨礱製錦之刃。」父懷，隋荆州枝江縣令；化移晨□，恩洽宵涣，遠靜灌□之風，迥滅江陵」之火。君毓粹驪浦，孕温虹岫，風神韶曠，器局淹華，博聞經史，該通幽賾。」既而譽光拾紫，望重籯金，出空谷而牽絲，謁承明而結綬。以永徽四年」釋褐集州符陽縣主簿，又轉泗州漣水主簿。聲溢荆門，風諠楚塞，几牘」賴其脂粉，寮寀推其直繩。既而解印淮泗，保閑伊洛，上東從長往之娱，」下澤偶少遊之賞。庶祈丹於九轉，俄夢奠於兩楹。彼蒼不仁，奄摧人範，」以總章二年正月十六日終於敦厚里之私第，春秋七十有二。即以其」年二月廿四日卜兆於平樂原邙山之陽。夫人河東柳氏，梁并州司馬」徽之孫，隋汴州録事參軍行之女。夫人寶婺摛華，瑇娥託彩，柔順體於」幽性，貞明照於靈襟。爰甫初笄，作配君子，慶昭陳鳳，契洽齊魚，肅事紘」綖，敬恭蘋藻，淑慎彰於婦德，令範弘於母儀，方徙第而無愆，比斷機而」有裕。未極潘輿之樂，先積孔川之嗟，以上元三年六月廿五日終於敦」厚里，春秋七十有七。即以其年七月七日祔葬於君之舊塋，禮也。惟君」夫人，降天地之德，含陰陽之秀，忠義甄性，貞順載懷。未嘗以善惡加人，」憙愠形色。璁珩匪重，以言行爲珪璋；黼黻可輕，以道德爲冠冕。而西山」靈藥，不傳秘於煎金；東岱遊魂，竟結歎於淪玉。嗚呼哀哉！嗣子守元等，」扣地無從，號天靡及，恐陵谷貿於桑海，紀盛德於璵璠。其詞曰：」

於赫洪源，系唐之胄，盛德大業，崇基遠構。珠璧聯華，芝蘭迭秀，寧賓才」博，丹惟道富。顯允作配，芳猷泉塞，昭晰母儀，温柔婦德。反魚光訓，斷鴙」垂則，動止有禮，敬恭無忒。山岳降靈，娥婺垂精，體陰陽而合德，與琴瑟」而諧清。冀液金於靈府，忽埋玉於山楹。沉沉隴路，窅窅松坰，鎮結愁□」之色，長慘悲風之聲，庶音徽其不昧，摭遺範於佳城。」

（録自《芒洛冢墓遺文三編》）

上元〇一二

【蓋】失。

【誌文】

上元二年歲次乙亥八月壬申」朔十三日甲申，大唐故祠部郎」中裴府君夫人皇甫氏權瘞」於郎中府君先殯塋東帶」北七十步許翟村王師地内。」

長子瑾之。」　次子琰之。」

（周紹良藏拓本）

上元〇一三

【蓋】失。

【誌文】

大唐故趙王府長史王君墓誌銘并序

公諱祥，字善愿，京兆長安縣人也，本緒太原，因官家焉。自仙駕上賓，望維山而暢迹；仁風下扇，控沂澂以垂芳。孝自天經，辭折坂於西蜀；忠稱令德，傾勃氣於東吴。公侯之門，必復其始；羽儀之盛，實謂國華。固以祖禄相輝，蟬冕交映，慶鍾不已，剋生哲人。公以良冶成資，黄中表異，弱無好弄，少負不羈。積搏風之望，懷括羽之志，絳灌叶武功之氣，潘陸讚文德之華，筮仕貞期，清階有漸，載揚聲實，望藉風猷，尋除趙王府長史。器重應劉，禮優申穆，曳裾蘭坂，參乘桂巖，架三語而絢談叢，包四始而動温麗。實謂昂昂令問，婉婉如璋者歟？洎景切悲泉，思從散髮，王事既致，素里遊神，逝者如斯，徂齡易迫，春秋七十二，寢疾卒於私第。即以上元二年八月十三日遷窆於青槐鄉阿城原，禮也。嗚呼哀哉！恐斥鹵移津，崇陵徙谷，式鐫立石，以勒銘云：

仙峰疊構，清沂蘊秀，代載芳輝，家成景胄。業甄良冶，聲華篆籀，㠯奕珪璋，絲綸領袖。其一。餘慶鍾美，載嗣伊人，含章邁俗，通理求真。黄陂絶望，孔仞難鄰，譽高時彦，風清縉紳。其二。託乘睢園，禮優枚馬，桂山南聳，冷池北下。作賦登臺，彈琴獻雅，白雪霏韻，幽蘭和寡。其三。浮生方閱，縞駟將騑，青鳥夕□，青柳晨飛。嵩傷去日，永即幽扉，沈沈泉壤，螻蟻行依。其四。

（録自《陝西金石志》補遺上）

上元〇一四

【蓋】大唐故右驍衛大將軍贈荆州大都督上柱國薛國公阿史那貞公墓誌之銘

【誌文】

唐故右驍衛大將軍兼檢校羽林軍贈鎮軍大將軍荆州大都督上柱國薛國公阿史那貞公墓誌銘并序」

公諱忠，字義節，其先代人，今爲京兆之萬年人也。若夫玄珪拱揖，有夏之苗裔克昌；緑車見迎，盛漢之内戚恩重。帝」系繇遠，受氏靈長，鑄鼎餘業，椒房令緒，三古不忘，六籍斯著。曾祖太原，祖邕周，並本國可汗。自晉氏浮江，魏朝入洛，」溟海南絶，天街北臨。靈命有歸，代雄朔野。玉門金丘之下，咸申贄幣；榆關柳塞之陰，並從疆理。父蘇，左驍衛大將軍、」寧州都督、懷德元王，英姿天挺，偉量桀出。皇唐啓運，聖武君臨，掩頓八紘，囊括四海。王早圖去就，預」辯興亡，歸誠真主，遂荷恩渥，擬宋開國，非劉而王。公河岳韞靈，辰象流慶。克岐克嶷之性，然於所然；」事君事親之方，得於自得。瓌材體峻，絶節神凝。雙戟兩鞬之奇，占風視日之秘。穀城黄石，暗入於兵符；南林白猿，遥」傳於劍術。武德之日，元王結款」太宗，公時則綺襦早蒙謁見。及貞觀云始，塞北乖離，公誘執頡利可汗而以歸國，蒙加寵命，授左屯衛將軍。年逾志」學，遂參禁衛，尋降穠華，婚定襄縣主，賜以甲第，賞眄特隆。又加上護軍，用奬戎秩。元王薨背，哀窮荼蓼，金革爲重，有」詔權奪，復居本職，服闋，襲封薛國公。新秦臨邊，控帶戎夏，十一年內檢校長州都督。聖駕雷動，問罪東夷，公」銜命風馳，慰撫西域，旌懸泑澤，騎越葱河，處月焉耆，共稽王略。公揚威電擊，諸戎瓦解，前庭寶馬，驅入陽關，」罽賓飛鸞，將充禁籞。遼東奉見，詔隆獎飾，仍授上柱國，侍輦幽燕，言過汾晉。于時延陁犯塞，羽檄紛然，公馳」驛赴救，事寧而返。蜂蟻復集，風塵大驚，詔率前軍，應時摧殄，延陁遂滅，漠北以空。遷右武衛大將軍，賜金銀」器物十事，繒綵五百匹，錢廿萬。林父剋狄，方賜家臣，魏絳和戎，亦分金奏。」太宗晏駕，攀髯靡及，送往事居，情禮兼遂，蒙委心腹，屯兵禁苑，陵墓事終，解嚴復職。自今上居極，」恩遇彌重。永徽中，丁太妃艱，不堪號慕，降旨哀譬，仍令起服，爲左武衛大將軍，尋遷右驍衛大將軍，屬興師」遼碣，以公爲使，持節長岑道行軍大總管。元戎長驅，天威遐暢，三山因之而波蕩，九種以之而震驚。契丹在」白猿之東，居黃龍之右，近侵卉服，外結鳥夷。公迴師誅翦，應機殄滅，虜獲萬計，三軍無私，蒙賞縑帛，仍於羽林軍檢」校。鉤陳之對南宮，羽林之通北落。心膂之切，惟公是先。總章元年，吐蕃入寇，拜使持節青海道行軍大總管，長策遠」振，羣凶竄跡。武賢不捷，充國徒淹。西海諸蕃，經途萬里，而有弓月扇動，吐蕃侵逼，延壽莫制，會宗告窘。以公爲西域」道安撫大使，兼行軍大總管。公問望著於遐邇，信義行乎夷狄，饗士丹丘之上，飲馬瑤池之濱，夸父驚其已遠，章亥」推其不逮。范文後入，情不論功；馮異却坐，事非飾讓。奉蹕東京，承顏北闕，鬼神多爽，蒼旻不惠。漢帝玉盃，餘」歡未絕；魏君丸藥，仙氣無徵。暴疾遂興，奄然捐館。以上元二年五月廿四日薨于洛陽尚善里之私第，春秋六十有」五，嗚呼哀哉。聖情震悼，朝倫驚嗟。吳漢云亡，延篤述其天寵；李廣長逝，史遷言其遺悲。自於初終，及之殯殮，」中使頻降，賵襚隆厚。詔曰：故右驍衛大將軍阿史那忠：貔貅□□。□任於專征；心膂攸資，寄深於禦侮。匪躬」之操，在暮齒而彌隆；奉上之誠，歷歲寒而逾劭。而光陰不駐，舟壑遽遷，宜被哀榮，式旌幽壤。可贈鎮軍大將軍、使持」節大都督，荆、岳、硤、朗等四州諸軍事，荆州刺史，餘并如故。賻絹布七百段，米粟七百石，賜東園秘器，凶事葬事，並宜」官給，務從優厚。仍陪葬昭陵。儀仗送至墓所往還。惟公天然愛敬，縱情融朗，未學而學，求仁則仁。昔在幼年，」早逢多故，見幾而作，立事非常。遂得寄切蘭錡，禮華蓁葉，東征北伐，西撫南馳，經營四方，遠詠三捷。在其寬乃容衆，」信必覆言，驅策兩朝，周旋四紀。蘭池近出，便侍玉輿，長楊騎歸，常參羅薦。若其御溝通水，上路開扉，六佾分行，駟鐵」齊首。秋天露早，春日風初，每惆悵於賓筵，時留連於酒德。高朗令終之美，啓手啓足之規，垂之話言，事先儉薄。夫人」渤海李氏，隋户部尚書雄之孫，齊王友珉之女。母京兆韋氏，鄖國公孝寬之孫、陳州刺史圓成之女。夫人又紀王慎」之同母姊也，椒庭藉寵，□封定襄縣主，詔以妻公焉。宋鯉齊魴，金聲玉潤，仙露俄盡，神香不然。昔以永徽四」年薨，先葬於昭陵之下。子太子僕暕等，門緒高華，風儀秀逸，天資孝友；習兼文藝，創巨潛及，穹蒼莫追。粤以」上元二年歲次乙亥十月辛未朔十五日乙酉奉還靈櫬，合葬於昭陵之塋，謚曰貞，禮也。嗚呼哀哉。展靈驂」於關谷，托遺榮於□墓，指畢陌而超遥，辭洛城而顧步。氣清蟬晚，秋深雁度，怨湘水之微瀾，悲縠林之踈樹。」尚屯騎士，方成武庫，唯□德而可傳，亦何人而不故。其詞曰：」

燭龍光遠，畢昂星懸。柳塞□地，葱河隔天。抗衡軒日，戰勝周年。崇基偃蹇，夐緒蟬聯。乃降精靈，是生奇桀。九飛墮羽，」千里浴血。因心孝慈，克己名節。衛律初死，休屠新滅。言歸鳳闕，遂叶龍顔。上肅雲扆，仰排星闗。朝鮮」旆入，踈勒麾還。蹊謡廣樹，檻諫雲攀。羽林營近，便門輦出。雍畤驅麃，渭橋先蹕。諷疑役鬼，心驚觸瑟。釀玉歡長，筵羅」宴密。樹接小苑，門向廚城。池含秋色，鳥變春聲。雲過鈿黛，風雜絲笙。蜉蝣可溥，蟋蟀無輕。高明必瞰，仁智同泯。秦穆」亦然，魯聲忽盡。禮緣恩縟，旐隨痛軫。盧山墳高，玄甲陣引。魂歸八水，路入三湘。紫氣龍匣，白雲帝鄉。」山河悽斷，原隰芸黄。千秋兮萬恨，泉深兮夜長。」

秘書少監清河崔行功撰」

（録自《考古》一九七七年第二期《唐阿史那忠墓發掘簡報》，陝西省文物管理委員會醴泉縣昭陵文管所）

上元〇一五

【蓋】失。

【誌文】

大唐故劉君墓誌」

君諱洪，河間樂成人也。唐侯帝嚳之胤。漢皇纂」堯之緒，該備緗史，可略而言。君後漢河間孝穆」王開之廿二代孫。六代祖伯陽，魏太尉公。曾祖」赤，齊兗州刺史。祖温，周任洺州博士，垂帳剖疑，」重席待問。父昂，年未弱冠，辟爲郡功曹，十部挹」其清猷，百城欽其操烈。夫人程氏，九族稱賢；後」嫂韓夫人，六姻仰德。君因心成孝，徇性則仁，逍」遥道義之場，偃仰煙雲之外。人物資其誘進，僉」議引爲鄉官，擢爲清德鄉長，非其所好，達時知」命，處順安排。以隋大業二年終於里第，時年五」十五。夫人王氏，行合母儀，合葬樂壽縣南八里，」禮也。嗣子儁及育並至性哀慼，悲風樹，式刊瓊」石，以誌佳城。其詞曰：

巨唐華緒，在秦茂族，既」帝既王，代功代禄。衮冕交映，珩珮相屬，惟子惟」孫，如金如玉。及于是子，克播遺芳，糠粃簪笏，脱」略侯王。輔仁褰應，與善乖祥，名齊地久，兆習龜」長。

上元二年歲次乙亥十月辛未朔十七日。」

（周紹良藏拓本）

上元〇一六

【蓋】楊君之銘

【誌文】

大唐故千牛岐州司户參軍事楊君墓誌銘并序」

君諱□哲，字茂道，華州華陰人也。辭金演祚，暢峻北」於花□；□艦疏神，恥分邦於金塞。曾祖紹，周驃騎大」將軍，燕、豳、汾、饒、文、成、鄜、登等八州諸軍事，八州刺史，」涼州都督儻城信公。祖達，隋黄門、中書二侍郎，工部、」吏部二尚書，納言，遂寧郡公，皇朝贈尚書左僕射。」父則，邛州臨邛縣令，襲遂寧公。霍將屬功高列號，鄧」侯爲德顯貽班，載符曳履之歡，更闡彈琴之譽。君滋」真璧畹，毓韻金門，百尺自小弗凋，萬頃逾深難撓。起」予胄館，禮樂射御書；求之搢紳，温良恭儉讓。十人入」室，俯地芥而釋青襟；千牛奉宸，握滈蘭而趨丹陛。後」除岐州司户參軍事。五祚涼宫，六閑納□，揮汗驪臨」淄之雨；躡履多孕泗之蠙。於是潔己璜川，齊衡玉尺，」詠雩由其發滰，嘯將賴以褰帷。而訓被在堂，抽簪煦」席，正悲不痛之杖，俄嗟易晲之牀。粵上元二年十月」廿日，殯於洛陽教業里，壽卌八。其年十一月三日兆」窆北邙之阜。墳新雁塊，隴細鐔枝，經過耿伐才之音，」擗踴切昊天之泣，式旌永□，乃勒銘云：

太尉將軍，納言僕射，洪源□□，□條埋樹。佳城兮已」□，連箸兮徒長，勒西崑之琬□，□□□之□陽。」

（周紹良藏拓本　開封博物館藏石）

上元〇一七

【蓋】大唐故程夫人墓誌銘

【誌文】

大唐陝州司户張君程夫人墓誌銘并序」

夫人諱大燕，洺州平恩人也。昔重黎之胤，有程伯休甫，以國命」氏，弈代而昌。孔聖欽賢，駐雲蓋而詢至道；魏君登輔，捧日轡而」叶神交。固乃慶疊綿基，聲華緗册者矣。曾祖貴，齊益陽長；大父」良，隋廣平郡主簿；顯考名振，蒲州刺史、右驍衛大將軍、上柱國、」東平郡開國公。若乃循良著績，有中牟之魯君；耆舊推名，聞襄」陽之習氏。故能家淩赤野，秘銜珠之異人；地擁終堂，資運籌之」上將。夫人韶儀彝舉，峻節筠貞，睇星媛以憑暉，侶湘靈而酌粹。」綺紘留聽，每彰潛識之奇；貝錦成文，獨譽緣情之妙。自傾椅結」好，奠棗承羞，爰以瓊田之姿，作儷金鈎之族。宜家之道踰劭，如」賓之禮益隆。動不越於幽閑，行必循於莊敬。蘭儀敦於孝植，蕙」性洽於慈筵。婉思内凝，柔規外發。豈謂窺窗滅影，玉女之電俄」驚；眄枕傷神，金夫之恨踰積。粤以咸亨五年二月八日寢疾，終」於陝州司户之官舍。以上元二年十一月九日，葬于北邙山之」原，禮也。太夫人東平夫人博陵崔氏。儀高衛闥，德茂梁閨，顧膝」下而申慈，睠掌中而結愛。既而蒼郊吹咽，玄隴雲愁，徑依荒而」即古，松栖寒而鎮秋。痛幽扉之永隔，勒貞琬以騰猷。其詞曰：」

淳耀之精，代發其英，有周錫壤，啓祚於程。衛尉流譽，安鄉著名，」高門弈□，顯胄曾榮。其一。益陽效績，廣平推望，水降神駒，星歸列」將。制勝□□，飛行表相，氣蓋雲中，名高天上。其二。地即仙家，人來」似花，粧樓豔粉，織室開霞。七子龍鏡，三梁燕釵，徒留形影，空想」穠華。其三。魂香莫返，春蹊永畢，慟掩孫詞，悲纏潘室。柳軒顧步，松」扃蕭瑟，隴月長懸，仙飛何日？其四。」

（北京圖書館藏拓本　開封博物館藏石）

上元〇一八

【蓋】失。

【誌文】

唐故處士張君墓誌銘并序」

君諱冲兒，字守忠，南陽宛人也。若夫鴻源啓派，冠羣氏而」稱首；誕柢疏柯，拔庶宗而峙望。曁辯横銷印，道狎星躔，氣」鬱危城，爵紆天綬。列諸方册，可略而言。逮赤伏輸靈，黄巾」遞魄，扈義旗於九洛，卜仁里於二南。曾祖秋，周雍州咸陽」縣令；既而秦俗多獷，隋政猶暴，君鳴騶入境，鶴書屆邑，不」丹而刑清，無何而人勸，播謳歌於卓魯，發謡頌於仁明。祖」明，隋岐州雍縣丞；相牛刀於下邑，言政載揚；翊龍劍於豐」城，雷風重演。父諒，唐都水監河渠署令；牽智緒於言泉，六」鷩七發；引詞鋒於筆水，譽總三端。洪文入浪，波上花明，潤」藻穿潭，漪前錦焕。而君弱冠傳弓，風神自遠。至若睇荀曦」而走辯，睎陸雲而弄捷，陵轢賈馬，嘯傲曹劉，洞筌蹄之奥」義，識希夷之秘旨。曳長裾於桂巘，再入梁園；握洪筆於蘭」皐，幾遊曹坂。豈意矯翮睽天，宏鰭茹蟄，虵岑失耀，聿掩價」於連城；蚌岸韜光，遂遷輝於照乘。嗚呼哀哉！君春秋廿有」八，上元二年五月一日卒於敦厚里之私第，即以其年十」一月九日遷窆於邙山之陽，禮也。所恐天迴桂魄，海復桑」田，麝柏零柯，□□斯圮，式旌遺烈，刊石泉陰。乃爲銘曰：」

烈烈伊人，實□之器；惟攸遐曾，春陵扈義。載劭良箕，傳之」不墜，譽槩八龍，聲逾兩驥。白日長懸，黄腸永閟，道路汍瀾，」士人歔欷，萬歲千秋，空存□志。」

（周紹良藏拓本　開封博物館藏石）

上元〇一九

【蓋】失。

【誌文】

唐故丁君墓誌銘并序」
君諱贇，河南人也。其先出自有齊丁公之」後。曾祖成，祖伯，父六，並懷仁挾勇，利用賓」王，立性謙虛，稟質夷簡。君乃混貴賤，齊是」非，養德衡門，立行鄉閈。豈謂輔仁莫驗，與」善徒欺，以上元二年八月廿四日卒於私」第，春秋五十有四。夫人璩氏，隴西狄道人」也。香蘭允茂，蕣夕俄侵，春秋卌有六，以咸」亨元年閏九月十二日卒。子思禮，撫霜露」而增感，攀蒿蔚而無窮，以上元二年歲次」乙亥十一月辛丑朔九日己酉合葬於北」邙平樂鄉之界，禮也。乃爲銘曰：
吕級齊」侯，丁之遠系，盛德無窮，芳流靡滯。唯君挺」生，弘兹懿德，許諾無差，喜愠非色。夫人令」淑，玉潤蘭芬，龍沉劍遠，鏡滅鸞分。川臨洛」水，山名北邙，泉扉既掩，永閟魂香。」

（周紹良藏拓本　河南千唐誌齋藏石）

上元〇二〇

【蓋】失。

【誌文】

唐故驍騎尉韓府君墓誌銘并序」
君諱昂，字孝昂，上黨襄垣人也。自周后乘時，構興王於大業；晉卿」出聘，披絶簡於幽圖。安國飛華，譽高梁苑；伯休晦景，響振秦郊。功」凝首出之先，德被生靈之右。昭絢圖史，可以略言。祖嵩，韜光不仕，」陶鑄泛菊，疏逸想於折腰；許樹懸瓢，張高情於洗耳。父年，隋隴州」汧源縣鄉長；良弓嗣美，隆棟馳芳，下丹穴以舒文，洞驪泉而寫耀。」貞非遯俗，隱異違親，晦明略於危邦，體安排於陋巷。君稽山擢幹，」渥水分姿，無煩括羽之榮，自表權奇之質。傍遊四術，業奥解頤；遠」邇六戎，猛踰通臂。遽而隋綱不振，大寶將遷，傾晉祚於昌明，掃秦」業於胡亥。君鑒董扶之説，感殷馗之言，考南陽之伏符，察東井之」祥緯，俄從豹變，獻欵轅門。授驍騎尉，隨班例也。既而天地交泰，日」月貞明，靡薰風於舜絃，忘帝力於堯壤。湛幽情於蠹簡，思洽五門；」矜雅操於穿牀，契通三古。山陽擁竈，無虧繕性之方；漢滏澆畦，自」得忘機之樂。清哇度曲，響韻韓娥；緑綺浮音，調諧師父。坐客恒滿，」彦昇之迹可尋；罇酒不空，文舉之情斯泰。亭亭秀氣，遠出煙霞；肅」肅清風，近流松栢。實謂人倫准的，月旦雌黄者焉。悲夫！三樂當歌，」始慰循陔之慕；九原馳思，俄聞陟岵之悲。以上元二年九月九日」終於家第，春秋七十有九。即以其年十一月辛丑朔廿日庚申葬」於襄垣縣西南卅里之原，禮也。嗣子楚元等，哀纏風樹，痛結寒泉，」悲舟壑之遽徙，悼桑海之遞遷，刊哲人之勝躅，播芳猷於永年。其」詞曰：*

緯哉慶緒，系彼周王，伯休承裕，安國聯芳。功緜九野，譽動八荒，粵」鍾明哲，家聲載揚。其一。猗歟克構，材雄杞梓，展效轅門，棲情學市。道」光瑶璧，德充桃李，不吊穹蒼，遽殲蘭芷。其二。光遠既符，稱家斯設，哀」歌動引，靈轜儼轍。漠漠宵煙，蒼蒼曉月，天長地久，芳華無歇。其三。」

（録自《山右冢墓遺文》）

*「詞曰」二字下補刻：「夫人李氏，風纏蘭逕，雪祕蓮川，月落娥暉，星頹婺彩。」二十字。

上元〇二一

【蓋】 喬君之銘

【誌文】

大唐故喬君墓誌銘」

君諱難，字玄，宋都陳留郡人也。原夫琁波紀地，派若水以」□長；瓊嶠干天，鬱軒臺而峻極。其後英華間秀，蟬冕聯暉，」□藹緗圖，可略言也。祖信，青州刺史；父婁，雍州藍田郡守；」並譽標時彦，政叶循良，鎮雅俗於當年，緝令績於千古。惟」君器宇澄瀾，宮牆峻峙，逸韻飈舉，靈襟月上。綺紈之歲，擬」蕃羊而預玄；齠丱之年，引家禽而對客。翔鸞婉翰，摛六藝」於崩霄；彀月張弦，貫兩禽於鳴鏑。□戈牧野，投刺□門。大」業之中，擢□朝請大夫之職，既而錦□□□□□任已」輕寶代□□□尉之□□□□□□□□□園室」耀韋庭□□壺而不□□□□□□□□善里□第。夫」人杜氏，京兆人也。□姿□□□圖貞婦德克宣，母儀攸」□白華就養，攀風樹而□□□□延休，遽淪暉於永宵，春」秋七十有一，以上元二年□月十三日卒，以其年十一月」廿日正合葬於洛陽城北邙山平樂鄉之原，禮也。於是霧」苦松門，雲愁天路，荒野淒而壟日沉，幽埏寂而窮煙暮，勒」貞芳於翠琬，庶騰聲於有□。昌緒蟬聯，洪源舄弈，著之」□□，□□載籍。論道經邦，重光疊迹，功勒彝鼎，聲昭金石。」□□□索，松價森沉，蒿歌屢斷，□□□吟。山幽月落，野晦」煙深，千秋萬歲，永懋徽音。」

（周紹良藏拓本）

上元〇二二

【蓋】失。

【誌文】

大唐故鄭州中牟縣主簿楊君墓誌銘并序」

□□軌，弘農人也。其先並冠冕相承，芬芳無絶，因」□□播，遂居洛陽焉。曾祖㫬，齊揚州江都縣令；祖」□□，懷州武陟縣丞；父侯，屬隋季云終，海内騷動，」避時不仕，養性丘園。君清規早著，素譽夙彰，仁孝」爲懷，忠貞啓性。内藴松筠之志，外標水鏡之明。釋」任鄭州中牟縣主簿。揚清激濁，寬猛相侔，糺直論」非，豪釐無隱。贊一同之善政，宣三異之餘風，誠可」永固千齡，垂芳代。豈謂紅顔未謝，而素蓋便傾；芳」年不高，而岱宗俄及。春秋卌有六，上元二年八月」卅日，卒於官舍。遂以其年十一月廿一日殯於芒」山。恐陵谷遷徙，蕪没德音，故勒芳猷，以爲不朽。其」詞曰：」

綿綿華胄，赫赫高宗，降生君子，嗣美攸同。文深筆」海，詞逸談叢，百齡方謝，一旦成空。其一。」光陰遽改，身勢俄傾，親朋慟哭，遐邇傷情。□□□」路，霧掩□□。□標盛德，千古傳名。其二。」

（周紹良藏拓本　開封博物館藏石）

上元〇二三

【蓋】失。

【誌文】

□□□字壽，昌黎人也。原夫疇□疏社，命氏□」□，響被歌鍾，功銘彝鼎，無資染翰，標映緹紬。祖」□，父端，唐隰永和縣令；並首包衆藝，器總羣英，」□水重瀾，孕含金碧；仁峰疊穎，蓄洩煙霞。玉潤」蘭滋，堅芳弈代，隤禎吐秀，載誕夫君。趙日內融，」混少微而降象；黄陂外湛，包習坎以流坤。履素」無何，不釣名於萁穎，遊意牡壑，豈逃利於滄溟。」蓄無待之心，坻流一概；驪有崖之分，生死齊歸。」未極人榮，遽析武擔之石；風符天爵，忽降陶安」之龍。粤以上元二年十一月四日遇疾，卒於章」善里，春秋卌有八。嗚呼哀哉，嗚呼哀哉。乃爲銘」曰：

茂源濺日，崇岫干雲，瓊林桂圃，疊穎連芬。其一。篤」□明哲，養素太虛，心跡雙遣，形神晏如。其二。天欺」與善，丹誣駐色，舟貿伊何，終從大力。其三。棺留白」□，書藏紫麟，形沉鏤壤，魂遊玉晨。其四。喝松風於」□景，歌薤露於晨陽，唯貞徽與素範，庶日久□」□彰。其五。」

上元二年十一月廿一日殯。」

（周紹良藏拓本　開封博物館藏石）

上元〇二四

【蓋】失。

【誌文】

大唐故并州晉陽縣令李君羡夫人彭城劉氏墓誌銘并序」

夫人劉氏，彭城人也。昔夏業開圖，御龍標其盛列；漢朝啓祚，斬虵茂」其隆基。故能克誕英奇，載生淑媛，秀瓊枝於茂族，敷寶葉於昌源。祖」文琰，隋任汝州郟城縣令；器宇凝韶，文江濬遠，振嘉聲於顯秩，擅芳」問於周行。父普曜，隋任相州別駕；漸陸騫鴻，遺塵騁驥，妙譽光於□」洛，茂範叶於臨沂。夫人育粹珠星，誕靈金漢，婉順貞其淑性，桃李□」其芳姿。明墜軫之殊音，演浮霙之夙敏。既而乘龍載遠，和鳳方深，□」元啓辰，禮極椒花之頌；九春標節，德隆蘋薦之誠。弘女史之宏規，譽」光昔懿；蘊母儀之雅則，名冠前聞。紝績紬芳，言容著美，悟從鄰之□」鑒，知盜憎之近危。豈期露鶴翻飛，遽切賓庭之弔；輪蟾徙照，空流在」月之輝。以上元二年歲次乙亥十一月辛丑朔十九日己未卒於洛」州洛陽縣延福里私第，春秋八十有八。即以其年十二月一日葬於」邙山，禮也。傍通峻岳，遥疑仙女之臺；前控清流，還似宓妃之渚。鶴塋」襲兆，闢泉户於荒郊；龍轜戒期，咽悲笳於上路。松門嚴邃，薤挽悽清，」望紫闕而方遥，對黄埸而永謝。子靜藏等風枝茹酷，露節長號，撫塵」几而崩心，感悲埏而瀝血。庶貞琬之可久，勒徽猷於不絶。嗚呼哀哉！」乃爲銘曰：」

金，蛾誕粹，珠婺凝姿，分暉寶葉，擢秀瓊枝，柔明有裕，婉順無虧。其一。」令淑芬芳，言容擅美，貞心瑩玉，穠華照李，窈窕河州，作配君子。其二。」蘋蘩降祉，紝績居心，容儀靡謝，霜露先侵，撫孤情切，守志年深。其四。」如何不祐，悲還夜壑，鏡絶孤鸞，庭賓弔鶴。其三。」悲哉虚奠，愴矣懸旌，悠悠白日，鬱鬱佳城。靈輴曉駕，嘶挽晨驚，松扉」嚴寂，泉帳悽清。神儀永翳，懿範空盈，勒斯貞琬，庶紀英聲。」

大唐上元二年歲次乙亥十二月庚午朔一日」庚午葬。」

（周紹良藏拓本　開封博物館藏石）

上元〇二五

【蓋】無。

【誌文】塼。

唐故西州交河縣唐君誌銘」

君諱護，字護，平陽人也。古五帝唐堯之體胤也。志」表温寬，性存貞簡，履恭順而匪倦，踐忠讓以無隳。黨」遂可稱，里民嘉譽。君幼彰游藝，長顯景昌之功；」情慕夷齊，不羨角哀之仕。行藏之志，可略言也。祖諱」謙，任僞學博士，三冬之畯，久著僞初；五柳之才，標於茲」代。父諱明，任僞學博士；並門襲英風，代傳文石，積」善之慶，其在茲乎？君谷性自娱，年餘七紀，不期」遘疾，餌藥無瘳，忽爾彌加，俄焉斯逝。致使秦」和妙術，寂寞無徵；醫緩神功，便成虚説。粤以上元」二年十二月五日寢疾，卒於私第，春秋八十有四。即」以其年其月十日葬於交河縣城西原，禮也。嗚」呼哀哉！窆於茲墓，」上元二年歲次乙亥十二月庚午朔十日題。」

（録自《高昌磚集》）

上元〇二六

【蓋】失。

【誌文】

□□□□□□□袁君墓誌銘并序」

□□□仁，字□□□□陽夏人，梁司空穆正公昂之五代孫也。自精開北斗，神基峻於□□□□□」□□
□□□□□封陳□業，跨侯服以傳徽；翊漢□聲，踐臺階而累□。曜卿之才高魏室，彥公□□□」□□□□
□□英髦，可得稱矣。曾祖樞，陳侍中、吴興太守、吏部尚書；宏材□器，盛德有鄰，八舍清□，□」□□□
□之□；九流殷會，職光懸鏡之司。祖亮，陳中書侍郎、司徒、右長史、黄門侍郎；秀質如珪，貞□
□」□□□□□□五字於黄縑；珥筆鸞扃，對千門於紫□。父崇業，陳駙馬都尉；神理融暢，天機俊
朗，□」□□□仙儀，下鳴鳳之樓池；孕珠胎華胤，襲豐狐之□□。中和毓照，上哲摛靈，孝友基於自
然，□□□□成性。英姿暐曄，流雷出重巖之下；勝氣蕭條，清風起長松之末。湛然弘量，任其道於
虚舟；□□」□□，□其神於空谷。依仁蹈禮，得周孔之門庭；抱素含真，遊老莊之苑囿。早尚貞簡，
深惡榮華，兼□」□寥廓之心，鴻鶴非池籠之鳥。一丘林壑，自偶生平，十畝田園，聊安志事。屬」□□
光啓，乾曆會昌，軒后挹峒山之風，唐帝欽潁陽之節，降」□□□，不奪志於青霞；□命白衣，載優賢於
素里。義寧二年，授朝請大夫。恣其高尚之懷，不牽□□」□□於是□□物外□□□□赤松而□□
□紫芝而長往。巖□□□雲棟之□□□□」□□章之五色。尚子平之□水，□往樵漁；嵇叔夜
之琴罇，友□風月。所冀北山之北，屑瓊□而調□；」東海之東，上銀臺而振景。豈謂舟遷北壑，月犯
少微，八千歲之春秋，大椿先落；五十刻之□漏，□□」難留。以貞觀十九年十月二十日遘疾，終於雍
州武功之山莊，春秋四十有六。唯君潔行無玷，貞□」不羈，皎皎孤明，猶朗月之懸清漢；軒軒獨映，若
朝霞之起赤城。静躁無改其端，喜慍不形於色。陳□」□□□德，物論攸歸；黄叔度之清猷，士林□

仰。鄧枝韜穎，寧受器於良工；荆璞□□，豈求容於善□。」□是非於雅槩，夷寵辱於幽襟。煙霞通萬古之鄰，蘭杜爲百年之契。室含虛白，偃仰而得天和；□□」□□吟嘯，以符神解。三仙窅眇，終莫驗於燒金；四選周流，幾催光於連日。嗚呼哀哉！夫人弘農楊氏，」梁湘州刺史公則之五代孫，唐介州刺史、寧都公紹基之第二女也。□慶鯉庭，薦暉魴水，柔襟玉□，」淑履冰清。習訓女師，夙劭言容之美；作嬪君子，早諧琴瑟之歡。方結影於朝飛，遽纏悲於晝哭。栢舟」□誓，終勗義以全貞；蓬首爲容，竟銜憂而没齒。以上元二年三月二十八日終於洛陽積德里第，□」□七十有六。夫人早育二子，並先夭歿；遺孫一人，年甫四歲。孫謀有屬，方奉奠於蒸嘗；祖載斯□式」□神於宅兆。以上元三年歲次庚子朔正月二十二日辛酉，合葬於邙山之原，禮也。雙棺共掩，□□」□馬鬣之封；兩劍同埋，千載合龍泉之影。松檟之行初鬱，丘陵之地可悲，白日黯而山逕寒，玄扉閉」而□□□□□□□而道昧，嗟谷徙而陵易，庶比固於鴻鈞，爰勒美於貞石。其詞曰：」

虞帝之胤，胡公之後，衡鉉家傳，忠貞代有。辟海無竭，如山不朽，材鬱鳳林，氣横牛斗。其一。」虛舟湛量，明鏡澄心，春蘭秋菊，璞玉渾金。東皇脱屣，南澗抽簪，青霞素月，獨□□琴。其二。」玄晏標名，白衣延秩，魚鳥情放，江湖志逸。五□□□，九丹虛術，始成英□，□□□□。其三。」少微沈彩，大夜歸真，雙魂共宅，萬鬼爲鄰。泉臺不曉，隴樹徒春，冥漠幽□，□□□人。其四。」

上元三年歲次庚子朔正月廿二日□□葬。」

（北京圖書館藏拓本）

上元〇二六

上元〇二七

【蓋】失。

【誌文】

大唐陳府君墓誌并序」

君諱懷儼，字道，潁川人也。仙源泛鼎，藻琁□於龍編；德本涵星，映珠瑠」於鳳葉。其有同塵戢影，落餌棲貞，於君爲體之矣。曾祖顯，齊任奉車都」尉，後除青州司馬；材雄嶽秀，蘊玉氣以生虹；道際雲英，孕金精而展驥。」祖寶，隋齊王府記室參軍，遷幽州范陽令；曳裾匡善，峻學府於猿巖；綰」墨循仁，翔化基於翟野。父通，隋檢校偃師縣正，皇初任豫州新息」縣令；河南惠正，道浸鶉郊；趙北神猷，風和雁塞。公星桃玉潤，漾春頃於」文臺；月桂珠榮，浚秋瀾於藻閣。鸞棲紫旦，」孕邊笥以標奇；鵲反黛豪，絶」鍾池而運巧。業資天構，道以神超，投斧既勲，執鞭斯俟。屬四科明辟，遂」以時務甲第，授襄州襄陽縣尉。南昌惠跡，霸陰之趣方遠；秣陵仙氣，鍾」丘之英斯集。改授仁智宮監食貨監丞。屬親迫桑榆，田鍾已切，情深膝」下，姬缶攸傷。負米終親，漱流辭秩。一丘一壑，已極笠蹄之賞；常道常名，」將超是非之路。不謂風嚴篠徑，瞻誾之慕已深；月苦橋基，泣柱之悲仍」切。上元二年九月十二日終洛陽里第，春秋七十有八。含辛表石，愴緒」切於南荆；茹泣捐珠，悲端溢於東里。夫人皇甫氏，芳馳蕙畹，鼓逸氣於」雲衢；色動荆巖，照奇光於雪野。風芳六行，藻麗三元，蛟匣先空，無復連」星之影；鸞臺已謝，旋沉遠日之輝。長子簡至，文林郎、武騎尉；次子梁客，」門下省令史；並柴毀骨立，訴穹扣地，密壼游沼，孜雁棲簷。結後愴於二」連，貫前哀於一溢。以三年歲次景子正月庚子朔廿二日辛酉合葬於」邙山之平陰鄉。恐遷溟易往，徙舟難固，式表貞猷，爰旌道素。寂寥芬兮楊冢，榮哀存兮孔樹。其詞曰：

升龍景冑，鏘鳳昭音，運融龜玉，葉藻蟬金。九支澄浚，三襲凝陰，椅宮贊」象，桑野馴禽。其一。道虛東箭，材貞西杞，業藻玄烏，訓崇詩鯉。兩璧凝務，雙」珠瑩史，功宣貳邑，風敷百里。其二。池臺聽遠，煙雲望多，虛祥洞室，德湛連」河。心花未隕，性玉方和，輪摧月幹，蕊落雲柯。其三。悲沉楹扇，思斷松楊，弔」鶴遲影，斯雁菲祥。雲昏梓路，霧黯桐鄉，日空貞琰，玉盡崇邙。其四。」

（周紹良藏拓本　開封博物館藏石）

上元〇二八

【蓋】失。

【誌文】

大唐故史氏趙夫人墓誌銘并序」

□夫挹規咸象，儔剛煥中饋之儀；酌範家人，體柔光正内之道。況乎」節高二義，鑒逾三徙，而芳譽不述，粹容虛泯者哉。夫人趙氏，其先晉」人也。自畫壤分官，疇庸□□秦之社；執羈效役，書勞開受耿之勳。潞」人詢德，兩日溫冬夏之景；常山獲寶，三晉擅兼并之力。豈直漢庭飛」策，居授璽之榮；京兆如神，御探丸之俗而已。祖少，隋任許州刺史；想」平輿之月論，清規載闡；□太丘之星德，雅政斯

明。父貴，皇朝任汾州」別駕；龍文素襲，映汾鼎以相輝；驥德方申，望天池而簉影。夫人儀蘭」演慶，
敷桂承華，婉四德於情田，□三復於靈府。雅琴流水，聆絶曲以」馳聰；瑞雪飛花，目迴飇而警思。別
器異煇之禮，傷槐折軸之辭，咸契」生知，寧資姆誨。洎乎夕榆鑒户，步仙娥而下月；初梅啓候，翥靈鷗
以」從天。舉案裁儀，始展梁門之敬；隤□居慕，終嬰杞婦之悲。仰斷織之」芳猷，垂退金之弘訓。雖
母師擅名於淑上，貞姬效節於郢中，比之夫」人，蔑如也。豈圖運□輔仁，應乖隨命，露光晞彩，長辭林
下之風；日及」韜華，永謝巫山之靄。以大唐上元二年十二月五日卒於洛州河南」縣福善里私第，春秋
八十。即以上元三年歲次景子正月庚子朔廿」二日辛酉合葬於邙山北平陰鄉界府君之舊塋，禮也。嗣
子左衛親」衛敬博，溢米不資，欒容殆滅，荒情望屺，陽餘息於履霜，悲思聞風，結」□□於觀樹。將恐玄
扃一鍵，無復雞人之旦；滄池暫化，便昏馬鬣之」規。庶因貞石，傳之不朽。其詞曰：
昭昭素諜，茫茫玄古，列服崇庸，分」官胙土。翦桐開晉，苴茅闢魯，赫哉黃族，疏秦啓祖。其一。承珪分
寵，錫旗」貽慶，素履凝貞，黃離湛性。嵇松孤引，潘江迭映，實謂伊人，邦家之令。」其二。婉容斯誕，嫕
嫕德是光，儀璣比潤，蘊蕙圖芳。婺珠臨黶，仙鈎照黃，乘」龍弈弈，鳴鳳鏘鏘。其三。不慭良人，奄先芸
落，匣分雙劍，琴悲隻鶴。斷機」明訓，止誾存諾，如何令淑，嬰斯疢瘼？其四。高唐雨散，崦嵫景斜，風
驚蜃」壙，水咽塗車。悲泉結靈，哭隴飛沙，蕭蕭兮松栢，遂蔭質而爲家。其五。」

（周紹良藏拓本　開封博物館藏石）

上元〇二九

【蓋】　馬君之銘

【誌文】

大唐故上輕車都尉馬君墓誌銘并序

君諱懷，字亮，河南洛陽人也。源夫冠蓋入洛，」組紱相繼，光弼齊紀，翼亮帝基，自彼訖兹，焕」乎方策。曾祖道，隋任雍州涇陽縣令；位高志」下，居廣忍危，敷五禮以調人，闡六條而化俗。」文武不墮，可爲股肱矣。父寂，」皇朝任倍戎校尉。公姓惟恬□，志慕清虚，挺」妙氣於山泉，禀沖虚於丘素。即以上元三年」九日卒於福善里之私第，春秋廿有□。以其」年二月廿二日殯於北邙山平陰鄉之界。□行」路悼傷，結氣益歸山之霧。其詞曰：」列德吐源，横功架岳，良根抽本，賢條起蕚。惟」靈之降，□誕代略，萬古不渝，千齡靡鑠。其一。」古之遺人，時英時哲，皎□夫子，奇峰卓絶。氣」陵霄漢，志嚴冰雪，明不隱貞，瑕不奄潔。其二。」草闇荒□，風哽窮泉，霜墳亂鳥，寒穸横煙，鑄」□金哀，嗚徽石扃。其三。」

（周紹良藏拓本　開封博物館藏石）

上元〇三〇

【蓋】　失。

【誌文】

唐故處士武君墓銘并序」

君諱懷亮，太原人也。發源派跡，懿緒綿長，」簡册備諸，可略言矣。父奉四，隋雍州櫟陽」縣令、涇州長史；因官蒞職，歷任西東，屬隋」氏分崩，播遷汝潁，遂貫魯山縣魯邑之里」也。君志尚清雅，識度幽深，養性丘園，不拘」俗網。好依仁智，悦老談莊。鑒業道之有徵，」每遊心於釋典。宜應嚮茲嘉福，祚以永年。」天不輿善，奄從化往，以上元三年四月十」九日遘疾，終於私第。即以其年月廿九日」權窆於□南縣□□□西山之原，禮也。恐」陵移谷徙，海變山遷，不紀令名，無傳來葉。」其銘曰：

淑人君子，名德□節，不刊貞石，無紀芳烈。」

（周紹良藏拓本　開封博物館藏石）

上元〇三一

【蓋】欒君墓誌

【誌文】

大唐故處士欒君墓誌銘并序」

君諱鼂，字舉仁，燕國薊人也。自中山奮效，騰聲魏氏之郊；□」邑挺威，勒美晉臣之論。蓋詳諸史牒，可略言矣。祖恪，齊邯鄲」令。休，隋徐州司户參軍；並素履居貞，黃中表德，抑揚終古，」□晉生人。君以剋嗣高門，發揮濳慶，總括羽而成業，踐孝政」以爲心。楊烏之預太玄，含章之思彌遠；孔鯉之聞大禮，將聖」之道攸傳。遂能不事王侯，嚴子得棲居之趣；高其事，仲長有」山水之情。御浩氣於天真，塵俗無以蒙其潔；寄無名於大象，」榮利不足揚其波。揄袂緇帷，濯滄浪而鼓枻；怡神環堵，居甕」牖以絃琴。既而歲邁垂鈎，年逾擊壤，摧梁奄及，長隨岱北之」遊；練石無徵，永絶淮南之賞。春秋八十有六，以上元三年夏」五月一日寢疾，卒於從善里第。豈止春人不相，鄰女輟機而」已哉。即以其年其月十八日與夫人胡氏同窆於河南縣邙」山破陵北三里之平原，禮也。龜謀襲吉，不返青鳥之魂；馬鬣」封新，空追白日之兆。嗣子玄亮，情酸屺岵，志切繞墳，俯厚地」而無依，仰昊天而何託。懼田海云變，陵谷貿遷，爰勒泉塗，乃」爲銘曰：」

魏國馳謀，齊城騁計。勳勳惟光，英華靡替。惟此高門，英靈是」繼。其一。玉樹開庭，珠胎孕掌，佩蘅稱駿，栖梧效響。落落孤標，亭亭秀上，風雲靡託，山泉獨往。月朗山窗，霞披巘幌。其二。孔川朝」逝，莊舟夜遷，人事倏忽，天道悠然，白楊動吹，蒼栢流煙。雲藹」藹而昏隴，風蕭蕭而曙埏，惜大暮之難曉，勒貞石於幽泉。其三。」

（録自《芒洛冢墓遺文四編》卷三）

上元〇三二

【蓋】失。

【誌文】

大唐故冠軍大將軍代州都督上柱國許洛仁妻襄」邑縣君宋氏夫人墓誌并序」

夫人諱善主，字令儀，定州安喜人也。原夫玄禽翽羽，」□有商之祚；白翰騰驤，肇承殷之祀。洎乎分邦錫社，」收茂實於睢陽；列國會盟，秀芳華於官度。祖逸，周開」府儀同三司、江州刺史、永寧縣開國公；父濤，隋左千」牛備身、永州長史，柱國，襲爵如故；並位光烈宰，名參」上將，褰帷楚甸，副軫衡吴。夫人名藹蘭閨，聲緜閟臺，」標梅覯止，樛木承恩，捧案申恭，敬深饁野。年過蒲柳，」歲迫桑榆，遘疾彌流，遊魂岱録，春秋九十有九，薨于」金城坊里第，即以其年五月廿四日窆于龍首原，禮」也。嗚呼哀哉！松風悽慘，薤露蒼茫，悲夜臺之永暮，痛」佳城之來光。乃爲銘曰：」天開寶祚，地啓靈源，瑶華蔭蔚，玉葉便繁。偉哉先哲，」猗與後昆，褰帷下邑，露冕上藩。其一。四德標舉，三從惠養，淑慎居貞，聲名厲響。□景西傾，逝川東往，瘗玉質兮重泉，遂埋魂兮幽壤。其二。」

（周紹良藏拓本）

上元〇三三

【蓋】失。

【誌文】

唐故忠武將軍德從弟李公夫人魏氏墓誌銘并序」

公諱君彦，趙郡龍門人也。皇唐受命，帝系靈長。峴山導源，」吾之族派逾遠；若華分照，我家之宗歷克昌。由是高丘白雲，遺馬感」於唐帝；函關紫氣，猶龍降於周后。秦丞相并吞六國之謀，漢代將軍」平定三邊之策，英聲茂實，固無得而稱焉。再從兄皇朝任忠武將軍、」行右武衛大義府折衝都尉、上柱國，名馳執戟，則勇極貔熊。公稟祥」雷氣，降德星精，朗日月於胸懷，集風雲於襟抱。楊烏入榛之歲，賓實」紛綸；王戎對李之年，聲華藉甚。太初玉樹，迴照通德之門；中散瓊山，」府映高陽之里。夫人魏氏，南陽西苑人。其先建國胙土，翼夏霸商，德」盛儒宗，當會朝而鬱起；名會府，與魏室而孤標。父任河東縣令，製錦」一同，撫鳴弦於千室。人歌滿路，是彰王煥之威；衆頌途遥，更標史起」之化。夫人稟粹□靈，孕精虹沼。松儀挺茂，蕙流水之明絃；四德居閑，」苞六行而成軌。夫人生自英門，長而素族。至於霧縠冰紈，鶴綾鴛綺，」皆親經杼柚，手縫裁製。既而移天即代，徙宅垂範，克荷門業，無替家」聲。雖梁稱高行，曹號大家，今以上元三年四月廿八日寢疾，卒于私」第，春秋八十有四。還以其年七月十六日祔殯於邙山之陽，禮也。惟」公象賢載德，履孝居忠，行可人師，言爲士範。汪汪萬頃之量，昂昂千」里之姿，澄水鏡於雲臺，積冰壺於雅器。清風明月，未極玄度之遊；高」榭曲池，俄結孟嘗之恨。繁笳幽咽，楚挽淒清，青烏相墓，白馬臨塋，悲」風夕起，苦霧晨縈，登九原而可作，相千載而如生。

銘曰：

虞班大」理，周稱柱史，虹氣發祥，龜文演祉。族隆家諜，門華席紀，冠蓋相望，英」靈繼軌。其一。維嶽降神，自天生德，鵬羽九萬，鳳毛五□。□翰雲飄，風神」霜凝，始期筮仕，方圖經國。其二。上書北闕，對策南宮，□□□漢，郄桂凌」空。彫纓結綬，振鷺飛鴻，事親爲孝，奉主思忠。其三。素蓋晨驅，丹旐曉度，」情傷螻蟻，長棲狐兔。恨切松風，哀纏薤露，青天白日，於斯永暮。其四。」

（北京圖書館藏拓本　河南千唐誌齋藏石）

上元〇三三

上元〇三四

【蓋】失。

【誌文】

大唐故户部員外郎趙府君墓誌銘并序」

公諱威，字文肅，天水郡人也。原夫鈞天感夢，錫金策而跨」雄圖；爰日凝規，開寶符而分霸業。洪源浩蕩，崇構危懸，銘」勳日月之旗，紀象丹青之閣。祖遐，隋任安州刺史；父相，任」涼州刺史；並書賢十部，化偃百城，譽表班條，孚揚美稷。公」庭中玉樹，接崇構以聯輝；日下金衣，遊建章而表瑞。菁華」藝苑，括百氏之筌簧；體物京都，爲五經之鼓吹。兼以清談」謐衆，高議横秋，挺丹雘之良材，承紫微之巨棟。遷任户部」員外郎。詎謂任公石折，王子琴亡，青鳥兆於三泉，白鷄驚」其六候。忽以顯慶元年九月七日，終於私第，春秋六十有」□。夫人潘氏，芳連指樹，譽湛流蘋，景柔德於坤元，」□貞風於巽首。圓蓍三兆，初揚雙鳳之姿；寶劍七星，終没」二龍之影。奄以上元三年八月廿一日，卒于私寢，春秋七」十有九。今以其年歲次景子十月乙未朔三日丁酉，合葬」於北邙山之陽，禮也。要離高壠，遥託鬼鄰；京兆長阡，近通」人路。有子徐王府執仗義感，孝思毁棘，疚慮餐荼，託詞無」媿，彫芳不渝。其銘曰：」

猗歟鼎族，赫矣宗枝，功扶紫座，道鬱黄離。鈞天錫祉，爰日」凝規，波驚百谷，露墜三危。黄鳥安栖，蒼山灌木，如九京兮」可作，甘百身而往贖。」

大唐上元三年太歲景子十月乙未朔三日丁酉。」

（録自《芒洛冢墓遺文四編》卷三）

上元〇三五

【蓋】張君墓誌

【誌文】

唐巂州邛都丞張君墓誌之銘」

君諱客，字知仁，其先南陽人也。因官出守，遂家於此地焉。爾其」□星命氏，列壤開基，黃石大祚留侯，白水挺生平子。貂蟬繼彩，」豈止傳於七葉；珪瑞騈暉，信可光於五代。咸已騰芬竹素，此可」略而言焉。曾祖泰，齊青州長史；祖詡，隋恒州九門縣令；并一時」清秀，四海知名，變佳政於華蕃，張英風於大邑。父懿，益州道江」尉；贊鳴絃於三蜀，響溢琴臺；振鴻筆於雙流，文暉錦水。君傳華折浦，挺質耶谿，獨標野鶴之奇，早擅家禽之對。學優才贍，方署」巂州邛都縣丞，不之任也。君宦情素寡，孝敬因心，觀九折之艱」危，依然斂轡；傲一官之倥偬，欻爾投簪。於是抗志閑居，且述安」仁之賦；疏簷邛岫，還對仲長之家。將巾以待終，迺優遊而卒歲，」粵以上元三年六月五日遘疾，終於私第，春秋六十有一。原野」感而休農，鄰里驚而輟相。惟君含和載誕，稟氣沖姿，符彩驚人，」聲名動俗。詞筆與楊班齊軫，琴酒共嵇阮通家。進處朝廷，則周」行之鳴鳳；退歸林壑，則嘉遁之蟠龍。孰謂彼蒼，殲斯明彦。夫人」李氏，芳連指樹，譽湛流蘋，景柔德於坤元，酌貞風於巽首。乘鸞」早逝，駕蜃同歸，即以其年十月八日合葬于邙山之南原，禮也。」厥子待問、待賓等，八荀齊價，五日同悲，感風樹之徒攀，悼霜穹」之莫訴。削豐珪以紀德，播芳徽於泉路。其詞曰：」珠躔啓貺，白水飛英，仁賢雜沓，秀異縱横。爰洎我祖，銜華挺生，」於惟厥考，佩實揚聲。其一。飛謡海甸，宣才江澳，雅政清夷，仁風肅」穆。英英君子，鸞鳳其族，長途千里，微班尺木。其二。觀危折路，斂轡」方還，開扉面洛，製宅臨山。琴酒交阮，詞筆齊班，宦情遼落，逸志」清閑。其三。雅趣何窮，藏舟忽謝，瑟琴同穴，泉扃厚夜，煙生松栢，草」（石止此，文未完。）

（周紹良藏拓本　開封博物館藏石）

上元〇三六

【蓋】失。

【誌文】

大唐故銀青光禄大夫定州刺史上柱國爾朱府君墓誌」

公諱義琛，字仲珪，河南洛陽人也。原夫西伯啓運，拊殷背以興邦；東號開基，履虞脣而建國；地靈人」傑，亦何代而無焉。祖德家風，今可略而言矣。高祖珍，魏侍中、司空、相國、録尚書、惠王；曾祖彦伯，魏侍」中、司徒、太傅、博陵王；負璽青規，司綸紫禁，龍池集媚川之寶，軼魏珠而挺價；鳳沼涵折水之珍，凌楚」珩而擅美。九望攸叙，五教克宣。雖吴楚開國於宗周，韓彭裂土於炎漢，方之蔑如也。祖敞，隋藩部尚」書、驃騎大將軍、開府儀同三司，申、隴、信、臨、熊、潼、光、膠八州刺史、金徐二州總管、邊城郡公；父休最，隋」豫章王府司馬，襲爵邊城郡公；代不乏賢，必復斯效，既珪璋之特達，亦羔雁之成行。擢秀仙樞，簉八」座而鳴玉；騰芳禁衛，總七萃而銜珠。或端袖華藩，載伐漢岑之棘；或曳裾英邸，追承魏坂之蘭。可謂」碧海神珠，光華弈而不絶，藍溪瑞玉，符采委而相繼矣。君稟瀆之粹，含山之靈，察衢李於乘鳩，辯家」梅於棒雉。取熊光於義府，及魚甄乎信域，插詞峰於日陸，飛龍苦頓轡之勞；横筆海於天津，倏鯨喜」吞舟之逸。豹文彰其外飾，鳳卵標其内融，齊一指於情關，植三牙於辯囿。該二難之機要，總四易之」樞津。昂昂焉乃知十之英材，皎皎焉實半千之秀器也。神堯皇帝龍飛轡野，武嘯驪宫，權輿闢地之」功，草創經天之業，公睠黄星而返德，睹佳氣而歸仁，攀附克從，勤誠遂著，蒙授上騎都尉、蒲州司户」參軍，累除祠部員外郎，比部郎中。始則因鼷發機，隨雨車而效職；俄而飛鴻漸陸，入星署而分司。六」曹之所指歸，萬乘之所目送，延譽股肱之地，河東慚領袖之奇；流聲鸞鳳之林，海内駭衣冠之盛。時」趙王以愛子之藩，年尚幼小，詔求良輔，務取宏材。公振彼英聲，膺兹妙選，乃授朝議大夫、守趙王」府司馬、兼行秦州都督府司馬。又以公有刺舉之能，績彰朝野，六條之寄，委以宣風，乃授申州刺史。」居無何，又屬許王出閤，更求賢相。以公三風十愆，式奉於伊訓；一日千里，允標於佐才，嘉其趙府之」能，授以許王之輔，又除許王府長史、兼行同州長史。俯雁池而鑒止，竹影浮三夏之清；仰龍岫以棲」仁，桂華散九秋之白。内獻英節，曹象之智曰隆；外贊藩條，龐驥之材風騁。俄遷太僕少卿，又除司平」少常伯。分列棘之署，拓河之務以寧；統握蘭之司，儀星之閣攸穆。以龍朔三年詔使持節隴右道」巡撫。埋輪迴望，張綱之節懔然；攬轡遥驤，范滂之志逾厲。遣歸思於秦隴，九迴無咽水之傷；弭驚塵」於漢掖，四起絶悲風之慘。使還，蒙授詳刑正卿。自清叢棘，非謝察於齊羊；不假埋梧，載通神於范鰐。」豈持孔融視色，北海得非孝之男；國産聽聲，東閭窮不義之婦而已。復以三韓尚梗，邊隅有事，供軍」機要，事資良牧，乃除定州刺史。後充計入朝，公以昏中東壁，餘歲可知；日下西山，殘光詎幾？載想鍾」鳴之誡，旋思鼓缶之娱，迺抗表辭榮，陳情歸老。詔乃授公銀青光禄大夫，仍聽致仕。公久厭榮利，」雅好丘園，東都揮出祖之金，北里解入神之簏。懸彼熊軾，擁兹鳩杖，奇木萬株，開季倫之泉石；清流」四注，激廣漢之沙嶼。眺聽虚静，襟神皎澈，襲河陽之别業，遺漢陰之機事。既而明鑣驛照，驟遷陽瑄」之灰；旦宅徂光，奄遘陰堂之夢。雖桑巫轂擊而狎至，桐醫輻湊而具臻，詎移謝西之期，誰易鄭辰之」兆？以大唐上元三年歲次景子正月廿三日薨於東都修業坊之私弟，春秋八十有五。即以其年十」月乙未朔十五日己酉葬於洛陽奇坑北原，禮也。嗚呼哀哉！太山東覆，竟延何仰之悲；長松西靡，空」結有靈之驗。仍懼谷移高岸，東海變而爲田；壤朽崇基，南山銅而猶隳。遂採輿誦，播家聲，紀盛烈於」圓石，藴餘芳於大隧。其詞曰：」

高山不危，神基是屬，長河雖斷，昌源可續。白兔近碑，赤雀遥籙，珪前璧後，朱聯紫縟。其一。猗歟邦秀，時」惟國楨，飛文鳳峙，奮筆鸞驚。内守雌節，外振雄名，朝章攸叙，藩政以清。其二。鍾鳴夜誡，鼓缶晨歌，臺臨」金谷，室瞰銅駞。牧以上善，蹈以中和，彼天不憖，伊壽幾何？其三。佳城杳杳，孤墳岌岌，風入松而送哀，露」墓荄而助泣。魚焰炯而空照，桐寺顋而佇立，惟玄石之可憑，紀清徽而靡戢。其四。」

（周紹良藏拓本　河南千唐誌齋藏石）

上元〇三七

【蓋】唐故公孫府君墓誌銘

【誌文】

大唐故隋朝散大夫孫君墓誌」

若夫揚麾靜亂，勇將申百戰之威；運策騁奇，謀臣決千里」之勝。然則匡時拯難，必藉雄才，代有人焉，可得言矣。公諱」達，字思賢，青州樂安人也。英奇挺烈，權貴於漢朝；三將興」兵，武略光於秦代。公禀靈秀出，固事無雙，外振威名，內□」清節。龍駒遠騎，必涉千里之途；雲鶴高翔，必奮六翮之用。」及隨正陵替，喪亂弘多，五岳塵飛，」三川波震。公乃荷戈大」叫，志在救時，拔起壠畝之閒，名冠三軍之上。于時雄豪並」起，戰爭實繁，聞公之威，莫不慴伏。李密興於梁楚，遂據敖」倉，公且與合軍，以觀時變。屬大唐啓運，先定洛州，羣生荷」再造之恩，率士仰來蘇之慶。公夙有風疾，醫療不除，粤以大唐上元三年八月卅日，薨於張方之第。春秋八十有三。」何言隙駒難駐，朝露易晞，人爵未終，生涯已謝。即以其年」歲次景子十月乙未朔十五日景時遷窆於洛州洛陽縣」清風鄉張方里於北芒之山，禮也。第三子文楚，年未至學，」夙智已彰，喪過於哀，殆將滅性。於是式昭芳烈，勒此豐銘，」庶金石恒存，傳芳不朽。其辭曰：

大唐啓運，帝道佐明，」見機而作，擁衆歸誠。勇如韓信，智若陳平，登壇比□，參□」齊榮。其一。炎靈失德，天下交亂，遂與羣英，共匡時難。撫寧邦」邑，拯恤塗炭。既類滅秦，還恩終漢。其二。摧鱗巨壑，墜翩天路，」雄略猶傳，神儀以故。一歸泉壤，千載不寤，節士封墳，賢臣」表墓。其三。」

上元三年十月十五日。」

（周紹良藏拓本）

上元〇三八

【蓋】失。

【誌文】

大唐故處士尚君夫妻墓誌銘并序」

君諱武，級郡朝歌人也。自宗源遠派，道懿」範於銀編；瑶彩長瀾，顯休聲於玉篆。祖威，」父暉，並才比昔賢，英侔先哲，潘江競濬，陸」海爭流。惟君德被春陽，恩同夏雨。六經鼓」吹，摛玉藻於詞林；百氏笙簧，鳴銀波於册」府。豈謂輔仁無驗，與善徒欺，以貞觀廿一」年十二月四日，終於絳州萬泉縣尚村之」私第，春秋五十有六。夫人張氏，受彩霞津，」延規月浦，實比絜於韓妻，可方奇於萊母。」春秋八十有九，以上元三年四月六日終」於洛州私第，還以其年十月十五日合窆於北邙之陽，禮也。乃爲銘曰：」

乃祖聲振，唯父名揚。君之嗣美，有繼前良。」冰霜比映，蘭桂同芳。六行無闕，四德有章。」靈轜曉發，丹旐晨張。唯餘介石，不朽鏗鏘。」

（河南千唐誌齋藏石）

上元〇三九

【蓋】失。

【誌文】

大唐故右驍翊衛翟君墓誌銘并序」

君諱瓚，字元宗，河南洛陽人也。作帝于唐，聖祚以之綿遠；俾族于翟，因」氏由其鬱興。丞相以政術匡朝，將軍以忠規抗逆，備昭前史，無待詳言。」曾祖散，齊龍驤將軍、北平侯；祖讙，周冀州刺史、冀州諸軍事；父珍，隋□」陵郡丞；並宇曠神虛，風高氣爽，故能仰膺天秩，幾貽儻於清僚；俯□人」榮，遞疏庸於令級。公聲猷峻舉，彩實韶深，踐孝依仁，遵商慕偃。□丘□」之芳潤，弋獵文英；蘊韜略之精華，規模武術。隋大業初，以勳蔭授左親」衛，尋除朝請大夫、武賁郎將。洎神堯皇帝席圖端扆，挺植寰瀛，亭□」既隆，生靈復始，授右驍翊衛，遷邛州蒲江縣丞。俗聽絃哥，弼諧之道斯」廣；政袪淫詐，叶贊之義方昭。爰籍濫觴，佇□流於浴日；已階尋木，翻□」□於摩霄。以貞觀十四年三月卅日，卒於洛州洛陽縣敦厚里，春秋七」十三。夫人劉氏，彭城人，隋汲郡贊理安仁之女也。夫人天資凝婉，性與」幽閑，明玉芳金，未嬰淳素之志；齊紈楚練，不踰冲約之心。標母訓於中」閨，禮深賓敬；扇嬪風於內閫，德儷陰容。洎乎偕老詧期，良人捐背，以貞」潔之操，逮孀孤之始。遂乃融精覺道，肅慮真源，照生滅於禪心，徇茲□」藿；證空有於法性，滌彼薰辛。衛室泛舟之篇，諒慙高行；杞婦崩城之恨，」寧儔專一。而妙身既拔，終莅福於後天；勝果已崇，豈維形於朽地。以上」元三年七月廿三日，卒於洛州洛陽縣陶化里，春秋八十一。即以其年」十月廿日，合葬于河南縣平樂鄉之北原，禮也。嗚呼！兩劍方淪，雙旒將」迴，背伊闕之南陌，憩邙山之北路。驚飇起而林野寒，奔景沉而郊原暮，」庶金石之無缺，勒聲塵而永固。其銘曰：」

唐帝欽明，祚胤稱英，翟侯分命，因封得姓。丞相佐時，將軍體正，龍驤儁」偉，冀州詔令。毗陵灼灼，宇量恢恢，夫君美茂，挺此瑰材。禮園遐敞，道肆」宏開，始贊名邑，行歎梁摧。恂恂淑媛，亭亭端雅，器掩梁高，名優衛寡。淨」□已託，俗因俄捨，寂滅琬真，泥洹非假。昔開華館，九蘊良遊，今歸重泉，」□序空流。雲迷孤隴，月照荒疇，誰言長夜，非爲窮秋？」

（北京圖書館藏拓本）

上元〇四〇

【蓋】失。

【誌文】

大唐故處士封君墓誌銘并序」

夫以華構分金，凌碧霄而抗影；鴻源括□，派黄躅以騰流。是□」命氏開宗，縟綺𨻰而疊絢；承家列族，鏤□牒以重輝。□望氛氲，」其惟封府君矣！公諱德，字君道，渤海蓨人也。祖璨，齊任荆州刺」史；仁高别扇，化偃香飇，分墮淚之餘□，□甘棠之逸韻。父深，隋」任鷹揚郎將；雲浮寶騎，逗金埒以朝飛；月照龍刀，影珠星而夜」轉。惟君幼懷貞介，性悦閑居，慕平子之高蹤，追仲長之雅譽。

韜」光洛社，躡大隱之清風；晦跡伊濱，偶□□之逸操。每□日花分」笑，挹青核於春朝；桂魄團輝，浮緑罇於秋夜。寧期大暮，方□小」年，高春晦而落景沉，閱水驚而浮舟徙，以上元三年歲次景子」九月景寅朔十一日景子，終於殖業坊之私第也，春秋七十有」五。嗚呼哀哉！長辭白日，永閟玄扃，皃燈滅兮泉夜長，弔鶴悲兮」荒山慘。夫人太原王氏之女，母師流譽，絢彤管以鏘洋；婦德凝」規，霏緑編而錯絡。豈謂神光離合，失雲影於荆臺；少女飄颻，驚」雪花於洛浦。即以其年十一月二日，合葬於洛陽縣平陰鄉□」邙阜之原，禮也。煙郊廣陌，翻成白馬之塋；霜野長阡，即變青烏」之地。其嗣子處哲，仰旲穹而瀝血，切遺劍以摧心，俯厚載而傾」魂，痛倚廬而碎骨。式彫慈範，永播貞碑。其詞曰：」黄神錫胤，碧海疏瀾，家傳龜組，室照瑯玕。其一。緜緜遠緒，皎皎餘」輝，仁英赫弈，纂素聯霏。其二。惟公嗣美，累葉增華，琴罇養性，孝敬」居家。其三。小年安促，大夢何長，莊飈遽切，孔歎俄傷。其四。夜臺無□，」泉路幽迷，一朝今古，兩劍終埋。其五。□悲露泣，野靜山空，式鐫□」石，永紀清風。」

（北京圖書館藏拓本）

上元〇四一

【蓋】　劉君墓誌

【誌文】

大唐故劉君墓誌銘并序」

粵若岷嶺開宗，曜瓊枝」而發彩；漢津流族，闢瑋水而凝輝。於是紫氣程祥，」用啓永年之祚；靈符入掌，方隆七百之榮。門祉蟬」聯，無替於時，后嗣勳臺鼎，德光於册。祖堪，齊」任南陽太守；父言，隋任朝請大夫。君以情纏丘」索，囊箱留目，揖孔門而取訓，酌百氏以陶神。綺翰」摛華，映錦江而糅彩；含章發穎，閒荆嶺以踈珍。加」以玩狎山泉，藻閑齋而嘯侣；絃歌韻雅，刷虚館以」攄賓。至性淳深，墳栖瑞鳥，虔尊德本，池躍冰魚。忽」逢二豎挺妖，徒念更生之餌，隨湛露而銷影，俯逝」水而侵齡，去顯慶五年十月內，卒於私第，春秋七」十有六。夫人趙氏，鏡鸞長逝，斂淑態於蘭帷；桂月」淪輝，無復西園之景。今以上元三年歲次景子十」一月乙丑朔八日壬申合葬於鞍馬城內高原，禮」也。西瞻峭嶺，東望叢臺，北帶岡巒，南俯漳溜。嗣子」師，唯恐蓬洲水淺，石變荆山，故勒玄扃，用傳不朽。」乃爲銘曰：乃祖乃父，列爵分職，位亞三槐，官」連九棘。學潤江濱，瓊瑤比德，代嗣重光，時稱鴻翼。」其一。作嬪君子，入奉其儀，論稱六行，四德聞詩。霜摧」菊浦，蕙苑蘭委，恨鏡鸞之長逝，嗟桂月之沈輝。」

（周紹良藏拓本）

上元〇四二

【蓋】失。

【誌文】

大唐袁氏故柳夫人墓誌」

夫人柳氏，河東解縣人也。曾祖玄，隋遷」州刺史；祖顗，唐光州定城縣令；父穎達，」常州司倉；人倫疊秀，龜組光於實沉；載」弄延祥，懿淑分於寶婺。既而年暨六珈，」擢兹良匹；言從百兩，供饋袁門。

榮養未」窮，歡娛遽盡。芝湍逝水，泛靈槎而不歸；」桃徑馳光，與仙花而俱落。長女慟風枝」而剡骨，仰陟屺以崩心；壻相州安陽縣」丞崔大心，美箭良弓，標名嗣業，銜慎終」之巨戚，酌稱伐之高義。粵以大唐上元」三年歲次庚子十一月乙丑朔八日壬」申，改窆於河南縣平樂鄉安善里北邙」之原，禮也。曹昭擬賦於斑椽，潘生累德」於楊侯，用鐫文於九穸，冀流聲於萬秋。」

（周紹良藏拓本　河南千唐誌齋藏石）

上元〇四三

【蓋】失。

【誌文】

君諱貞，字君漢，河內人也。帝顓頊之苗胄，周文」王之胤緒，望重河內，因官晉部。先祖晉朝太」尉，魏室司空，敷奏王言，宣揚帝命。祖法，齊任」邢州司户；父孫，隋任朔州録事；乃祖乃父，冠」冕相承；爲質爲文，俱參職位。君前任戎州」南溪縣令，時稱善政，製錦未媿其奇；代號能賢，烹魚豈方其術。男歌五袴，女詠三裳，返犢留」錢，褰帷問疾。誰謂忠誠克著，構疾相侵，藥餌不」瘳，沉痾遂固，春秋七十有九，上元三年三月十九」日終于私第。以其年十一月廿日葬君於陽邑村東」二里。左臨像水，碧瀨洪流；右望紂祠，清池緑沼。前觀」鼎嶽，峻極嵯峨；後眺尹岡，連延萬里。悲纏原野，」痛傷行路。嗚呼哀哉！乃爲銘曰：

昂昂哲賢，明明令」德，動中規矩，發言合則。廊廟股肱，王庭羽翼，淑人君」子，其儀不忒。其一。忙忙日月，慘慘煙雲，荃蓀憩馥，蘭桂停」薰。俄從物異，倏忽沉淪，嗟乎悼矣，惴慄泉門。」

（録自《八瓊室金石補正》卷三十八）

上元〇四四

【蓋】失。

【誌文】

大唐故左武衛兵曹參軍劉君墓誌」

公諱義弘，字待詔，弘農郡人也。唐朝」應」詔孝廉及第，釋褐綿州昌隆縣尉、揚」州江陽縣尉、大理寺評事、左武衛兵」曹參軍。顯慶元年，春秋五十有三遘」疾，其年七月廿一日薨於京第。妻趙」郡李氏。龍朔元年，春秋五十有五，遘」疾，其年十月一日，薨於私第。有子三：」嗣子玄賾；第二子循慶，任底州司法」參軍；第三子大爽。以上元三年歲次」丙子十一月乙丑朔廿一日丁卯吉」辰改葬於洛州河南縣金谷鄉泉源」里北邙之原，禮也。」

（北京圖書館藏拓本　河南千唐誌齋藏石）

儀鳳

儀鳳〇〇一

【蓋】 失。

【誌文】

維大唐故王君墓誌銘并序」

君諱愛，字君義，太原人也，王栢成後。夫國性含芳，履泉林而」縱賞；情田韞智，係風月而居貞。武德類於荆軒，文藻同於□□。劍寫晨星之佩，弓圖曉月之轡矣。壯哉！其在王君者也。祖隨，齊任嵐州録事參軍；父秀，隋授懷州武陟縣尉。君夙承餘」□，早沐嘉恩，派逸浪於天潢，分枝於玉樹。陽烏易往，陰菟難」□，俄比夜川，掩從朝露，春秋八十有二，即以咸亨四年歲次」癸酉十月十日卒於私第。夫人范氏，出自於盧祖，凝華素裹。」性禀天儀，與蕣花而同色；姿含月彩，比桃李而爭輝。四德内」嫻，三從外順，可謂逶迤損壽，智慧侵年，花暗魂飛，蒲生魄散。」□□清而永絶，蓮瞼没而長虧，嫠女還星，姮娥入月，胡香未」至，不救浮生，靈草無通，難蘇溘死，春秋九十有五，奄從窀穸，」嗚呼哀哉！儀鳳雙桐，一枝先折；神龍二劍，前後俱沉。即以儀」鳳元年歲次丙子十一月乙丑朔廿一日乙酉合葬於相州」城西北卌里新店村西北一里半平原，禮也。東望廣川，西觀□嶺，」南瞻洹水，北有高丘。恐青陵變谷，碧海移田，若不勒其泉扃，」何以□□功業？乃爲銘曰：

惟祖惟父，茂矣哲人，荆山玉璧，漢水□□，攀龍奮翼，附鳳張鱗，自家國，孝子忠臣。其一。」薤露不□，□川長逝，生有短年，死居長歲。丹旐風飛，朱幡影」曳，烏□□□，雲愁陣勢。其二。」摇落丘隴，荒□楸域，樹樹風聲，山山寒色。草□□平，□□□」直，兆墳方固，□□永盡。其三。」

（録自《鄴下冢墓遺文二卷》卷上）

儀鳳〇〇二

【蓋】失。

【誌文】

大唐故董君墓銘」

若夫道均物始，陰陽運而成象；神功不測，惟聖誕英靈之姿。」君諱文，字欽朂，隴西成紀人也。源流導濺，派峴浪以分濤；樹」穎祥柯，映芝田而吐秀。曾祖安，隋任陽翟縣令，亨鮮百里，分」製錦於三條；德邁前芳，駕高蹤於往轍。祖武，唐任車騎將軍；」武冠三軍，雄志謀於七略；分麾力勇，拔幟奮於先鋒。父師，高」道不仕，脱屣騰驤，振輕衣而獨舉；居心杜若，王侯莫之能屈。」君孝友基身，資温牀而扇席；至德高行，愉色滿其怡聲。法則」先門，無慚雅亮。神清志遠，鑒月鏡以爲心。忽爾纏痾，無離於」枕席，葛氏無救，奄從風燭，春秋四十有八。粤以儀鳳元年歲」次　十一月　朔廿六日　卒於洛州」弘教里之斯第，即以其年十二月　朔十三日　」葬於邙山平樂之原，禮也。豈謂逝川不駐，迅過隟之難留；將」謝生涯，長歸大夜。遂使黄壚遽掩，俄沉白日之姿；紫棘悲纏，」感青藤而淚染。恐人代之超忽，陵谷遷變，故勒斯銘，永記泉」門之號；庶使魂遊東岱，無愧殷輝，神往西山，豈謝黄香之操。」迺爲銘曰：」

壯矣英靈，神功不測，聲流美譽，道高亮直。瑰瑋標奇，芳猷盛」極，奮武師賽，摧鋒殄億。雅亮嚴王，聲高許郭，仁智山水，情深」駕鶴。步影仙宫，名編綺閣，飄飄逸翮，陵雲萼萼。長源構靡，誕」英吾子，朱槿抽心，紫鱗情已。分蘭懷義，聲高特起，斷金惟志，」流音嗣始。如何不淑，隕籜芸黄，霞收夕影，景落沉陽。風摇隴」色，月滿松光，春秋非我，曉夜何長！」

（周紹良藏拓本）

儀鳳〇〇三

【蓋】　唐故孟府君之墓誌銘

【誌文】文未完，似轉刻于石側，失拓。

唐故處士孟府君墓誌銘并序。」

君諱運，字穆□，隴」武威人也。宦遊漂泊，因寓河南之洛陽，遂爲□人」焉。曾祖猷，魏太中大夫、左將軍；祖景和，齊金紫光」祿大夫；父洪度，□方州石梁縣令；並材冠鄧楚，曜」掩隨珠，茂葉鬱於雲柯，芳枝垂於日榦。惟君毓質幽」真，誕靈虛寂，仁慈植性，孝友居心，志尚謙光，情希」嘉遯。是以名韜白屋，跡匿青巖，乍轉□於松林，時」翫琴於桂圃。自可嗽流枕石，採菊紐蘭。不謂日色」□□，□悴崑峰之□；□□夜掩，俄□漢水之□□」以儀鳳元年十二月廿四日遘疾，卒於私第，春秋」八十有六。即以其二年歲次丁丑正月乙丑朔九」日癸酉，權殯於北芒之原，禮也。孤子祖業等，罔極」□□、思慕難居，傷返哺之慈長辭，痛負米之情永」訣。恐□□峻嶂，海□清流，銘鐫琬琰，式□風休。千」載傳其芳烈，萬古挹其嘉猷，乃爲銘曰：

周藩析祚，」□□開封，列姓受氏，啓邑承宗。疏源漢派，壘萼雲」峰，風侵宿竹，操逸寒松。其一。惟君宅兆是卜，魂兮是」措，幽隱泉門，荒凉塋路。勒兹豐石，式光□□，□將」月魄而長□，松與日光兮俱暮。其二。三百□□□□」

（北京圖書館藏拓本）

儀鳳〇〇四

【蓋】失。

【誌文】

大唐故王君玄堂記」

君諱彥，字元英，并州太原人也。乃衛大夫賈之後焉。自有」濁有清，□族與兩儀□火，建家建國，音暉齊明，代有其人，」可略言也。曾祖諱藏，周任大將軍、使持節弘農郡太守。聲」華武帳，控韓白以飛策；績著文昌，冠青霍而凝範。祖諱通，」隋任定州錫陽縣宰，又奉詔受武陽郡長史。父諱述，」唐任括州録事參軍。或□錦標奇，洽清猷於百里；贊貳流」詠，歌美範於千城。公則幼挺生知，識李於夷師之歲；長標」聰晤，背碑於王粲之才。綺思含春，艷花叢而□幹瓊珠墜」曉，鶩鸞露以舒毫。得性琴瑟□梁園之晦迹凝神藪澤，□」御□之韜名，遂於上元年中爰授玄□□，隨班例也。」其　者　冬日之衣遲，漸其恩者，□春□之汪□。詎謂□」光促漏，夜景催蟾，奄迫□疴，俄纏風隧。嗚呼哀哉！公春秋」卅有九，儀鳳二年正月十八日卒於私第，即以其年二月」三日遷瘞於邙山七里之平原，禮也。嗚呼哀哉！埏瞻勝□」地鎮名隈。凝苦霧之淒清，振鸞飈之飈□。仍恐鼇岸或□，」古壧有遷，敢謀庸疏，式鐫芳懿，嗚呼哀哉！乃爲詞曰：」

邈邈遐宗，巍巍長族，景絢曦舒，道光清濁。惟公令望，載□」芳躅，辯標識李，奇詔局黈，藻花春飛，毫猗猗」詎焉蒼昊，殲我良懿，倏謝光陰，俄歸泉壧。□霧長昏，荒□」□明，□吹吟夜，□□翠，敬刊德音，式標孤跱。」

（河南千唐誌齋藏石）

儀鳳〇〇五

【蓋】失。

【誌文】

唐故定州司馬蔡君墓誌銘并序」

公諱君長，字義首，陳留濟陽人也。自天□在周，廣封懿戚，□」叔於蔡，子孫周氏焉。剛武入秦，終并六國；侍中匡晉，奄有七」州。若乃德亞儒林，禮樂由其不墜；功參霸業，文武之道斯存。」高祖興宗，宋侍中、右僕射、儀同三司；翼贊謀猷，坐鎮雅俗。曾」祖蹟，齊太尉録公；與存與亡，社稷之衛。祖該，齊秘書郎、太子」舍人、尚書郎；含香秘閣，蔚爲時宗。父徹，梁黃門侍郎、隋相州」城安縣令；齊禮鳴弦，屬城之冠。公即城安君之元子也。幼而」機警，特異凡童，器宇凝嚴，風格踈朗。及長能績理，妙善史書，」略解兵符，尤明劍術。隋後主以公良家著族，時望所歸，遂授」□車騎，仍轉驃騎。公以後主荒怠，政出多門，遂掩郊扉，以俟」有聖。皇運之始，以公見幾先覺，遂授定州司馬。貞觀」之際，乃辭老歸于田里，耕而食，織而衣，樂道閑居，深有古人」之風烈。豈期壽頤將智而沉痼綿序，以儀鳳二年二月一日」寢疾卒於綏福里，春秋九十有六。以儀鳳二年二月十六日」葬于河南縣平樂鄉邙山之陽，禮也。息行基，痛風樹而舉慕，」悲陟屺而無依，恐陵谷驟遷，德音永謝，式鐫貞石，乃作銘云：」

周有大賚，自豳遷岐，惟親是屏，作我羽儀。哲人之後，百代風」猷，入卿出守，曰公曰侯。誕兹秀士，一日千里，乃武乃文，亦儒」亦史。惟靈昧施，梁木其摧，倏辭蘭室，長悲夜臺。卜遠誠期，素」轜俄轉，何以播德，勒兹幽篆。雲浮隴暗，地古松新，昭昭白日，」春非我春。」

（北京圖書館藏拓本）

儀鳳〇〇六

【誌陰】 誌陰文録自《八瓊室金石補正》卷三十八。

曾祖諱行實，周朝任豫州刺史、諸軍事、淮南公。
祖諱洪貴，妻李。
祖諱洪略，妻馬。
祖諱洪艷，隋犨城府校尉，妻陳。
祖諱洪祭，隋任河山府司士，妻郭。
祖諱洪遠，妻董。
祖諱洪振，妻陳。
父諱恒周，妻趙。
父諱君政，妻吕。
叔諱君操，妻張。
右善達、義節等三代尊諱。
弟善惠。
其墓田東西壹伯伍拾步，
南北壹伯伍拾步。

碣一口。

【誌文】題作橫額。

周豫州刺史淮南公杜君之墓誌」

君諱　字　，　之後矣。締構層華，望仙雲而連若木；□□□□，」浮潤海而接霄潢。公天挺英靈，神資朗哲，髫年吐秀，綺歲含芳，初舉茂才，爲許州□□□」令。懿德裁風，美青鸞之舞化；嘉猷偃俗，光彩翟之依仁。政舉薰風，譽流天扆，又詔遷□□」刺史、諸軍事、淮南公。被雲雨之膏液，降霜霰之輕威，區羣荷子育之恩，庶彙挹陶均之德。」褰帷千里，衢歡何暮之謡；露冕百城，門嗟來晚之詠。遇周社之傾覆，會鼎祚之流移，鹿散」中原，梟鳴宇縣。高班厚秩，屬喪亂而傾淪；墨綬金章，偶崩離而失主。嗣子洪貴六人及孫」恒周三人等，蓄耀珠泉，潛華玉岫，光逾月采，影爛星暉。玉樹分榮，聳亭亭於迥薄；金柯引」翠，抽鬱鬱於長林。或則學贍文豐，兵韜武略；或則風雲在議，金石斯懷。珍謝玉而咸珍，貴」韋珠而並貴，嘅崇基之失緒，咨峻趾之湮沉。徘徊木雁之間，仿佯語默之致。於是懷五慎，」佩九箴，孝二尊，篤三益。咸以壑舟夜徙，薤露朝晞，天不憖遺，溘然長謝。公周天統二年終」乎私第，春秋八十有二。以隨開皇元年十月一日，與夫人馮氏合葬于龍山□□□原里，」之禮也。其地東窺邵堞，伐楚之迹猶存；西邇湍城，避狄之隍如在。南鄰湍水，神龜游括地」之瀾，北瞰龍山，仙鶴憩聳天之岫。爾其珍木葱翠，嘉樹紛披，是汝□之形勝，荆楚之□□」者焉。曾孫善達、義節八人等，痛風枝而結思，悼霜露以摧心，遠謝□裘，遐慙落構，恐桑田」變海，陵谷貿遷，耿介長淪，芳菲永歇，勒兹貞石，迺爲詞曰：

承芳蕙苑，誕秀清流，□□」開屏，懿德臨州。夙虧風槩，早歇英猷，爰有嘉胤，遠謝箕裘。敬雕□兮翠琰，庶永播兮清修。」

大唐儀鳳二年歲次丁丑五月壬戌朔七日戊辰雕瑩功訖。」

（録自《金石萃編》卷五十九，據《中州冢墓遺文》補字）

儀鳳〇〇七

【蓋】 失。

【誌文】

大唐殤子王烈墓誌銘并叙」

烈名寶德，東京伊闕人也。曾祖開，隋上開府儀同；祖憲，」隋簡州金水縣丞；父感，皇朝□士□居貞毓德，樂」天知命，栖神衡泌，養素丘園。烈則感之第二子也。生而」岐嶷，幼履温恭，孝敬發自天機，友悌融乎本質。性不戲」弄，對奇寶而不觀；志在多聞，挾良書而玩讀。至於風前」月下，率爾成章；玉露銀鈎，何嘗絶筆。年裁志學，追慕古」人，願輕舉而未從，欲遠遊而尚惑。沉吟永歎，擲躅延佇，」狀有精物，語涉神交，或有賦詩，或題永訣，凡所述作，密」自藏之。越以儀鳳二年夏四月廿二日，忽爾私行，慈親」怪其不歸，開函檢得遺語詩書十餘紙，每云赴水而去。」遂幛惶求覔，獲柩洛濱。時年一十有六。謚之曰烈。嗟乎！」三命難違，百身無贖，落常華於首夏，實孤秀於先秋，嗚」呼哀哉！即以其年五月十一日厝于邙山之陽。方恐累」累之墓，變高深而莫辯；森森之木，接林彙以難分，痛丹」雘之永失，紀玄石於斯文。其銘曰：」

惜矣王生，素禀奇英，小年志學，弱冠輕生。義風多烈，雄」心不平，觀書殉古，遇寵逾驚。海若同志，馮夷叶靈，投兹」貝闕，赴彼珠庭。殯骸邙嶺，悶景佳城，峰雲憤結，壠樹悲」聲。齊椿菌之脩短，混彭殤之□齡，紀生前之氣烈，垂殁」後之芳名。」

（北京圖書館藏拓本　河南千唐誌齋藏石）

儀鳳〇〇八

【蓋】失。

【誌文】

大唐故常州江陰縣丞賈府君墓誌銘并序」

公諱整，字軌，河東平陽人也。昔河南辯異，飛名漢代；洛陽台鉉，騰響晉朝。淼」淼長源，括滄溟而迴注；巖巖層構，俯嵩岱而標峰。爾其輔國承家，開基命葉，」則懸諸日月，焕彼丹青，徽烈孱然，於兹可略。曾祖興，魏盪寇將軍、京西大使、大都督、平東將軍、華陰縣開國子、金紫光禄大夫、武鄉縣開國子、安昌郡守；」孝作天經，忠爲令德，出驅丹轂，入侍彤闈。祖瑰，周右衛中郎將，襲爵武鄉縣開國子；位參執戟，身預含香，孝悌居心，忠貞奉國。父憲，襲爵武鄉縣開國子，」皇朝始州録事參軍；預流纓紱，贊司分竹，德範搢紳，榮冠倫伍。公騰姿渥水，」育彩丹山。憑暉代德，非假星辰之氣；禀和餘慶，誰資河岳之靈。加以植操端」凝，因心孝敬，學窮金羽，德備珪璋。皇上垂扆巖廊，委成庶績。熊羆開」兆，果逢渭浦之師；入夢幽人，即遇傅巖之相。傍求俊乂，明敭仄陋。公三冬成學，九歲作文，金門待詔，雲臺射策，同孫弘之上第，類仲舒之甲科。起」家授巴州司士參軍，除豳州新平縣丞、騎都尉、常州江陰縣丞。是知三蜀舊」邦，霍弋處銅梁之地；九江曩國，黥布當珪社之封。在周文所化之都，撫秦昭」昔居之境。清風自遠，獨超潘陸之芳；善政多聞，終昆卓魯之譽。棼絲不足勞」其理，美錦無以傷其應。豈謂輔仁難驗，福善無徵，乘箕尾而不歸，夢鈞天而」莫返。春秋五十五，以貞觀十八年八月八日遘疾，終於私第。夫人河北陳氏。」祖周漢陽郡守，父隋隆州相如縣令，分芳蘭薄，擢秀芝田，率性幽閑，匪勞傅」母之訓；天然婉順，無待女史之箴。而人代休浮，光陰奔促。空煎玉釜，却死無徵；徒練金丹，還年莫驗。一辭鸞鏡，長税魚軒，春秋八十九，以總章三年正月」一日抱疹終於私第。以儀鳳二年七月廿五日同厝洛州洛陽縣北部鄉北」邙山之原，禮也。合葬非古，兹言空設；生則移天，死惟同穴。薤歌悽楚，松風斷」絶，敬勒泉臺，庶旌遺烈。其詞曰：」

高門奕奕，茂緒蟬聯，長波括地，崇基極天。代載軒冕，踵武英賢，家稱玉潤，地」擬瓊田。其一。有美伊人，風流允集，皎皎冰淨，亭亭□立。崇仞難窺，清瀾可挹，肅」承綸誥，光臨顯邑。其二。惠敷惸獨，威震權豪，案空簿領，庭旅蓬蒿。仁風廣扇，芳」聲載高，嗟余驥足，遂屈牛刀。其三。儀分趙北，貌絶牆東，行雲在雨，迴雪流風。眉」彫柳翠，瞼散蓮紅，穀雖異室，穴乃斯同。其四。促矣朝露，悲哉夜壑，方騁南圖，遽嗟西落。宿草蕪蔓，寒松蕭索，千月易窮，九泉難作。」

（録自《芒洛冢墓遺文三編》）

儀鳳〇〇九

【蓋】失。

【誌文】

唐故陪戎校尉趙君墓誌銘并序」

若夫樂天知命之謂明，通變隨時之爲智，非顯非晦，得幽」人之素履，或出或處，體君子之黄中。混跡市朝，賞心風月，」不脩名以矯俗，不飾僞而求譽。乘流則逝□，係衾以同人，」得坵則止安，靜嘿而齊物，放曠沉浮之際，徘徊木雁之間，」具斯美者，公其攸屬。公諱臣，洛陽人也。晉卿如日，名高五」霸之都；漢尹疑神，儀行三輔之境。祖諱賢，任洋州刺史；褰」帷而高視，掩韓閤以沉思。父諱威，任宋城令；烹鮮未易，」製錦誠難，塹撫一同，遽聞三善。公分華茂緒，疏峰秀崿，幼」挺岐嶷，早擅音徽，學綜九流，才兼七略。器宇沖邈，風情高」遠，諒懷珍而待價，不衒術以干時。雖厠跡於賓王，未騰聲」於在陸。所冀屈申有數，九遷非遠；否泰恒理，三接可期。豈」謂朝景易流，夜月難駐，災生石折，釁結山頽。粤以儀鳳二」年九月一日，終于景行里之第，春秋五十有二。其年九月」廿三日葬于北邙山，禮也。長子道會等，哀深罔極，志切無」違，仰風樹以興悲，聽驚雷而增慕。所恐陵谷遷貿，英猷歇」滅，寄貞礎以圖芳，庶將來可紀。其銘曰：」

周馭開國，漢將承家，鈞天表慶，如日騰華。與張齊俠，將李」同奢，遥源接漢，峻崿凌霞。其一。山玉摛暉，庭芝吐秀，神機濬」澈，德華明茂。晝映千門，書光百奏，乘風曳緒，排雲起構。其二。」始欣松蔭，俄軫蘭摧，鏡銷泉石，琴亡夜臺。臨九原而悽愴，」想千月而徘徊，方有紀於神道，庶無媿於將來。其三。」

（北京圖書館藏拓本　河南千唐誌齋藏石）

儀鳳〇一〇

【蓋】失。

【誌文】

大唐處士王君墓誌銘并序」

君諱寶，字行敏，瑯琊臨沂人，因宦洛陽而家焉，今爲」洛陽人也。祖隋任汴州俊儀縣令；載縮珪璋，夙照仁譽，」鏡情陂於湛水，標思陣於騫霞。玉潤内融，金華外秀，播」良謡於馴翟，緝嘉化於詳鸞。父行敏，皇朝許州長社縣」丞；釋褐參榮，彈冠入仕。君承英茂緒，接裔靈長，弱冠躭」虚，訪商角之遐步；綺齡抗節，挹巢許之遺塵。傲物孤標，」忘榮高蹈，叶澄神於丘壑，符逸性於烟霞。絶影龍蟠，吞」響鴻漸。小山養志，淹留攀桂之情；幽谷乘閑，放曠採薇」之致。狎劉虬於衡岳，追何玷於鍾阿。玉彩將輝，引浮華」而映日；金聲始振，唳清韻以承雲。嗤仲丘之居鄙，應叟」洛瀕之。隱襟竹徑，動風裏之仙琴；石賞桃源，傾池上之」野酌。摛妙藻於談天，騁英詞於辯日。豈周龍之可擬，何」吐鳳之能聞哉！可謂知微知彰，令問令望者也。不圖大」椿將化，奄愴傾頽，歎移蹤於岱濱，軫遊魂於京兆。儀鳳」二年九月廿二日，卒于尊賢里，春秋五十有六。粤以其」年十月十一日，將遷窆於翟村西北一里，禮也。飛旐翻」蓋，軨轜迴軌，嗟有寐於藏山，愴無歸於閱水。鏤奇琰以」表德，庶遺芳之可紀。銘曰：

蟬聯英冑，舄弈羽儀，仁山」竦架，德水澄漪。承華玉葉，啓胤金枝，有標真矩，無替宏」規。其一。猗歟俊哲，禀器瑚璉，業暢儒宗，道融英辯。一室馳」思，三冬刻篆，合靜天雲，忘榮笏冕。其二。索帶西河，皮冠東」泗，幼懷岐嶷，長輕名利。北郭方諧，南金克嗣，如何不祐，」掩成潛寐。其三。野壙採撫，泉扃已卜，棺窆北隍，輪移東麓。」月臨幽隧，烟生拱木，儻高岸之爲流，載清徽於簡牘。其四。」

（北京圖書館藏拓本　河南千唐誌齋藏石）

儀鳳〇一一

【蓋】失。

【誌文】

大唐故康君夫人曹氏墓誌銘并序」

夫人曹氏者，沛郡譙人也。漢相曹參之後，實當塗之」苗胤。元功上將，暉映一時；代載羽儀，聲流万葉。祖樊」提，周上大將軍；父毘沙，隋任勝州都督；且文且武，不」絕於本朝；光後光前，無隔於今古。夫人漸潤藍田，滋」芳蘭畹，貞順閑雅，令範端詳。受訓公宮，作嬪嘉室，四」德周備，六行齊驅，整肅閨門，實惟和睦，喜怒不形於」色，禀自生然；榮悴不改於懷，正符天性。孝同梁婦，節」比義姑，撫育深仁，恩流中外。所冀慈雲潤趾，慧日澄」神，如山之壽未終，遊岱之期斯及，忽以儀鳳二年十」月五日卒於私第，春秋八十有五。還以其年十一月」廿六日權殯於邙山。嗣子處哲，集蓼疚懷，結終身之」痛，恐英聲代遠，斬板銷夷，紀德幽扃，遺芳無殄。其銘」曰：」

荆山璧潤，漢水珠明，照逾兼兩，價重連城。有美良淑，」比質均名，譽流閨閫，守義居貞。其一。隙駒飄忽，逝水驚」潮，池懸銅霤，帳結輕綃。旌揚河汭，葆轉山椒，風悽暮」鐸，響切晨簫。其二。泉没雙劍，林棲耦鶴，塵飛素奠，蟻遊」丹幕。千古易終，九原難作，痛慈顔之永詞，悲幼子而何託？

儀鳳二年十一月日」

（周紹良藏拓本　河南千唐誌齋藏石）

儀鳳〇一二

【蓋】　唐故上谷侯府君銘石

【誌文】

君諱元，字趙買，潞州上黨人也。若乃究其原緒，」早銘勳典，金懸動韻，賞有常班，茂績滿耆舊之」談，節制逸古今之冗，難以備寫，可略言焉。曾」祖貴，國圖肇建，載烈元戎，奮戟揚旌，羣凶銷潰，」授朝散大夫，酬節也。父洛，下車輔政，吏静人」寧，擢加厥能，授殿中御史。君緑綺調性，語默」飲情，六行總修，一智獨舉。文兼□質，邁魯國之」遺風；學綜縑智，越漢南之獨步。物濟匡時，去貞」觀元年，兼授并州主簿。既而飛光西落，流東遷，」風樹俄傾，徙陵遄及，春秋五十有五，卒於私第。」夫人暴氏，青州甲族，有德有望，言告言歸，」貞操言洸，濯穢息堪。弱歲重道，極温清於扇枕；始冠」開卷，盡愛敬於嚴家。鄉黨稱楊顯之名，道俗譽」和光之□。何期夢摧梁木，風勁彫蘭，過客難留，」眩靈幽壤，粤以儀鳳二年歲次丁丑十二月己」八日丙申合葬於城西廿里平原，禮也。西望鴻」陂，旋波有舊浦之戀；東瞻漳滸，閱川無故友之」歡。遽戢荒郊，綿淪壙野，恐物遷時移，故刊而銘。」

（録自《山右冢墓遺文》）

儀鳳〇一三

【蓋】失。

【誌文】

大唐故施州司馬張府君王夫人墓誌銘并序」

夫人琅琊臨沂人也。曾派長川，沙麓啓其初胄；崇基表」峻，葉縣光其後昆。京兆折王鳳之權，丞相創」劉邦之業，」葳蕤簪紱，接葉璁珩，標冠區中，儀形海內。祖元一，隋清」河縣令；父宣，唐鉅鹿縣令；并」絃歌緝化，遠近挹其清徽；」鳴琴布德，朝廷欽其嚴肅。夫人履柔滋德，含和毓性，蕙」芬初載，苕□□」年，故得結偶華門，作嬪榮族者也。方冀」克享大年，應兹□祐，豈謂天德無亨，休徵靡膺，以大唐」儀鳳」二年十一月廿九日，終於思恭里私第，春秋八十」有四。即以其年歲次丁丑十二月己丑朔十八日景」午，」窆于邙山之陽，禮也。夫人生知婉順，淑行幽閑，主饋克」修，執笲斯謹。既而孀釐軫悼，孤藐矜」懷，帷厚居薄，周環」氣序，堂高九刃，就養方申，塋擇萬家，徽風遽戢。倏而痛」殷如剡，悲結匪莪，訴」曾穹而罔極，怨凱風其如何。即龍」璋之甫竃，邇蛩岫之曾阿，白日逝於悲谷，凄吹□於哀」歌。其」銘曰：

烈祖國華，顯考時選，衍兹純嘏，誕斯英俊，松影臨春，霞」霏升晛。其一。麟鬭光虧，題鳴芳滅，莊樓晝掩，粉川晨咽。石」鏡孤懸，桐闇永閉。其二。山原寡色，長隧留曛，旌舒乍卷，吹」斷還聞，圖徽丹籒，式範清芬。其三。」

洛州河南縣洛濱鄉」

（周紹良藏拓本　開封博物館藏石）

儀鳳〇一四

【蓋】大唐故亡宮六品墓誌

【誌文】

大唐亡宮六品墓誌銘」

亡宮人者，不知何許人也。爰在□年，」班名內職，□移疚管，□順無愆。隟電」不留，泉塗□□，以儀鳳二年十二月」十四日卒□□□廿二日葬，春秋」□十。爰□□□，或傳不朽云爾。」

天長地□，□□若淳，夜臺何遽，華」屋難留。□□□□，月慘雲愁，貞順」不□，□□□□。」

（北京圖書館藏拓本）

儀鳳〇一五

【蓋】失。

【誌文】

大唐故周君墓誌銘并序」

君諱廣，字廣欽，汝南人也。周大王之苗裔，太師旦之後。崇基」造天，與五岳而爭峻；洪源帶地，符四瀆而俱永。若乃漢代標」奇，周滕極七緯之理；魏朝推俊，周嗣該百氏之文。降及晉宋，」軒冕逾隆，備乎史籍，卒難次叙。祖禮，齊任蒲州録事參軍，又」任洺州永年縣令；父雄，隋任左驍衛兵曹、特遷武奔中郎將。」君門承累構，地藉重光，少懷慷慨之誠，早挺英豪之志。往屬」皇家創業，風塵未寧，大總管曹國公歷選貞剛，擢爲車騎，位」卑千百之長，勳高四七之功。區宇剋平，丘園自逸。既而花飛」春館，時傾得性之樽；月麗秋亭，亟踐留連之席。逍遥三樂，容」與一生，優哉遊哉，老將至矣，春秋七十有三，龍朔元年三月」廿九日卒於私第。夫人傅氏，武仲之後；夫人朱氏，公叔之後；」並海内之名家，天下之盛族。莫不豔侔春蘂，節冠秋霜，四德」備於庭闈，六行聞乎州里。夫人朱氏春秋七十有五，乾封二」年九月十八日卒；夫人傅氏春秋七十有六，咸亨四年十二」月廿七日卒。即以儀鳳三年正月十四日合葬於黑山東南」歆城西北四里之平原也。金槨既掩，玉樹永沉於九泉；石門」一秘，連城長瘞乎幽壤。嗚呼哀哉！乃爲銘曰：」

載誕君昭章景胄，杳淼靈源，長波控地，崇基接天。門標杞梓，代出英」賢，簪裾弈葉，冠蓋蟬聯。其一。

君子，孝友忠和，材惟俎豆，任」乃干戈。凌鋒汗馬，位薄功多，元勳剋著，幽巷婆娑。其二。

薤露非」久，風燭難停，朝去華宇，夕秘玄扃。佳城鬱鬱，夜臺冥冥，千秋」萬祀，空垂令名。其三。」

（周紹良藏拓本）

儀鳳〇一六

【蓋】無。

【誌文】塼。

維大唐儀鳳三年歲次戊寅正月乙未□□」庚申，交河城人王康師，春秋六十有六卒。嗚呼哀哉！少稟志節，慬卓無阿，外取讚於忠懃，□」名於養，鄉城領袖，宗族軌模，老弱慕其能，」長幼遵其德。既而魂馳西景，魄驚東流，名」與風騰，形隨煙滅。靈臺迴朗，神鑒清高，」耳聞者喪其心，目覩者摧其骨。嗚乎」哀哉！乃爲銘曰：

人非金石，禍故無常。嗟茲亡父，秋葉」彫霜。身隨煙滅，名與風翔。既生有□，□」命難量。龍轜遵路，素蓋陬□。□□」地户，踐生靈泉。呼之不應，□□□」於□視棺□撫心自□□□」

（録自《高昌磚集》）

儀鳳〇一七

【蓋】失。

【誌文】

大唐故邵武縣令靳府君墓誌銘并序」

君諱勗，字大廉，汾州西河人也。巖巖靈構，包含日月之輝；浩浩昌原，」沃盪雲霞之色。聲馳南楚，奉高宦於蘭宮；氣慴西秦，利建侯於茅社。」簪纓疊耀，軒蓋分華，既芸册所詳，故松扃可略。曾祖遵，齊中書舍人；」祖長仁，隋上柱國、大將軍、修武縣開國子；並德宇踈朗，神峰挺拔，臨」鳳池而取俊，探武穴以申威。父義全，皇朝龍門縣令，襲封修武縣」開國子；疏芳蕙畹，擢秀蘅臯，化叶秋螟，澤符春雉。君青田育粹，赤野」凝光，識理內融，貞輝外發。驥足半漢，非無逐日之姿；鵬翼繽翻，即有」搏風之氣。連環縱辯，爛錦敷文，沉砂飛石之奇，擊蔗穿楊之巧。何必」荀令之子，獨擅美於當年；王公之孫，竟標才於早歲。麟德元年釋褐」補帶方州録事，俄轉進禮州司馬。途分韓俗，境接燕垂，隱隱兔城，煙」烽晝警，滔滔狼水，火艦霄浮。盛簡賢才，寄深戎旅，君以雄略，來膺妙」選，授熊津軍子總管，加朝議郎、上柱國，行建州邵武縣令。喻闡牛刀，」恩加武檻。灌壇流政，風雨行銷；彭澤歸休，壺觴自得。豈圖武峰墜石，」西方之智不存；焦壑馳波，東逝之悲奄及。儀鳳二年五月廿七日遘」疾，殞於官舍，春秋五十有二。嗚呼！薤露晨晞，楊風暝起，劍隨龍没，琴」逐人亡。即以三年歲次戊寅正月己未朔十四日壬申，葬於洛陽之」北山，禮也。岧岧孤壠，遽掩青雲；鬱鬱佳城，唯留白日。嗣子處琛，悲纏」陟岵，痛切巡陔，瞻藏畫以崩心，對楹書而結戀。懼山陵之有易，冀蘭」菊之長存，乃爲銘曰：

廣派綿疏，曾基峻立，蓄潤千里，分形三」襲。纓珮鏘鏘，軒車岌岌，美族聯尚，華封嗣歙。其一。列曾顯考，玉潤殊光，」射雕氣慴，馴雉名彰。高門積善，令胤克昌，松巖挺節，蘭谷凝芳。其二。」武深豹略，文窮雞牖，百末浮樽，三微落帚。分榮銅墨，定交杵臼，紀厄」鄭辰，興災謝酉。其三。過隙過兮滅宛騮，閱水閱兮遷瀨舟，帝闕長辭何」眇眇，神途迴望幾悠悠。驚飆振林聲轉咽，飛雲向壠色逾愁，青山碧」海雖無固，洪烈遺芳庶永留！其四。」

（北京圖書館藏拓本）

儀鳳〇一八

【蓋】失。

【誌文】

大唐故通直郎行唐州録事參軍事王府君墓誌銘」

公諱烈，字□威，太原人也。若夫川臨少室，控白鶴以凌虛；山接洞庭，」馭黃麟而濟險。六十萬衆，先開秦帝之威；三百五篇，即授漢王之誡。滔」滔遠派，出桐柏而逾深；弈弈曾芬，與蘭菊而無絶。曾祖纂，衍襲隋開府」儀同三司，恒、定等四州諸軍事，趙州刺史；祖士昂，皇朝浚儀縣令；並」識量淹融，神機挺拔，褰帷表德，設檻流恩。父賓，齊王文學、齊州司馬；□」祉半千，虛懷守一，曳裙梁苑，墜舄吳宮，君赤野凝光，青田禀粹。照融螭」鏡，燭淮南之四鄰；瑞蘊龍圖，超冀北之千里。清風肅穆，激義苑而騰芳；」明月徘徊，朗仁襟而湛色。故得尚書倒屣，司隸迴輪。荷戟參玄，名紛於」早歲；明經拾紫，譽重於當時。解褐授金州行參軍。剛柔遞用，寬猛同資。」周伯仁以雄略見欽，顧長康以英才獲寵。俄授邢州任縣丞，行唐州録」事參軍事。法究三章，情該五聽，梧囚已辨，艾韠無施。或解榻以邀歡，或」披書而習靜。既得優遊之樂，更盡虛無之趣。豈圖高峰落構，西方之智」不留；丘壑翻波，東閲之悲奄及。咸亨五年，卒于公館，春秋五十有二。朝」隙易過，徙舟難固，鍾子期之山水，永絶知音；王子敬之琴書，獨嗟長往。」即以儀鳳三年歲次戊寅正月廿七日　夫人江氏，著作佐郎泳之孫，」丹徒令德之女，合葬於河南縣之北山，崇先古也。平原起伏，北演青烏；」□樹蕭森，哀纏黃鶴。嗣子齊旦，次子齊丘等，並孝緫天經，德標人紀，洞」荀門之兩璧，曜韋幄之雙珠。望切循陔，情深陟岵。以爲玉棺既掩，謝生」之道無由；金碑不鐫，揚名之路何託？纂遺芳於丹册，刊盛烈玄闈，嗚呼」哀哉！敬爲銘曰：列曾顯周仙駕鶴，漢宰乘凫，宗枝并秀，弈葉齊敷。通門□闢，」飛轂長驅，盛烈彌著，洪勳不渝。其一。亭亭七歲，濯濯考，祚茅分竹，□□攀龍，榮分」畫鹿。挺生君子，克昌公族，警韻松巖，疏芳蘭谷。其二。東岱」魂歸，西州智滅，三春，」術包歛羽，學洞飛鱗。名都是歷，佳政唯懃，賈誼知禍，楊孫反真。其三。復有嬪媛，懷兹淑哲。未盡長筵，奄遵同穴，旆旌俱引，□」簫亂發。其四。□陵寂寞，松檟森沈，山門曀景，隧路抽陰。墓題玄石，碑勒黃」金，式陳無愧，用撰芳音。其五。」

（周紹良藏拓本　河南千唐誌齋藏石）

儀鳳〇一九

【蓋】失。

【誌文】

大唐故封州司馬董公墓誌之銘并序」

公諱力，字玄邈，隴西狄道人也。昔齊桓霸業，緫九合於諸侯；漢祖膺圖，聚五星」於井絡。是以哲人間出，才子挺生。始見佩韋，竟宣風於鄴苑；終顯息暴，必流勳」於洛陽。並紛綸國史之文，亦昭彰家諜之録。曾祖諱脱，後周任幽州都督府司」馬；薊門馳譽，榆塞飛聲。上應天子之心，化沾九種；下御折衝之望，風被」三韓。莫不高視易京，横行涿郡。祖諱剛，唐朝任石州刺史；地連汾晉，西河之風」可揖；境瞻碣館，北燕之歌方詠。故得六條闡譽，千里專城。父諱翼，唐朝任游擊」將軍、上柱國、銀青光禄大夫、武邑縣公；智略英奇，驍雄挺拔，彎弓向兔，張明月」於刀鐶；落箭捎狼，破緑條於星鏑。公大唐初任左勳衛，爪牙青禁，翊衛丹墀，巡」警羽林之前，陪奉鈎陳之後。屬南蠻蟻聚，扇擾邊疆，以公負逸氣之雄，挺驍才」之勇，未經兩考，即擢檢校牢州録事參軍。孫楚之情方允，聊以自安；梁竦之志」莫從，且隨薄官。即任太僕寺丞，轉任交州龍編縣令。趨奉省閤，職總縣司，綰墨」綬而帶銅章，烹小鮮而製華錦。至咸亨三年三月，遷封州司馬。朱涯迴睇，遥欽」合浦之風；桂林俯通，近想伏波之節。公毘贊褰帷之主，光揚負扆之君，對越井」以鑒心，仰石門而高志。風神迴秀，金秋逸思於雁天；霞志遠疏，花春蕩情於鷺」節。黄陂萬頃，嵇榦千尋，磊砢凌於歲寒，淼漫涵於上善。加以文河艷溢，透瀉潘」江；言泉輕清，翻濤陸海。公友于兄弟，礪磨道德，不及退還桑梓，未遂養性丘園。」豈謂積善莫徵，天瘥奄及，一茲夢豎，永送蒿庭。即以上元三年遷神官舍。羣官」聞而潸涕，百寮知而助泣。聯翩白馬，影逐歸雲；委鬱丹旌，光隨落日。今以儀鳳」三年歲次戊寅二月己丑朔八日景申葬於邙山之陽，禮也。四面堈阜，左右川」原，卜□平巒，瘞魂泉路。但恐田成巨海，水陷酈陽，鐫琬琰以傳芳，勒珉礎而不」朽。其詞曰：」

猗歟遠胄，盛矣聯緜，貴通漢日，榮著魏年。下帷聞仲，息暴彰宣，還應製錦，即任」彈絃。冠冕舄弈，龜組蟬聯，白社韜隱，文杏還仙。迴標家諜，永著國編，惟公族望，」高才自然。翊輔紫霄之側，莅職銅柱之前。桂林絢彩，鏡海澄鮮，傍臨象郡，直接」朱戭。借珠合浦，助酌貪泉，愿言孔歎，尚想莊筌，慕高曾宦於汾水，欽聲名逸於」幽燕，眷安仁兮閑曠，平子兮歸田。職寮未別，官舍俄遷，摇曳丹旐之影，歸來白」雲之天。送魂京甸，瘞質邙山，松新逗月，竹小浮烟。雲愁隴路，日黯荒埏，鏤斯貞」石，聲駕高懸，冀騰芳於千古，長播美於三川。」

儀鳳三年二月八日董公誌銘」

（北京圖書館藏拓本　河南千唐誌齋藏石）

儀鳳〇二〇

【蓋】失。

【誌文】

大唐故亡宫墓誌銘并序」

亡宫者，不知何許人也。以儀鳳」三年三月九日卒於患宫坊，春」秋八十有二。即以其年其月十」五日，葬于北邙山之源禮也。」

（北京圖書館藏拓本）

儀鳳〇二一

【蓋】失。

【誌文】

大唐故上騎都尉王君墓誌銘并序」

君諱式，字文卿，琅琊臨沂人也。自姬水承元，緱山賓帝，秦」則三仁仗鉞，漢則五佐分茅。至於道茂通儒，才雄節吏，循」明繼軌，何代無其人焉！曾祖達，後魏征西將軍、除使持節、」金紫光禄大夫、齊驃騎大將軍、開府儀同三司、洛州刺史；」懿風洽遠，清規有裕。祖侯，齊伏波將軍、文宣皇帝挽郎、遂」州刺史，襲爵高陽郡開國公；徽猷茂業，道映當時。君則高」陽公之孫也。幼標素婉，仁風獨秀，履業清秘，德輝光俗。學」甄談史，志潤編詩，開三墨之津，鑿五儒之滯，疑文暫剖，物」議同歸。皇運之初，以君行光州里，功誠先覺，授上騎都」尉，弗之好也。於是獨王林泉，棲遲衡泌，角巾藜杖，琴書自」娱。粤以貞觀廿二年八月三日寢疾，卒於私第，時年六十」有九。夫人孟氏，鄒人也。家風門閥，詳諸國史，今可得而略」之。夫人禀性閑明，聿昭柔尚，母儀婦德，淑慎其身；茂烈徽」音，是稱高儀。以今儀鳳三年二月廿日寢疾，卒於教業里」第，春秋八十有三。嗚呼哀哉！即以其年三月廿七日，合葬」於河南縣平樂鄉邙山之陽，禮也。息弘璣等，哀慕不追，扣」□無及，恐陵谷貿遷，芳猷不樹，勒銘幽石，永播無疆。其詞」曰：

周原播美，伊水揚輝，誕兹懿烈，玉潤蘭菲。爰有温」明，作配君子，道鄰素室，義昌仁里。神惠匪忱，喪我家度，共」去昭日，雙扃大暮。山風起，隴樹春，追望不及，哀哉淑人。」

儀鳳三年歲次戊寅三月戊午朔廿七日甲申。」

（河南千唐誌齋藏石）

儀鳳〇二二

【蓋】失。

【誌文】

□□□儀鳳三年歲次戊寅四月丁亥朔十日景申，」雍州萬年縣盧陵鄉人，上」騎都尉、通直郎、義州司馬」穆宜長，從宦遐方，轉金車」之照曜；旋途故里，悲素旐」之繽紛，行届洛陽，權殯北」邙勝壤；後瞻良日，改葬秦」川帝鄉。恐水變桑田，刊其」年月，誌以表德，故記銘云。」

（周紹良藏拓本）

儀鳳〇二三

【蓋】失。

【誌文】

唐故司馬處士墓誌銘并序」

君諱道，字安師，洛陽都會鄉人也。其先重黎之後，因」官命氏焉。夫在秦號錯，拔蜀守以顯榮；歸洪曰談，太」史光其美職。況乃遺封岱，握槧紀重，千載播其英聲，」萬葉傳不朽。浩浩激長瀾之潤，英英發鄧木之榮，鏗」鏘代聞，芬芳間起。祖遷，父林，並落脱軒冕，糠粃簪纓，」縱容於黃老之間，放曠於烟霞之外。公丘園在終，策」名於糾糾。鴻漸于陸，方騫國士之儀；鶴鳴在陰，自得」分生之典。俄觀止足之誠，遠尚二踈，誠明仁智之蹤，」近開三徑。豈意天道易往，人事難留，旋悲懷木之歌，」遽切藏舟之喻。以儀鳳三年歲次戊寅五月景辰朔」二日卒終於私第，春秋五十有八。嗣子譈等，痛九泉」之永，庶桑海之長久，乃爲銘曰：」

重黎啓祚，太史飛聲，爰疏貴族，載誕英靈。三徑既逸，」二踈誠誠，黄老得性，文酒頤晴。其一。積善無徵，孤貞有」諒，夢楹忽兆，藏舟河壯。一罷琴書，永遺高尚，松竹結」聳，山阿空防。其二。寂漠兮夜臺，凄涼兮泉日，埋玉兮已」痛，題金兮告畢。陵谷徙兮不改，霜露木兮如一，播貞」琰兮庶芳菲，冥魂潛兮息遊逸。其三。

儀鳳三年歲次」□寅五月景辰朔十七日壬申洛陽縣都會鄉葬。」

（周紹良藏拓本　開封博物館藏石）

儀鳳〇二四

【蓋】無。

【誌文】

惟大唐儀鳳三年歲次戊」寅，交河城人趙貞仁，春秋」年可廿有九，其年五月」景辰朔廿七日酒時身亡。」

（録自《高昌磚集》）

儀鳳〇二五

【蓋】失。

【誌文】

唐故上柱國王君墓誌銘」

君諱强，上谷太原人也。其先后稷之昭，古公之穆，因」而命氏，可略而詳；令望徽猷，焕乎斯在。君禀質中庸，」尚心三德之量；誕靈秉直，居誠六行之前。用能言誨」播於井田，規矩芳於閭閈。至若風儀挺秀，友朋無以」諭其高；宣惠慈和，姻族不能齊其遠。加以篤懷恕抐，」遐邇著温良之歌；方義弘敷，州里顯仁明之詠。將用」訓諸耆耋，垂譽後昆，豈其量命不覃，溘同今古，春秋」八十有五，以儀鳳三年閏十月五日卒於私第。嗚呼」哀哉！可謂金移麗浦，玉去荆岑，凡在親僚，孰不傷悼。即」以其年歲次戊寅閏十月甲申朔十九日，葬於北芒」山西北王晏村東五□步，去城門七里。將恐川迴谷」徙，徑滅丘平，故勒斯銘，窆諸泉户。其詞曰：」

哲人誕命，弈載□□，惟君康義，禀自英靈。在家則達，」在邦必清，撫和邦族，友朋以寧。」道窮必降，抐極亦亡，嗚呼君子，奄及時喪。井曰流慟，」婚友心傷，賓僚慘悼，親族摧腸。」九泉沉魄，三壙驚魂，蕙肴列隧，奠酒盈墳。悲風□起，」愁雲晝昏，惟餘神道，千年若存。」

儀鳳三年閏十月十九日葬。」

（河南千唐誌齋藏石）

儀鳳〇二六

【蓋】失。

【誌文】

大唐故亡尼七品大戒墓誌銘并序」亡宫者，不知何許人也。閑和稟性，淑慎」居心，爰在幼年，班名内職。亟移灰管，貞順」無愆。隙電不留，泉塗遽迫，以儀鳳三年」十一月十四日葬於城西，禮也。爰命典」司，式傳不朽云爾。」天長地久，生靈若浮，夜臺何遽？華屋難」留。隴寒風急，日慘雲愁，貞順不朽，播此」芳猷。」

（北京圖書館藏拓本）

儀鳳〇二七

【蓋】失。

【誌文】

大唐故汝州司馬楊府君墓誌銘并序」君諱神威，字靈均，其先弘農華陰人也。隋殤建都洛邑，君」少挺不羈，情希帝里，遂居河南洛陽焉。姬水派其靈源，晉」國光其丕緒，五侯冠喜，爰封赤泉；三魚佩震，遂登太尉。本」枝繁衍，景福惟隆，弈葉搢紳，紛綸靡絶。曾祖基，周徵士；祖」徹，隋蘭州長史；德表題車，豈惟豫部，政康興頌，寧止海沂。」父慈，體道居貞，學該内外，卓矣不羣，澹焉無悶。君幼彰辯」護，有類成人，少遭閔凶，無忘仁孝。器局凝粹，識幹清通，曾」不鄙言，未嘗臧否。而性好夷簡，襟神爽拔，高尚韜光，錙銖」觀國，信符積善，報施冥諧，眉壽期頤，享年難永。」聖上情優宿德，尚想耆年，爰命有司，式旌嘉號。上元元年，」詔板授君虢州玉城縣令；儀鳳中，又詔板授汝州司」馬。君宿殖德本，早悟真空，賾鷲嶺之幽微，漱龍宫之芳潤。」雕檀刻玉，圖相光暉，墨髓紙皮，演音景化。豈謂降年不永，」積善無徵，今古寂寥，哲人云逝。以三年十一月十日終於」故里，春秋八十有三。以其月廿日殯于北邙原。孤子智元，」恐徽猷歇滅，與陵谷而潛移；庶懿範長存，勒玄章而不朽。」其銘曰：」

如蓮西峙，若帶東流，英靈毓彩，光啓于周。十輪令望，四代」嘉猷，象賢不墜，餘慶彌留。行藏得性，顯晦歸真，一乘薰染，」□正依仁。二縑爰降，萬古灰塵，冀刊徽於貞石，庶雖拂而」□磷。

（録自《芒洛冢墓遺文》卷上）

儀鳳〇二八

【蓋】失。

【誌文】

唐故王君墓誌銘并序」

公諱文曉，字仲暉，太原祁人也。洎有隋喪亂，天下崩離，君子道」銷，衣冠殄瘁，國亡家滅，自北徂南，爰届偃師，故今爲縣人矣。原」夫遠系崇基，鬱綿崗而紀地；曾源引派，導長瀾以極天。總轡高」人，播徽猷於西蜀；吹笙羽客，騰逸韻於東周。而後孝友忠貞，英」靈不絶，稽諸史册，可略言歟。曾祖玉，齊襄州司馬；祖爽，周并州」長史；父勣，隋涇州陰盤縣令；并神清獨映，風操孤標，展逸驥於」汾川，舞飛鸞於涇邑。惟公中和延祉，上德凝心，言行著於鄉鄰，」名實傳於遠近。踐仁履孝，道契於生知；顯忠遂良，理非於外獎。」洎隋綱紊緒，鼎祚遷移，郊畿生戎馬之災，日月興鬬麟之變。公」橫戈靜亂，挺劍摧鋒，以功授上儀同陪戎副尉，隨班列也。既而」情深物外，跡慕幽棲，不戚戚於聲名，不區區於榮利，恬神養素，」味道含貞。託真宰於丘園，翫烟霞於泉石。豈謂日沉西景，促遐壽於徂曦；水閲東川，迫餘齡於逝壑。以大唐儀鳳三年十二月」一日終于私第，春秋八十有三。嗚呼哀哉！嗣子大明等，號天靡」及，叩地無追，安宅兆而闢松門，啓泉扃而披楊路。即以其年十」二月廿日權窆于邙山之陽，禮也。崇巖北峙，曲洛南臨，水含湍」而咽響，山帶雲而結陰。墳塋寂寞，原野森沉，敬彫鐫於琬琰，庶」傳芳於古今。其詞曰：」

爰從后稷，迄于晉臣，鑿冰庭際，筮嗣淮濱。誰繼其業？諒在伊人，」文武是則，禮讓是親，貞逾霜霰，操比松筠。丘園養素，泉石怡神，」始歡南壽，俄愴東津。寒野驚而嘶馬，愁雲結而成鱗，痛千齡之」永往，悲萬古之埃塵。」

儀鳳三年歲次戊寅十二月癸未朔廿日壬申。」

（周紹良藏拓本　開封博物館藏石）

儀鳳〇二九

【蓋】失。

【誌文】

唐故尚書吏部郎中張府君墓誌銘并序　朝議郎行洛州司功參軍中山郎餘令撰文」

君諱仁禕，字道穆，中山義豐人也。若夫紫虬驂駕，啓聖肇於芝圖；朱鳥疏躔，得姓分於柳緯。」巖巖靈構，與積□而齊高；淼淼昌源，將委水而俱濬。仲以孝友之德，發詠於周詩；耳以賢俊」之英，書功於漢□。錫印之詳斯劭，傳鈎之貺不渝。信乃貴仕，聯華羽儀，前烈通賢，疊藹冠冕，」□州者焉。曾祖世哲，魏定州昌樂縣令、南秦州司馬，依仁植操；祖義，馳聲惠政，軼於馴翬，宏」材聞於展□；大父希文，隋定州主簿，門多長者，家有異書，得茂先之博物，同孝威之高尚。□」處平，隋博陵郡察孝廉，皇朝監察御史，累遷絳州持中兼霍王府長史、鄭王府司馬兼」鄭潞二州司馬，公清自牧，儒素相資，直道進於王門，遺愛留於藩部。君堯山授祉，唐水降禎，」實體中和，言資上德，森然獨秀，卓爾不羣。含明月於九重，逸奔電於千里。率由孝悌，非關喬」梓之功；自得温良，寧由斧藻之飾。撫塵之歲，吞石有徵。剖滯稽疑，獨晤於靈府；鈎深致遠，允」資於神用。加以屬詞温麗，措思優華，倚馬飛豪，還同宿構；觀鸎命紙，非假食時。郭泰神仙，俯」遊於槐肆；郄詵秀茂，爰標於桂林。以對策甲科，起家岐州參軍事，即貞觀十八年也。歲序□」淹，怙恃俱喪，煢煢在疚，屬屬纏哀。懷丘吴之三失，期於致命；侣恒之於七祭，殆至傷生。永徽」三年授汧州司法參軍事；顯慶三年，轉齊州司法參軍事；三江帶野，輕險成俗，九河疏甸，狙」詐實繁。小大以情，實歸於寧僭；哀矜勿喜，雅屬於無寃。州將推心，藩寮拭目。屬辰韓作梗，王」險未清，司空英國公奏君爲遼東行軍判官。旌麾之下，衆務雲飛；机牘之前，繁文冰釋。迨於」獻捷，隨例加勳，麟德二年，敕授宣義郎行監察御史；乾封二年，敕除殿中侍御史；」總章元年，改爲侍御史。預真指於玉堦，主方書於石室，寬仁内湛，雖鄙於蒼鷹；剛斷外明，自」驚於驄馬。帝心簡在，物議攸歸，咸亨元年，敕除太子右司議郎。望龍樓以躍鱗，妙」選稽古；集鳳條而振翼，尤佇正人。君之俞往，允諧僉屬，歲餘，徙尚書吏部員外郎。上元二年」加勳上騎都尉；儀鳳二年，拜尚書吏部郎中。踈步文昌，飾錦帳而增寵；飛聲禮閣，錫鏤管以」承恩。參綜衣冠，朱紫不奪；預銓流品，涇渭斯分。冀翊亮天工，作巨川之舟楫；丹青神化，」爲大夏之棟梁。而賈誼高才，未登於厚秩；而公明博識，竟悲於促齡。以儀鳳三年七月廿三」日遘疾，終於雍州之勝業里，春秋五十有八。舉朝駭愕，具寮傷惋。以四年歲次己卯正月壬」午朔廿一日壬寅葬于洛州北邙之原，禮也。惟君操履端慤，體局沉敏，身無擇行，遊必有方。「家道屢空，詎貽於隕濩；宦塗猶局，雅叶於安排。無孔明之薄田，闕安仁之狹室。連枝結愛，義」切於朝飧；猶子鍾心，情深於夜起。豈非四海之標准，一時之領袖者歟？嗚呼！鳳綬連塋，遽傷」埋玉；龍碑刻字，行見生金。悲風急而松檟秋，白日下而原野暮，人生至此，天道何言！子若思，」踐行歸美，道鄰於四科；居喪以哀，事符於百粒。式鐫翠版，永誌清猷，義取不刊，乃爲銘曰：」

繞電疏祉，觀星演貺，至矣周臣，猗歟漢將。列侍文陛，馳聲武帳，舄弈人英，紛綸時望。司□樹」績，肅肅風規，主簿高尚，詵詵羽儀。元寮輔政，直道稱奇，孕鶵丹穴，産駿黄池。顯允君子，于昭」令德，孝實人綱，行爲士則。學綜縑素，文光篆刻，甫詣庠序，俄從觀國。釋巾入仕，□纓效官，臨」疑以斷，恤獄惟寬。一陪戎幕，三移法冠，式趨望梓，言參握蘭。去日西落，閱川東注，華屋遽遥，」幽泉永赴。露泣陳草，風吟宰樹，一紀芳猷，千齡垂裕。」

儀鳳四年歲次乙卯正月壬午朔廿一日壬寅。」

（周紹良藏拓本　河南千唐誌齋藏石）

儀鳳〇三〇

【蓋】失。

【誌文】

唐故左衛率府翊衛王君墓誌銘并序」

君諱晟，太原人也。自祥符肇膺，寳祚□□，瓊峰與」嵩華俱隆，瑶源將渤澥齊邃。並重光□□□，悉疊」□於緗圖，曾試論之，豈能詳也。曾祖素，隋任益州」長史；祖道智，僞鄭驃騎大將軍；父玄觀，唐□上柱」國、華州鄭縣令；器宇凝深，風神峻遠，鳴弦百里，祥」鸞之譽有聞。君任左衛率府翊衛。趨馳紫禁，出入」龍樓，俯重海之流漪，仰少陽之□耀。福謙無驗，與」善徒言，兩楹之夢既徵，百年之期遂没。忽以儀鳳」三年歲次戊寅十月癸未朔十日壬辰卒於華州」鄭縣，春秋廿有二。以儀鳳四年歲次己卯正月壬」午朔廿一日壬寅，歸葬於洛州芒山之原，禮也。嗚」呼哀哉！恐谷徙田移，式刊沉石，庶永遺芳，爰勒短」詞。乃爲銘曰：

峻趾崇基，琁源引系，□□樹德，唯」王及帝。茅土壘封，簪裾疊繼，聲韻絲竹，□流蘭蕙。」其一。逝水難留，隟駒易失，積善無徵，奄摧貞質。百身」何贖，千秋□畢，盛德安在，芳猷可述。其二。宅兆既卦，」卜城安厝，鳥泣孤墳，馬悲荒墓。霧封松櫝，霜凝隴」路，□氣懔然，舟移俄故。其三。」

（北京圖書館藏拓本　河南千唐誌齋藏石）

儀鳳〇三一

【蓋】失。

【誌文】

唐故陪戎尉樂君墓誌銘并序」

公諱弘懿，字彥之，洛州洛陽縣人也。原夫常山啓」胄，□國疏源，鳳彩聯輝，龍光疊映，辭君去國，無失」□□□遺靚景披雲，方聞澈鑒之量。祖遷，隋任許」州許昌縣令；武城歌館，洽異化於飛蝗；單父琴堂，」偃殊風於乳雉。父都，皇朝任疊州威遠鎮將；」武殫七札，文授九丘。公幼挺純和，早標莌茂，事王」考滿，即授陪戎尉。尺木有階，沖拔非遠，謂莊鵬」北方，遂騁南溟之志；豈圖滕室三千，俄沉東岱之」魄。以儀鳳四年正月十五日終於温柔里之私第，」春秋卌有二。以其年正月廿五日葬於洛州北邙」山，之□也。嗣子師，痛結蓼莪，悲纏孺慕，青烏舊地，」白鶴新塋，懼日月之不停，傷陵谷之易徙，敬鐫沉」礎，永著幽庭。其詞曰：

地鄰喬岳，境邇長川，」風烟肹響，允集英賢。滅謗忠魏，飛文去燕，弈代不」極，盛德蟬聯。誕生君子，高情濬發，持損誡盈，依仁」去伐。永嘯清風，長吟朗月，丹壑潛徙，風烟遽歇。容」範如在，英靈已訓，一歎芝焚，俄從柳駕。素蓋空轉，」□旌靡舍，玄石白楸，遽銘長夜。」

（周紹良藏拓本　河南千唐誌齋藏石）

儀鳳〇三二

【蓋】失。

【誌文】

唐故柱國府朝散大夫樂府君墓誌銘并序」

君諱方，字士則，南陽人也。自滋水摛華，啓東秦之大業；商山降迹，翼西」漢之危機。照備油緗，固可辭略。曾祖始，齊任揚州刺史。操刀延甸，恩」惠著於氓謠；分竹岷峨，令譽簡於朝聽。祖暉，隋任晉州樂陽縣令。臨」斯百里，妙曉烹鮮，毗彼十城，人哥五袴。父，隋朝散大夫。並清規雅量，」雕績士林，令德英才，抑揚流俗。君禀二儀之秀氣，耀千里之奇姿，含」屈宋之風情，契孫吴之妙略。屬隋綱不振，太寶將遷，金湯無縈滯之」堅，郊野有亂麻之痛，莫不持疑壃埸，去就多虞。君獨照潛機，先拜有」道，以功授朝散大夫。俄而河海夷晏，日月光華。於是湛虚澹之心，弄」□泉之賞，心機道勝，貫三古而揚葩；靈府神凝，儼一丘而晦迹。遽而」巢鵀兆釁，泣主挻妖。輔仁之錫未流，閱水之悲行及。去顯慶四年閏」正月十四日，終于善護鄉順德里之第，春秋五十七。夫人程氏，郡人」也。桂娥流彩，珠婺分姿，耀素美於朝霞，忽銷芳於暮槿。以上元三年」十月廿四日卒於私室，春秋六十有九。第四男善師、新婦辛，孫男□」女新婦馬。南陔相訓，凱風之樂未終；東箭不留，蓼莪之痛行及。嗚呼」哀哉！哲人其殄，三農以之輟耕，百隧由其休市；里不巷哥，鄰不相杵」而已。嗣子李師，誓深陟岵，毒極昊天，泣風樹枝不靜，感霜露之飃忽。」粵以儀鳳四年歲次己卯二月壬子朔九日庚申，合葬於州城東之」五里石曹村西北二里。東臨壺口，西枕狐城，北眺望夫，南瞻龍嶺，實」□塏之壯居，乃風煙之玉地。川非漢國，即封名相之陵；地匪叢臺，翻□賢臣之墓。恐高山爲谷，海變桑田；紀盛美於幽扃，寄徽烈於不朽。」乃爲銘曰：

東秦啓業，西漢滋華。長原括地，峻趾凌霞。深仁盛」德，開國承家。粵鍾邦彦，材雄爪。其一。」惟君載誕，譽芬蘭芷。文交屈宋，武齊頗起。運逢草昧，績參經始。欃駕」青門，栖神渌沚。□□，德必有鄰，聞諸往烈。如何不吊，喪我明哲！去眺」飃浮，悲□□□，紀玄石於幽壤，泣黃壚之永閉。」

（録自《考古》一九六五年第九期《山西長治北石槽唐墓》）

儀鳳〇三三

【蓋】失。

【誌文】

大唐儀鳳四年歲次」己卯三月辛巳朔十」一日辛卯，□州洛陽」縣惟新鄉旗亭里霍」王府親事姬恭仁殯」于河南縣平樂鄉之」原，禮也。」

（周紹良藏拓本　開封博物館藏石　誌陰刻鎮墓文，不録）

儀鳳〇三四

【蓋】失。

【誌文】

大唐慈州□□□元善妻公孫氏墓誌┘

夫人公孫氏，遼東人也。日若帝系開宗則韓趙之□□□□□□□丞相之□□┘金篆記茂實之聲，王諜振嘉言之響。英風弈葉，華胄蟬聯，圖史騰芳，遂略言矣。曾┘祖□茂，隋儀同三司、散騎常侍，伊、道、息、淄四州刺史，廉平莅職，清惠化人，導德一┘禮，踐仁居義。祖善政，隋灌陽令、東萊郡丞，志逸風煙，材兼文武，德行聞於州里，□┘用存於朝夕，政在養人，□□無墜。父虔，皇朝東南道行臺左丞、庫部郎中□□┘二州刺史，少而英□，長而□□，□暉秀舉，風神映澈，窮五車於胸臆，究八體□□┘端，露冕還珠，褰帷棨□□□□貽門範，得規矩於自然；夙殫庭訓，詳婉嫕於天□。┘秀逸芝蘭，潤逾珪璧，聞義□□，□瑩以聽。奉上齊莊，持下恩惠，博覽經史，變□□┘典，允穆閨房，敬愛親族，忠孝二事，備其□心。□月十七，遂丁荼蓼，卒奉凶□，□□┘後蘇，勸以禮經，纔不滅性。每一□慟，但得勝□，醴酪不嘗，鬢髮略素，經十□□□┘□□日好讀漢書，曾不釋手，一□莽傳，爰及美新，自茲厥後，不□窺焉。因□□□┘從容應曰：竊聞邑號朝歌，墨翟以□回駕，□名勝母，曾參於焉不□。且彼蓄□□□┘聲竊位，黷亂天紀，危逼生靈，史官記事，不可遺録，一見已甚，其可再乎？楊□□，┘仕於漢室，不能殉命，遂作美新。越義求生，不如守死。□閣是隆，□夫不□，離□□┘□，非所忍見，亦欲以示子孫忠於君也。

咸亨初年，歲有饑乏，家有餘俸，薄得□□，」夫人輕於貨財，重於親屬，拯養貧匱，收拾孤遺，共同糜啜，欣然不怠。覆仁守義，如」此類焉。至若吉凶制度，進退俯容，今古相參，罔不已出。四德自資，五事該訓。□□」兼綜，組紃有恒。玄豹犬彘之規，必盡言於賓敬；斷機絲絑之喻，實兼精於愛□。□」無深患，男且立身，家道聿修，夫人之力。生平志愿，偕老爲期。豈謂吉盡他鄉，□□」異壤，追想一期，緬同千祀。以儀鳳三年四月八日終於慈州之官舍，春秋五十二，」即以四年四月十一日遷窆於洛陽縣清風鄉北邙之原，禮也。夫人年□□□，□」歸此室，已逾衾席卅八年，貞柔聽從，靡涉私事，訓罰僕妾，不賤其名，模楷□□，□」過常道。元善既尠兄弟，傍無近屬，琴瑟相和，二人而已。自闔棺之後，每想音容，□」恨平生，觸途摧咽。一男三女，偏露於茲，撫事辛酸，再深悲慟，慮陵谷遷貿，桑田徙」易，用紀德音，以旌魂爽，援筆拊心，悲端無極。洛州司功郎餘令材華著美，後□□」人，敬託爲銘，傳之不朽，其詞曰：」

軒丘啓聖，漢册稱賢，慶延箕業，福襲裘年。公侯繼踵，鼎鼐弘宣，惟茲淑哲，稟質貞」堅。松竹本性，忠孝天然，如何不弔，俄隨逝川。六姻悽斷，九族悲纏，河□□□，□□」孤懸，一甄清範，千秋永傳。」

（武漢大學圖書館藏拓本　河南千唐誌齋藏石）

儀鳳〇三五

【蓋】失。

【誌文】

□□舒州□□□君墓□□」

□諱賞，字□□，□農之著族也，因宦遷□，今爲河南□□□」□□若慶□白□榮繁紫綬，家範以之高扇，國史之所不遺，」□既詳諸，此無關説。祖儉，隋□州江陵縣令；灌壇之威，悽夜」泣於□媛；中□之□，狎朝雊於□童。父永，皇朝湖州録事參」軍事；千尋□□，□□剖竹□條；萬頃汪流，□□澄湖之□。君」妙齡凝譽，立□不孤，聚博學以疏襟□□□□恩縻□□」□尤工噬嗑之□□□五刑□□□□□□□斯觀國□□」□□起家爲□□城□尉，始從班也。加以素明九伐，克□」三□，勳品□□□進方遠□□授上輕車都尉、朝請郎、行撫」州□法參軍事，□□□□□舒州頻□理官實無□獄□」□□□之□□□□□□遂□□功也。方當内憑」□□□□□□□之門外□□音，漸出喬鶯之谷，□□藏山易」□□□□□類清□□□隨京兆之使。粤□儀鳳四□」四月六日卒於福善□之私第，春秋五十有八。即以是月廿」九日遷窆於邙□□□□也。銘曰：」

偉哉曩代，赫矣名賢，率□漸陸，□□□□。鐘鼎□贊，烏兔□」□，□□□□，□□□□。□□裕後，是曰儀光，或□□□，或擅」□絃。□□□□，慶□叶□□□施□今宗廟窺美」□隅□□□□□□□□□□駒踠□□□□遷」□□□□還□果謬輔德逾欺□□□□切霜帷言」□□□□□□□時佳城見日草蓋驚□□□□□」□□□□□□□□□。其三。」

儀鳳四年□□□□九日。」

（録自《芒洛冢墓遺文》卷上）

儀鳳〇三六

【蓋】失。

【誌文】

王君諱留字留生墓誌銘并序」

君諱留生，太原喬之裔也。斯乃背符」誌海，記籙懸津。殞五雲於清朝，吸三」晨於暮景。自可駕鶴遊金闕，乘鸞鵠」玉京，踐遠祖之遺風，習家崇之至道。」何期五芝不效，九轉無徵，去咸亨五」年正月廿五日卒於里第，春秋七十」五。權窆於劉村西，以地多磐石，下涌」清泉，遂以其月五日改墳於伊楊村」西一里與夫人張氏合葬，禮也。恐田」改碧溟，岸移丹谷，敬題玄礎，永播芳」塵。其詞曰：

猗歟王子，允矣淑人，體」道高尚，味重懸津，修福無效，奄致傾」淪。其一。名價寂寥，風雲蕭索，月照孤壠，」雲愁絶崿，一化今古，千秋杳漠。其二。」

儀鳳四年歲次己卯五月庚辰朔五日甲申。」

（周紹良藏拓本）

儀鳳〇三七

【蓋】失。

【誌文】

大唐故王處士墓誌銘并序」
君諱韜，字大隱。其先并州太原人，因官家于洛陽，魏龍驤」將軍即其後也。遠派鴻源，長波浹乎天際；層巖峻跱，竦構」苞乎地節。蟬聯軒冕，鳴笳啓甲第之衢；弈葉珪璜，掞藻摛」法家之籍。光前耀後，可略言焉。祖雄，隋任并州晉陽令；父」義，唐任洛汭府校尉。或執戟巖廊，珮猳標其勇氣；或振纓」錦務，馴翟表其良能。惟君操履温恭，體苞清潤，三冬富於」文史，六行著於閨門。立性不愆，寧貽白珪之玷；出言必」詎」爽黄金之諾。既而金蘭有志，幽明去三益之懽；銀藥無徵，」膏肓留二童之疾。以儀鳳四年四月廿二日終於福善里」之私第，春秋卌有五。即以其年五月五日權窆於河南邙」山之原，禮也。□□庭摧玉樹，哀纏子夏之悲。子賢本，戚毁」槐榆，痛甚高柴之泣。生涯已矣，泉路方窮，痛哀笳於曉吹，」咽悲挽於晨風。增松吟兮煙景晦，宿草蔓兮林甸空。勒名」實於玄琰，垂不朽於無窮。乃爲銘曰：」
弈弈煩祉，悠悠遠慶，由德命官，因封表姓。蟬冕相襲，龜組」交映，惟子惟孫，久而彌盛。緊君命秀，迴振清風，孝符曾閔，」英妙終童。言行無玷，含章内融，崇基方構，景業虧隆。頌琴」初命，奠席行舒，羈雌思斷，騎吹哀餘。蒼雲積而野翳，白日」暮而山虚，驂騑顧而徐躅，賓衛慘而漣如。二」
儀鳳四年五月五日」

（武漢大學圖書館藏拓本　河南千唐誌齋藏石）

儀鳳〇三八

【蓋】大唐故亡宫墓誌之銘

【誌文】

亡宫者，不知何許人也。早茂蘭」儀，馳芳椒掖。奉雞鳴之雅訓，朝」日增輝；肅魚貫之清規，夜川俄」徙。粤以儀鳳四年五月二日卒，」春秋五十有七。即以其月十七」日葬於城北，禮也。有司備禮而」爲銘曰：

薄室詞藻，昭陽恩顧，方挺艷」於椒風，遽銷魂於草露。」

（周紹良藏拓本　河南千唐誌齋藏石）

儀鳳〇三九

【蓋】　失。

【誌文】

大唐故亡宫六品墓誌

承芳蘭蕙，秉性松筠，族茂五陵，望雄六郡。嬪風早著，柔範夙彰，粤以良家，言充永巷。盤龍明鏡，契玄鑒於靈臺；迴文綺機，符巧思於神符。春秋六十，以儀鳳四年六月十二日葬於城西，禮也。其詞曰：

馳暉過隙，閲水驚川，一辭明宇，永閟窮泉。隴寒宵月，松深曙烟，唯餘令範，千載攸傳。

（録自《關中金石文字存逸考》卷三）

儀鳳〇四〇

【蓋】失。

【誌文】

大唐故亡宮六品墓誌

承芳蘭蕙，禀性松筠，族茂五陵，望雄六郡。嬪風早著，柔範夙彰，粵以良家，言充永巷。盤龍明鏡，契玄鑒於靈臺；迴文綺機，荷巧思於神府。春秋六十，以儀鳳四年十月二日葬於城西，禮也。其詞曰：馳暉過隟，閱水驚川，□辭明宇，永閟窮泉。隴寒霄月，松深曙烟，唯餘令範，千載攸傳。

（録自《金石萃編補畧》卷一）

儀鳳〇四一

【誌文】磚，朱書。儀鳳中無十二月逢甲辰朔日。

□唐侯□觀府君夫人張氏墓」夫人西州高昌人，雲麾將軍之孫，」殿中監之女，降年不永，以儀鳳」□年十二月甲辰朔十七日乙□□」（缺數字不可計。）春秋五十有三。粵以」□□廿七日窆□□東平原，禮」也。嗚呼哀乎！乃爲銘曰：」□我夫人，姿容夭秀，婦德允」備，母儀□就。忽落星花，俄空」□□，□□芳館，風□□□。」

（録自《西陲石刻後録》）

調露

調露〇〇一

【蓋】失。

【誌文】

大唐故處士李府君墓誌銘并序」

君諱弘裕，字大師，隴西成紀人也。後徙居於洛州之陽翟縣，故今爲」縣人焉。夫以柱史辭周，既入關而演德；將軍輔漢，迺出塞以揚威。疏」派逾長，分枝載遠，誓山河而著績，蘊忠孝以承家。簡册詳之，其言可」略。曾祖進，隋太府左藏署令；祖子徽，隋相州臨河縣令；國之帑藏，出」納之寄爲深；邦之邑宰，撫字之方是切。父善智，皇朝初，赤牒檢校懷」州河内縣丞。時逢草昧，猶訓旅於朱旗；位贊絃歌，聊屈迹於黄綬。君」玉種流芳，珠胎耀色。酬梅懷橘，譽聳髫年；吐鳳彫蟲，聲馳丱歲。英英」雅量，落落雄材，劉岱之比二龍，禰衡之方一鶚。體兹踈放，狎彼幽貞，」唯委命以隨時，不眩名而干禄。

於是還丹繹志，養白凝情。仲長統之」事園林，皇甫謐之歸田里。信而接物，謙以待人。靜夜調琴，取山水於」絃上；芳春對酒，得蘭桂於杯中。覺四皓之心卑，知七賢之道促。何必」朝廷之外，則朗月清風；巖壑之間，則行吟坐嘯矣。所冀兩童留術，方」得妙於遐年；豈謂二竪生災，奄歸真於厚夜。粤以調露元年歲次己」卯七月己卯朔六日甲申終于德懋坊之里第，春秋五十有八。即以」其年七月己卯朔十九日丁酉葬于北邙山之所，禮也。重巖隱隱，積」水悠悠，白露凝而草木疎，青雲合而原野晦。令息宣德郎、行中書主」書仁敬，教聞詩禮，道叶仁明，參纓笏於鳳池，奉絲綸於雞樹。號」天扣地，望玄壟而崩心；集蓼銜荼，攀素車而泣血。式旌休範，迺作銘」云：」白雲垂慶，紫氣凝祥，猿臂襲祉，龜文累昌。名標玉署，位綰銅章，千尋」落落，萬頃汪汪。誕茲韶令，守彼貞慤，譽警鳳毛，業優麟角。迹留朝聽，」心遊海岳，逸志昂藏，高情眇邈。莊惠吾友，林泉我家，自然談笑，無數」風花。琴聲雜水，酒色添霞，石火斯促，金丹尚賒。蒿里既遊，柳車難駐，」青烏相而爰吉，白馬來而猶遇。露濕秋草，煙凝夕樹，萬古千年，空留」緗素。」

調露元年七月十九日。

（周紹良藏拓本　開封博物館藏石）

調露〇〇二

【蓋】失。

【誌文】

大唐故左親衛長上校尉樂府君墓誌銘并序」

君諱玉，字善德，河南洛陽人也。昔在重華，命夔典樂，官以」功族，因氏樂焉。崇基隆於曩朝，洪源派於末葉。輕車挑戰，」南披楚澤之雲；重節辭生，北鬱薊門之氣。芳流篆素，義炳」油緹，盛德英名，可略言矣。祖順，周任台州刺史，封武康郡」公，食邑一千户。剖符攸寄，躬親八政之端；分竹是司，目闌」六條之化。故得封開緑野，業劭黄河，作牧之績既彰，遺愛」之風無泯。父緒，隋任宋州司馬，襲封武康公。贊職梁墟，飛」英汴浦，清風埒於千里，令範均於百城，基構克修，弓冶無」墜。公皇朝任左親衛長上校尉。警侍鈎陳，帶珠星而積」效；嚴更蘭錡，臨璧月而誠勤。非唯節峻貞筠，可以忠符勁」草而已。惟君志亮弘蹟，逸趣幽深，性狎丘園，情遺榮利。澹」虛玄於意圃，抵囂雜於情田。孝敬因心，忠貞殖性，安斯大」道，去彼微班。天不輔仁，竟殲良善，以貞觀廿年十月三日」卒於私第，春秋六十有一。嗚呼哀哉！夫人南陽樊氏，淑質」凝姿，温恭叶性，閨庭流其婦德，族望挹其母儀。不謂運迫」潛舟，晷晞朝露，星宫隳婺女之彩，月渚落仙娥之輝。誠惟」克配君子，允符偕老。以調露元年歲次己卯八月己酉朔」十二日庚申合葬於平陰鄉之原，禮也。北背邙阜，迴瞰龍」圖之川；南面平郊，遠睇龜書之浦。嗣子定境等，痛結寒泉，」悲深岵屺，以丹青之靡固，感陵谷之遷訛，式建貞珉，用旌」不朽。迺爲銘粤：」

功以命族，慶洽後昆，棟梁朝伍，孝悌私門。塋新栢茂，馗古」松昏，援青烏而啓兆，勒玄石以長存。」

（周紹良藏拓本　河南千唐誌齋藏石）

調露〇〇三

【蓋】王君墓誌

【誌文】

唐故將仕郎王君墓誌銘并序

君諱慶，字君膺，其先太原人也。駕鵠之靈，鬱宏」基於中壤；舞鸞之慶，導洪派於重泉。自爾鍛素」聯暉，煞青騰彩，並詳諸耳目，不可殫究。父滿，」皇朝任陪戎副尉，蕭關失道，將非西域之勤；蘭」坂承風，即是西園之效。君資靈上善，禀粹中庸，」白彩生眸，青光照手。故得三春幽谷，時見契於」鶯鳴；四海名流，乍騰儀於鴻漸。以永徽六年授」將仕郎，非其好也。將謂舟人樂極，希賞性於朱」公；不圖車子財殫，忽遊神於黑帝。粤以儀鳳四」年六月二日遘疾，没於清化里第，春秋七十有」一。即以調露元年歲次己卯八月己酉朔十二日庚申，長子前將作監左校署監作遊藝，次子」遊道等權葬於北原，禮也。王子之凫不鳴，滕公」之馬徒驚，水滔滔兮日夜度，山蒼蒼兮松栢平。」怪鳥之墳何以識？逸人之石可題名。其詞曰：」

生死浮休皆有極，千齡萬古將何陳？出郭門兮」聊一視，白楊蕭蕭愁煞人。」

（周紹良藏拓本　開封博物館藏石）

調露〇〇四

【蓋】 失。

【誌文】

大唐故亡宮四品墓誌銘」

亡宮者，不知何許人也。早茂」蘭儀，馳芳椒掖，奉雞鳴之雅」訓，朝日增輝；肅魚貫之清規，」夜川俄徙。粵以調露元年七」月廿五日卒，春秋六十有八。」即以其年八月十二日葬於」城北，禮也。有司備禮而爲銘」曰：」

薄室詞藻，昭陽恩顧，方挺」艷於椒風，遽銷魂於草露。」

（周紹良藏拓本　河南千唐誌齋藏石）

調露〇〇五

【蓋】 失。

【誌文】

大唐故右千牛府鎧曹參軍□□墓誌銘并序」

君諱旦，字允義，河南人也。祖愔，度支侍郎、御史中」丞、□州司馬。或彯纓禮閣，專席憲臺。散液敷恩，潤」洽錦川之浪；揚暉流愛，寒銷綿谷之冰。父行莊，工」部員外郎、兵部員外郎、岐州司馬。官維列宿，省迺」連雲，矯翼長離，翻飛化鶴。君摛靈鵲岫，□彩驪泉，」以蔭出身，補東宫細引。銅樓啓旦，擁星鍔於蘭宫；銀」牓凝霄，轉霜戈於桂殿。年滿，改任絳州參軍事。牽絲晉邑，捧檄唐郊，秩滿轉授右千牛衛鎧曹參軍」事。鴻陸漸昇，行聞騁逸；龍津未□，先悲逝波。粤以」調露元年七月卅日遘疾，終於洛陽縣慈惠坊宅」所。即以其年歲次八月廿二日窆於洛州河南縣」城北芒山，禮也。嗚呼哀哉！乃爲銘曰：

赫矣華族，藹」彼金方，分輝升鉉，疊秀懷香。翔鸞振采，展驥馳芳，」顯允伊人，早推楨幹。韋編絶簡，墨池□翰，智表髫」年，才稱弱冠。解褐于役，揮戈禁旅，隨官亟遷，其猷」克舉。天道無問，善人寧興，聯城毁璧，茂畹凋蘭。雲」愁野晦，月苦塋寒，空餘令範，翠琰斯刊。」

（周紹良藏拓本 河南千唐誌齋藏石）

調露〇〇六

【蓋】大唐故元府君墓誌銘

【誌文】

□唐故郎州都督元府君墓誌銘并序」

公諱仁師，字　，河南洛陽人也。幽天北晦，燭龍舒其華彩；玄闕南」圖，宵媛兆其皇極。交風奥壤，鬱起大□□居；揆日名區，載陳鼇沃之」範。祖諒，周益州都督、左□衛大將軍、鴻臚大卿、閤内大都督、安喜公；」父善積，隋同州善政府鷹揚郎將、渝州刺史、右衛將軍、柱國、襲爵安」善公。並資慶成基，累仁裁宇，瀓九瀛而灑翰，五緯以飛文。班玉相輝，」則十德齊照；銜珠遞襲，則七功聯彩。公情田遠開，義實高懸，祥白足」以鑒虛，中黄足以通理。武德年中，釋褐西府庫真、長史、長上别將。搏」角之羽，本非控地之姿；懸米之源，自有通乾之量。蓋陟遐之始，先由」跬步；遵渚之初，未致高遠。貞觀元年，授左衛郎將，俄轉右親衛中郎」將。交戟玉墀，警徼丹極，顧問周密，寵錫優隆。出奉屬車，侍清蹕於金」□；入陪雕輦，扈鳴笳於琁蓋。于時嘉萌荒服，地鄰邊寓，雖霑禮教，屢」隔威懷。公文武在躬，中外惟允，帝俞斯屬，朝選攸歸，爾日擢授嘉州」刺史，又遷郎州都督，累勳上柱國，錫爵襄鄉縣開國伯，酬德功也。於」是褰帷三蜀，懸寶鏡而臨百城；明目九隆，奠冰壺而□□里。琴臺清」調，自入移風之曲；禺祠麗藻，還奏中和之篇。雖鄱陽善政，擢青條於」朽木；冀部高才，戲黄虬於小水。不足多也。既而令茲兆釁，翌日褰期。」涉洹之悲，未驗三齡之促；啓石之歎，俄成千載之遥。春秋五十，以貞」觀廿年十二月十六日，終於郎州之宫舍。以調露元年歲次己卯十」月戊申朔二日己酉遷神於洛州河南縣金谷鄉石城里，禮也。嗚呼」哀哉！其銘云爾：

黄胤錫壤，玄符授期，披雲誕聖，負洛開基。道充」□截，化洽無思，國命雖往，門風在茲。其一。漸慶承家，含章秀出，金貞玉」□，鸞姿鳳質。孤韻諧賞，高才擁筆，咀嚼幽玄，網羅遺逸。其二。揚鑣爾景，」□摶空，武超七萃，文光九隆。要荒變夏，鄒魯還風，粟登時儉，玉瑩」□豐。其三。今古一貫，死生同理，鏡有去來，環無終始。薤晞朝露，舟遷夜」□，一封聚魄，方遊童子。其四。」

（北京圖書館藏拓本　開封博物館藏石）

調露〇〇七

【蓋】張君墓誌

【誌文】

大唐故鄭州管城縣令張君墓誌銘」

君諱曄，字文殊，南陽白水人也，漢常山王耳之苗裔。」竇符開族，溢虹景而韜奇；黃石疏基，標韞玉拔秀。降」茲英儁，蟬冕相仍，文叢掞於兩京，學府窮於三篋。」祖弘，齊任安州長史；父讓，隋任徐州瑯瑯縣令。惟」君煦堯日以棲真，泛舜溟而落景，韙凝松竹之節，」式保園黃之齡。顯慶四年，版授鄭州管城縣令。遽謂」川流不息，終驚赤岸之波；電影難停，倏泫金莖之露。」春秋八十有六，龍朔元年六月廿二日，卒於相州滏」陽縣南□固村之私第。夫人杜氏，春秋八十有一，總」章二年二月廿二日寢疾，同卒於□固村之室。粵以」調露元年歲次己卯十月戊申朔二日己酉，合葬於」白道村西二百步平原，禮也。離方紫陌，近接烏墳；震」位銅臺，遥通鵜壠。哀子□□，軫防雷之有切，悲負米」之無從，爰採石於山扃，庶雕文於泉所。其詞曰：」

金柯裛裛，玉葉田田，黃峰架迥，素浪浮天。佐韓□□，」輔漢貂蟬，龍光遞照，鳳彩俱騫。」降此貞猷，式光餘慶，瑞雁隨軒，祥鸞入詠。猗□□□，」處場無競，圖懿範於泉扃，與日月而長鏡。」

（周紹良藏拓本）

調露〇〇八

【蓋】失。

【誌文】

大唐故平□□□戍主康君墓誌銘并序」

公諱續，字善，河南人也。昔西周啓祚，康王承累聖之基；東」晉失圖，康國跨全涼之地。控絃飛鏑，屯萬騎於金城；月滿」塵驚，闢千營於沙塞。舉葱巖而入款，寵駕侯王；受茅土而」開封，業傳枝胤。曾祖德，齊任涼州都督；祖暹，齊任京畿府」大都督；父老，皇朝左屯衛翊衛；斯並九皐騰韻，千里」標題。或衣錦維桑，據白門而露冕；或披緹執棘，奉紫掖」而星環。餘慶潛凝，聿光英胄。君驪泉明月，彩冠韋珠，鵲巘」浮虹，溫逾衛壁，掩文場而擅譽，窺武帳而探奇。含咀九流，」沈研百氏。忠規孝緒，籠天地而架風雲；茂範嘉猷，符郭巾」而齊李御。創迁高躅，授平州平夷戍主。迫於公檄，非其選」也。伯陽之參柱史，宣父之吏中都，其道可尊，其班尚屈。是」知千仞之木，起自豪端；九層之臺，興於一板。然而邅迴雁」水，且洽隨波；巡禦龍庭，佇光游霧。清絃泛軫，韻荒塞之秋」風；濁酒盈樽，映邊城之夜月。方冀鶴書昭賁，遽飛步於槐」庭；豈期鵲史延妖，永沉魂於蒿里。以儀鳳二年十二月十」三日寢疾，終於平夷之官第，春秋五十有五。以調露元年」十月戊申朔八日乙卯，歸葬於洛陽城北七里晏村西平」樂鄉界。嗣子忠素等敬遵昔典，乃作銘云：」

分周演緒，據涼承家，門昇列岳，業嗣流沙。載光浮笋，爰受」疏麻，初膺挺桂，聊從及瓜。倏悲桑景，遽落桐霞，九原無作，」千載徒嗟。」

（北京圖書館藏拓本　開封博物館藏石）

調露〇〇九

【蓋】失。

【誌文】

公諱宫，字善進，本鉅鹿人也，即周東伯之後，漢」曹参之胤。膺天命而爲皇帝，臣子而位公卿。其」後充任河内太守，流寓新鄉，洎公七代，宅兹土」矣。曾祖放，齊任青州北海縣令；祖隋任魏州頓」丘縣丞；父處昂，不仕。公禀山岳之秀氣，誕江漢」之英靈，道亞生知，識均天縱。公有不仕之意，養」素丘園；長無于物之榮，蕭然衡秘。上元二年，」詔授齊州范縣令。豈謂百年未罄，奄從長夜，十」月十七日卒于斯第，春秋八十有三。嗚呼！哲人」遽從過隙，貞筠掩翠，幽桂摧薰。妻南陽張海陵」女也。少閑女則，照冰鏡而逾鮮；長令母儀，撫金」石而彌固。暨乎年邁七德，薤露俄晞，一疾膏肓，」神香其至。正月三日卒于斯第，春秋五十有九。」是以惟親惟屬，思憒臆而問天。粤以調露元年」十月十三日改葬於魯定公廟垉之西北五里」平原，之禮也。恐陵谷變遷，聲塵蕪没，勒兹玄石，」用永芳徽。其詞曰：

貞筠數節，幽桂一枝，實題」其儀。遺芳勒石，永刊徽譽。

曹處士誌銘」

（北京圖書館藏拓本）

調露〇一〇

【蓋】　失。

【誌文】

大唐故幽州都督府參軍事朱府君墓誌銘」

君諱憲，字孝成，洛陽人也。昔建邦孕氏，因族分珪，鄒」邑樹尊德之基，繹王表弘仁之緒。遐觀篆策，即顓頊」之苗裔；邇歷編緗，則杜陵宰雲之後也。君門傳簪蓋，」代襲英風。曾祖懿，周任齊州刺史，濟物匡時，效彰丹」素。又除越州都督，聲流百郡，教逸六條。祖，隋任滑州」靈昌縣令，琴籠單父，錦罩武城。父詮，隋任洛州録事」參軍事。丹筆乎□，彈毫不二。君初弱冠，學贍九流；成」立之期，文該百氏。皇朝永徽四年，釋褐營州參軍，」秩滿柳城，旋車洛浦。顯慶四年，又授幽州參軍。歷遷」兩任，□一廉平，志狎清貞，心存忠孝。豈謂積善無徵，」淹時遘疾，桂蘭將暮，嚴霜重飄。君春秋六十有七，以」龍朔三年正月廿二日卒於私第。其年五月，殯於北」邙杜郭村之原者也。南臨神嶽，北背靈河，嶺接祁園，」崗通禁苑。其地也如此，其勢也如彼。夫人傅氏，法諱」華嚴，夙禀賢明，幼標閑婌，既修儀德，禮配朱門，不盡」偕老之期，遂譴所天之罰。□□儀鳳三年三月十一」日，春秋六十六，奄終里第。調露元年十月十三日，既」存禮制，合葬舊塋，乃爲銘曰：

弈弈華胄，綿綿世澤，」德埒珪璋，材如杞梓，錫堠分符，乘軺佩璽。」

（周紹良藏拓本　河南千唐誌齋藏石）

調露〇一一

【蓋】管府君銘

【誌文】

大唐故綿州萬安縣令管」府君之墓誌」

公諱均，城陽人也。乾封元」年正月十二日遘疾，薨於」私第，春秋六十有九。以調」露元年十月十四日，息弘」福寺僧嗣泰收骨起塔於」終南山鵶鳴埠禪師林左。」

（周紹良藏拓本）

調露〇一二

【蓋】唐故王君墓誌之銘

【誌文】

唐故王君墓誌銘」

君諱深，字仁濬，并州太原人也。隨宦播遷，因居上黨。氏胄之興，焕乎方策，纘」嚮之風，蟬聯於漢魏，即陳留王賨之玄孫也。祖標，齊任臨汾郡太守。父嵩，迺資」膏腴之閏，挺慶緒於冲靈，卓乎呈出羣之表，亭然有不動之氣。類鵷鶵之食竹，」等驥子之追風，緼六行以挺生，蹈五禮而成德。温恭孝友，文敏篤誠。自致通家」之親，剋邁趨庭之訓。學窮書圃，愈蔡雍之名；文蔚詞林，奪張綱之氣。於是紫光」映斗，清響徹宮，州部薦其鴻才，太常擢以上第，超授趙州大陸縣令。一銜」天旨，巡省一藩，禮盛樂和，風移俗改。既徽薄領，化極亨鮮，光讚宣風，奸逋斂跡。」庶望歸誠立義，勳高俗表；豈謂壯氣未申，掩淪盛績。非直朝庭悲悼，抑亦行路」悽傷。夫人隴西牛氏，金波澹魄，泛垂棘之瓌資；珠晷流光，瑩汾睢之鼎氣。維君」性懷天縱，器禀生知，惟孝惟忠，鄉閭先舉。粤者隋室不綱，域中波駭，焚原靡救，」噍類無遺。凡在含生，咸言授手。皇運伊始，雲雷尚屯，巨盜交侵，疆場無主，惟」此潞部，獨守誠心。明詔褒崇，普加榮命，蒙授上騎都尉。暨乎王道已泰，邦教惟」新，列職宰人，精求懿德。乃以君爲壺關縣令。深閑治術，懷德畏威，教舉而俗移，」風馳而草偃。功謡人口，勳著天官。朝有彝章，宜從懋賞。但子輿辭禄，志重養親；」元亮歸來，折腰勞役。以兹解印，言旋故里。樹桑之宅，舊宇仍修；植橘之洲，新利」□文。内豐甘旨之膳，外多好事之游。抗安仁之長歌，諧文舉之夙愿。風秋菊散，」月夜琴張，賦梓澤之詩，敦竹林之詠，和而不雜，樂而無荒。優哉游哉，聊以卒歲。」豈謂膏肓成疾，和緩不醫，奄終于家，春秋五十有二。夫人南陽白水之苗，張寶」之女。惟夫人芬芳珩珮，鷰八水之良家；掩柳宫商，韻三台之美胄。從容閨閫，婉」戀庭幃，剋佐徽猷，用宣婦德。何斯逝川易遠，凌波之步不追，隙駟難留，掩從風」燭之運。瞻奉庭闕，問安之道靡追；敬事衣冠，終身之憂永結。即以大唐調露元」年歲次己卯十月戊申朔十四日辛酉合葬於州城東五里平原之區，安厝墳」隴。左瞻抱犢，右眺漳濱，羊嶺鎮其南，隴山峙其北。卜居川壤，契宅兆於青烏；參」蓋巗障，映仙遊之白鶴。素幢含烟，以臨露霜，車轉珮以從風，瞻去蓋而雲愁，望」還旌而雨泗。恐年移代改，水變桑田，勒石紀功，式旌不朽。烏呼哀哉！乃爲銘曰：」

王氏之先，代挺才賢，清白無别，冠冕相傳。隙光驟改，倏爾歸泉，絮酒徒設，賓劍」空懸。其一。歷縣能官，經邦善職。推賢察聖，鑒情面識。□□慚風，周仁謝德。其二。人雖」異代，揚名日月，時長運促，業隆祚短。謝國天介，辭鄉地斷，泉門蕭瑟，哀渝絃管，」萬代一生，聲流字刊。其三。」

（録自《考古通訊》一九五七年第五期《山西長治唐墓清理簡報》）

調露〇一三

【蓋】失。

【誌文】大□□□□都督上柱」國□□郡開國公孫管」真墓誌」

諱真，城陽人也。顯慶四」年八月廿日終於私第，」春秋卅有一。以調露元」年十月十四日收骨於」鵄鳴埠禪師林左起塔。」

（北京圖書館藏拓本）

調露〇一四

【蓋】失。

【誌文】大唐故營州都督上柱」國漁陽郡開國公孫管」俊墓誌」

諱俊，城陽人也。乾封二」年五月廿日終於私第，」春秋一十有三。以調露」元年十月十四日於鵶」鳴埠禪師林左起塔。」

（北京圖書館藏拓本）

調露〇一五

【蓋】失。

【誌文】

大唐故荊州大都督府長林縣令騎都尉昌黎韓君墓誌銘并序」

公諱仁楷，字昭本，河南陽城人也。曾祖□、祖□，並擅才華，俱稱器」局。夫漢東標季，宇內分崩，未申驥足，咸羅賊手，時命之屯，有識斯」歎。父方岳，齠年甫及，乾蔭載傾，性稟純至，情切追遠，爰崇心於釋」教，竟息宦於堯年。公弓冶良基，忠勇成節，纔逾冠歲，便參募旅。永」徽元年，從太宗文武聖皇帝討遼，蒙授勳官武騎尉。既參戎秩，」思預文班，二年，選任殿中主事。六年，轉選登仕郎，行尚書水部主」事。績著兩官，譽高二省。既而夷陬逆命，與鄰告急，式遏之道，義在」驍雄。其年三月，敕令與中郎將李德武救援新羅，兼行城郭。四年」二月，改選衛尉寺，守宮署令。龍朔三年正月，又轉任相州臨漳縣」令。鮮規暫暢，鶴響遐彰，濟部奥區，昇中攸歷，百里之任，實佇良材，」麟德二年，恩詔特垂抽擢，詔曰：兼德州司馬梁寶臣等，並志」性淳謹，識用强明，路要求材，詳選爲允，仁楷可濟州東阿縣令。總」章二年，更遷邢州平鄉縣令。上元三年，復除荊州大都督府檢校」長林縣令。聲高上艾，譽重全科，乳雉方仁，夜漁均惠。歷居臺閣，清」慎著名，累宰要邦，廉能表譽。豈謂生涯有限，積善無徵，以儀鳳四」年二月十六日，春秋五十有九，遘疾終於官舍。夫人陳氏，即南陳」文皇帝之苗裔，故開府儀同義方之女也。鸞風戒序，掩華燭於玄」霄，先以儀鳳三年正月五日春秋五十有五，同終縣城之官第，以」調露元年歲次己卯十月戊申朔廿三日庚午，遷柩合葬於河南」平樂鄉邙山右原，之禮也。有子簡、賢等，性懷風樹，爰奉陵谷，式旌」泉涘，用紀徽猷。其詞曰：」

邈矣華胄，曰韓曰陳，猗歟嘉偶，惟晉惟秦。五美兼播，錦譽伊新，六」行俱洽，閨聲載珍。天與期謬，伯僊遄及，一生遽盡，雙魂永戢。邙氣」朝昏，瀍流夜急，式刊泉壤，終古長悒。」

（河南千唐誌齋藏石）

調露〇一六

【蓋】失。

【誌文】

大唐故陪戎副尉羅府君墓誌銘并序」

公諱甑生，陰山人也。昔賈誼騰聲，不階七命之重；終軍誕秀，豈竟六」極之先。雖名擅國華，地殊人望，尚延悲於當代，永貽恨於終古。矧夫」家承閥閱，代茂簪裀，松栢成行，芝蘭克嗣，存諸圖諜，詎煩覼縷。」祖日光，□任秦州都督，謚曰盤和公。山川通氣，珪璧凝姿，天優其才，」人濟其美。滔滔不測，若江海之納川流；巖巖高峙，若山嶽之□厚地。」父季樂，隋鷹揚郎將。竹符花綬，絳節琱輿，寵冠百城，威隆四鎮。公□」冑清華，□庭禮讓。天經地義，溫清叶於無方；共寢同蔬，邕穆施於有」政。情忘□辱，志逸江湖。縱偃止文場，棲遲筆海。浮雲名利，不從羈□」之勞；□□林亭，自得逍遥之致。起家秦王左右陪戎副尉，□□□□」於丹□，鏡知止於青編，脱落微班，優遊衡泌。悲夫！四游揮忽，千□倏□。」香號返魂，居然莫致；藥稱不死，竟是空言。顯慶四年十二月十二日」終□私第，春秋六十有四。夫人康氏，幼貽門範，得規矩於自然；夙□」□□，□婉順於天性。貞襟霜淨，秀質霞開，何言逝水淪波，悲泉落華。」□恒娥之竊藥，攀月桂而忘歸；類弄玉之登仙，奏風簫而永去。以儀」鳳二年二月終於章善里宅，春秋六十有九。以調露元年十月廿三」日合葬於河南界北邙，之禮也。子神苻等，茹荼銜卹，援栢凝哀，恐天」長地久，遡矣攸哉，式鐫貞琬，光昭夜臺。其詞曰：」業延家慶，門彩孕庭，代稱領袖，門擅簪裿。陶甄地義，隱括天倫，逸韻」飇竪，清暉日新。其一。天地不仁，神心多忍，四序寧借，百齡□盡。愚智同」域，彭殤齊軫，詎偶大椿，言從朝菌。其二。猗歟淑媛，契合絲緡，展敬蘋藻，」施工組紃。德被九族，恩沾六姻，操凌竹栢，潤叶瑶珉。其三。眇眇造化，茫」茫區域，短景易窮，浮生有極。夜川不□，朝霞誰食？洛浦雲銷，巫山雨」息。其四。沉暉不駐，閲水徒驚，空餘響像，非復生平。霜飛幽隧，月昭空塋，」式鐫貞琬，方傳頌聲。其五。洛州偃師縣人也。」

（周紹良藏拓本　河南千唐誌齋藏石）

調露〇一七

【蓋】大唐故張府君墓誌銘

【誌文】

大唐故辰州辰溪縣令張君墓誌并序」

君諱仁，字義賓，南陽西鄂人也。粤若祥禽翊景，襄城參問道之遊；」瑞獸披圖，天幄薦圯橋之册。博通羣籍，對亡書於鼎川；識洞幽微，」辯孽神於璜浦。曾祖嵩，隋貝州清河縣令；祖生，沙州録事參軍；父」寬，稟性清虚，」不希榮禄。無爲戰勝，賦潘岳之閑居；空觀坐忘，訓嗣」宗之襟抱。遂使揚雄寂寞，不謝卿相之尊；梁竦清高，恥從州縣之」職。惟君傳鈎襲慶，落印開祥。龍節孤標，韻黄鍾於嶰谷；鳳條危聳，」韞白雪於朝陽。隱隱詞峰，滔滔學海，孔仞成半丘之土，黄陂爲尺」畎之流。爰自弱齡，光兹筮仕，解褐任太倉丞，秩滿，遷辰州辰溪縣」令。涵牛大鼎，烹小鮮於一同；舞鶴清琴，播弘歌於三善。冰壺湛照，」水鏡凝清，戒三惑於機前，銘四知於座右。日者南中逆節，徼外虧」恩，聚餘孽於牂牁，照明燧於包滿。以君文武兼備，奉律龔行，師不」踰時，殄兹兇醜。是用授公上護軍，特加優錫。然則絳灌英謀，下車」慚撫字之術；蒲密佳政，揚麾乏禦侮之功。兼而有之，實惟君矣。鴻」漸于陸，希參鶴鼎之榮；鯨波不留，遽兆夢雞之釁。以儀鳳二年八」月十日春秋六十有二，卒于辰州辰溪縣官第。以調露元年十月」廿二日葬于高陽原。惟君忠孝稟天，仁義成性，芳流桂岳，澤潤蘭」泉，滑稽皐朔之辯，藻績卿雲之筆，既而青萍瘗鍔，白玉淪光，勒芳」徽於玄壤，將地久兮天長。其詞曰：」

孕靈軒系，命氏星弓，珠胎産月，玉浦暉虹。龍生瑞渥，鳳下猗桐，彼」美之子，實代之雄。誕秀公族，毓粹卿宗，迺文迺武，出孝入忠。丹青」國化，幹蠱門風，敦詩復禮，善始令終。蒲密清政，仁洽道豐，采縟春」秀，鑒明秋沚。學擯垂帷，才優閲市，文峰千仞，詞瀾萬里。繁露蛟申，」談玄鳳峙，南鄉金玉，西嚴杞梓。日薄崦岫，波驚地紀，與善無實，夢」祅斯□。風結松郊，雲愁隴趾，鏤芳徽於泉户，庶無昧於年祀。」

（周紹良藏拓本）

調露〇一八

【蓋】 似無。

【誌文】 無題有額。

大唐故御史杜君墓誌之銘（額）

君諱秀，字侯英，出自長安京兆，因錫封疆，今爲恒州□」邑人也。昔靈丘降祉，標望賛於堯圖；峻極重光，播英名」於晉册；成蹊擅美，授模楷於漢朝。代有其人，可略言矣。」祖就，任平西將軍。學海澄瀾，聲翁滿席，文耀道肫之地，武貫峴望之碑。考乞，瓌珷瓊姿，與玉山而交映；談叢擢」穎，比金鏡而齊輝。君道貫生知，巒彫龍而絢彩；名逾入」洛，偃神驥之飛文。德邁陳星，邦稱御史，譽頌朝野，令溢鄉閭。志好清閑，吟載珍於懸榻；翱翔筆海，命謌謙於濠」梁。豈謂植業同榮，休勞忽奄，悲川閲逝，晦影壙林。貞觀」十年四月三日終於私第，春秋六十，神府颷然。粤以調」露元年歲居單閼十月戊申朔廿五日壬申與夫人馮」氏合葬高遷村北。西臨洨水，東據長逵，泣薤露於晨歌，」聽松楊而慘瑟。永幽黃壤，寂寞無聞，式刊遺芳，方傳不」朽。其詞曰：

天靈降祉，京兆踰城，南陽獨秀，爲□」之貞。文輝陸海，道貫陳星，吟書户閉，嘯鳳鸞呈。歎寒□」之已就，警遊遨之永冥，敬圖芳於翠苑，式表德於□□。

（周紹良藏拓本）

調露〇一九

【蓋】失。

【誌文】

大唐故王君墓誌銘并序」

君諱通，字阿師，并州太原人也。夫以崇基下廓，」列五侯於漢庭；竦幹上標，稱七賢於晉室。莫不」楚材代有，荆璞繼生，虬篆載而無窮，龜書紀而」難盡。曾祖及祖，年遠不叙。父伏，覩天精之引慶，」知神器所歸，翊翔鳳於晉川，定龍圖於渭涘，蒙」授朝散大夫。君舒光漢浦，彩耀韋庭，孕質荆嵠，」媚輝荀室。傲誕卿相，脱屣公侯，志重林泉，不求」官位。於是樹龍鱗之五柳，逐三節以舒帷；蔭麈」尾之一松，隨四時而轉蓋。琴絃養性，詩怡神。豈」謂良木忽摧，溘先朝露，春秋五十有七，龍朔二」年卒於里第。夫人常氏。姸輝菊浦，彩艷娥闈，儀」鳳年中，奄銷靈魄。嗣子□哀深滅性，痛結□荼，」以調元年十一月七日合葬於故城之北，禮也。恐」巒岑徙鎮，蜃壑成田，乃勒玄銘，爲其頌曰：」

昂昂夫子，烈烈英名，既稱其德，亦擅其聲。楚材」代出，荆璞繼生，一朝潛瘞，萬祀荒塋。騷騷風樹，」鬱鬱佳城，幽魂永寂，泉户長扃。」

（北京圖書館藏拓本）

調露〇二〇

【蓋】似無。

【誌文】

馬君之墓誌」

公諱珍，扶風茂陵人。其先趙奢馬服君之」後，五侯四王，相承九世，邯鄲是也，回□南海，」遂宅徐邦。曾祖諱長，齊任瑯琊郡守；祖諱敬，隋開皇二年任大都督，」至九年任餘杭郡守；父諱珍，隋開皇十九年任益州别將，至□年任左」開府司兵參軍，勤王定霸，聲實兼美，至大業九年，任江南府隊正。緬□」劍閣，追想燕然，超往哲之良守，邁前脩之明牧。至開明二年，任鄮州昌」慮縣主簿，□儀同三司如故。舉直彈違，揚清激濁，事有纖而必知，物無」幽而不燭。公□隨人□□進□□節尉，並檢校善固鄉長。□絃歌於百」里，政洽馴翬；贊琴理於一同，功侔來鳳。屬隨道分崩，生靈塗炭，違□徐之故里，班」鄮甸之新居，睠泉石以徘徊，俯煙霞以眺聽。既而西景遽沉，東川不舍，□踰指使，」年迫耄荒，至貞觀廿三年奉詔授沂州丞縣令，至永徽三年奉詔授綿州昌隆縣」令。繼體守文，克臻至道，清風盛烈，千載未泯。豈謂輔善無徵，淹時遘疾，風樹難靜，」霜葉易遷，以顯慶二年四月廿六日終於第，春秋八十有六。夫人苗、吴二氏，丞」相漢匡衡之後，苗將軍達之姪，祖諱勝，齊任東海□縣令，父□□隋任除郡主；」吴氏父諱□，隋任昌慮縣尉。其夫人包四德而成己，總六仁以基身，幃」閫之禮備修，母儀之訓咸飾。以咸亨五年三月十一日遘疾，終於寢。胤息元」禮、元楷等，痛絶心靈，悲號罔極。粤以調露元年歲次己卯十一月戊寅朔廿」日丁酉合窆於相宅東北二里倪犂城東，禮也。恐陵谷有遷，□□無紀，式刊」玄石，樹此泉扃。嗚呼哀哉！乃爲銘曰：赫矣皇祖，□子令德，洪派遐，瓊枝遠植。其一。源深侵廣，本茂枝」繁，之樂土，錫以名蕃。其二。惟君禀靈，自然純懿，百里贊化，一同匡貳。其三。輔善無驗，遘疾淹時，燭風俄滅，薤露云晞。其四。風雲慘烈，松櫝方哀，墳地宿草，隴隧新苔，千齡永訣，萬古悲哉！其五。」

孫上柱國馬志靜、上輕車馬志□」安鐫碑人　孫弘秀」

（周紹良藏拓本）

調露〇二一

【蓋】失。

【誌文】

大唐故亡宮九品贈八品，」年六十，十一月十五日死，」其月廿五日葬。墓誌銘」

亡宮人者，不知何許人也。」早光淑慎，夙挺閑華，式」紀玄扃，用存黄□。其」銘曰：

良家八月，庶女三星，」始承恩於蘭寢，俄閟」景於蒿亭。」

調露元年十一月廿五日」

（北京圖書館藏拓本　河南千唐誌齋藏石）

【蓋】失。

【誌文】

大唐故桂州始安縣丞雲騎尉顏府君墓誌銘并序」

府君諱萬石，字子輿，琅邪人也。曾祖協，湘東國常侍、□西府記」室；祖之儀，周御正中大夫，隋集州刺史、新野郡公；或□□横飛，」縟春葩而藻□；或忠情孤上，貫秋霜而厲節。父昶，□□、德陽二」縣令，輕車都尉。材光杞梓，業彰利器，方戾高冥，先摧廣翼。君瓊」琳挺潤，蘭藥含薰，友就淳深，閨門雍穆，出身任右率府兵曹參」軍，又轉濟州司法參軍、宋州司倉參軍，丁内艱去職，□□授雍」州渭南縣丞。地接歸馬之垌，城鄰混鷄之邑，游軒夕□，□騎晨」趨，塵飄京洛之衣，汗霂臨淄之雨。君資明棐政，惟惠毗風，無侍」負星之勤，式弘期月之化。俄以公事解職，久之，調補桂州始安」縣丞。五領之典，已播仁風；八桂之隩，久敦禮教。又加雲騎尉，從」班例也。秩滿去田，遂乃卜居瀍洛，却掃丘樊，放曠囂塵之夷，優」□人野之際。既而逝川無舍，□露必晞，陽烏凝災，陰堂致夢，以」調露元年十一月廿日寢疾，卒于東都惠和里之私第，春秋七」十八。即以其年歲次己卯十二月丁未朔八日甲寅永窆于河」南縣河陰鄉北忙山之原。載纂風猷，乃爲銘曰：」

□映軒臺，□源鬱開。參差嶧岫，喬柯疊秀，式照蕃祉，是鍾良胄。」昂藏驥騄，郁條蘭芝，貞而不諒，在涅無淄。紆組離宮，彯纓大邑，」鶴關務靜，龍川政緝。璧瑕詎掩，丘過必知，方期□旦，更仰明離。」□

職桂林，效官梅嶺，道□門障，聲通越井。投簪鄽里，高枕園林，」閑居作賦，安步遺榮。行極華鮐，洗淪息馬，京兆天上，脩文地下。」雪照新村，雲低寒野，無昧兮□菊，千秋兮松檟。」

（河南千唐誌齋藏石）

調露〇二三

【蓋】大唐故特進泉君墓誌

【誌文】

大唐故特進行右衛大將軍兼檢校右羽林軍仗内供奉上柱國卞國公贈并州大都督泉君墓誌銘并序」

中書侍郎兼檢校相王府司馬王德真撰　朝議大夫行司勳郎中上騎都尉渤海縣開國男歐陽通書」

若夫虹光韞石，即任土而輝山；蠙照涵波，亦因川而媚水。洎乎排朱閣，登紫蓋，騰輝自遠，踰十乘於華軒；表價增高，裂五城」於奥壤。況復珠躔角氏，垂景宿之精芒；碧海之罘，感名山之氣色。舉踵柔順之境，濫觴君子之源，抱俎豆而窺律吕，懷錦繡」而登廊廟。移根蟠壑，申大廈之隆材；轉職加庭，奉元戎之切寄。與夫隨珠薦櫝，楚璧緘繩，豈同年而語矣！」於卞國公斯見之」焉。公姓泉諱男生，字元德，遼東郡平壤城人也。原夫遠系，本出於泉，既託神以隤祉，遂因生以命族。其猶鳳産丹穴，發奇文」於九苞；鶴起青田，禀靈姿於千載。是以空桑誕懿，虚竹隨波，並降乾精，式標人傑。遂使洪源控引，態掩金樞；曾堂延袤，勢臨」瓊檻。曾祖子遊，祖太祚，並任莫離支；父蓋金，任太大對盧。乃祖乃父，良冶良弓，並執兵鈐，咸專國柄。桂婁盛業，赫然凌替之」資；蓬山高視，確乎伊霍之任。公貽厥傳慶，弁幘乃王公之孫；宴翼聯華，沛鄒爲荀令之子。在髫無弄，處丱不羣。乘衛玠之車，」塗光玉粹；綴陶謙之帛，里映珠韜。襟抱散朗，標置宏博，廣峻不疵於物議，通介無滯於時機。書劒雙傳，提蔗與截蒲俱妙；琴」碁兩翫，雁行與鶴迥同傾。體仁成勇，靜迅雷於誕據；抱信由衷，亂驚波於禹鑿。天經不匱，教乃由生，王道無私，忠爲令德。澄」陂萬頃，游者不測其淺深；繚垣九仞，談者未窺其庭宇。年始九歲，即授先人，父任爲郎。正吐入榛之辯，天工其代，方昇結艾」之榮。年十五，授中裏小兄，十八授中裏大兄，年廿三改任中裏位頭大兄，廿四兼授將軍，餘官如故，廿八任莫離支兼授三」軍大將軍，卅二加太莫離支，總録軍國。阿衡元首，紹先疇之業；士識歸心，執危邦之權。人無駁議。于時蘿圖御寓，楛矢褰」期，公照花照蕚，内有難除之草；爲幹爲楨，外有將顛之樹。遂使桃海之濱，隳八條於禮讓；蕭牆之内，落四羽於干戈。公情思」内款，事乖中執，方欲出撫邊甿，外巡荒甸，按嵎夷之舊壤，請羲仲之新官。二弟産、建，一朝兇悖，能忍無親，稱兵内拒。金環幼」子，忽就鯨鯢，玉膳長筵，俄辭顧復。公以共氣皇分，既飲淚而飛檄；同盟雨集，遂銜膽而提戈。將屠平壤，用擒元惡。始達烏骨」之郊，且破瑟堅之壘，明其爲賊，鼓行而進。仍遣大兄弗德等奉表入朝，陳其事迹。屬有離叛，德遂稽留。公乃反旆遼東，移軍」海北，馳心丹鳳之闕，飭躬玄兔之城。更遣大兄冉有，重申誠效。曠林積怨，先尋閼伯之戈；洪池近遊，豈貪虞叔之劒。」皇帝照彼青丘，亮其丹懇，覽建、産之罪，發雷霆之威。丸山未銘，得來表其先覺；梁水無孽，仲謀憂其必亡。乾封元年，公又遣」子獻誠入朝。帝有嘉焉，遥拜公特進，太大兄如故，平壤道行軍大總管兼使持節安撫大使，領本蕃兵共大總管契」苾何力等相知經略。公率國内等六城十餘萬户，書籍轅門；又有朮底等三城，希風共款，蕞爾危矣，日窮月蹙。二年奉」敕追公入朝。總章元年，授使持節遼東大都督、上柱國、玄菟郡開國公，食邑二千户，餘官如故。小貊未夷，方傾巢鷵之幕；「大君有命，還歸蓋馬之營。其年秋，奉敕共司空英國公李勣相知經略。風驅電激，直臨平壤之城；前哥後舞，遥振崇「墉之堞。公以罰罪吊人，憫其塗地，潛機密構，濟此膏原。遂與僧信誠等内外相應。趙城拔幟，豈勞韓信之師；鄴扇抽關，自結「袁譚之將。其王高藏及男建等咸從俘虜，巢山潛海，共入隄封；五部三韓，並爲臣妾。遂能立義斷恩，同鄭伯之得儁；反禍成「福，類箕子之疇庸。其年與英公李勣等凱入京都，策勳飲至。獻捷之日，男建將誅，公内切天倫，請重閫而蔡蔡叔，上感「皇睠，就輕典而流共工。友悌之極，朝野斯尚。其年蒙授右衛大將軍，進封卞國公，食邑三千户，特進勳官如故，兼檢校右羽「林軍，仍令仗内供奉。降禮承優，登壇引拜，桓珪輯中黄之瑞，羽林光太紫之星。陪奉輦輅，便繁左右，恩寵之隆，無所與讓；督「賜之寄，莫可爲儔。儀鳳二年，奉敕存撫遼東，改置州縣，求瘼卹隱，襁負如歸；劃野疎疆，奠川知正。以儀鳳四年正月「廿九日遘疾，薨於安東府之官舍，春秋卌有六。震宸傷聲，台衡怨笛，四郡由之而罷市，九種因之以輟耕。「詔曰：懋功流賞，寵命洽於生前；縟禮贈終，哀榮賁於身後。式甄忠義，豈隔存亡。特進、行右衛大將軍、上柱國、卞國公泉男生：「五部酋豪，三韓英傑，機神穎悟，識具沉遠，秘算發於鈐謀，宏材申於武藝。僻居荒服，思效款誠。去危就安，允叶變通之道；以「順圖逆，克清遼浿之濱。美勣遐著，崇章荐委，入典北軍，承宴私於紫禁；出臨東陼，光鎮撫於青丘。佇化折風，溘先危露，興「言」永逝，震悼良深。宜增連率之班，載穆追崇之典。可贈使持節大都督，并、汾、箕、嵐四州諸軍事，并州刺史，餘官并如故。所司備「禮册命。贈絹布七百段，米粟七百石，凶事葬事所須，並宜官給，務從優厚。賜東園祕器，差京官四品一人攝鴻臚少卿監護，」儀仗鼓吹，送至墓所往還。五品一人持節賫璽書吊祭，三日不視事。靈柩到日，仍令五品已上赴宅。寵贈之厚，存歿增華，哀」送之盛，古今斯絶。考功累行，謚曰襄公。以調露元年十二月廿六日壬申窆於洛陽邙山之原，禮也。哀子衛尉寺卿獻誠，夙」奉庭訓，早紆朝黻，拜前拜後，周魯之寵既隆；知死知生，吊贈之恩彌縟。茹荼吹棘，踐霜移露，痛迭微之顯傾，哀負趨之潛」度，毀魏墳之舊漆，落漢臺之後素，刊翠琬而傳芳，就黄壚而永固。其詞曰：」

三岳神府，十洲仙庭，谷王産傑，山祇孕靈。訏謨國緯，舄弈人經，錦衣繡服，議罪詳刑。其一。伊人閒出，承家疊祉；矯矯鳳鶵，昂昂」驥子。韞智川積，懷仁岳峙，州牧薦刀，橋翁授履。其二。消灌務擾，鄒盧寄深，文樞執柄，武轄操鈐。荆樹鶚起，盧川雁沉，既傷反袂，」且恨移衾。其三。肅影麟洲，輸誠鳳闕，朝命光寵，天威吊伐。殄寇瞻星，行師計月，夷舞歸獻，凱哥還」謁。其四。彎弧對泣，叫閽祈帝，遽徙秋荼，復開春棣。鏘玉高秩，銜珠近衛，寶劍舒蓮，香車裊桂。其五。輕軒出撫，重錦晨遊，抑揚檖穴，」堤封亶洲。瞻威仰惠，望景思柔；始襜來軸，俄慌去輴。其六。斂革勤王，聞鼙悼扆，九原容衛，三河兵士。南望少室，北臨太史，海」就泉通，山隨墓起。其七。霜露年積，春秋日居，墳圓月滿，野曠風疎。幽壤勒頌，貞珉瘞書，千齡暐曄，一代丘墟。其八。」

（周紹良藏拓本　開封博物館藏石）

調露〇二四

【蓋】失。

【誌文】

唐故安君墓誌銘并序」

君諱神儼，河南新安人也。原夫吹律命系，肇跡姑臧，因土」分枝，建旗强魏。英賢接武，光備管弦。祖君恪，隋任永嘉府」鷹揚；父德，左屯衛別將。並風格遐遠，清猷載穆，爪牙之任，」實擅於五營；幹略之能，威加於七萃。公稟和交泰，感質貞」明，志局開朗，心神警發。仁惠之道，資訓自天；孝友之方，無」假因習。銷聲幽藪，晦跡山池，嘯傲於林泉，優遊於里閈。不」以夷險易操，不以利害變情。齒暮年移，忽瘼沉痾，兩楹入」夢，二竪爲災，藥物無施，奄從風燭。以調露二年正月廿六」日卒於嘉善里之私第，春秋五十有八。夫人史氏。承懿方」池，蘊資圓水，貞順閑雅，令範端詳，受訓公宮，偶兹嘉室。俄」潛月浦，奄翳巫山，以咸亨五年正月廿五日倏焉長逝，春」秋五十有三。還以調露二年二月廿八改祔於邙山。嗣子」敬忠，集蓼迷心，結終身之痛，悲夜臺之難曙，嗟白日之長」詞，略銓德行，乃爲銘曰：」

列土姑臧，分枝元魏，乃祖乃考，爲將爲帥。累德基仁，行標」忠義，代襲衣冠，見稱閭里。其一。惟君沉靜，不規名利，蘭杜栖」遲，逍遥仁智。心依泉石，志懷經史，操慕松筠，交希淡水。其二。隟駒飄忽，風樹難停，遽從運往，俄掩泉扃。痛兩劒之歸匣，」悲雙鶴之遊庭。既返真於土壤，雅合符於道情。其三。」

調露二年二月廿八日。」

（周紹良藏拓本　開封博物館藏石）

調露〇二五

【蓋】 失。

【誌文】

唐故何君墓誌銘并序」

君諱摩訶，字迦，其先東海郯人也，因官遂居姑」臧太平之鄉。原夫含章挺秀，振清規於漢朝；碩」學標奇，展英聲於魏闕。其後珪璋疊映，槐棘駢」陰，詳諸家素，可略言矣。曾祖瞻，齊爲驃騎，七札」居心。祖陁，梁元校尉，六奇在念。父底，隋授儀同，」鸞弧寫月，矯矢飛星。惟君不以冠纓在念，軒冕」留心，懲襟定水之前，棲志禪林之上。不謂莊壑」遷舟，孔川流箭，俄見止隅之禍，終聞屬纊之悲。」與善無徵，夜臺奄及，以調露二年二月十六日」遘疾，卒於洛陽界嘉善之私第也，春秋五十有」一。以其年二月廿八日窆於北邙之山平樂，之」禮也。所恐田成碧海，地變蒼山，故勒泉碑，乃爲」銘曰：」黄河東逝，白日西沈，百年未及，駟馬悲心。幽泉」長夜，松栢清音，歎時易往，痛結難任。」

調露二年二月廿八日鐫。」

（周紹良藏拓本　河南千唐誌齋藏石）

調露〇二六

【蓋】 失。

【誌文】

大唐洛州洛陽縣故記室參軍樂君墓誌銘」

君諱恭，字果仁，南陽人也。以永徽四年二月」廿二日詔授武騎尉，至六年十二月卅」日，又加授丹水府折衝姚文幹記室參軍。公」揚芬綺歲，邁九德而擒英；緝譽齠年，超四科」而擅美。忠孝資於心發，仁恕表於性成。貞白」基身，淳和踐行，虛舟待士，解榻欽賢。以施與」而爲先，豈名利而是務。自可保兹筠栢，無昧」音徽。豈圖夜壑遷舟，宵瓌入夢，以調露二」年歲次庚辰四月乙巳十日甲寅終於私第，」春秋五十有八。即以其月十七日辛酉遷窆」於北邙之原，禮也。嗣子神泰，行同曾敏，孝達」靈祇，骨立寄於寸音，柴毁幾於滅性。恐年齡」浸遠，星序驟移，刊石勒銘，庶傳不朽。其詞曰：」

惟君令德，自然宏器，唯忠唯孝，非名非利。□」寓樊籠，道存幽秘，天地寒暑，日月虧盈。□□」無固，人何不傾？千齡萬古，寂寞幽扃。」

（周紹良藏拓本）

調露〇二七

【蓋】大唐故李府君墓誌銘

【誌文】

唐故宣州溧陽縣尉李公墓誌銘并序」

君諱師，字守儼，隴西狄道人也。其後徙居河南縣，故今爲縣」人。惟帝之都，迺卿之族，丘園有秀，川岳多奇。至若丞相台階，」馳英聲於棘路；將軍獻策，樹雅望於槐庭。自是冠蓋森羅，明」德代有，詳諸史篆，可略而言。曾祖懷，隋任宜軍郡丞。佐還」珠之美化，翊去獸之英風，強直兩資，韋弦雙佩。祖辯，隋任許」州長社縣令。鳴琴百里，泛朱絲以字人；製錦一同，馴綵翬而」化物。父達，皇朝前東宮家令寺丞。搖山住□，望苑華寮，重」海流波，少陽垂曜。君機神爽悟，逸氣不羣，年登弱冠，策名王」府，勤加日用，初編柳葉之書；功倍月將，俄擢桂枝之第。龍朔」初，釋褐授嘉州龍遊縣尉，後遷宣州溧陽縣尉。地總奧區，咸」稱都會，凡厥寮寀，非賢莫居。君辭白璧以廉平，退黃金而清」慎。嗟乎！人□若浮，命無常唯，遂使兩楹入夢，二豎交侵，六祈」靡感，百身難贖，以儀鳳四年六月十七日終於館舍，春秋五」十有一。即以調露二年六月十七日遷窆於洛陽平陰鄉之」北原，禮也。嗚呼哀哉！桃李以芬芳成徑，惟君以信行見思，故」知與不知，涕零何極！嗣子寺奴，棘心夜殞，蓼痛□迷，陟荒岵」以長號，聆寒泉而永慕。式鐫貞石，用紀德音，庶清徽茂範，春」蘭秋菊。其詞曰：

貞儀素植，夙照玄幾，因心有禮，率性無」違，名聞紫閣，業著丹闈。昔年山第，簾開桂扉，今來泉户，塵覆」□衣。孤藐頽其荒岵，花萼翦其芳菲，痛哀哀之永慕，歎怡怡」之靡希，想溫靈之有識，冀蘇魂之一歸！」

調露二年歲次庚辰六月甲辰朔十七日庚申。」

（北京圖書館藏拓本）

唐代墓誌彙編

永隆

永隆〇〇一

【蓋】大唐故亡宮墓誌之銘

【誌文】

亡宮者，不知何許人也。挺閑婉之姿，」禀柔明之性，職奉桂殿，芳流椒闈。豈」謂薪從烈火，蘭悴秋霜，以調露二年」八月十七日卒於宮所，其年五十。以」永隆元年九月一日葬於洛陽城北。」嗟乎長逝，萬代不歸，埋玉質於黄塵，」鏤金聲於翠琬。嗚呼哀哉！乃爲銘曰：」閑華早著，才令先彰，如何不淑，掩耀」摧芳。昔遊丹闕，今悲白楊，千秋萬歲，」玄夜何長？」

（周紹良藏拓本　河南千唐誌齋藏石）

永隆〇〇二

【蓋】失。

【誌文】

大唐永隆元年歲」次庚辰十月壬寅」朔十三日甲寅，陳」州司馬游公故妻」甄夫人之神柩。」

（北京圖書館藏拓本）

永隆〇〇三

【蓋】索君墓誌

【誌文】

大唐故嘉州龍遊縣尉索君墓誌銘并序」

君諱義弘，字　洛陽人也。漢道休明，靜顯雄書之節；梁途」草昧，超居勇將之名。人物聲華，振於前代，地靈國秀，傳諸」後葉。祖叡、父彥，並才比昔賢，英侔先哲，潘江競濬，陸海爭」流。公禀靈山岳，受氣風雲，德謬經史，器膺廊廟。京畿近縣，」多屬英才，捧檄隨班，來從要職，釋褐任許州扶溝縣尉。斜標玉翊」四關之勝境，馳百里之高風，德邁潘王，仁深卓曾。俄丁憂」解任，服闋，除嘉州龍遊縣尉。斜標玉壘，凌九折而浮榮；直」□金墉，對雙羅之顯職。暫臨蜀郡，並興來晚之歌；奉使神」州，咸有去思之詠。未及還任，遇疾彌留，方冀□□書鼎，昇」上宰於南宮；著像圖形，立鴻勳於東觀。高門列戟，未申王」濬之占；大壑藏舟，俄起□生之論。豈謂輔仁無驗，與善徒」欺，積患莫瘳，窮醫靡救。紅蕖吐豔，入朱夏而彫榮；紫桂含」芳，迎素秋而掩馥。粤以永隆元年十一月九日卒於時邕」之里第，春秋卌有七。由是傾州士女，出西路以銜悲；合境」都人，對南津而灑淚。豈直罷市興慟，輟樂思仁者哉！還以」其年其月廿三日窆於北邙之陽，禮也。子崇泰等，并愷悌」成性，淳和敏德。捫天扣地，斷瞻望於山河；刻石彫金，叙微」猷於泉壤。乃爲銘曰：」

昭昭令族，靡靡清芬，家傳簪冕，人著功勳。琳瑯疊彩，羔雁」成郡，楊名樹業，歸之於君。詩書閱禮，毫翰工文，天班始就，」人事俄分。山多思月，歸結愁雲，千秋萬歲，君子孤墳！」

（北京圖書館藏拓本　開封博物館藏石）

永隆〇〇四

【蓋】大唐故王府君墓誌銘

【誌文】

大唐故雲騎尉王府君墓誌銘并序」

君諱文義，京兆萬年人也。惟君稟質」忠純，性苞和淑，温柔表德，毓志貞廉。」不以金玉居懷，每以崇清在意。豈謂」善人徒喪，遽奄風燈，粤以永隆二年」歲次辛巳正月辛未朔十六日丙戌」卒於本第崇賢之里，春秋五十有四。」即以其年二月六日葬於城西龍首」之原，禮也。孤子奴子等痛深風樹，恨」切心脾，懼陵海變遷，式旌玄礎。嗚呼」哀哉，迺爲銘曰：」

歎矣純忠，奄遄朝露，嗟乎淑哲，遽催」□素。其一。猗歟大暮，喪此清廉，德音無朽，英靈靡贍。其二。」

（北京圖書館藏拓本）

永隆〇〇五

【蓋】失。

【誌文】

大唐故大都督王府君夫人禄氏墓誌銘并序」

夫人諱　，禄氏，嫡于太原王善相之妻也。」若夫鴻源迥派，與四瀆而方深；積構崇基，」將五岳而齊峻。芳苗盛胄，代襲簪裾，奕葉」光華，足可言矣。乃祖乃宗，蟬聯繼踵，譽標」朝野，謀略有聞，奮氣横衝，英雄烈熾。惟公」禀靈清幹，夙著勳資，少事戎行，夕陪營陣，」先沉痼瘵，久奄黄壚，作配雙魂，早婚禄氏」夫人。粤以永隆元年十一月廿七日卒於」崇賢之里，春秋七十有七。即以永隆二年」二月九日合葬于京城南洪固鄉界韋曲，」之禮也。孤子　等，痛傷脾胃，切甚心腸，」懼陵谷有遷，式旌不朽。其詞曰：」

邈矣華宗，崇基峻極，嗟乎盛德，俄逾晷昃。」夫人淑姿，奄傾遄電，四德久傳，六行斯見。」

（録自《陶齋藏石記》卷十九）

永隆〇〇六

【蓋】大唐故邢府君墓誌銘

【誌文】大唐故冀州南宫縣尉武騎尉邢府君墓誌銘并序」

君諱弼，字輔元，其先瀛州河閒人也。遠祖從宦，因家於洛，故爲洛」人焉。奥以平林積慶，化梓隤祥，龜川挺七百之期，鶩岫肇三分之」業。樹大功於天地，奄有龜蒙；建冢土於家邦，祚流凡蔣。氏因錫社，」彰乎繫月之書；慶襲良箕，無資言伐之筆。曾祖泰，周任朝散大夫。」時屬棟傾，大夏之材不任；運睽鼎革，小往之慶無期。祖隆，隋任安」州安陸縣令。百里跬塗，未暢士元之道；一同小邑，竟屈言偃之刀。」父卿，隨任信都郡户曹。位屈藩潦，器光瑚璉，任總黔庶，道冠黄中。」惟君幹父之蠱，聲芬綺歲；資國之敬，譽表立年。是知扺鵲之巖，控」秦城而顯價；靈虵之掌，包魏乘以馳光。永徽元年，釋褐任利州三」泉縣尉。佩黄綬以臨人，南圖之志已遠；宣皇風而撫俗，東道」之足未申。顯慶三年，遷冀州南宫縣尉，再輔翔鸞之政，終屈鴻漸」之姿，兩贊亰鮮之君，未展縱鱗之力。於是挹知殆以捐冠，覽若驚」而散髮。邙山洛水，應叟之愿已從；朝露夜舟，孔梁之歎行及。以永」隆二年正月廿六日遇疾，終於河南福善里之私第，春秋六十有」一。嗚呼哀哉！即以其年歲次辛巳二月辛丑朔九日己酉葬於北」邙山平樂鄉，禮也。嗣子昭武校尉、行嬀州代川鎮將、上柱國智滿，」次子登仕郎智勣等，將恐懸劍之樹，不固於桑田；藏書之墳，有遷」於陵谷。式題玄礎，以旌不朽。其詞曰：」

郊岐茂祉，龜蒙錫胤，珪組蟬聯，英聲昭晢。其一。乃祖乃父，實爲時賢，」材高位卑，無時有道。其二。惟君誕載，克光鴻閥，未極牽絲，俄從散髮。」嗚呼君子，與時行藏，常聞福善，如何彼蒼！其三。歲躔荒落，月旅夾鍾，」龜謀無悔，馬鬣斯封。其四。金碑有毁，石鳥徒傷，唯餘令範，地久天長。其五。」

（北京圖書館藏拓本　河南千唐誌齋藏石）

永隆〇〇七

【蓋】失。

【誌文】

大唐故滄州景城縣令蕭公及夫人杜氏墓誌」

公諱瑶，字達文，東海蘭陵人，漢相何之後也。高祖」梁武皇帝；曾祖太宗昭明皇帝；祖中宗宣皇帝；父」巖，梁尚書令、太尉、安平王。隋大業十一年，以后堂」弟詔除公荆州曲江縣令。公以家國喪於隋季，荆」楚又是先王舊都，遂以疾辭，竟不就職。」大唐武德元年，特敕授吏部宣德郎。六年，授」亳州城父縣令。貞觀七年，加通直郎，授滄州景城」縣令。至十二□秩滿，未及還車，以其年遘疾，八月」十四日卒於人之私第，春秋五十。吏人懷德，刊石」立碑。以十三年權殯於洛陽之邙山。夫人杜氏，京」兆人也。祖慶，梁直閤將軍；父寵，隋同昌郡怙夷縣」長。以乾封元年八月一日卒於南服，春秋七十。以」儀鳳元年歲次景子十一月廿日葬於河南縣平」樂鄉安善里杜郭村西南一里北邙之原，又以永」隆二年太歲辛巳二月辛丑朔廿日庚申遷公神」柩合葬於夫人之塋。幼子休明，恐陵谷遷貿，桑田」□變，故刻石立文，傳之萬古。」

永隆二年歲在辛巳二月辛丑朔廿日庚申。」

（録自《芒洛冢墓遺文四編》卷三）

永隆〇〇八

【蓋】失。

【誌文】

大唐故武騎尉李君墓誌銘并序」

君諱慎，字漢子，洛州河南人也。將軍報國，清雁塞」而封侯；司隸通家，闢龍門而取俊。詳諸簡牘，可略」而言。曾祖奬，隋任荆州刺史；祖纂，隋雄州槃和縣」令；父繼伯，怡神墳史，養素丘園，行在言前，身居物」後。君自幼及長，唯忠與孝，鳴謙自牧，默識挺生。幸」屬檢玉仙閭，封金日觀，蒙授武騎尉，隨班例也。豈」謂尺波易往，寸晷難留，未盡百年之驩，俄從兩楹」之奠。以永隆二年二月七日卒於洛陽縣章善里，」春秋六十。其月廿日葬於北邙山平樂鄉之原，禮也。」嗣子弘安，陟岵銜悲，循陔茹泣，敬雕翠琬，用紀」清芬。其詞曰：」

玉關飛將，德水仙舟，洛中人物，海外公侯。名留萬」古，譽重千秋，門資纓紱，代襲箕裘。其一。誕靈嵩岳，稟」秀洛京，機略沉遠，風制韶明。既沾比屋，仍逢告成，」遂從班例，克茂勳榮。其二。藏山徙澤，閱水鷲川，空嗟」大夢，俄畢小年。一悲蒿里，萬代松埏，悲纏親慼，泣」動英賢。其三。玉樹長埋，金釭徒設，壟積煙霧，草留霜」雪。日暮風哀，泉寒水咽，陵谷有變，聲塵無絶。其四。」

永隆元年歲次　二月辛丑朔廿日庚申。」

（北京圖書館藏拓本）

永隆〇〇九

【誌文】

大唐濟度寺故比丘尼法樂法師墓誌銘并序」

法師諱法樂，俗姓蕭氏，蘭陵人也。梁武皇帝之五」代孫，高祖昭明皇帝，曾祖宣皇帝，祖孝明皇帝，父」瑀，梁新安王，隋金紫光禄大夫、行内史侍郎，」皇朝中書令、尚書左右僕射、特進、太子太保、上柱」國、宋國公，贈司空。赫奕蟬聯，編諸史諜，芳猷盛烈，」可得而詳。法師則太保之長女也。勤懇之節，爰自」幼童；玄妙之體，發於岐嶷。年甫三齡，歸誠六度，脱」屣高族，落髮祇園。既而禪室淪精，羈象心而有裕；」法場探秘，藴龍偈而無遺。覺侶攸宗，真門取範。而」念想云促，景落須彌之峰；福應斯甄，神昇兜率之」殿。以咸亨三年九月十九日遷化於蒲州相好之」伽藍，春秋七十有四。權殯于河東，以永隆二年歲」次辛巳三月庚午朔廿三日辛卯歸窆于雍州明」堂縣義川鄉南原，禮也。恐松埛難固，栢榛終虧，式」鐫貞石，用勒芳規。迺爲銘曰：」

華宗襲慶，實系承仙，爰誕柔質，歸心福田。功登十」地，業贊三天，神遊法末，覺在童先。喻筏俄捨，慈舟」遽捐，幽扉永晦，雅譽空傳。」

（北京圖書館藏拓本）

永隆〇一〇

【蓋】大唐故比丘尼墓誌銘

【誌文】

大唐濟度寺故比丘尼法燈法師墓誌銘并序」

法師諱法燈，俗姓蕭氏，蘭陵人也。梁武皇帝之五」代孫。高祖昭明皇帝，曾祖宣皇帝，祖孝明皇帝，父瑀，」梁新安王，隋金紫光禄大夫、行內史侍郎，」皇朝中書令、尚書左右僕射、特進、太子太保、上柱國、宋」國公，贈司空。崇基茂趾，國史家諜詳焉。法師」即太保第五女也。年甫二八，脩行四諦，膏澤無施，」鉛華靡飾。精誠懇至，慕雙樹之高蹤；童子出家，殊」栢舟之自誓。具戒無闕，傳燈不盡。姊弟四人，同出」三界。花臺演妙，疑開棠棣之林；成等至真，還如十」方之號。豈□法輪纔轉，道器先摧，以總章二年十」月五日遷化於蒲州相好寺，春秋卅有九。權殯於」河東縣境，以永隆二年歲次辛巳三月庚午朔廿」三日辛卯歸窆於雍州明堂縣義川鄉南原，禮也。」恐陵谷貿遷，田海變易，式題貞礎，用紀芳猷。乃爲」銘曰：」

丞相輔漢，司徒佐唐，功格天下，奄有大梁。暨茲令」淑，爰慕武皇，家風靡替，法侶成行。慈雲比影，慧炬」傳光，中枝犯雪，小葉摧霜。未登下壽，忽往西方，一」超慾界，千載餘芳。」

（周紹良藏拓本）

永隆〇一一

【蓋】失。

【誌文】

洛陽縣王氏呂夫人之墓誌」

夫人呂氏，潁川陽翟人也。盛德早閑，織紝俱備，請」脩美著，確謹逾揚。孝悌類於曹門，和穆洽於閨室。」及適王族，即河南郡洛陽人也。其君衣纓晉闕，珽」班列於太原；弈葉重枝，傳派流於伊洛。性崇敬愛，」履道直言，維孝維仁，是夫人之志操。是知隙駟難」停，人事遷改，忽謂金風蕩節，玉露彫林，積善未徵，」奄從朝露。維大唐永隆二年四月八日春秋六十，」乃從斯逝。竊以碧海湛然，猶遵改變；逝川未息，斯」人長往，靈蓋引長旒於前路，素馬登芒坂以悲鳴。」高堂朝別，暮奄玄泉，香無驗以可明，草何功而可」録？魂兮不返，神去無歸，悲慟泣於頹齡，空灑淚於」孤隴。恐年代遷改，陵谷再移，勒此實銘，以□單記。」其詞曰：

四德既閑，織紝斯則，内穆於家，外和九」族。其一。翼翼閨庭，邕邕美德，理合規矩，雅操寂嘿。其二。」金風損節，彫露摧林，逝川長往，哲人無停。其三。長旒」引路，馬嘶芒坂，玄泉既奄，白日將遠。嗚呼哀哉，痛」深斯永。」

（周紹良藏拓本　河南千唐誌齋藏石）

永隆〇一二

【蓋】失。

【誌文】

唐故王君墓誌銘」

君諱才，太」原人也。陳胡之苗裔，王莽之胄，元中之後胤。」瓊枝弈葉，德徹天朝；鐘鼎蟬聯，傳芳萬代。祖」顯，齊任徐州司馬。雲翹吐秀，日鏡揚輝，風偃」搢紳，道光雅俗。父彦，隋任并州户曹。英神迥」望，蘊習前恭，炫燿朱門，燮和天地。君隋任濮」州鄄城縣令。飛烏巢幕，山魅自除，人吏舉轅，」簪纓玉珮，龍心驥骨，鸞翼鳳毛，外朗金仙，內」懷清潤。忽以逝水難停，流風易搏，春秋七十有」二，儀鳳二年十一月七日卒於私第。夫人張氏。風儀」挺特，類神女而出松雲，既顧史以陳彫，亦盟」心而習禮。靈芝九節，忽被霜彫；桂葉芳枝，掩□」風燭。春秋七十有六，永隆二年三月十七日終於家」館，即以其年四月十日合葬于長子城西北五里平」原，禮也。唯恐田成碧海，谷變山移，匠石鐫雕，勒」爲銘曰：

昔承周美，時贊漢朝，封壇賜界，受」土分茅。珪璋令德，冠蓋彌高，傳芳不朽，英賢早彫。」

（録自《山石冢墓遺文》）

永隆〇一三

【誌文】

竊以日月稱明，非無盈昃。含靈萬□，」必有死生。雖則聖賢，未免斯難。公姓」羅，字君預，德州平原縣人也。幽州納」款鎮將令祖之子。去乾封元年」詔授公士，至總章二年，因患薨於私」第。夫人冀州孫氏，年登上壽，詔授」湯陰縣君；又授經城縣君，又授萬歲」縣君。以今永隆二年四月十二日壽」盡奄没。公□□□□，以今大唐永隆」二年歲次□□□月庚子朔十五日」甲寅卜葬斯域。北去家二里，東北去」州卅五里，東南去縣十五里。東瞻廣」澤，西帶長川，棺藏精華，墳高數仞，乃」恐後代海變山移，故爲銘記。」

（古文獻室藏拓本）

永隆〇一四

【蓋】　失。

【誌文】

大唐故處士王君墓誌并序」

君諱　，字　，其先太原人也，近因家洛陽。粤以洛」川控鶴，謝隆祚於周儲；淮水告休，表台輔於晉室。」英賢相繼，史諜詳焉。祖國意、父懷智，并榮望當時，」器標杞梓。君性識沉慜，志度凝遠，言成准的，行爲」模範。方深渥水，毓西北之龍媒；比峻峰嵇，挺東南」之竹箭。加以糠粃名利，養素丘園，杖藜丹之叢，屣」履紫蘭之徑。琴酒契風月之賞，林泉洽煙霞之志。」所以棲閑素里，體道居貞，息意玄宗，遊心釋部。積」勞成疢，構彌留，夢豎云侵，奄垂大化。以永隆二年」四月五日卒於福善坊之私第，春秋八十四。即以」其年四月廿一日遷葬於北芒山，禮。嗣子阿師，恐」海田有變，遽傷冥莫之魂；陵谷有遷，豈識城門之」骨。用鐫金石，永勒芳徽。其詞曰：」

赫矣盛族，簪裾代襲，雅尚猶皈，英賢繼及。其一。夫君誕」秀，卓爾不羣，丘園自逸，惟德是鄰。其二。與善徒然，福」仁虛説，夢楹斯及，奄摧良哲。其三。青烏既兆，白冀斯」嶺，一歸厚夜，永秘芳音。」

（周紹良藏拓本　河南千唐誌齋藏石）

永隆〇一五

【蓋】失。

【誌文】

唐故王府君墓誌銘并序」

君諱明，字元貞，太原祁人也，因宦遷轉，遂爲偃師縣人焉。」自笙水疏源，委靈波而記地；歸刀聳鍔，幼仙靄以文天。龍」驤重飛將之勳，安豊馳簡要之選。斯並彰乎國史，煥之家」諜，故可得而略也。曾祖周并州長史，馳芳列嶽，駕卓魯以」遐驤。飛譽臨人，襲張廉而肅物。祖勣，隋涇州陰盤縣令。乳」雉依仁，狎衢童而表異；禎鸞感德，睦惠化以呈奇。父文曉，」唐陪戎副尉。幹秀千尋，瀾澄萬頃，令聞顯發，岐嶷允敷。琴」聲與清澗俱流，詩書將雅懷共遠。君髫年辨果，丱歲酬禽，」對槐市以開帷，侶譬水而分態。雖公山兩驥，不羨美於東」萊；而正平一鶚，終無聞於北海。遂棲心衡泌，處順安排，託」風以永懷，賞煙霞而卒歲。豈意百齡俄景，促陽轡於西山；」一旦驚波，送陰舟於東壑。以大唐永隆二年六月廿四日」終於私第，春秋五十有四。即以其年七月十五日權窆于」邙山之陽，禮也。疏蕪榛野，蕭飇荒林，雲任隴密，霧黯松深。」懼靈巖之夜徙，恐固峴之年侵，式題美於貞石，庶永播於」徽音。其銘曰：」

洪族巍巍，昌源瀰瀰，禀峰蓮嶠，分漪箭水。風路鵬翻，雲衢」龍峙，鏘金鳴玉，紆青絁紫。夜舟易失，日隙難停，方期天壤，」倏掩泉扃。風悲孔樹，霧苦騰城，式題幽石，永播英聲。」

大唐永隆二年歲次辛巳七月」戊辰朔十五日壬午。」

（周紹良藏拓本　河南千唐誌齋藏石）

永隆〇一六

【蓋】失。

【誌文】

唐故康君墓誌銘并序」

君諱杴，字仁德，河南鞏縣人也。原夫吹律命系，肇跡東周；因」土分枝，建旗西魏。英賢接武，光備管絃。祖安，翼贊周朝；父陁，」匡輔隋室。君禀和交泰，感質貞明，志局開朗，心神警發。仁惠」之道，資訓自天；孝友之方，無假因習。有隋失馭，王政孔艱，君」乃晦跡俟時，銷聲危行。屬權輿立極，締構張維，邦命惟新，委」名秦府。時乘在位，品物咸亨，攀附之志克宣，産露之勳攸叙。」乃授公以陪戎副尉。公以曜靈西謝，湍逝東奔，乃翔集三川，」卜居中土，撫絃薦芰，吟詠情性之閒；泛菊蓋荷，高邁煙霞之」賞。逍遥去智，妙洞若喪之機；鑒止凝心，夙鏡死生之際。所冀」慈雲潤趾，慧日澄神。如山之壽未終，遊岱之期斯及，以顯慶」元年二月十八日先天而逝，春秋六十有五。夫人曹氏，承懿」方池，蘊資圓水，貞順閑雅，令範端詳，受訓公宫，母儀私室。俄」潛月浦，奄翳巫山，以永隆二年六月一日終於私第，春秋七」十有五。還以其年八月六日改祔於邙山。嗣子善義，痛風樹」之難追，忽從滅性，即同其日窆於墳塋，之禮也。次子善恭、善」行等，集蓼疚懷，結終身之痛。恐英聲代遠，斬板銷夷，紀績幽」扃，遺芳無殄。其銘曰：」

十城蘊彩，九畹資芳，雕神書囿，瑩思文場。行該孝友，體洽温」凉，威儀合度，出言有章。其一。隟駒飄忽，逝水驚潮，池懸銅霤，帳」結輕綃。旌揚河汭，葆轉山椒，風悽暮鐸，響切晨簫。其二。泉没雙」劍，林棲偶鶴，塵飛素奠，蟻遊丹幕。千古易終，九原難作，譽延」時新，涕隨秋蘀。」

（録自《芒洛冢墓遺文四編》卷三）

永隆〇一七

【蓋】唐故楊君夫人韋氏誌

【誌文】

大唐故幽州范陽縣令楊府君夫人韋氏墓誌銘」

夫人諱檀特，字毘耶黎，京兆杜陵人也。神皐華實，總睦海」之紛敷；巨派靈長，控八川之泱漭。珠光集乘，已聞賢之談；」金氣衡籯，實重聖人之道。貂蟬之美相繼，蘭菊之芬不絕。」夫人魏太傅鄖襄公之曾孫，周内史京兆尹河南公之孫，」隨尚衣奉御舒國公之第二女。體少陰之精，苞太和之靈，」佩張箴以自勗，擁曹誡以飛馨。神彩嶷然，英姿獨茂，庭前」白雪，得飛絮之奇情；琴裏清風，知絕絃之不調。年甫十五，」歸于隋尚書左丞、國子祭酒弘農楊汪第五子幽州范陽」縣令政本。河魴之美，乘龍之慶，休祉冠於二門，榮耀覃于」九族。足不妄動，用遵珩珮之聲；口無擇言，必叶詩書之味。」然而四節流邁，百齡飄忽，如賓之敬不居，遠客之遊斯盡。」卌有幾，即喪所天，惸惸獨處，哀哀長疚，撫衾幬而歎息，望」闈闔而洞開。仙草十洲，反魂之語徒説；庭梧半死，餘生之」望幾何？粤以永隆二年八月一日終于永寧里，春秋七十」有四，即以其月十八日窆於雍州明堂縣義□鄉，禮也。恐」雙龍有會，將申共穴之儀；駟馬長鳴，無復佳城之記。式鐫」金石，用播蘭荃。其銘曰：」

英英之秀，灼灼其芳，家承鐘鼎，德潤珪璋。女儀閑淑，母範」妍詳，地宣六氣，天迴二光。龍孤劍没，鶴寡琴亡，長終帷縞，」永絕穹蒼。餘生可見，奄逐徂光，薤音悽囀，松路虚涼。勒金」聲與玉質，固地久而天長。」

（周紹良藏拓本）

開耀

開耀〇〇一

【蓋】失。

【誌文】

大唐故上柱國左威衛郕鄜府司馬杜君墓誌銘并序」

君諱才，字思訓，其先京兆杜陵人也。遠祖因宦東京，子孫乃」家於河南汜水縣。原夫得姓命氏，列於春秋，降漢及魏，傳諸」國史，至於像賢踵武，珪組連輝，鴻源與積石俱流，崇基與極」天比峻，斯並詳諸家諜，無資染翰。曾祖該，陳任郢州司馬。幼」安羽翼，衝天之志未申；士元驥足，絕塵之能尚屈。祖嶷，隋任」河陽縣令。琴罇賞狎，逸元亮之清規；詞筆紛華，邁安仁之高」躅。父伯，恥爲名利所羈，排巢許而高視，瞑目之後，詔謚真」簡先生。君以振翮丹山，六像成於丱歲；騰姿渥水，千里發於」髫年。豐城彰衝斗之輝，合浦蓄照車之彩。既屬可封之代，便」懷捧檄之心，釋褐任弄州湯羅縣尉，俄轉莊州南陽縣尉。宏」謀遠概，韞韓白之雄圖；壯志高才，抱孫吳之英略。滇池化洽，」牂郡懷來，績簡帝心，詔授上柱國。近蕭關蟻結，柳塞鴟張，」軍府寄深，汰算强濟。以君奇謀暢六，式典戎科；妙略該三，用」參兵律。授左威衛郟鄏府司馬。將申鵬運，先階鴻漸之塗；未」襲銀黄，遽□瓊瑰之夢。年不永，疾彌留，以開耀元年十月廿」四日終於洛陽私第，春秋五十有二。嗚呼哀哉！即以其年十」一月七日權殯芒山平樂原，禮也。長子弘德，酷嚴君之永逝，」痛慈父之長違，對從宅而摧心，踴趨庭而泣血。恐石滅生金」之字，松彫掛劍之枝，式播鴻猷，敬刊貞琬。其詞曰：」

錫土命氏，著於春秋，餘慶代襲，蔚矣芳猷。其一。惟曾及祖，翔凫」展驥，顯考幽貞，雲霞其志。其二。惟君敏德，梁木遽摧，芒山既□，」泉路方開。其三。

開耀元年歲次辛巳十一月景申朔七日壬寅。」

（周紹良藏拓本　河南千唐誌齋藏石）

開耀〇〇二

【蓋】　大唐張君墓誌之文

【誌文】

唐故張君墓誌并序」

君諱　，字君政，南陽白水人也。上當列宿，得朱鳥之一星；下膺分」官，即黄帝之百族。降鵲印於空□，□□□□夙彰；落凫舄於河邊，」□成之功早著。自兹已後，□□□□□□□祚。並爲梁陳貴武，」周齊偃文，非公綽□所□□□□□□儒林，非聖之書不」閱，素安恬泊，入神之論□□□□□□□□□闕門多長者，册六」奇而帝休。城固英雄，書一□□□□□□終南之四皓，賞河北」之七賢。秋月臨空，把黃花而□□；□□霍靡，玩白雲而曳蘿。道德」是珍，王侯匪重。既而彭聃之□如□可期，中壽之齡，忽焉不及，春」秋八十有四，以開耀元年十一月八日卒於洛陽之私第。即以其」年十一月廿五日葬于邙山，之禮也，嗚呼哀哉！方瞳起恨，傷瘞玉」而銜悲；圓首興嗟，悼埋金而洩涕。夫人清河袁氏之女。神情朗潤，」風彩凝芳，包琬琰以爲心，望桂筠而立節。琴瑟共諧，松蘿兩盛，四」德淳粹，九族雍和。不爲積善無徵，哲人長往，春秋六十有四，以總」章二年十一月廿六日卒于私第，以時合葬，禮也。君有一男，先從」物化。猶子懷憚，攀慕不已。恐霜凫入漢，氏族不傳；銅馬奔梁，名字」磨滅。所以勒茲蟲篆，用表德音。其詞曰：」

星分周火，官析軒黃，鳩鈎表福，鵲印呈祥。功鈞造化，德潤珪璋，乃」祖乃考，蟬冠雉裳。其一。惟君至德，道勝斯明，琹牀毓智，席户騰英。龍」韜演册，虵勢陳兵，遼城既敗，滄海辭榮。其二。榴花養性，玉葉明心，期」年變石，藥不成金。淑女標行，哲婦徽音，五宗爰澤，九族攸欽。其三。」朝風急日，夜壑遷舟，燭幃香冷，書帳螢秋。山門月慘，松徑雲愁，唯」餘篆□，用紀芳猷。其四。」

開耀元年十一月廿五日。」

（北京圖書館藏拓本）

開耀〇〇三

【蓋】 失。

【誌文】

唐故司禦率府翊衛張君墓誌銘并序」

君諱敬玄，字什行，河南洛陽人也。若夫上察星躔，華耀連乎東井；」下窺人事，盛族峙於南陽。留侯以八難標奇，平子以二京飛彩，加」以漢朝丞相，正象闕之金科；晉室司空，辯豊城之劒氣。宏材懿德，」代有其人。曾祖福，隋游擊將軍。川岳降靈，風雲表性，器均瑚璉，質」偶珪璋。祖幹，皇朝朝散大夫、常州長史。政毘千里，化展六條，譽重」江湖，聲高伊洛。父義，皇朝上柱國。策名事主，委質從軍，既屬火照」甘泉，遂乃風驅樂浪。弓開月滿，劍動星飛，廓妖氣於天山，靜驚波」於瀚海。君箕裘不墜，詩禮具聞，道叶生知，性符天縱。既奉趨庭之」訓，仍懷捧檄之心，起家任東宮左司禦率府翊衛。晨趨鶴」籥，夕侍龍樓，輝映丹墀，光華紫闥。鄭莊好士，田文愛賢，郭泰安貧，」陶潛得性，兼之者君也。忽屬震域挻災，承華失德，禍延林鳥，殃被」池魚，匪觸三章，翻羅九横。君樂天推運，體道安排，寵辱不驚，去留」如一。方冀輔仁有驗，再覩惟桑；豈期與善無徵，一朝長逝。以開耀」元年十月十七日終于平州慈邑之里，春秋五十有四。即以其年」十二月廿六日葬于河南縣北邙山，禮也。孝子仁奬等，悲深陟岵，」恨切倚廬，罔極之哀，終天長畢，聊憑貞琰，式紀芳猷，敬陳無愧，傳」之不朽。其詞曰：」

緜緜昌系，肇自軒轅，赤松高躅，白水遥源。執珪奉贄，服冕乘軒，詳」諸史諜，可略而言。乃祖乃父，或文或武，」依仁遊藝，重規疊矩。惠以安人，忠以事主，一餐不忘，三命逾傴。」惟茲哲人，因心孝悌，貞若松竹，芬如蘭蕙。峩峩望苑，忽驚氛沴，少」海抽桑，重輪掩桂。林焚鳥盡，主遷臣替，始嬰縲絏，終投荒裔。」吉年吉往，今歲凶歸，長辭華宇，永閟泉扉。哀笳互咽，迸淚交揮，去」□今是，返日無期。恐移高岸，或墜崇基，敬雕琬琰，永播芳菲。」

（周紹良藏拓本　河南千唐誌齋藏石）

永淳

永淳〇〇一

【蓋】失。

【誌文】

唐故處士張君墓誌銘」

夫烈風迅雷者，天地之雄也；皎日明月者，陰陽之精也；奇草怪木者，」山澤之秀也；耿介勇決者，人倫之傑也。然而稟三才之爽氣，蘊萬物」之純和，誰能奮男子之宏剛，達丈夫之大度，總言其事，獨任於張君」之分乎？公諱師子，字還□，南陽白水人也。獻賦兩京，紹崇基於遠葉，」珥貂七代，翼燕謀於後昆。□忠孝而穆家邦，敦禮儀而揖鄉黨。父桃」湯，黃髮稱賢，青田謂寶。翰林□聳，千尋叔夜之材；學海齊流，萬頃如」陂之器。公正禮之驥，慈明之龍，□性不羣，端身孑立。每以折花春圃，」託驛使而贈心交；弄月秋山，舉傳□而款知己。進退有謀，文武不墜。」播風揚葉，先標百發之奇；逐日桂條，

□擅六飛之駿。豈只荆山白璧，」媚潘岳之盈車；故亦麗水黄金，契侯嬴之一諾。烏呼哀哉！始貽五福，」還嬰六疾，遂使鍼石無濟，扁鵲爲許驚魂；藥餌難施，醫緩於焉懼魄。」□於開耀二年二月十九日卒於私第，春秋六十□。行路傷嗟，委□」啼而泣露；内外追悼，撫襟胸而咽風。送終之典既弘，宅□之規乃□，」遂以永淳元年三月九日遷」窆於城西北之原，禮也。瘞以東南□□」命也。右鄰函谷，紫氣浮真於帝鄉；左控芝田，青律開春於戚里。背龍」門之竹箭，五百歲之黄河；掩芒坂之蒿田，」三千年之白日。夫人支氏，」鳳皇襲卦，結初豔於梅芳；琴瑟分聲，隔晚期於松隴。莫不啼痕變竹，」哀響崩城，長孤鏡裏之鸞，永隻燈前之鶴。嗣子元福，痛極昊天，恨酸」□地，」三年泣血，未竭追遠之情；七日絶漿，寧辭滅性之苦。猶恐桑田」變海，石門莫紀於幽泉；松槧書銘，玉質庶旌於厚壙。其詞曰：

天地」□象，風雷之英，山川有秀，草木之精。降奇萬物，挺命一□，確言其理，」□之最靈。其一。榮不殉名，儉不貪利，白日守信，黄金市義。霜明露潔，秋」□春媚，千古英名，百年意氣。其二。壯志未立，雄心不平，杖劍犀斷，援弓」雁驚。百身道就，三命俄傾，永銘雕篆，長閟佳城。」

大唐永淳元年歲次壬午三月乙未朔九日壬寅。」

（北京圖書館藏拓本　河南千唐誌齋藏石）

永淳〇〇二

【蓋】失。

【誌文】

唐故上柱國張君墓誌銘并序」

君諱和，字才，其先南陽白水郡公之洪□，西晉升城侯之末胄」也。其後地并符氏，因家洛陽，橘徙猶芳，向爲三輔著姓。原夫弦」木命氏，縣象昭晰於南宫；開疆得人，揚英威於□掖。神交黄石，」相韓承五代之宗；家連白水，仕漢題兩京之韻。斯□詳諸史載，」可略而言焉。曾祖風骨魁梧，天機警拔。略窺經史，無待腐儒之」勤；不事雕蟲，自有壯夫之節。祖琛，隋任衛州司馬。氣貫長虹，精」凝太白，澄波之量難測，斷山之表可觀。熊軾夔踶，風行千里；隼」旟旖旎，電肅百城。父和，放曠寰中，逍遥塵外。客星侵帝，方驗子」陵之高；靈真入漢，更表君平之博。閑居養性，時彈阮籍之琴；虚」室談玄，乍酌陶潛之酒。惟君雅量貞明，藹青田而迥秀；雄艷逸，」跨丹霄而直上。加以聲騰落瓦，志列斷金，繁弱一開，五柳青蟬」墜；忘歸再發，三峽白猿啼。更九種强梁，蟻結青丘之域；三韓叛」换，鴟張紫塞之□。君月皦白麾，星奔赤兔，不俞晦朔，獻凱而旋，」命賞策功，爰登柱國。方冀榮班鵠鼎，績著龍旗。何圖鶴箭晨飛，」警蓮舟於巨壑；蟾弓晚弩，排桂巘於中瀛。春秋六十，以永淳元」年三月八日遘疾終豐財里。粤以其年三月十六日永窆于邙」之塋，禮也。嗣子守行等，思切晨昏，□□枕席，仰遺訓於過庭，痛」深慈於手澤。恐巨浸之移天，訝洪災於鑠石。勒餘芳於翠琬，庶」騰芬於厚穸。其銘曰：

陽浮陰結，天三地兩，爰闢黄圖，載垂」玄象。樹之后帝，承以帥□，□弈弈貂，蟬聯五相。其一。旗穆張君，剋」岐剋嶷，行表人規，言標士則。放曠琴心，留連酒德，容止可觀，其」儀不忒。其二。風霄月上，舞□歌堂，雪飛紈袖，埃下雕梁。曲終每歎，」□樂難常，果泉扃兮遽掩，有脩夜兮無暘。其三。」

（周紹良藏拓本　河南千唐誌齋藏石）

永淳〇〇三

【蓋】失。

【誌文】

大唐鄜州司倉參軍事李君亡妻裴氏墓誌銘并序」

夫人諱太一，字貝多，河東聞喜人也。折遠構於秦邦，啓崇基於」晉邑，漢牧標其地德，魏臣積其門範。自斯以降，無替前徽，族著」冠冕之榮，人挺河汾之秀。詳乎載籍，可略言焉。曾祖道，皇朗」州武陵縣令；祖義實，魏州貴鄉縣令。並響流鳴鶴，材屈涵牛，中」牟之化已高，太丘之德方遠。父悌，歷長安尉、太府主簿，今爲將」作丞。學山曾峙，詞瀾迥邁，譽動上京，身安下列。夫人稟琁娥之」淑彩，毓寶婺之韶輝，秀質閑華，柔情婉約，志識聰敏，衿神明晤，」照圖鑒籍，蹈禮遵詩，動合婦容，言爲女則。清閨崇其令範，素里」挹其貞猷。正聲雅引，操必盡善；鞶帨組紃，執皆窮妙。年十有八，」歸于李氏，即司空、英武公之孫，太僕少卿、饒州使君之第四子」也。絃中鳳曲，既諧比翼之歡；綺上烏文，方結同心之慶。李氏室」延鍾郝，門列姬姜。夫人中外所推，恭順斯穆。李君初以勳賢令」緒，參職近藩，以夫人遘疾彌留，停不赴會。奄以永淳元年三月」廿六日終於善和里第，春秋廿有二。嗚呼！蘭菊始茂，遽摧殄於」繁霜；桃李正華，遂凋零於淑景。天之福善，豈其謬説？佳人難遇，」終纏奉倩之悲；歲寒誰守？永結安仁之痛。即以其年歲次壬午」四月甲子朔七日庚午權瘞於長安西南之高陽原。恐寒暑交」貿，年祀浸遥，爰刻貞琰，式旌幽隧。其詞曰：」

射山之精，汾水之英，華族斯茂，通賢是生。爰誕令淑，載挺柔明，」依仁踐義，體順居貞。蘭姿演馥，蕣彩敷榮，扇合鸞影，琴諧鳳聲。」芳猷始邁，淑照俄傾，朝窗粉歇，夜簟塵清。悲纏月意，恨結風情，」爰刊懿躅，式紀香名。

姑夫著作佐郎弘文□□□□舍人裏供奉元萬頃製。」

（北京圖書館藏拓本　開封博物館藏石）

永淳〇〇四

【蓋】失。

【誌文】

大唐故成府君墓誌銘」

君諱小師，字文哲，河南人也。原夫玄津瀉液，括坤絡以」飛湍；建木疏柯，掩鄧林而結秀。加以雄圖霸略，汜川之」□□未先；天縱宏規，惟□之元勳剋著。道曠千祀，詩人」興勿剪之謡；運拒一辰，虞書啓在茲之頌。今可略而言。」祖道，北平太守。指嶽分符，誓河析壤，故以晨牧息飲，夜」吠銷聲，政善六條，專城千里。頊之，除寧朔將軍，授蜃□」委推□實資。赫怒皇威，徵發驍勇，弓張月勢，白羽□馳；」劍偶星文，虹飛野外。父寬，隋上柱國、□騎將軍。智侔廉」藺，氣冠韓□，有棄伏波，無情□騎。於是湛黄陂□□，」□嵇幹之千尋，筆海躍雕龍，文峰栖綵鳳，帷□□□杞」梓，地望膏腴，聲偃搢紳，道光蟬冕。辯菓□□，□□攸歸；」□□之齡，雌黄是屬。加之□□雅□，□□□□，□莊惠」之銘遊，縱山阮之高賞。豈謂輔仁無□，□□□□，嬰二」豎以興悲，奠兩楹而軫歎。春秋五十九，以永淳元年四」月八日卒於私第，以其年五月十日窆於邙山之陽，禮」也。敬叙尊德，乃作銘云：」

□□遠原，遐哉茂族，鳴璜紱組，鏘金佩玉。入參芸閣，時」□□□，出掌分符，攀轅是屬。」□□□□，□□英材，九丘詳覽，八索兼該。玄縱素履，實」□□□，□□□□，□論感來。」

永淳元年五月十日。」

（周紹良藏拓本　河南千唐誌齋藏石）

永淳〇〇五

【蓋】無。

【誌文】塼。

維永淳元年歲次壬午□□□」五月癸巳朔十三日乙巳，西州」交河縣人唐思文妻張氏，」春秋廿有五。以其年五月」十五日葬於城西原，禮也。」

（録自《高昌磚集》）

永淳〇〇六

【蓋】失。

【誌文】

大唐李君墓誌之文并序」
公諱辯，字琮，隴西人也。昔指樹爲宗，迥標於周吏；」盡忠佐命，寵班秩於魏朝。莫不代習簪纓，家傳杞」梓者也。曾祖纂，周任齊州刺史。用能弼諧聲教，統」千里而無虧；布政宣風，總六條而有譽。祖愿，隋任」益州録事參軍。職糺察而孤直，是非之理必彰；齊」道德以匡人，賞罰之威有格。父達，唐朝任宣德郎。」但公節儉莊心，温良宅性，藴龍門之高義，懷柱吏」之韜光。既而敦孝悌，叶淳和，循南陔之庭闈，重棠」棣之昆季。窮詞林於藝府，鼓舞六位；殫禮義於詩」書，畈漁百氏。以大唐永淳元年四月廿九日卒於」綏福之私第，公春秋卌有九也。豈謂與仁非驗，永」寂寞於泉扃；夢奠有徵，掩晦跡於窀夜。粤以永淳」元年五月十七日殯於邙山之原，禮也。箭景難留，」懼嘉聲之淪泯；丘陵靡定，刊金石紀芳。積善持鍾，」生唯儁哲，席閒義富，懸何理絶。毫端秋露，文華春」潔，一丘放曠，」三逕逍遥。匪希干禄，庶踐松喬，託兹」泉石，永謝煩囂。嗚呼哀哉！西山黑兮已墓，東岱遊」兮不追，玄夜長兮寂空，丘隴荒兮何依？將命卜兮」

（北京圖書館藏拓本）

永淳〇〇七

【蓋】失。

【誌文】

大唐故正議大夫李府君墓誌銘并序」

君字聞禮，諱才仁，隴西天水郡人也。曾祖字啓，諱」開，周儀同三司、直閤將軍；祖字信，諱僧，隋任散騎」常侍、車騎將軍；父字宏，諱壯，皇朝銀青光」禄大夫；君字聞禮，諱才仁，皇朝正議大夫。」夫其泉源濬發，弈葉重暉，委質策名，咸編武帳。公」以幼少之日，乃逢隋季崩離；成立之年，遂屬經綸」之始。公用謀略，應接義旗，蒙授正議大夫，式昭果」毅。唯公鑒識玄遠，博達古今，榮利不趨，知止不怠，」□敷五教，□□遞來，恂恂如也。豈唯司寇彈琴□」酒，非獨稽生履俗行□，歸心内典，□□保期餘慶，」庶壽遐年，構疾不痊，俄歸蒿里。公春秋八十有三，」永淳元年六月廿六日，終于乾封縣待賢坊之私」第。即以其年七月十八日葬于高陽之原，禮也。白」楊蕭索，青松森聳，薤露朝晞，槿華夕拱。桑田易變，」帶礪難憑，敢勒斯銘，沈之玄室。嗚呼哀哉！乃爲銘」曰：」逝川東注，白日西流，死生有命，奄忽移舟。墳塋將」啓，驂馬跼輈，丹旐前曳，素檖後遊。人生到此，天道」寧周，長歸蒿，永别城樓。」

（周紹良藏拓本）

永淳〇〇八

【蓋】失。

【誌文】

大唐左威衛洛汭府隊副上柱國韓德信妻程夫人墓誌銘并序」

夫人其先廣平著族，十八代祖昱，事魏武帝，子孫因家於洛，」故爲洛人焉。原夫高辛御辯，重黎則道叶乾坤；姬后握圖，休」父則功宣靜難。自漢逮魏，國史傳其象賢；唯祖唯曾，家諜昭」其幹蠱。夫人曰高曰禰，玉潔松貞，俱邁德於丘園，並錙銖於」軒冕。是知鴻源紀地，驪泉蓄照乘之珍；崇基極天，龍輔韞連」城之價。夫人胎資貞順，利牝馬於坤元；天縱柔明，稟蟾靈於」月魄。茂葛幽谷，奉慈訓於螽斯；刈楚中林，習知來於鳳兆。逮」乎三星燭牖，禮迫移天，一醮有期，作合韓氏。雖戴畚之窘，有」異於萊妻；捧案之儀，無慚於鴻婦。方期松蘿並茂，齊遐紀於」仙椿；不謂龍劍遽離，奄飛沉於玉匣。夫人以永淳元年七月」十二日遇疾，終於章善里，春秋五十三。嗚呼哀哉！嗚呼哀哉！」即以其月廿四日葬於河南縣平樂鄉邙山之原，禮也。有子」弘、遜等，瞻斷機而灑血，長違顧復之恩；對手澤以崩心，永絕」溫清之禮。終天無及，徒延白鶴之賓；先遠有期，已習青烏之」兆。將恐山移龍岫，海貿鯨波，懼火迷拜伏之墳，聞雷無下泣」之所，式鐫貞琬，永播鴻徽。其詞曰：」

慶朕重黎，氏因休父，魏臣漢將，英雄踵武。其一。乃祖乃父，遁俗」居貞，秕糠榮利，金碧其聲。其二。粵若夫人，貞柔自天，如彼蘭玉，」載芳載堅。其三。一醮於韓，期之華首，如何竹柏，奄先蒲柳？其四。青」烏習吉，邙山之曲，玄室斯開，此焉埋玉。其五。煙深柏隧，霧慘松」城，唯餘彤史，不朽芳聲。其六。

永淳元年七月廿四日。」

（周紹良藏拓本　河南千唐誌齋藏石）

永淳〇〇九

【蓋】失。

【誌文】

唐故秘書省校書郎趙郡李君墓誌銘并序」

君諱元軌，字玄哲，趙郡欒城人也。自類馬開基，猶龍表德，中書」耿介於魏代，吏部清平於晉朝，並史諜之所詳焉，此可略而言」矣。祖　，隋趙郡丞；父　，皇朝左親衛；雖天爵未弘，而」□譽實遠。君毓精玄象，禀粹太和，情峰嶷然，干雲霄而罔極；性」海恬然，總波瀾而無際。風神玄邈，思度弘深，口無擇言，叶芳菲」於桃李；身無擇行，挺志操於松筠。年廿四，補國子生，居義窟而」明經，希馬鄭而同志，究詞場而振藻，庶潘陸以齊風。以龍朔二」年二月十二日射策高第，拜國子監大成，俄徵爲北門學士，教」羽林軍飛騎。三河惡少，咸知俎豆之儀；六郡孤兒，並識尊卑之」禮。遷秘書省校書郎。入秘府而稽古典，登延閣而考餘文。帝□」皇風，□筆削之邪直，遺編落簡，定魚魯之參差。奉敕檢校」婺州常山縣丞，塗次洛陽，遂嬰疾疢，昊天不祐，殞此良德，春秋」卌五，以永淳元年七月十一日卒於洛陽縣之殖業里。嗚呼哀」哉！君少留志於典墳，長遊心於政術。立身之道，唯聞孝友忠□；」居官之能，務在公平廉直。方冀天朝掌憲，與稷契而齊衡；誰」謂地府修文，共顏蘇而同往。未振金於江表，遽碎玉於泉扃。嗚」呼哀哉！以其年其月廿九日葬於邙山之陽。北望鄉園，與叢臺」而永別；南馳城闕，將秘觀而長辭。對松栢之蒼蒼，寂寥誰識？見」丘墳之壘壘，冥漠何人？有外表弟馮鴻，痛金蘭之掩契，悲山水」之絶絃，迺留詠於翠石，庶德音兮永傳。其詞曰：」

物尚孤特，人惟介直，懿美夫子，芬芳令德。放情墳素，遊神玄默，」衆藝多能，博聞强識。擢秀金馬，登官石渠，期門演義，秘府刊書。」從班越井，息駕周墟，方禅鸞化，忽載龍車。未極百年，俄從萬化，」川原蕭索，風雲悲吒。□□窮泉，悠悠長夜，德音不□，芳塵永謝。」

（周紹良藏拓本　開封博物館藏石）

永淳〇一〇

【蓋】失。

【誌文】

大唐故處士賈君之墓誌銘」

君諱文行，字欽賢，平陽人也。自電影上耀，軒星下輝，色辯」兩儀，混分元氣，既錫土以賜姓，實誼公之派焉。祖勣，才綺」秀冰，藻縟花鏡。成文綴彩，二馬羞風；述著華鮮，兩班慙聽。」職下量高，齊任龍州江油縣令。善温慈厲，叔度未方；屏盜」息姦，西門詎擬。父端，隋任太僕令。觀律吕於指掌，納鍾管」於胸懷，則五星以候四時，法三辰而調寒暑。故得陰陽順」序，六氣不愆，大庇蒼生，弘濟黔首。方圓中禮，規矩可儀。君」綺歲英奇，玩琴書而暢道；齠齡儁異，好籟箎以申能。年十」八，隋召爲太祝。庶幾清慎，居職有功，動入鹽梅，言成准的，」依仁遊藝，非禮勿言，作朝庭之楷模，爲鄉閭之軌範。時當」隋末之際，乃屬蕩版之辰，遂爾隱遁墟丘，棲遟巖石，風月」悦志，煙霞賞心。豈謂琛璧藴於荆山，明珠藏於漢浦。何期」降年不永，忽遇沉痾，膏肓之疾未瘳，風燭之期奄及。春秋」七十有六，卒於私第。夫人北平田氏。足恭婉淑，三從之義」可遵；惠質貞心，四德之成合軌。年八十有七，奄從窀穸。以」永淳元年八月十二日同窆於百羊城南一里爛石山西」之原，禮也。龜筮吉祥，安其兆域。恐山爲碧渚，水變清谿，故」勒斯文，乃爲銘曰：」
瑶光貫彩，啓瑞吉祥，虹月流輝，肇膺顯彰。德美清貞，擬輔」忠良，去周不仕，至漢稱王。汪汪玉貌，沉質幽房，濟濟紅顔，」潛形穸堂。金罍罷酌，玉斝休嘗，佳人□饌，美室空觴。」

（周紹良藏拓本）

永淳〇一一

【蓋】大唐故蘭君墓誌之銘

【誌文】

唐故僕寺廄牧署令蘭君墓誌銘」

公諱師，字光韶，南陽人也。若夫逸□横□□□九瀛之表，喬柯之□森」梢萬畝之餘。韜映今古，昭彰史諜。其有聯暉篆素，擢穎朝倫，□□□□」克隆華構者，即蘭君而已矣。祖達，周車騎將軍。鵷□比□，蛟□推雄，功」超光禄之前，名冠將軍之右。父義通，皇朝相州參軍。局量該深，詞」條鬱茂，竟有聞於悲調，何以盡其瓌材？公幼負奇節，孤標雅譽，覽丘墳」於早歲，拾青紫於昌辰。萬頃洪波，溢黄陂而沃白，一枝月榦，凌郄□」以騰芳。風霜之氣凛然，岳瀆之靈斯在。爰於弱冠，即預簪纓，□任右尚」署丞，又轉僕寺廄牧署令。或官連武庫，器實邦基，上下挹其謀猷，□□」被其忠孝。涇川汗血，軼千駟而楊鑾；玉塞霜蹄，箠六閑而服□。屢蒙優」擢，□處榮班，荷日月之貞暉，勵鷹鸇之勁翮。方當享□天秩，簡在」帝心，轥元凱之遐蹤，騁驊騮之逸足。不謂東流淼淼，龍門之箭不□；

西」景駸駸，烏鼠之輪莫返。粤以永淳元年歲次壬午七月壬辰朔十七日」戊申卒於□善里之私第，春秋五十有八。即以其年八月廿四日權殯」于邙山之北原，禮也。惟君廟堂瑚璉，鼎飪鹽梅，信義浹於枌榆，□用顯」於刀筆。遂得培高風而獨運，横巨壑以孤游，頻趨魏闕之前，載踐□宫」之地。既而沖霄墜翼，摶九萬而無因；縱海摧鱗，擊三千而不□。□□笙」竽罷奏，里閈同悲，池臺宛兮未平，窀穸幽兮已閉，嗚呼哀哉！□□約□，」崩心聞於厚地，泣血盡於徂暉，懼陵谷之將遷，紀聲猷於不朽。□詞曰：」

源流湛淡，胄緒蟬聯，彌綸素諜，暉映青編，文武不墜，簪紱相□。其一。」弈葉重□，忠貞繼踵，與朋唯信，依仁必勇，並蹈清規，終□□□。其二。」悠哉慶緒，猗歟哲人，風儀獨秀，令問惟新，材成杞梓，□□搢紳。其三。」東川永逝，西光遽落，姜哲在兹，輔仁奚託，□□雲路，先□□□。其四。」邙山舊阜，蒿里新塋，烟霾拱木，日黯佳城，九□之上，萬古□□。其五。」

（録自《芒洛冢墓遺文》卷上）

永淳〇一二

【蓋】失。

【誌文】

唐故左翊衛胡府君墓誌銘并序」

君諱光復，其先陳國人也。纂胡公之遠胄，分子孟之遥源。或洽聞博」物，望隆朝序；或清畏人知，道光循史。詳諸簡牘，詎待抑揚。曾祖長延」咸，齊封廣武王、開府儀同三司、祠部尚書、中書令，周河陽太守，隋岳、」羅二州刺史。茅社攸分，光八王之寵命；竹符是寄，擁千里之班條。祖」山君，通直散騎常侍、巴西郡東曹掾，皇朝始州普安縣令、益」州録事；父玉竭，太子千牛、晉州司兵參軍事；並遠量虛明，靈襟崇鬱。」公材王佐，門承列戟之榮；撫□字人，化警懸刀之域。高才無貴仕，未」申騁驥之遊；時泰而命屯，竟踐牧牛之任。君即司兵之長子也。澄陂」萬頃，斷山千仞，聲高早歲，逼獸檻而無驚；譽重初齠，引家禽而有對。」風塵不雜，即王氏之□□；神彩肅然，同謝家之玉樹。俄以門蔭除左」翊衛。帶七尺之長劍，未□陛階；弄三寸之柔翰，仍疲執戟。漢朝郎署，」不知顏駟之能；蜀國琴臺，還遂馬卿之好。玉杯書記，金谷文朋，懷蛟」龍而吐鳳凰，抱夜光而握明月。豈謂辰居東陸，先當太歲之躔；月犯」南宮，奄逼少微之位。粤以永淳元年七月八日遘疾，卒於□德里之」第。即以其年十月十一日葬於洛州北亡山□□。深仁由己，純孝因」心，肥馬輕裘，四海交遊之志；良田廣宅，百年山水之情。生也有涯，秀」而不實，干將寶劍，負逸氣而長埋；□□賢人，抱奇材而短折。荒林拱」矣，方成蹇叔之墳；平野蕭然，即啓陶潛之墓。嗚呼哀哉！痛心疾首，慈」親深鄭氏之悲；毀玉摧蘭，才子甚楊門之酷。黄金照社，怨神道之無」徵；玄石題銘，使靈途之不昧。其詞曰：」

胡公雅胤，子孟忠規，太尉模楷，尚書羽儀。志不□□，□畏人知，偉哉」雄族，降此英奇。其一。高風邁俗，逸志不羣，劍光衝□，□氣含雲。步兵」徒説，武騎前聞，有時無命，悲哉此君。其二。展禽三黜，安仁一除，王神江」漢，得意琴書。陟□已矣，夢奠焉如？哲人云逝，□其忽□。其三。邙山之路，」孟冬之節，望寒□之蕭條，聽哀笳之斷絶。白日兮將暮，玄泉兮永閟，」縱碧海之成田，庶丹書之不滅。其四。妻西平源氏，疊州長使之女。」

永淳〇一三

（北京圖書館藏拓本）

【蓋】大唐故游擊將軍康府君墓誌

【誌文】

大唐故游擊將軍守左清道率頻陽府長上果毅康府君墓誌銘并序」

粵若漢圖方運，西河稱有地之君；晉祚中微，東洛竊非常之號。豈如聲」高十角，名官分聖政之朝；氣擁三邊，冠冕列皇唐之代。猗歟盛歟！信」康君之謂矣。公諱留買，本即西州之茂族，後因錫命，遂爲河南人焉。曾」祖感，涼州刺史；祖延德，安西都護府果毅；父洛，皇朝上柱國。並風格」秀整，岳峙川渟，分寵寄於銅符，表奇材於鐵騎。窮通有數，多違萬里之」心；時命難并，終同百夫之長。公珪璳積慶，負閒氣以挺生；將相有門，蘊」雄姿而命代。恥爲雌伏，志在雄飛。傾意氣以結權豪，懷功名而重書劍。」皇家受匈奴背德，負地險以傲靈誅，悖天常而悉惠化，召遂投觚出將，」振甲臨戎，羽騎飇馳，髦頭霧集。玉版金縢之術，出自於中襟；三宮七舍」之圖，捐之於後殿。掃鷄林而捨遺卵，犄距無施；窮翰海而斬巨鯨，郡飛」自息。旋師返旆，獻捷之京，詔授游擊將軍、守左清道率頻陽府果毅、」北門長上。載加榮命，頻降璽書，聲實冠於五營，問望同於四友。嗚呼！山」河茅土，方申大樹之榮；霧露沉痾，遽見乘箕之化。以永淳元年七月十」七日構疾，薨于洛陽之第，即以其年十月十四日歸窆於河南平樂之」原。惟公星芒誕曜，岳秀資神，磊落多異材，綢儻負奇節。託危魂於白刃，」本自輕生；效忠款於丹誠，終期報國。紫闕迢遰，暫喜生還；玄扃丘墟，旋」悲返葬。有子伏度，棘心柴毀，載傷追遠之情；藐貌欒形，用結終身之痛。」以爲日來月往，終迷壯士之墳；海變山藏，誰辯將軍之墓？爰彫翠石，式」叙鴻規。其文曰：

瞻慶源之淼淼，紹芳緒之緜緜，勝氣雄於十角，雅望」重於三邊。或班名於左次，或委質於中權。珪璋特達，纓冕蟬聯，應千齡」之寶契，降五百之英賢。識公侯之必復，知玉帛之斯傳。擢七載於樟浦，」照五色於藍田。伊匈奴之背德，構逆跡而無悛。天子有命，君其出焉，關」西餘勇，塞北旌旃。決勝踰於百戰，制敵同於萬全。碎韇韞於朔野，靜刁」斗於祁連。櫜周兵而整衆，罷漢卒以言旋。職惟再徙，榮高五遷，何輔仁」之空設，嗟報施之徒愆。脩文從於地下，京兆歸於上天，庶清規之未昧，」顧翠石以長鐫。」

（周紹良藏拓本　開封博物館藏石）

永淳〇一四

【蓋】大唐故游擊將軍康府君墓誌

【誌文】

大唐故游擊將軍康府君墓誌銘并序」

君諱磨伽，其先發源於西海，因官從邑，遂家於周之河南。簪裾累」代，遂爲雄族。自昔文王作聖，啓跡於西州；夏禹稱賢，降靈於東國。」永言前古，君子無隔於華戎；詳之後葉，英不殊於中外。遂使公侯」繼出，玉塞以握銅符；考勳無窮，誓山河而錫茅土。曾祖感，涼州刺」史；祖延德，安西都護府果毅。並鍾鼎百代，珪璧萬重，隆寄列於班」條，宏略總於師律。父洛，皇朝上柱國。得乾坤之秀氣，降辰象之」精奇。疇庸即居正官之，入幕是論兵之首。君乃受中黃之正性，禀」太白之英靈，松筠挺其高節，冰霜照其沖府。風神爽邁，不將俗物」關心；意氣蕭然，直以風雲自許。恥筆墨之能事，學劍以敵萬人；重」戰勝之奇功，彎弧而洞七札。至若石陣沙城之妙術，出自胸襟；黃」公玄女之兵符，捐諸度外。匈奴逆命，驕子孤恩，出大漠而侵後庭，」犬羊而騁豺武。天子聽朝不懌，親閱軍容，凡在戎行，君爲稱首。」以公爲檢校果毅，言從薄伐。銜山列陣，吴馬見而魂迷；背九陣兵，」韓彭聞而失色。軍無滯日，役不踰時，一舉而掃龍庭，再戰而清翰」海。軍迴授游擊將軍、上柱國，酬其效也。嗟乎！殊功罕叙，封大樹其」何時？長策未申，悲小年之易謝。以永淳元年四月三日疾薨於京」之私第。游擊將軍、守左清道率同返葬於洛州河南縣平樂之原。」惟兄若弟，光國榮家，始悦花萼齊芳，誰謂芝蘭夭秀。有子阿善，望」寒泉而雪泣，踐霜露以銜哀，庶生氣之如在，乃銘徽於夜臺。其詞」曰：」

家風祖德，寶葉靈根，金鏘玉振，鳳舉鴻騫。風高千里，譽警八屯，公」侯必復，翼子謀孫。披襟武庫，投迹棘門，邊亭討逆，茅土承恩。逝川」易往，日駕誰翻？有時無志，命也矣言。東京啓分，北郭歸魂，庶其千」載，追芳九原。」

（周紹良藏拓本　開封博物館藏石）

永淳〇一五

【蓋】失。

【誌文】

唐故巂州陽山縣主簿皇甫府君墓誌銘并序」

君諱福善，即鷹揚郎將嶷之嫡孫，游擊將軍貴」之長子也，府君懷萬頃之量，藴千里之姿，播藏」□□□□蔚分疇而繼美。成童遊□，洞經史於」□□；弱冠齒鄉，稱孝友於宗族。既而行脩名立，」從政匡時，光輔一同，弼諧百里。感梁竦之□□，」鄙割雞之小榮。遂乃處順安排，閑居養志，忘懷」風月，取樂琴書，慕長統之高蹤，得安仁之深趣。」豈圖輔仁無驗，夢竪有徵，望西景以馳輝，閱東」川而徙壑。以永淳元年歲次壬午六月四日，卒」于□□里之第，春秋六十有一。即以其年十月」庚申朔十四日癸酉與夫人范氏合葬於北邙」山之陽，禮也。嗣子仁、□等恐陵移海易，河徙山」飛，式題玄石，用紀音徽。其銘曰：」英英哲人，藴□靈智，和光混俗，依仁遊義。同館」□□，風□散志，十室□芳，千門播懿。電流川閱，」□□月□，□崑□□，風樹瓊摧。川原隕照，煙□」□□，□□□□實，齊天地乎同歸。」

（河南千唐誌齋藏石）

永淳〇一六

【蓋】失。

【誌文】

大唐故貝州司户參軍杜君墓誌銘」

君諱敏，字思賢，雍州長安人也。雍州則古京兆，長安」則昔杜陵，上葉則列伯周朝，中古則明尹魏代。曾祖」顗，後周大載師；祖寵，隋巴陵太守；父凝，」大唐太子左衛率、景谷縣開國男。並才高珠璧，位兼」中外，出腰藩組，仁惠播於甿謡；入總兵鈐，威績滿於」朝聽。君幼齡表俊，弱冠多能，遊經極於典墳，飛藻潤」於金石。射稱停水，書號偃波，縱志丘泉，節慕巢許，親」老之養，應辟賓朝，解褐趙王府記室，歷潤、貝二州司」户參軍。典記藩王，有仲熊之美；司臨牧掾，踰公孝之」賢。而度鳥難留，奔駒易往，未盡揮金之樂，遽纏埋玉」之悲。以永隆二年五月廿三日遘疾，卒於貝州之官」舍，春秋五十有六。粤以永淳元年歲次壬午十月庚」申朔廿三日壬午葬於洛州河南縣北邙之下，禮也。」嗚呼哀哉！乃爲銘曰：」

仁成道著，禮備名高，顯允君子，代載英髦。辯兼天口，」文冠風騷，聲超鶴唳，身表鳳毛。陶染玄門，針石經病，」淡泊榮滓，從容德行。捧檄養親，解韋承命，政猶砥矢，」明齊龜鏡。奔曦罕駐，逝水難停，倏歸蒿里，俄閟泉扃。」勒兹陰石，昭厥素靈，松檟方茂，蘭桂徒馨。」

（北京圖書館藏拓本）

永淳〇一七

【蓋】失。

【誌文】

唐故董君墓誌銘」

君諱冬，字慶冬，隴西人，董卓之後也。九霄」飛玉鑾於帝術；道澄三境，引仙駕於雲衢。」風格瑶銑同珍，英規菊蘭齊茂，布之緗史，」可以略言。祖遷，體貌閑麗，口多徽辭，意比」孤松，氣苞蘭桂，齊任汾州長史。父賛，稽山」擢幹，漼水分姿，幼挺金柯，聳翹英而拂日；」旌勤有道，等翠蕚而含暉。效力王旗，此其」人矣。任上黨府主帥。既而天地交泰，日月貞」明，美薰風於舜弦，忘帝力於堯境。幼懷貞」敏，長契松筠，靈壽忽催，掩歸泉壤。調露二」年五月十八日終於家第，春秋卌有二。」粤以永淳元年歲次壬午十月庚申朔廿六」日乙未合葬董村南三里之原，禮也。嗚呼」哀哉！乃爲銘曰：

韜光辭禄，避仕丘園，岱」巖驚魄，泉路埋魂，勒斯翠石，傳諸子孫。其一。」

（録自《山右冢墓遺文》）

永淳〇一八

【蓋】失。

【誌文】

大唐故涼國公府長史上騎都尉張君墓誌銘并序」

君諱達，字文通，其先大梁人也。蓋耳之遺族，後徙居洛陽焉。祖」猛，父卿，並氣烈風遒，見推豪舉。君少而倜儻，奇節逸羣，重季布」之然諾，踐仲由之篤信，交結勝類，仰止高人，澹於榮禄，默而不」仕。

於是棲遲洛邑，近闤等晏嬰之居；營致生資，豐財埒猗頓之」産。積而能散，拯濟爲懷，凡有祈憑，莫不允遂。晚節好學，招請名」流，特玩班書，泛涉諸史。繕緗編而滿篋，集青汗而盈架。亟營甘」膳，備淮海之珍滋；鎮闢賓筵，湛中山之芳醞。門多貴介，席有勝」賓。至於兩館詞人，三吴彦士，粉署含香之侣，石室藏書之寮，莫」不咸得締交，俱來接賞。曾任涼國公、契苾何力府長史。蓋爲牽」羈俗網，雜調多途，故屈身斯任也。嘉聲籍甚，匪謝玄冕之徒；雅」趣優遊，將擬白衣之躅。洛州司馬皇甫亮，君之本部，衆人之中，」呼爲張大，同夫第五。豈非見禮尤深。方冀華皓不衰，同嬉擊壤」之慶；豈謂風痾遽感，奄泊鑿巾之辰。以永淳元年十月一日卒」於思順里，春秋五十有九。賓階闃而莫尋，澄醪委而不酌，平生」遊故，是用流襟。即以其年月廿六日葬於北邙山平樂鄉界。萬」事畢而丹旐書，千秋閟而玄石紀。爲銘曰：」

物高拔萃，人推特起，德茂斯尊，蹈則君子。甯越通學，茅容佳士，」惟君卓然，其儔鮮矣！檢身以括，勵躬由砥，夙敦節概，晚耽圖史。」進不參朝，退實淪市，産兼救物，財能養已。十千美酎，方丈甘旨，」門湊英髦，座盈簪履。天長地久，人生不然，難備五福，罕遇雙仙。」始驚懸弩，俄聞撤絃，空留書笥，永寂賓筵。九洛遊聚，四海通賢，」過黄鑪而悽愴，馳白馬而流漣。邙山之邑，首陽之顛，瘞兹烈士，」餘風懔焉！」

（北京圖書館藏拓本　河南千唐誌齋藏石）

永淳〇一九

【蓋】失。

【誌文】

唐故文林郎柱國張君墓誌銘并序」

君諱貴寬，字恕之，南陽白水人也。述夫五潢分耀，文成下」珠緯之精；九野班形，博望窮貝河之浪。鳩鈎錫祉，鵲印疏」禎，融神該造化之端，聽理雄察問之首。其有五遷騰懿，七」葉昇榮，具流彩於芸緗，靡詎勞於煙翰。祖運、父迪，並神資」上善，人傑地靈，氣稟中和，士則風範。君則綺歲滔經，辯究」楊烏之最；弱齡趨訓，聲□孔鯉之先。學映韋籯，早觀光於」蘭署；業高夏紫，方擢第於金門。兼以翩翩文藻，即掞鵬霄；凜凜霜氣，直衝牛斗。器局淹雅，量旬黄叔之陂；筆妙精通，」詞潤陸衡之海。不謂道光遽謝，隙影不留，嗟小年兮冉冉，」即大暮兮悠悠。獵獵驚飇，竟敗紫蘭之馥；昭昭旭日，終晞」白露之文。粤以永淳元年十月六日終於洛陽縣時邕里」之私第也，春秋卌有七。即以其月廿六日將窆于北邙□」原，禮也。嗣子如山，訴天兮有違，扣地兮胡依？懼朱宫兮爲」岸，鏤翠琰於泉扉。迺爲詞曰：」

麗天成象，在地成形，郡疏其氏，緯降其精。祥鳩是錫，瑞鵲」延禎，里盈冠蓋，代襲簪纓。其一。鯷壑孕璣，虵崑産玉，高門積」慶，哲人降躅。符彩光時，風規動俗，露凝芳翰，陂澂器局。其二。旻天不弔，與善無依，巢鵂告隙，止鵩有違。逸人石鏤，處士」星微，春非蒿里，遊兮不歸。其三。鬱鬱佳城，沉沉埏路，鶴山南」壯，龍門北固。泣露晨凝，悲風夜度，哀哉埋玉，長歸大暮。其四。」

（周紹良藏拓本　河南千唐誌齋藏石）

永淳〇二〇

【蓋】失。

【誌文】

□故公士驍騎尉崔君之銘文并序」

□諱通，字處徹，屯留人也。望隆宗祏，緒族武城，」□譽芳猷，略而言矣。祖進，閑居體命；父璋，晦迹」遺生。并秀發三芝，光含兩璧。惟君驪泉鋈質，鳳」□□姿，懷橘之年，早標雄略。屬以雲亭扈蹕，社」□□□，授君驍騎尉，旌時運也。既而塗窮在己，」□□□日不歸；運迫居肓，還海之波遂往。春秋」□□□卒。夫人申屠氏之長女。儀貞月亮，色豔」□□□，□履兼清，言容雙麗。何意鏡中鸞盡，匣裏」□□，春秋卅六而逝矣。可謂偕老有歸，同穴斯」□。□子淳藝等，想陟岵而崩心，念循陔而褫魄。」□□永淳元年壬午之歲建亥之月廿六日乙」酉合葬於村東北二里之平原，禮也。宅茲勝地，」厝此玄堂，悲纏薤露，響切叢楊。其銘曰：」

武城啓族，枝派屯留，芳規有譽，壯志無儔。惟君」□拔，武略英遒，標功纂素，式建芳猷。其一。遒夫人」□□，月亮儀貞，言容雙麗，操履兼清。匣中龍盡，」□□□傾，九泉扃兮永夜，千載訣兮斯亭。其二。」

（録自《山右冢墓遺文》）

永淳〇二一

【蓋】燕君之銘

【誌文】

大唐故蘇州嘉興縣令燕君墓誌銘并序」

君諱秀，字文緒，其先上谷人也，後因從宦，今寓居河南偃師焉。若」夫分源引派，架鼇水而疏瀾；自北徂南，運鵾溟而徙翰。豈祇業傳」弓冶，實爲京洛羽儀焉。曾祖貴，隋鷹揚郎將；父德林，皇朝」河陽月城總管。或清欄錡，或肅寇戎，并望重一時，芳傳萬古。」君秀氣孤標，英風獨上，夙彰奇節，幼挺家聲。神鑒發暉，將有來而」必照；靈臺蘊寂，亦何待而不容。學總羣言，業該多藝，因心孝友，率」性貞明。簡而易從，寬而難犯。不矯激而求譽，恒坦蕩而推心。如有」比肩，則地絶千里；必其繼踵，則時曠百齡。貞觀年中，以門蔭授右」衛勳衛，釋褐蔣王府參軍。曳裾蘭坂，每宴衍於春風；獻牘桂山，幾」徘徊於秋月。又轉太府寺北市署令，又縣州顯武、蘇州嘉興二縣」令。並道緝烹鮮，化標馴雉，仁風被草，芳騰九折之山；惠景涵流，彩」照三江之水。俄而丁内艱去職，執喪逾禮，獨越人靈，欒感内殷，柴」形外毁，因兹寢疾，遽而滅性。未緝瑞鳥之功，俄致棲鵩之禍，以永」淳元年十月十五日終於脩義坊之私第，春秋六十有一。粤以其」年歲次壬午十一月庚寅朔十三日壬寅遷窆於邙山安善里，禮」也。太夫人甯氏，早喪所天，鞠其遺藐，提攜白首，潔其一志，先閟」九泉，俱徹留櫬，同歸兆域。嗣子承祚，陟荒岵而茹戚，攀靜樹而銜」哀，勒翠石於幽隧，撰芳徽於夜臺。其銘曰：」

靈基鬱峙，昌源澄映，猗歟景族，誕斯忠正。幽桂齊芬，貞松輔性，志」凌金石，心開水鏡。其一。惟賢制爵，惟德懋官，曳裾藩邸，鳴琴灌壇。化」標馴雉，德洽翔鸞，豈唯朞月，去殺勝殘。其二。令問令望，惟孝惟忠，居」盈酌損，處滿思沖。箕裘載襲，堂構克隆，韜今映古，善始令終。其三。血」盡霜庭，痛纏風樹，誰謂荼毒，永成瘡巨。因茲滅性，俄歸大暮，二旐」翻空，雙輀引路。其四。山原卜遠，文物飾終，百年已極，萬事皆空。喬松」凝影，宿草摇風，紀德窀穸，播美無窮。其五。」

（周紹良藏拓本　開封博物館藏石）

永淳〇二二

【蓋】　失。

【誌文】

大唐故巫州龍標縣令崔君墓誌銘并序」

君諱志道，字元閏，清河東武城人也。原夫赫赫營丘，演韜鈐而翦暴；昂昂」中尉，杖名節以匡時。代有哲人，門承鼎族，詳諸史諜，可略言焉。曾祖公華，」齊主客郎中、接陳使；風規挺映，問望清華，束帶立朝，時稱茂選。祖大質，隋」復州司兵參軍事；父玄覽，皇朝相州録事參軍事。並信必由中，言無」可擇，丘園高蹈。空懷遊霧之資；州郡下寮，未展摶風之用。公稟和授氣，資」靈毓德，妙年立節，卓爾不羣，負笈從師，雖千里而無遠；集螢志學，歷三冬」而有成。逮乎弱冠，聲猷籍甚，甫應賓庭，射策高第，解巾泰州萬春縣尉。地」邇關河，人多澆詐，既明且斷，綽有餘閑，屈此函牛，同夫絆驥。尋而」詔求良宰，公以清恪見推，擢補唐州湖陽縣令。廉平率下，嚴正在公，將弘」癉惡之規，翻致盜憎之咎。於是斂衽歸來，抽簪別業，得性仲長之第，怡顏」潘子之筵。候景春臯，無愆播殖之節；追涼夏牖，自偶羲皇之人。棲遲淡泊，」標致閑遠，養素衡門，馳芬魏闕。既而以德隆舊齒，爰降明敭，加朝議郎，」授澤州司馬，又轉滑州司馬。粵以王祥之德，兼資龐統之材，屏星顯懿，繼」軌前哲，以公事左授巫州龍標縣令。欣然命駕，得喪無屑於襟懷；迨及下」車，風政已行於甿俗。方謂魯恭三異，弘盛烈於當年；何圖隨會九原，痛閲」川於此日。春秋七十有二，終於官舍。惟公自少及長，懷貞踐義，出言有章，」動則由禮。敦朴素，抑浮華，正衣冠視聽，閨庭之内肅如也。所以士林取則，」雅俗欽風，方之古人，亦何以尚矣。夫人隴西李氏，素履恭和，柔儀閑婉，短」裳之儉，芳規冠於德門；大被之慈，雅訓彰於仁里。祐善虛應，俄悲過隙，以」大唐永淳元年十一月十七日同遷窆於北邙舊塋，禮也。百年飄忽，嗟氣」運之難留；萬古寂寥，懼陵谷之方徙。式刊玄琰，永播遺芳。其詞曰：」

貝丘聳嶠，漳浸涵清，地靈騰祉，人寶斯生。如蘭有秀，如菊有榮，外温内朗，」玉色金聲。其一。學高待問，藝優從仕，夏日馳威，秋豪析理。佇聞徙蝗，方觀馴」雉，木秀貽災，逌然歸止。其二。誅茅沃壤，激水通渠，氣高雲月，神王林墟。載紆」芝璽，榮暨蓬廬，乃馳驥足，亦擅題輿。其三。窮通有命，清貞無缺，未臻鳩杖，俄」嗟螘結。壟月宵寒，松風曉切，勒銘幽隧，庶傳徽烈。其四。」

尚書兵部員外郎范陽盧獻製文。」

（周紹良藏拓本　河南千唐誌齋藏石）

【蓋】 趙君之誌

【誌文】

大唐故淄州高苑縣丞趙君墓誌銘并序　洛州進士王允元撰」

君諱義，字懷敬，天水人也。昔軒丘命氏，高陽承若水之資；耿邑開封，全趙據常山」之業。股肱武將，充國畫象於麟臺；倜儻文雄，元淑抗禮於羊陟。英靈不歇，豪俊挺」生，冠冕蟬聯，徽章赫奕，詳之前史，可略而言。乃祖玄，皇朝孝廉，舉魏州頓丘」縣令；中和賦德，上善流謙，令譽重於關西，美政揚於河朔。父吉祥，宋州下邑縣令；」才惟人彦，望實國華，割鷄蓄響於一同，絆驥踠足於千里。君含和樹質，稟慶誕靈，」履孝因心，體仁成性。飃飃迅翮，先彰絶漢之姿；落落喬柯，夙挺凌雲之節。弱冠補」四門館學生。筆札推工，機神見異，遺文縱覽，擬應氏之五行；妙理參微，輕董生之」百徧。永徽元載，應試甲科，選部隨班，爰從散秩，授文林郎。顯慶元年，授洛州曲周」縣尉。學以入官，不愧於從政，道以馭俗，有裕於調絃。其德如春，擬芳條之擢穎；其」温如玉，似潤領之開珍。雅望載融，清輝自遠。乾封二年，授淄州高苑縣丞。正己率」人，推誠被物，機應如響，決遣若流。奉親之資，業隆於事上；居家之理，道著於」移官。故能俗以義敦，衆以悦勸，家人莫能枉其政，黠吏無所厝其姦。尋屬烏夷不」賓，元戎授鉞，鯷壑利涉，事假樓船，因差君爲造船大使判官。君部率有方，廉明著」稱，事應機速，人無謗言。皇華奏課，實居其首。君識用清遠，志尚謙虛，蕭散神情，雍」容風韻。直用煙霞賞性，不以榮利嬰心，謝疾林園，絶機名位。安排處順，庶三樂之」在斯；居常待終，審萬物之非我。然而道悠運促，時泰命屯，上藥難徵，中年□□，春」秋五十有四，大唐調露二年八月十二日終於東都脩善里之私第。士安之言」薄葬，無事衣衾；升卿之遺嘉謨，空傳清白。以永淳元年龍集壬午十一月二十五」日葬於王城北邙之原，禮也。杳杳幽泉，魂兮長往；悠悠厚夜，冥漠何之？庶朱邑遺」風，不絶桐絃□□□文神化，竟託鐘阜之靈。有子叔玉等，扣地有窮，昊天罔極，以」爲揚親在於惟孝，紀行資於翰墨，見託庸才，式旌至德。乃爲銘曰：」

帝頊遐苗，趙城洪胄，大業惟闡，曾堂延構。餘慶降靈，累仁誕秀，奇姿歲發，英聲日」茂。其一。訪道槐市，遊藝杏壇，妙理斯悟，疑文是刊。材稱杞梓，人擬鴛鸞，鶴鳴於外，鴻」漸于干。其二。效官從仕，楊聲在□，詩禮載遊，弦哥重贊。辯縱河瀉，文飛綺散，泳水濯」鱗，摶風起翰。其三。直而不許，剛而能順，行豈苟容，榮非諂進。道義可奬，功名匪徇，在」涅不渝，處膏寧潤。其四。福兮禍伏，樂往悲來，金聲遽翳，玉樹長摧。杳杳白日，悠悠夜」臺，薤哥響思，松聽風哀。其五。逝川已往，荒原即厝，質與運遷，名隨德布。丹青有歇，高」深靡固，敬勒風猷，式銘泉路。其六。」

（周紹良藏拓本　開封博物館藏石）

永淳〇二四

【蓋】失。

【誌文】

公諱隆，字隆，百濟辰朝人也。元□□孫啓祚，暘谷稱雄，割據一方，跨躡」千載，仁厚成俗，光揚漢史；
忠孝立名，昭彰晉策。祖璋，百濟國王；沖撝清」秀，器業不羣，貞觀年，詔授開府儀同三司、柱國、帶方
郡王；父義」慈，顯慶年授金紫光禄大夫、衛尉卿；果斷沉深，聲芳獨劭。趨藁街而沐」化，績著來王；
登棘署以開榮，慶流遺胤。公幼彰奇表，夙挺瓌姿，氣蓋三」韓，名馳兩貊。孝以成性，慎以立身，擇善
而行，聞義能從。不師蒙衛而□」發慚工，未學孫吴而六奇間出。顯慶之始，王師有征。公遠鑒天人，
深知」逆順，奉珍委命，削衽歸仁。去後夫之凶，革先迷之失，款誠押至，裒賞薦」加，位在列卿，榮貫藩
國。而馬韓餘燼，狼心不悛，鴟張遼海之濱，蟻結丸」山之域。皇赫斯怒，天兵耀威，上將擁旄，中權奉
律。吞噬之算，雖」稟廟謀；綏撫之方，且資人懿。以公爲熊津都督，封百濟郡公，仍」爲熊津道總管兼
馬韓道安撫大使。公信勇早孚，威懷素洽，招携邑落，」忽若拾遺，翦滅姦匈，有均沃雪。尋奉明詔，脩
好新羅，俄沐」鴻恩，陪覲東岳。勳庸累著，寵命日隆，遷秩太常卿，封王帶方郡。公事君」竭力，徇節亡
私，屢獻勤誠，得留宿衛。比之秦室，則由余謝美；方之漢朝，」則日磾慚德。雖情深匪懈，而美灰維
幾。砭藥罕徵，舟壑潛徙，春秋六十」有八，薨于私第，贈以輔國大將軍，謚曰　。公植操堅慤，持身謹
正，高」情獨詣，遠量不羈，雅好文詞，尤玩經籍，慕賢才如不及，比聲利於遊塵。」天不憖遺，人斯胥悼，
以永淳元年歲次壬午十二月庚申朔廿四日癸酉」葬于北芒清善里，禮也。司存有職，敢作銘云：」
海隅開族，河孫效祥，崇基峻峙，遠派靈長。家聲克嗣，代業逾昌，澤流淲」水，威稜帶方。餘慶不孤，英
才繼踵，執爾貞慤，載其忠勇。徇國身輕，亡家」義重，迺遵王會，遂膺天寵。桂婁初擾，遼川不寧，薄言
携育，實賴」威靈。信以成紀，仁以爲經，宣風徼塞，侍蹕云亭。爵超五等，班參九列，虔」奉天階，肅恭

臣節。南山匪固，東流遽閱，敢託明旌，式昭鴻烈。」

大唐故光禄大夫、行太常卿、使持節熊津都督、帶方郡王扶餘君墓誌」

（周紹良藏拓本　開封博物館藏石）

永淳〇二五

【蓋】大唐故臨川郡長公主墓誌銘

【誌文】

大唐故臨川郡長公主墓誌銘并序　秘書少監檢校中書　侍郎弘文館學士上柱國郭正一撰文」公主諱　字孟姜。高祖神堯皇帝之孫，太宗文武聖皇帝之女，今上之第十一姊，母」曰韋貴妃。開基發系之隆，積慶重光之遠，奔星降祥於華渚，飛雲錫瑞於高丘，真人播跡於流砂，上將馳名於」寢石。故巖巖仙構，崑岳所以承天；淼淼神輸，溟波以之括地。公主稟靈霄極，毓粹宸樞，含寶婺之韶姿，挺金娥」之秀質。幽閑之操，冠圖籍以騰□；貞順之容，掩闈闈而擅美。貞觀初，聖皇避暑甘泉，公主隨傅京邑，載」懷温凊，有切晨昏，乃□□表起居，兼手繕寫。聖皇覽之欣然，以示元舅長孫無忌曰：朕女年小，未多習」學，詞迹如此，足以慰人。朕聞王羲之女字孟姜，頗工書藝，慕之爲字，庶可齊蹤。因字曰孟姜，大加恩賞。」仍令宫官善書者侍書，兼遣女師侍讀。尋封臨川郡公主，食邑三千户。駙馬周道務，地隆冠冕，門盛羽儀，英望」逸於陳庭，□光照乎荀室。爰膺下嫁，克尚中行。秦臺紆帝女之瑩，魯館飾王姬之禮。十七年，加食洪州實封三」百五十户，賜甲第一區，仍令五品一人檢校門閤。易稱元吉，詩美肅雍，平陽之盛極西京，館陶之恩洽東漢，不」之過也□□□□□出牧商甸，作鎮嶢關。明年太極昇遐，公主自商州來赴，水漿不入於」口，殆□彌留中使□臨，勉加饘粥。進封長公主，從朝例也。麟德之歲，紀國太妃韋氏薨，公主又號踴過哀，損瘠」踰禮，而延連□鳳扆，感興鸞殿。恩旨頻煩，慰諭重疊，若迺天有必移之義，禮無致毀之文，未有貴極膏」腴，若斯之□至者也。自後年別手寫報恩經一部，自畫佛像一鋪，每登忌日，輒斷薰辛；至於絲竹妙伎，綺羅榮」飾，□□水□□譙郡太夫人，聲軼魯姜，訓超齊孟。公主躬循婦道，志越家人，既申迨事之歡，彌罄親承之禮。及」駙馬□□覲□，痛溢聞雷，公主送終如始，銜悲若疚，語必奉於先姑，動無違於舊則。至於肅朝芝殿，趨拜椒闈，」行□□□，□皆叶順，有儀有則，多藝多才。天后孝徹明神，哀纏聖善，儀形萬國，感動四方，陰陽獻慘，天」地變色，公主創題嘉頌，光贊坤規，援筆斯成，排閽進上，調符金石，思激風霜。天后覽奏興哀，披文警」慮，親紆墨令，獎喻殷勤，聖札冠含章之文，英詞助王姬之德，求之遂古，乃絶其倫。又天后曲降陰」慈，載隆神澤，翰垂八體，詩備五言，裝成錦鄣，特賜公主。闡揚嬪則，盛述穠華，密勿承恩，皆此類也。駙馬夙」標脩譽，戀□名藩，飛皂蓋於南垂，一歌來晚；卷朱幨於東夏，頻結去思。公主駕鳳同遊，乘龍齊邁，疊映烏旟之」□，□□□軾之前。克諧之道既彰，助佐之功斯闡。每炎涼舛候，腠理乖和，則名醫上藥，相望結軌，朝覲班錫之」藏，□□□賄之差，雖身限方隅，而恩同陪預，親懿之密，罕或儔焉。趙北奥區，拒龍庭之南眺；遼西重鎮，控蚰」□□□□□。駙馬望實所歸，親賢攸寄，纔臨薊壤，即蒞燕郊，公主自屆邊垂，增動風疾，恩敕遣長子隴州司」功□□□四子左千牛季童，前後馳驛，領供奉醫人及藥看療。調露元年，駙馬以克清邊難，驛召入京，公主隨」從□□□中大漸，恩敕便令於幽州安置，又令息季童馳驛領醫藥看療，而和扁莫驗，藥劑無徵，丹虹書□，□□穠桃之節；清霜夏殞，空留神草之名。以永淳元年五月廿一日，薨於幽州公館，春秋五十有九。」□□懷魯元以興悼，想湖陽而掩泣，廢朝三日，哀感羣臣，爰降殊私，式加恒典，遣京官五品一人賫璽書弔」祭，□賜東園秘器，兼造靈轝，逮運還京，凶喪葬事，並令官給，賜絹布五百段，米粟副焉。仍令秘書少監柳行滿」攝鴻臚卿監護，柏王府諮議殷仲容爲副。將葬之日，又遣内給使賫衣裳一副，重申臨訣。恩加送往，禮備飾」終，□□□□義隆今古。惟公主幼而聰敏，志識明慧，雅好經書，尤善詞筆。」至於繁絃促管之妙，鞶□組紃之工，」爰在□□，咸推絶美，而處貴能約，居榮以素，研幾釋典，遊刃玄門，雖敦睦滋隆，恩徽薦委，未嘗□私嫌於箠」令，希聖渥於求郎，方之前烈，莫與爲輩。上天不弔，芳魂無返，所撰文筆及手寫諸經，又畫佛像等，並流」行於代，可謂九族婦德，千載女師者乎？即以其年歲次壬午十二月庚申朔廿五日甲申陪葬於」昭陵之左，禮也。容車發軔，□馬晨嘶，收華戚里，委照泉闈。悲鶵琴之響絶，痛虬匣之光睽，標莪襟於野隧，摧棘」貌於山蹊，楊路迴而郊風切，松庭深而隴霧低，湯邑挺美，家陪撰德，敢樹幽扃，庶傳芳則。其銘曰：」

大電摛光，流虹發祥，類馬仍著，猶龍迺彰。靈基載遠，聖業逾昌，武功文德，地久天長。其一。紫庭凝慶，彤闈降淑，孕」景月津，含輝星陸。金相玉振，桂芬蘭郁，早映翬褕，幼承湯沐。其二。涉藝窮遠，觀圖盡祕，露彩垂毫，泉華涌思。箴禮」無闕，言容畢備，榮照下姻，道光中饋。其三。朝風聿寄，邦訓滋佇，駕鳳辭臺，牽牛出渚。孝有純跡，玄無奥緒，克俾徽」猷，長昭勸沮。其四。涉魏徂燕，吉往凶旋，輔仁奚謬，福善終捐。淪光景昊，殞藹秋先，長悲厚夜，空嗟小年。其五。祖駕宵」陳，靈驂曉發，隴唯新隧，山多古闕。凜凜郊風，蒼蒼野月，寒暑交謝，聲芳靡歇。其六。」

（周紹良藏拓本）

永淳〇二六

【蓋】失。

【誌文】

大唐故房州竹山縣主簿楊君夫人杜氏墓誌銘并序」

夫人諱芬，京兆杜陵人也。原夫望雲嗣帝，巨□闢其鴻業；□水稱王，」佐夏隆其茂緒。故得靈基嶽峻，英奇負日月□暉；鼎胄雲高，人物洊」珪璜之彩。曾祖良，北齊鎮遠將軍、冀州刺史；祖延之，隋壽州□□府」長史；父政，隋光州其思縣令，皇朝上柱國；並禮門□□，詞扃」毓德，縱横才氣，上衝牛斗之墟；磊硌英風，遠振鵬雲之路。或功參殄」□，則氣肅三邊；或寄切臨人，則芳馳萬宇。胡域清潔，還歸刺史之□；」李廣英聲，終出將軍之後。夫人□珠光於漢水，秀玉潤於荆山，花發」桃蹊，春歸蘭薄。娥姿下映，横月路以揚暉；女曜高臨，掩星津而絢色。」才高弄翰，藝總縈絲，雅韻霜横，韶徽日舉。聖善□訓，□辭□道之家；」君子好仇，終□羊躭之室。年十有六，歸□楊氏。粤自笄歲，作儷鼎門，」叶鳴鳳之宏謀，酌雞初之雅訓。閨風遠被，里閈欽承盥之規；閫則傍」流，遐邇仰齊眉之敬。加以情超苦海，思入□□將開；淨域之因，夙奉」玄□之律。方當斷機流惠，喻筏垂仁；豈圖星□驟移，風燭俄謝。凄清」壻水，先有感於逝川；曠望娥峰，遽延悲於化石。以永淳二年正月十」五日遘疾，終于道□之私第，春秋五十有四。嗚呼！雖鶺鴒聯華，陰陽」暫隔於生死；而龍鐔孤挺，先後終會於波瀾。即以其年二月十四日」歸于邙山之舊塋，禮也。式甄同穴之典，爰崇合窆之儀，發彼玉牀，表」玆石鏡。佳城鬱鬱，歎馬隧之斯開；幽室冥冥，想鯨鐙之□滅。有子五」人：將仕郎禮，上柱國忠，祕書省正字約等，並業擅銜鱣，□□□鯉，緬」纏悲而罔極，思□德而何已。淮陰侯之營墓，可置萬□；□□才之叙」銘，□流千祀。其詞曰：」

仙鳳頹祉，靈虵演慶，克誕柔儀，實資温性。蕙問蘭□，金華□靚，□□」儔明，河姝□映。發揮七德，徘徊六行，母訓攸陳，□□允正。閲□□□，」悲風忽競。瘞兩□於泉臺，掩雙鸞於塵鏡，希翠珉而載德，庶□□□」可詠。」

（周紹良藏拓本　開封博物館藏石）

永淳〇二七

【蓋】失。

【誌文】

大唐故朝請大夫張君墓誌銘并序」

君諱懿，字萬壽，清河人也。昔玉耀南輝，抗炎」精於翠鳳；金鈎西慶，肇昌緒於靈禽。或輔翼」攀龍，創蟾丸於漢日；或飛榮總秀，捧雀環於」晉朝。父緒，隋任汾州户曹參軍，質表珪璋，」心苞松竹。堂堂張也，未足標其美；懔懔志也，」秋霜詎得比其威。釋褐蒙授朝請大夫。觀國」觀光，筮仕之期纔邁；

夢楹夢奠，止隅之釁已」丁。先薨于延康斯里，春秋八十。即以永淳二」年癸未二月己未朔十五日癸酉遷于長安」縣龍首鄉之原，禮也。五百昌期，於斯永謝；三」千冥契，即此長歸。骼瘞幽垌，無復長安之日；」魂收拱木，仍疏京兆之阡。嗚呼哀哉！乃爲銘曰：」

箕裘靡墜，弁冕聯綿，投身送款，實乃良賢。不」求禄位，養性丘園，月之變改，年隨逝川。其一。」□猷永謝，玉質無全，誰知積善，不復長延。春秋」遞往，日月旬還，令德不朽，歷代流傳。其二。」

（周紹良藏拓本）

永淳〇二八

【蓋】失。

【誌文】

大唐永淳貳年歲次癸未」四月戊午朔貳拾捌日乙」酉，衛州共城縣遊仙鄉□」居里衛尉寺主簿瑯琊王君故妻隴西李夫人葬□」洛陽城東北七里王村□」之平原，唐朝銀青光禄大」夫、使持節銀州諸軍事□」銀州刺史、上柱國、延安□」開國公李君才之女也。」

（録自《芒洛冢墓遺文四編》卷三）

永淳〇二九

【蓋】失。

【誌文】

大唐故將仕郎上騎都尉趙君墓誌銘并序」

君諱勤，字仁恭，隴西天水人也。粵若流虹丕緒，商丘建於肇基；皋狼」奄宅，秦城構於峻峙。其有寶符隤慶，遂荒虵陣之峯；畫象騰規，爰奮」贊臣之旅。賢條神葉，茂族擒於五雲；開國承家，經野臨於萬里。曾祖」禕，齊任忻州刺史；龍軒指路，虎符司獄，注城流解印之風，鴻臺佇分」帷之務。祖詵，隨任揚府録事參軍；父才，皇朝殿中侍御；提綱緝」懿，毗理頌於化蟲；糺正懲清，宣嚴訓於避裹。惟公承休景烈，資和清」氣，包地靈而肸響，總天植而英明。隱隱虹輝，久韞兼城之器；亭亭霜」質，夙表凌雲之心。湛黄陂於綺辰，懸樂鏡於觿日。材超七步，遽寫彫」龍之詞；劒鄙一夫，行棄剸犀之術。既而屯比復始，筮仕初就，宂僚幹」蠱，厲終分職，且昇都尉。以處中之奇藝，當先登之薄賞，絃高調下，非」其愿焉。而劉楨曠旬，沉痾唯久；周盤望日，大漸斯臻。以永淳二年五」月十九日終於殖業坊私第，春秋六十有一。嗚呼哀哉！公少寡期榮，」不求多秩，芒山契於應叟，谷口符於鄭真。重以何算呈祥，楊環積祉，」以笙簧於經苑，用錦繡於文場。談論而當英華，忠恕而代珍寶，入其」宇者忘寒暑，挹其道者識清真。今遠日既登，祖庭行屆，即以其年歲」次癸未六月丁巳朔十六日壬申遷窆於洛陽縣平陰芒山之陽，禮」也。嗣子思敏等，謝芝崇藹，郄桂翔芬，陟岵增哀，充充罔及；倍□興感，」瞿瞿何依？棘貌劣□，菓容將滅，雖□崗叶筮，懼靡固於藏山；龍地允」臧，慮有遷於幽谷。登臺之經委筍，拜斗之書湮牘，式閟靈薪，仍樹奇」木。敢撰德於彫篆，庶旌徽於夏屋。其詞曰：」

遠矣六卿，悠哉兩筍，剖竹分壤，錯繡疏地。立卯騰芒，吁淹瀉遻，穆穆」餘緒，明明垂懿。其一。於昭祖德，思皇業隆，貪殘兼屏，仁明具崇。羣寮仰」藹，直指宣風，建邦錫社，立事成功。其二。天骨誕靈，神峰標秀，浮襟墨海，」浪情辯囿。肅肅風格，堂堂領袖，既珍隸草，仍工篆籀。其三。存殁俄隔，循」虛若馳，夏練容與，周披逶迤。山間景蔽，隴樹煙披，唯餘圓石，長載宏」規。其四。」

（周紹良藏拓本）

永淳〇三〇

【蓋】　大唐故麻夫人墓誌銘

【誌文】

唐故孟氏麻夫人銘并序」

夫人姓麻，洛陽人也。昔仕姬周，夙著」隆家之美，自根流葉，傳芳不朽，食邑」於麻，因姓麻也。父君師，雄姿挺質，武」藝克宣，早著勳庸，皇朝授上輕車」都尉。夫人懷姿粲艷，淑德早聞，女德」彰於閨闈，婦道允於夫族。景命不延，」享年五十有二，以永淳二年十月廿」一日寢疾，卒於壽善里。以其年十一」月十七日遷厝於北邙。悲矩儀之既」没，感遺愛之猶存。乃樹銘曰：」

於穆孝婦，弘我家道，庶望遐齡，同斯」偕老。不弔如何，奄喪佳好，懷想增悲，」撫心長號。」

（周紹良藏拓本　開封博物館藏石）

唐代墓誌彙編

弘道

弘道〇〇一

【蓋】失。

【誌文】

唐故太常寺太樂令暢府君墓誌銘并序」

君諱昉，字欽明，南陽宛人也。菊畹滋芳，渪波漸潤，自漢光啓祚，更始」開基，君之遠祖，締構王室，既輝煥於圖牒，今可略而言焉。父寶藏，風」格凝遠，識量清通，含辰象之精靈，禀丘山之秀氣。澄陂萬頃，叔度仰」其波瀾；蘊學三冬，仲舒準其模楷。皇運之始，仕爲常州晉陵縣令；」官寮資其懿範，典吏仰其成規，雖王阜翔鸞，未足方其善政；魯恭馴」雉，詎可匹此嘉聲。君幼而岐嶷，檝冠生知，殖德爲基，立言成範，宗黨」欽其教義，鄉閭挹其人倫。寒竹生林，早標孝道；枯荆變彩，夙擅友于。」閉户尋經，洞微言之旨；臨池懸帳，窮篆隸之能。驪龍之珠，方之未朗；」白虹之玉，比之非潤。幸屬鴻爐播物，日月貞明，恥在賤貧，彈冠出仕，」釋褐任左春坊主事，顧龍樓之肅事，趨鶴籥以申規。又轉任主客主」事，銓叙二星，甄明八使，淄澠不紊，涇渭殊流。又轉任門下省主事，令」掌綸誥，式遵彝典，資忠履信，出入鵷池，據德依仁，往來鷄樹。又□」任太常寺太樂令，韶夏順叙，季札媿其觀風；武護淹通，周瑜慚其□曲。豈謂閲川」長駐，不返東海之流；驚風易飄，遂落西之照。以永淳」二年十一月廿日遘疾，終於私第，春秋五十有一。以弘道元年十二月」十七日窆於芒山之麓，禮也。可謂照乘之珠，忽韜光於漢水；連城之」寶，遂沉影於荆岑。鬱鬱佳城，惻愴滕公之馬；依依隴樹，悽斷陵陽之」鶴。嗣子懷禎，銜哀茹痛，泣風樹之難追；瀝血攀號，悲昊天之罔極。懼」鯨海南運，鼇山東徙，式請鐫銘，用彰徽烈。乃爲銘曰：

南陽纘系，流水」開封，允文允武，食鼎鳴鍾。夙標功烈，早擅勳庸，書窮筆抄，文壯詞」鋒。其一。寔生夫子，實惟宗彦，譽顯南金，名馳東箭。浪志霞端，藻情雲」甸。其二。天不慭遺，忽殲良善，寶滅連城，器沉瑚璉。講肆生塵，談叢息」辯，行路傷嗟，賓朋悽□。其三。既掩黄壚，還辭丹穴，切切悲風，悽悽□」月。松幽鳥思，隴深雲咽，陵谷遷移，清徽不絶。其四。」

弘道元年十二月十七日。」

（北京圖書館藏拓本　河南千唐誌齋藏石）

弘道〇〇二

【蓋】失。

【誌文】

大唐劉君墓誌銘并序」

君諱弘，字師仁，本徐州彭城人也。漢中山靖王勝即君之十二代祖。親惟密」懿，寄切蕃維，歷代聯芳，昭彰載籍，詳諸家諜，可略言焉。曾祖琨，魏汴州陳留」縣令。郊連單父，子賤任人之鄉；境接中牟，魯恭馴雉之邑。下車梁宋，問俗睢」淮，盛德遠而猶傳，事業存而不朽。祖順，陳直閣將軍。寵冠羽儀，恩加侍衛。市」朝霧委，恢帝宇於雄都；旌節霜明，廓王猷於建業。考幹，隋穀州宜陽縣丞。化」沐東周，政行西陝。仁兼聽訟，仍傳勿翦之謠；道贊規模，式展去思之詠。君量」苞溟渤，器同瑚璉，稚年遊踐，嗤衛玠之乘羊；晚歲孝廉，效君山之騁驥。年纔」十八，業綜三千，欲考太常之科，遽遘漳濱之疾。於是卜居河洛，葺宇伊瀍。仲」長統之林園，俯□城闕；石季倫之別業，地隔囂塵。上智不移，處風飈而自遠；」中庸成性，邁流俗以高驤。逸氣崩雲，高情罩日。有才無位，豈獨歎於公明；藏」智蘊靈，何見推於曼倩。脱略卿相，等箕山之外臣；偃息門庭，同漆園之傲吏。」神仙可想，余壽欲駐於華丹；俗化難常，吾全復歸於太素。以永淳二年十一」月廿四日□疾無瘳，卒於陶化里第，春秋六十有四。痛感親朋，悲纏行路。昊」天罔極，泣風樹以難追；人琴遂往，愴焚芝而何及。長子處節，前周王府執仗；」第三子處禮，右羽林軍飛騎。自家形國，資忠履孝。出陪戎輦，方警衛於龍樓；」入侍温清，遽延悲於鶴弔。第二子定州毋極主簿，職在蔚羅，任居磐錯，地臨」沙塞，望絶山河，空懷噬指之驚，無及如疑之禮。既而烏經啓日，式遵先遠之」期；馬鬣開墳，用擇不毛之地。即以弘道元年十二月廿日葬於北邙山之陽，」禮也。南臨清洛，北枕長河，庶神道有依，逍遥自得，幽途無隔，壯觀攸歸。俯慟」三泉，仰悲千月，原隴寒而松門曠，風霜凛而薤挽哀。鬱鬱佳城，尚表滕公之」室；悠悠漢浦，猶知杜預之碑。陵谷若遷，音徽不墜，故雕玄石，乃作銘云。其詞」曰：

兩儀肇闢，三光布象。立我蒸人，樹之君長。其一。惟山厚寶，惟岳降祚。」天工人代，生甫及申。其二。食菜疏封，分茅析土。德流□□，□□嘉祚。其三。任切中」山，寄深磐石。帶礪斯重，幼名不易。其四。睢梁近邑，建□□□。既曾既祖，懷紫懷」黄。其五。地連穀洛，邑號宜陽。偉哉其考，應此銅章。其六。惟君之英，世濟其美。丘園」養素，富于經史。其七。漳濱沉疾，宿恙無瘳。尺波已往，寸晷難留。既嗟浮菌，又愴」潛舟。一雕玄石，萬歲千秋。」

弘道元年十二月甲寅廿日癸酉。」

（李希泌藏拓本）

唐代墓誌彙編

嗣聖

嗣聖〇〇一

【蓋】失。

【誌文】

唐宋州司法田君墓誌銘

君諱宏敏，其先北平人也。自虞帝承録，派嬀汭之神宗；陳恒制齊，遂開國而爲姓。若乃錫土隆家之美，贊玉帛於緗圖；陳規獻策之謀，著英猷於寶牒。祖由，玉山齊映，瓊萼流芳，器槩珪璋，質懷杞梓。韞劉龍之英美，躍管蠙之高衢，彩匣韜輝，金章絶韻，詞林振穎，筆海浮瀾，秀氣烟高，靈規聳見，貞風槪俗，勁節澄襟，被揚歷而見徵，應翹車而入聘；隋章武郡功曹。父恭，藍田孕質，驪穴騰輝，志岸沖清，器該博物，雄材雋狀，亘孔仞以逾高，雅度汪深，湛黄陂而彌浚，名馳刈楚，德洽重筵，隋高陽縣尉。君英靈迥秀，壯志遐騫，玉韞雄圖，蘭風特振，貞明絶俗，雅道淹通，藻駕雕龍，聲充振鷺。清辭雄辯，陵酈子之鄉脣；逸氣高談，鄙蘇秦之緩頰。洞該物務，統六遂於周邦；備曉公方，館四人於鄉邑。既而奠楹構孽，夢豎延凶，寢疾彌留，俄傾薤露。以永淳元年九月十二日殁於私第，春秋六十有四。豈謂朖谿掩耀，悲隙影之無留；積玉沉輝，泣晴川之永謝。以□□元年正月二十二日遷窆於任邱縣西南五里本鄉，禮也。其地東連博陵，西叩金堤，膏腴控其前，平林亘其後。嗣子務仙，嗣孫神傑、神沖、承族等攖蓼莪之巨痛，陟霧岵而長號；扳罔極之哀荒，抱霜荼而永泣。恐以炎飛岱嶺，庶梓域之長存；岸谷遠遷，冀松區之尚在。其詞曰：

承芳軒胄，分裔陳成，建邦啓土，代襲英聲。降生明哲，雋乂馳名，高軌運流，景命乃傾。誄生前之茂績，嘉刻號於泉扃。

（録自《古誌石華》卷七）

嗣聖〇〇二

【蓋】失。

【誌文】

大唐故朝議大夫守刑部侍郎鄭公墓誌銘并序」

公諱肅，字仁恭，滎陽開封人也。□宣王之崇藩翰，爰以樹親；鄭桓公之列宗」盟，因而保姓。衮衣與朱輪襲映，琱戈將鏤鼎聯華。人望公才，家聲代禄，昭彰」惇史，可得言焉。曾祖休明，後魏通直散騎常侍、陽夏郡守；祖弘直，北齊西北」行臺郎中、安平郡守；父贊道，隋安宜縣令、廬江郡丞、同安郡通守；並器宇沉」邃，機神秀逸，言成士則，行爲人範。馳朱轓於千里，自洽仁風；綰墨綬於一同，」方清驟雨。豈唯高視直省，獨步行臺，飛雅譽於當時，振芳規於後代者矣。公」降靈辰象，擒英岳瀆，蘊澄陂之量，負隆棟之材。對月之年，士友推其遠致；披」雲之歲，通人目以高名。覃思書帷，孕懷蛟之敏學；締情文囿，該吐鳳之宏詞。」解巾以秀才拜定州恒陽縣尉。俄丁内憂去職。服闋，授雍州始平縣尉。應」詔明敭，以甲科除簡州録事參軍事。佐銅章之邑，遊刃槃根；踐玉壘之郊，提」綱劇務。直而不撓，清畏人知，譽動簪裾，聲聞旒扆。遷監察御史，徙殿」中侍御史，又除侍御史，轉司元員外郎。曳綬清臺，夙彰於效績；飛纓覽觀，僉」屬於當仁。尋爲司平大夫，拜司刑大夫。冬官務殷，允歸於有德；秋典任重，實」賴於惟賢。以公明於慎恤，勗於倫要，佇丹筆之無濫，寄黄沙之不冤。除大理」正，俄遷少卿。于定國之寬和，張釋之之平允，公之聽訟，異代同規。又遷刑部」侍郎。北寺承恩，有裕哀矜之志；南宫貳職，無騫小大之情。既而日馭難」留，天機易轉，遽降巢鵀之眚，俄延弔鶴之賓。以永淳二年歲次癸未二月十」一日薨於東都私第，春秋七十有六。粤以嗣聖元年正月廿六日遷窆于北」邙山之舊塋。有子思晦等，悲壑舟之云徙，懼陵谷之方遷，彫琬琰而增慕，庶」蘭菊之攸傳。乃爲銘曰：」

赫矣緇衣，代襲英徽，昭哉革履，門承餘祉。陽夏照鄰，安平通理，同安載德，令」問不已。其一。誕生淑人，爰播芳塵，清襟蘊玉，藻思含春。策名多士，擢秀昌辰，」方書揮翰，建禮垂紳。其二。慎罰寄隆，明刑任切，果斷冤訟，平反疑讞。西崦遽」晚，東川方閲，士痛芝焚，朝悲棟折。其三。素騏宵警，哀挽晨吟，旌摇朔吹，騎擁」荒林。天高日迥，野曠寒深，勒銘泉路，永載徽音。其四。」

（録自《芒洛冢墓遺文五編》卷三）

嗣聖〇〇三

【蓋】　失。

【誌文】

大唐故王府君墓誌銘并序」

君諱寶，字奇珍，汝州梁縣人也。發鴻源於瑞火，啓靈」派於仙禽。人膺槐棘，百代之縑緗照曜；家傳鍾鼎，千」年之簡牘蟬聯。曾祖縱，梁趙州刺史；祖裦，梁平州刺」史。褰帷千里，實寄忠良，露冕百城，必資循吏。梟化獸」遷之術，移蝗馴翟之奇，以昔方今，彼有慚德。父智，隋」春陵郡清談縣令，潘岳之□河陽，空傳遠跡；陶潛之」宰彭澤，徒擅虛名。君禀川岳之靈，挺風雲之氣，神儀」肅正，器量弘深。叔夜之喜愠不形，公榮之言談無間。」小隱林藪，爰辭汝潁之間；大隱市朝，方住伊瀍之曲。」煙霞有驗，坐入嵩丘；福善無徵，行歸岱岳。以嗣聖元」年歲次甲申正月甲申朔廿一日甲辰遘疾，終于洛」陽縣上東鄉毓財里私第，春秋八十。即以其年二月」癸丑朔九日壬辰永窆洛陽縣邙山，禮也。恐桑田或」變，陵谷儻遷，聊刊幽石，式旌不朽。其銘曰：」

緱山□遠，淮水靈長，家傳冠蓋，人襲忠良。有美斯人，」無事爲□，放曠伊洛，逍遥志氣。忽辭芳徑，俄入幽扃，」山煙漠漠，隴樹青青。勝地方越，佳城至止，□□蘭遊，」長歸蒿里。」

（周紹良藏拓本　開封博物館藏石）

唐代墓誌彙編

文明

文明〇〇一

【蓋】大唐故孫府君之墓誌

【誌文】

唐故魏州昌樂縣令孫君墓誌銘并序」

君諱義普，字智周，樂安人也。受命作周，懿親分衛，肥泉自遠，瓜瓞攸興。儒」術著聞，卿有聲於霸楚；兵法修列，武流稱於强吴。興公之藻思文河，安國」之屬詞史筆，並播之謡俗，傳諸好事。曾祖信，魏拜露門博士；武闈訓胄，」槐市説經，玉柄增輝，璧池逾濬。祖進，周晉州長史、魏州刺史。題輿奥壤，」露冕雄州，譽重沂歌，愛深并竹。父乾，隋鄓城、陳倉二縣令。紘桐表逸，綰」墨凝威，卓令耻其移螟，成人媿其冠范。君積基三襲，騰芳八桂，參玄藴睿，」辯日飛英，涯岸自高，波瀾莫究。以明經擢第，釋褐魏州昌樂縣令。導德齊」禮，今古攸難，君顧水火以銘懷，佩韋弦而取誡，疲人有耻，獷俗知方。子承」景，至孝有聞，高材緝譽，情深色養，有懷捧檄。上元之歲，從宦河東，奉以之官，」獲申温清；而徂春不駐，靖樹難追。粤以二年正月二日終于官舍，春秋」九十有三。夫人李氏言容著美，琴瑟克諧，逝先風露，奄同泉壤。君雅道絶」倫，貞風邁俗。潁川英傑，許以黄中；譙國俊賢，方之白起。重以虚舟在己，仁」心拯物，妙達玄言，歸心釋教。爰自弱冠，洎乎華髮，飲食薰辛，嗜慾咸遣。每」行般舟道，常誦法華經。未終之前，若有神應，恒詠薛開府詩云：昨望巫山」峽，流淚滿征衣。今赴長安道，含笑逐春歸。詞氣悽婉，左右傷惻。自是數日」而終。嗟乎！知命不憂，託文見意。君嘗以爲次房交夢，近乎懷土之心；卞壼」言留，幾乎達人之智。故趙文子之擇地，楊王孫之不襲，其得意哉！承景今」任雍州高陵縣尉，聿遵先旨，改窆京畿，即以文明元年五月廿一日卜」葬於高陵縣之西南樂安鄉之偶原，禮也。尔其東界黄河，遥臨晉邑；西郊」黑水，近帶秦坰。前望終南，得夏公之寶氣；却居渭北，枕尚父之璜津。是知」黄壤四隅，白楸三衽，延陵魂魄，無所不之，丘也東西，焉能不識。嗟厚穸之」難曉，歎陰溝之永閟，託玄石以披文，庶清徽之不墜。其詞曰：」

邠葦載頌，淇竹傳詩，悠哉長發，邈矣丕基。卿傳儒雅，武善兵師，家承簪紱，」業懋基兹。於鑠通賢，惟材之秀，禮義轄鎖，人倫領袖。環堵業殫，金籯學富，」從政之道，德音以茂。製錦非學，棼絲易理，潘詠自輕，游絃知恥。脱屣城邑，」披襟田里，傲睨風雲，徘徊林汜。夜壑舟徙，悲泉景異，鬬蟻翻聲，巢雋駃翼。」萬化斯盡，九冥誰測，亹亹清風，泠泠不息。」

（周紹良藏拓本）

文明〇〇二

【蓋】唐故樂府君墓誌銘

【誌文】

唐故驍騎尉樂君墓誌銘序」

君諱□，字道仁，南陽人也。夫金柯啓構，謁司徒」於地官；玉葉凝輝，光吏部於天府。洎茲以降，風」流不替。曾祖恂，齊朝司徒、使持節、開府儀同」三司、揚州都督。祖方，隋任潭州長沙縣令。韋」賢兩佩，水火俱兼。絶有匡正之能，妙解弼諧之」禮。唯公雄圖絶代，智略兼人。鴻漸伊陸，養六翮而□□；鶴唳霜皋，」徹九天而振響。勳庸命賞，蒙授」□□之斑；止足有期，自得閑居之放。不謂降年」不永，積善無徵，以文明元年五月終於私第。胤」子等，蓼莪情至，創拒痛深；式遵先遠之期，以及」事終之典。其年甲申之歲壬午之月廿八日，葬於□」城東五里平原，禮也。東瞻峻嶺，西瞰佳城，北眺」望夫，南觀龍岫。其詞曰：

巫臺絶雨，翡帳淪香，」松雲劍鬢，舜日收梁。匳邊桂綱，隴岫吟陽，是春」兮影促，非秋兮夜長。其一。一韋昭世，永閟泉扃，□」哉風月，已矣生平。陰凝燧露，日寢松庭，□□蘭」菊，流美丹青。其二。」

（録自《考古》一九六五年第九期《山西長治北石槽唐墓》）

文明〇〇三

【蓋】失。

【誌文】

大唐亡宮六品墓誌」

亡宮者，不知何許人也。令儀夙茂，淑」德早閑，言從桃李之蹊，選入芝蘭之」殿。炎涼亟貿，執貞順而無愆；福壽已」登，在營魄其難久。以文明元年五月」十九日卒於東都患坊，春秋六十有」一。以其年閏五月九日葬於北邙山。」典司攸忝。遂作銘云：」

昔歲柔儀，今來遐壽，託黃泉而永閟，」寄彤管而無朽。」

（河南千唐誌齋藏石）

文明〇〇四

【蓋】失。

【誌文】

大唐故上柱國成府君墓誌銘并序」

公諱儉，字貞固，本居上谷郡，因官徙於河南之緱氏，今爲縣人」也。祖清徽獨邁，暫翊鳴琴；考素範宏開，爰從捧檄。故得靈鈎慶，」神算摛祥，道叶謀孫，德鍾才子。君早挺岐嶷，夙標英爽，崚若斷」山，清如止水。葉簡花牋之藝，則兼富五車；啼猨落雁之工，則懸」開七札。時河孫作孽，嘯羣凶而舉斧；天子凝威，命將軍而授鉞。」君來投入幕，即預分麾，右陵左澤之形，計之而無失；執鋭破堅」之策，言之而不窮。校勳酬勳，授上柱國，從班例也。事屬凱旋，用」申閑放，採蘋藻於南澗，行追勝賞；耘黍稷於東皐，坐安輸税。而」浮生不借，徂景難留，惜明智於西方，歎歸魂於東岳。粤以文明」元年歲次甲申五月廿一日遘疾，卒於時邕里之私第，享年六」十有一。嗚呼哀哉！王子猷之故宅，脩竹摧殘；孫興公之舊居，長」松零落。即以其年六月辛巳朔五日乙酉權殯於洛陽平陰鄉」之北原，禮也。嗣子思王等，門庭雍睦，孝友淳深，瞻手澤而空存，」痛心摧而何訴？畏龍璋之變海，託鴻筆以裁銘。敢撰芳徽，瘞兹」神道。銘曰：」

嵩嶽南臨，滎河東注，危峰構極，長源委輸。藴璧懷珠，生申及甫，」挺彼賢哲，加之温裕。其一。顯異白眉，標雄紫目，春月之柳，荒年之」穀。心乖榮利，情安寵辱，酒泛蘭樽，書披桂櫝。其二。朱蒙結霧，碧海」凝氛，未從横野，先投冠軍。長戟留日，高旗彗雲，勒於鍾鼎，自取」功勳。其三。爰始來歸，保兹閑託，巷通北里，門依南郭。露草行晞，風」楊遽落，忽悲巢雟，俄驚衣鵲。其四。龍輴兮動挽，鳳綏兮開塋，聽參差於列管，望出没於飛旌。煙漠漠而逾晦，月蒼蒼而不明，紀芳」猷於圓石，長播美於佳城。文明元年六月五日。」

（周紹良藏拓本　河南千唐誌齋藏石）

文明〇〇五

【蓋】 失。

【誌文】

大唐上柱國孫君墓誌并序」

君諱通，字德寶，吴郡富陽人也，因徙居洛陽，古今爲縣人」焉。氏曹之興，焕乎方策，瓊枝玉葉，仍不朽於舊吴。祖玄，元」州録事。表淳和之秀氣，擅江漢之英靈，蕭散不羣，昂藏自」得。辯鼠博古，叩之若洪鍾；吐鳳多能，照之若明鏡。父善，萊」州司户。道被海隅，聲馳上國，情田挂月，罩丹桂於崇巖；慮」窟生風，偃青蘋於巨壑。錙銖綺玩，雷霆無以撓其懷；脱略」公卿，宇宙無以塵其性。唯君應半千而秀出，上佐明王；冠」百萬以横行，恒思報國。精開飲石，柳葉碎於金堤；學妙談」狸，繁露光乎書帳。平百濟，勳至上柱國。築室種樹，琴酒□」娱，敦信枕仁，夙恭禮讓。俄而五福無驗，二豎纏災，春秋卅」有八，以咸亨元年五月廿九日卒於私第。夫人韓氏，河南」人也。父素，泗州司馬；贊揚萬里，佐洽一同，勝範清規，禮儀」克著。夫人雲松吐秀，月桂開華，孝行之心，不猶外奬；婦則」之操，出自天然。既而仙鳳雙桐，死生並盡；神龍兩劍，前後」俱終。春秋五十有二，以文明元年六月十四日卒於立行」私第。以其年七月十二日合葬於邙山平陰鄉之原，禮也。」有女脩定，景福寺尼。悲怙恃之長分，痛幽明而永隔，用雕」青石，乃勒銘焉：

珠胎有浦，玉璞有田，簪纓赫弈，冠蓋蟬」聯。衝星辯劒，竊響知賢，百花無驗，五色非仙。青鸞掩鏡，白」鶴辭絃，羅帳有月，熏籠罷煙。邙山隴上，洛浦水邊，青松樹」下，翠石碑前。長辭皎日，永入幽泉，蘭芳肅茂，萬歲千年。」

（周紹良藏拓本 開封博物館藏石）

文明〇〇六

【蓋】失。

【誌文】

亡宮八品墓誌」

亡宮者，不知何許人也。令儀夙」茂，淑德早閑，言從桃李之蹊，選」入芝蘭之殿。炎源亟貿，執貞順」而無愆；福壽已登，在營魄其難」久。春秋卅，以文明元年七月十」三日卒於東都患坊，以其年八」月五日葬於北邙山。典司攸忝，遂」作銘云：

昔歲柔儀，今來遐壽，」託黃泉而永閟，寄彤管而無朽。」

（河南千唐誌齋藏石）

文明〇〇七

【蓋】失。

【誌文】

惟大唐文明元年歲次甲申七月庚戌朔廿」四日癸酉。金」君諱義，字玄，天水人也。祖師，隋任平鄉府校」尉；運籌□冠，撫習三軍；拔戟挾軥，横鋒六陣。」輔上以道，恤下成醪。父傑，先任洛汭府校尉；」弈葉連榮，重暉處官。輔鷹揚於府内，縱賞憂」人；灑温語於兵中，人俱挾纊。以仁以義，其可」悦乎？惟君器宇寬平，敦交益敬，徽芳名於里」閈，列藻質於朝端。任左驍衛翊衛，坐甲裹糧，」待詔金馬。執松筠之性，行恕己之心，懸榻招」賢，虚襟接士。年卌八，七月十四日，因遘纏痾，」卒於本第，葬於北忙山，禮也。可謂紅顔與白」髪俱摧，淑質與瓦礫咸碎。珠沉漢□，璧棄趙」朔，瓜葛連傾，親交再逝，旅旐飛而歸右，轜車」發而悲傷，嗚呼哀哉！痛切心矣！□其詞曰：」

飛旐送去，悲哀丘墓，松檀縈墳，棄新歸故。」

文明元年七月廿四日銘。」

（周紹良藏拓本　河南千唐誌齋藏石）

文明〇〇八

【蓋】大唐故王府君墓誌銘

【誌文】

唐故師州録事參軍王府君墓誌銘并序

君諱岐，字太嶷，太原人也，因官宅土，今爲河南人□。□開」金册，王翦登大將之階；地闢銅梁，王尊下忠臣之坂。心如」鐵石，佐漢表其功，巷轉幡旗，平吴重其策。祖湖，齊直盪正」都督；父子紹，隋竟陵郡書佐；並宏材廣度，碧樹瑶林，雖道」在則尊，而位不充量。君家傳素緒，襲韋相之籯金；才茂賓」庭，有郄詵之片玉。以明經擢第，釋褐施州録事參軍，又授」師州録事參軍。頻綰列扃，累贊外藩，清以臨人，謙以自牧。」方冀永膺多福，克享脩齡，茂遐壽於松喬，光峻秩於槐鼎。」嗟乎！有光原隰，二星之彩甫揚；奄閟泉途，千月之悲遂及。」以貞觀十八年十月廿七日因使終於漁陽郡官舍，春秋」五十五。夫人京兆孫氏，隨州録事之女。箴規合度，琬琰成」姿，卜鄰有□於三遷，作嬪用該於四德。從來晝哭，切龍劍」之孤沉；今日和鳴，隨鳳簫而共去。以文明元年閏五月二」日終於私第，春秋八十二。即以其年八月五日合葬于北」邙山之平樂鄉界，禮也。嗚呼哀哉！乃爲銘曰：」維山之上，控鶴昇仙，邛崍之下，叱馭臨邊。佩刀業峻，守劍」風傳，重門卿士，累葉英賢。惟君降德，濟美無騫，孝友兼致，」温良自然。金門初擢，朱絲遽牽，安乎早位，方期大年。無聞」與善，忽歎歸全，中河墜月，大壑移船。嵩丘華表，邙山墓田，」深松罷日，孤隴多煙，千載之後，生氣存焉！」

文明元年八月五日嗣子神祐書。」

（周紹良藏拓本　開封博物館藏石）

文明〇〇九

【蓋】失。

【誌文】

大唐故徵士皇甫君墓誌銘并序」

君諱鏡幾，字晤道，安定朝那人也。曾祖仲延，」隋南頓縣令。祖珍義，皇朝朝散大夫、資州」長史。父文房，皇朝朝散大夫、太子舍人、洺」州司馬。國華人秀，重規疊□。君宣慈惠和，忠」肅恭懿，體顔冉之德行，富揚班之詞藻。應」詔舉幽素，三府交辟，一時英妙。方登甲乙之」科，奄遘膏肓之疾，麟德二年三月廿五日終」於私第，春秋廿三。夫人瑯邪王氏，苦節貞心，」暉今映古，鸞影孤絶，龍劍雙沉。嗣子恂，夙罹」凶閔，申哀窀穸，粤以文明元年歲次甲申八」月五日同遷祔於洛陽邙山西原先君塋，禮」也。倚門增感，升崗永慕，掩泣濡翰，敬爲銘曰：」

六象鳳鶵，十影名駒，騰華佩實，懷瑾握瑜。方」修良冶，遽閟幽途，杜箴年深，鄒衢歲久。昔分」伉儷，今同箕帚，勒銘沉石，傳芳不朽。」

（周紹良藏拓本　河南千唐誌齋藏石）

文明〇一〇

【蓋】　失。

【誌文】

大唐故亡宮七品墓誌并序」

亡宮者，不知何許人也。擢自」良家，光□茂選，□暌女史之」箴，有禀姆□之□。而閲川難」駐，□露易□，□□九逝之魂，」永愴三泉之痛，春秋八十。文」明元年八月廿□日卒。即以」其年九月廿五□葬於

□□」□□□，乃作銘曰：」
昔□柔儀，今兹遐壽，赴黄泉」而永閟，寄彤管而無朽。」
（録自《芒洛冢墓遺文四編》卷三，據《陜西金石志》補遺上補字。）

文明〇一一

【誌文】上半部殘，如式録之。

夫人程氏塔銘并序」
果東郡東阿人，魏汝」
裔也。若乃道風門慶，」
史牒詳之矣。夫人貞規」
冰融少崇龍女之因，長勵」
託生應化，雖順軌於六塵，」
竟騰身於百竇。以顯慶四」
四日，終於京第，春秋五十有」
明元年十月五日遷葬於終」
袝徹士靈塔安□，遵先志也。其」
意將恐二天地，一山川，敬勒徽」

昭不朽。其詞曰：」

阿女訓，西鄂婦德，貝葉因成，蓮花」陟。巖巖兮神構，沓沓兮靈闕，將畢」而恒存，與終峰而罔極。」

（録自《續語堂碑録》卷三十七

唐代墓誌彙編

光宅

光宅〇〇一

【蓋】失。

【誌文】

唐常州無錫縣令楊府君夫人王氏墓誌銘」

夫人諱俱夷，并州太原人也。自誓淮鑄祉，藉慶」衍其靈長；礪岳疏禎，承基廓其茂緒。三珪代襲，」五瑞縻榮。夫人夙韞含章，素該媛則，一嬪懿族，」四德俱優，竭誠孝於舅姑，罄惇睦於娣姒，主饋」有齊眉之敬，侍巾無反目之嫌，九族推賢，四鄰」挹譽。豈謂神聰爽鑒，天秩睽徵，逐樓鳳而不歸，」託唐駒而永逝。春秋五十七，以光宅元年九月」八日卒於洛陽永豐里宅第，即以其年九月」廿二日權殯於北邙平樂之原，禮也。哀子孝忠」等，痛纏集蓼，感極匪莪，不表松扃，恐迷蒿里？乃」刊貞琰，以紀芳規。其詞曰：」

九畹滋翹，一栿繁衍，慶鍾淑媛，禎符聖善。爰伉」華宗，貞猷載闡，徙鄰慈洽，如賓敬展。筠節未渝，」穠華遽翦，彩湮瓌璞，光韜貴銑。輟相悲凝，循杯」泣泫，雖九霄而魄散，終萬古而名顯。」

光宅元年歲次甲申九月廿三日建。」

（周紹良藏拓本　河南千唐誌齋藏石）

光宅〇〇二

【蓋】失。

【誌文】

唐故著作佐郎孫君墓誌銘并序」

君諱德，字道，樂安人也。粵若三國文馳，經霸吳而作主；十篇□」秘，緯强楚而稱臣。玉軫流音，地岊給幽真之趣；金聲肅韻，天台」表文翰之能。固乃冠冕克傳，才華代襲，焕乎緗簡，可略言歟。祖」舉，齊太原郡守；父章，隋汝州□□令；遊童有識，咸控竹而遵風；」野翟何知，共馴桑而表化。君□乾坤之秀氣，韞星象之精靈。昇」孔父之堂，啓儒門而盡妙；闢周公之牖，履玄肆而窮微。鳳藻開□，」鼓凌雲之逸氣；龜文絢彩，泣□露之芳滋。肇應弓旌，俄登甲第，」蒙授著作佐郎，標令德也。鴻□秘篆，麟閣幽經，悠然寓目，其如」指掌。詞人響赴，若尋桃李之蹊；才子星奔，似入芝蘭之家。以爲」棲鳴蓬嶺，漸翊化於青蒲；豈期景謝棠陰，遽遷神於玄壤。嗚呼」哀哉！春秋五十，卒於私第。夫人連氏，芳儀肅穆，淑質凝閑，既諧」鳴鳳之祥，允叶乘龍之慶。覽七篇而潔己，榮輝母儀；捧四德而」修身，光華婦教。固以福虧與善，早喪所天，鏡掩孤鸞，琴悽寡鶴。」從鄰垂訓，撫孤之惠有方；崩□□慟，追德之心無輟。而朝光吸」露，夜壑遷舟，桂魄空存，蘭姿遂掩。春秋八十有一，終於帷扆。嗣」子處沖，仁深抱棘，孝極餐荼，思□卜兆之規，式遵遷窆之軌。以」光宅元年十月六日合葬於屯留縣西八泉村之南原，禮也。川」陸縈映，崗巒紛糺，白楊悲而寒風起，青松暗兮愁雲積。恐人代」遷貿，丘隴荒蕪，爰勒貞珪，敢爲銘曰：

開吴建業，翊楚標功，千」齡人傑，萬古英雄。聲揚宇外，德擅區中，飄飄逸氣，凛凛餘風。其一。趨馳芸閣，棲息蓬山，金徒催促，玉漏循環。蓮姿碎影，桂質殂顔，」永言同穴，長謝人間。其二。氣序流易，霜露時侵，松門風急，蒿里」烟深。亭亭神識，皎皎靈心，勒銘玄石，永播清音。其三。」

（録自《山右冢墓遺文》）

光宅〇〇三

【蓋】失。

【誌文】

唐故定遠將軍守左鷹揚衛長上折衝上柱國清水縣開國男李公墓誌銘並序」

公諱璿，字道政，隴西城紀人也。自龜川構緒，函關浮紫氣之祥；龍后披」圖，窮岫感白濤之湧。莫不三辰列位，九地標名，聲飛細柳之營，德蔭長」松之下。曾祖詧，齊任鄭州刺史；祖雄，齊任幽州長史；父胡，隋任左龍驤」驃騎；熊軒邐迆，闢彤襜以宣風；鳳閣深沉，奉丹墀而警衛。榮遷列屏，務」總軍戎。惟公崑嶠摛華，漢川流媚，播真詞於鵲野，標壯節於龍垌。心銜」貫日之虹，氣逸剸犀之劍。既而九天飛術，八陣開圖，酌磻溪之六韜，收」穀城之三略，是知官因名進，位以德遷，遂起家，初任飛騎校尉，又任右」武衛太原府長上左果毅都尉，侍衛鉤陳，禦氛欄錡，竭誠警肅，功效□」稱，又詔授定遠將軍、左武衛温陽府長上折衝，單于道討擊大使、上柱國、清」水縣開國男、食邑三百户。移輪凶堞，聳轡戎郊，徵俠窟之雄夫，召良家」之惡少，魚鱗寫陣，鶴翼開營，標勝績於燕山，勒功勳於彝器。重以桐珪」分社，茅土疏封，再光飛將之門，重飾貳師之邑。不謂災生夢奠，禍降泣」瓌，未盡羽林之班，俄照滕城之日。遂以文明元年八月十三日寢疾，終」於軍幕，春秋五十有二。即以光宅元年歲次甲申十月己卯朔十九日」丁酉遷窆於河南縣平樂鄉邙山之陽，禮也。其地則前臨碧洛，却背瑶」河，凜凜松門，悲莫悲兮悲何極；滔滔逝水，凄復凄兮凄不留。終叶兆於」玄龜，降相田於白鶴。嗣子休祥，痛風枝而難静，傷棘葉之崩懷，恐山谷」之將遷，紀芳猷於翠琰，乃爲銘曰：」

青巖孕寶，赤野披瓊，汝陽標頌，隴際飛聲。重峭散紫，疊岫流清，申威萬」里，康化百城。静氛」鳳闕，肅禁」龍庭，運籌王帳，陳列鶴營。榆關息浸，柳谷銷兵，栽梧襲慶，畫閣圖形。存」殁俄隔，循虚若馳，夏練容輿，周披逶迤。山門景蔽，隴樹煙披，唯餘圓石，」長載宏規。」

（周紹良藏拓本　河南千唐誌齋藏石）

光宅〇〇四

【蓋】失。

【誌文】

大唐故瀛州束城縣令宋府君夫人王氏墓誌銘并序」

粤若二儀伊始，靈坤於是育萬物；兩氣聿初，太陰以之調四」序。降三才之秀，人道尊焉；含四德之華，母儀先矣。上則處胎」施教，父母之雅範高馳；下則徙里求仁，孟母之芳猷遠舉。其」有流謙上善，垂母訓於千齡；稟慶中和，成母師於一代。當仁」有屬，其在夫人者歟？夫人諱　字　，本北海劇人，上葉從官，」徙居弘農湖縣，十代祖濬，晉龍驤將軍，自運正璿璣，鳴簫大」麓，□野功班，石砮分茅，大昊之墟。鳳凰于飛，建千乘於滄溟」之曲；鴻鵠聳志，懸三刀於碧落之前。國史詳焉，可略而述。祖」詢，邵州司法；父機，朱陽主簿；并珪璋令望，廊廟奇才，驥伏小」藩，龍盤下邑。夫人含章梃粹，驪川鳳穴之祥；稟秀資靈，月宇」星津之慶。自移天景族，對君子而如賓；履順中闈，奉慈姑而」展孝。德音無斁，謝閤逾清，慈訓有方，曹閨已肅。加以凝神妙」有，睿想色空，劍斷邪山，梁通法海。金文演説，引花線而增誠；」寶塔莊嚴，解珠瓔而不倦。方期輔仁可怙，永保遐齡，而藏壑」難留，俄悲大夜。以永淳二年正月三日終于私第，春秋七十」六，以光宅元年十月廿四日合葬于衡山舊營，禮也。子守玄、守」敬等，哀深陟岵，痛極風枝，叩地無追，號天罔訴。遂乃圖芳紀」德，勒石鐫金，庶存不朽，乃爲銘曰：

若水延慶，姚墟降祥，有」嬀之後，將育于姜。仁基峻極，德派靈長，茂實不墜，遺苗克昌。其一。」載誕溫柔，降生儀令，玉潤牟質，蘭芬比性。內範肅恭，中規」雅正，韶望允屬，德音斯盛。其二。天道反覆，神理虛盈，黃泉鄭隧，」白日滕城。草生馬鬣，塵飛鶴塋，圖芳篆懿，勒此豊銘。其三。」

（古文獻室藏拓本）

光宅〇〇五

【蓋】失。

【誌文】首行石泐，題失。

□□□□□□□□□□□

□□□□□□□□□□□□□□□□□□□□□家焉，今爲□□□」□□□□□□□□□□□□□□□□祥，誕芳苗於邠甸。金秋肅物，□」□□□□□□□□待然則飛鉗辯之威六國而騰英。洎夫握節忠臣」□□□□□□□□不墜，俊傑相仍，國史紬芳，賢良間出，可得言者，其在君」□□□□□□□□別駕；雄姿拔俗，雅操傾時，雖未暢於摶鵬，聯且潛於展」□□□□□□法。學擅生知，文同宿構，妙盡鈞金石之訓，行袪滯璧疑」□□□□□□□□縣令，威息備舉，禮義兼施，方孔政而無甝，娓魯聲而有」□□□□□□□□粹常山，逸價齊於明月，勁節罩於層煙，業擅嬴金，詞標」□□。□聲於紫谷，不充賦於黄圖，凝慮養生，措心延壽，雖潛鳴控地，無那」□□□□，遂得優詔曲臨，授君申州義陽縣令。操刀之術，武城比而慙工；」□□□□，單父媿而謝美。至弘道元年，又加君鄭州新息縣令。公尤嫌利動」□□□□常恐位辱員軀，每擢名纏臣量，令司玉鉉，終非好焉。況齒銅章，議」□□□，□浮竹葉，命嵇吕以交歡；夕泛榴花，契范張而縱賞。方冀恒居昭代，」□□□□豈謂遄驚東逝之波，奄喪南山之壽。君承籍搢紳，志輕簪紱，行仁」□□□□於邦，未遂良圖，遽淪貞魄，嗚呼哀哉！以文明元年四月廿五日終」□□□春秋八十有五。夫人張氏，漢丞相之遺胄，晉司空之遠孫，地極膏腴，」□□□□早閑爲婦之道，夙曉事姑之容，舜態韶華，蘭儀卓絶，貞心孤映，慧」□□□。□□三從之懷，俄結九泉之痛，以文明元年五月廿四日終于館舍，」□□□□□□三，即以光宅元年歲次甲申十一月戊申朔二日己酉合窆于」□□□□□四里嘉泰鄉之平原，禮也。息同吉等，防雷積戀，惕露興哀，顧欒」□□□□，□伊蒿而泣血。恐年來歲往，谷徙陵移，刊徽號於貞琰，庶無絶於」□□□□」□□□□，□□慶緒，降祉軒臺，頽祥華渚。詞彰漢策，道融秦語，令譽日宣，嘉」□□□。其一。□□淑哲，禀性奇瓌，墨綬徒屈，丹誠不迴。空餐石髓，未踐金臺，行」□□□，□□□摧。其二。忽奄生涯，俄歸厚夜，習吉靈兆，將巾塗駕。相絶鄉鄰，哀」□□□。□□如在，儀容已謝。其三。自古合葬，非今獨彰，哀笳縱響，霄燧沉光。風」□□□，□□□行，勒真徽於翠琬，庶永誌於玄堂。其四。」

（録自《金石苑・蒐古彙編》卷十八）

光宅〇〇六

【蓋】失。

【誌文】

大唐故銀青光禄大夫尚書左丞盧君夫人李氏墓誌銘并序」

夫人諱灌頂，隴西成紀人也。述夫上德不德，咎繇爲踵德之師；玄之又玄，」老子釋重玄之妙。道德斯著，功名載立。將軍猿臂，掃北地之風塵；校尉龍」門，表東京之貴盛。金柯玉葉，固蒂而深根；茂實英聲，天長而地久。雖高門」令族，國史家諜詳焉；而列爵崇班，抑可略而言矣。曾祖裦，齊驃騎將軍、東」徐州刺史；武包七德，文贍九功，横鐵石而爲心，杖風雲而作氣。周□王之」命將，兆發熊羆；漢武帝之封臣，官開驃騎。堯分五服，諸侯當北面之榮；禹」别九州，列邑跨東徐之壤。祖子布，齊陽平郡守；六條整俗，千里移風，龔渤」海則刀劍雙捐，黄潁川則鳳凰羣集。邪谿舊老，贈錢銜劉寵之恩；蜀郡名」儒，立廟仰文翁之化。父德倫，唐襄州荆山縣令；人非百里，地是一同，」誠俗阜而難調，固才高而易化。陶泉明之宰縣，對酒多閑；虙子賤之臨人，」彈琴無事。夫人婉而能順，卑以自居，當卦象而成離，在剛柔而曰地，寒朝」望雪，貌飛絮之春來；静夜聞琴，知雅絃之暗斷。其顔如蕣，惜朝景之潛移；」惟摽有梅，及良辰而作配。年甫十七，嬪于盧氏。好仇君子，覯止良人，内則」克諧，陰儀載睦。松蘿有託，歲寒無改節之心；桃李不言，春夏有成陰之地。」方期祚隆偕老，義篤平生，得金夫之利貞，齊玉樹之難朽。豈謂梧桐半折，」早分生死之柯；寶劍悲鳴，終作雄雌之會。粤以永淳二年八月廿四日遘」疾，薨於神都德懋里之第，時年六十有四。遂以光宅元年歲次甲申十一」月乙酉朔十三日辛酉祔於邙山平樂鄉之先塋，禮也。嗚呼！黄泉地隔，白」日天高，常娥得奔月之期，神女斷行雲之路。李夫人之舊像，此日難逢；崔」少府之幽期，何時重合？其銘曰：」

天尊地卑兮剛柔絶，一陰一陽兮男女别。小往大來兮泰道平，夫婦夫婦」兮人道成。有一人兮信爲美，配良人兮耦君子。卦兆合兮鳳凰開，束帛流」兮羔雁來。百兩歸兮三周畢，桃李逕兮芝蘭室。心其堅兮如膠漆，調克諧」兮比琴瑟。四序環兮始且終，百年人兮有復空。黄泉路兮無春日，白楊樹」兮多悲風。」

（周紹良藏拓本）

光宅〇〇七

【蓋】失。

【誌文】

唐故朝散大夫行洛州偃師縣令高君墓誌銘并序」
君諱安期，字嗣宗，渤海人也。瓊構鬱盤，聳天齊之峻趾；璿源浩蕩，縈渤澥」之長瀾。而有揭石投人，載光餘勇；持竿護烏，式驗專精。況乃文藝可稱，遽」□六奇之贈；方術爲美，促罷三部之官；人物由其有歸，家聲以之無替。輝」映圖諜，詎假揄揚。曾祖頰，隋尚書左僕射、上柱國、齊國公，皇朝贈禮部」尚書、上柱國、郯國公；崇標岳立，濬宇川渟，爲八座之羽儀，成九流之准的。」祖表仁，隋大寧公主駙馬都尉，渤海郡開國公，皇朝尚書右丞，鴻臚卿，」□、涇、延、穀四州刺史，上柱國，郯國公。高情張日，爽氣橫猋，登棘署而馳英，」脩□竹符而走實。父昱，前中大夫，守梁州刺史，上騎都尉，安德縣開國男。」典名藩，薦流芳問，熊軾致褰帷之美，隼旟□露冕之榮。君丹穴騰姿，青田」矯翮，寧□栝羽，不俟琢磨。佩觿之年，已有成人之□；□賓之日，還□逸郡」之望。起家梓州參軍。初泳龍津，始登鴻陸，雖居下□，克播英徽。秩滿，遷趙」州司兵參軍事。式奉六條，爰祇一命，道光時選，譽重甿謳。尋遷大理寺司」直。黄沙有裕，丹筆無冤，乘思冥棘之林，盡美詳梧之地。俄授朝散大夫，行」洛州偃師縣令。製錦多奇，鼓舞一同之化；彈絲勿爽，激揚三異之風。□履」包舉於菜蕪，聲華并吞於亢父。酌太丘之故事，珠宿多慙；揆彭澤之前蹤，」金翹已劣。孰謂攝生無術，積瘵有時，伏枕纏乎百憂，奠楹紛乎一夢。西山」訪藥，罕致神仙之道；東川閱水，空悲□夕之流，以文明元年四月廿八日卒」於道化里，春秋四十有七。即以光宅元年十一月十九日葬於北邙之山」金谷之鄉，禮也。嗟乎！策名昌運，□昇中秩，將摶□萬之風，遽見三千之」月。幽明阻絶，徒結欷於巖阿；陵谷貿遷，遂勒銘於泉室。其詞曰：」

天齊峻趾，渤澥長源，人物攸繫，簪裾實繁。七侯三主，鶴蓋魚軒，庭羅棨戟，室茂」蘭蓀。其一。蘭蓀伊何？君其人也，渾金朴玉，風流儒雅。□窟談雞，詞場喻」馬，鴻陸之上，龍津之下。其二。九流徇跡，一命馳聲，式奉千里，爰祇百城。志惟」儉約，操首廉才，棘寺稱美，桐鄉謂明。其三。始陟通班，俄嬰固疾，駐齡安奇，返」魂無術。東川閱水，西巖落日，遽隔明時，聿□幽室。其四。行驂顧慕，飛旐縈」紆，□□埋玉，哀□□□，松檟風煙。四時有榮□歌□□年無紀玄石於泉」□□□□□□□于□

光宅元年十一月十□□」

（北京圖書館藏拓本）

光宅〇〇八

【蓋】　李夫人墓誌銘

【誌文】

大唐孟君夫人李氏墓誌銘并序」

夫人諱娘，隴西人也。夫人外明隨賓，」內潤和瑶，道架萊嬪，光浮梁室。蘊四」德之奇節，苞六行於英襟。豈謂風炬」難留，藏舟易遠，忽以光宅元年十月」廿五日終于洛陽縣毓財坊之私第，」春秋六十一。

即以其年歲次甲申十」一月戊申朔廿五日庚申殯於邙山」之陽平樂鄉之界，禮也。恐青山作礪，」碧海成田，勒玆玄石，當記黃泉。銘曰：」

形霄十等，勞生百年，終歸厚地，徒問」高天。夜臺歲月，秋樹風煙，朱城路遠，」□□□玄。」

（周紹良藏拓本　開封博物館藏石）

垂拱

垂拱〇〇一

【蓋】 失。

【誌文】

唐故昌平縣開國男天水趙君墓誌銘并序」

君諱□，字承慶，故豐州都督、南康公孫，左□」禦率之次子。夫晉卿洪胤，御戎之茂烈攸伸；」漢將遺靈，命武之芳聲載闡。君乃昌源異態，」茂族奇姿，志氣修而道藝弘，和順積而英華」發。纔踰弱冠，甫及登朝，屬高宗厭代上仙，」皇極纏哀卜遠，式崇嚴衛，擢授挽郎，俄封昌」平縣男，曾未踰朞，旋嗟怛化。以垂拱元年正」月十三日薨於私第，春秋廿有三。痛深顧復，」慘貫友于。眷復生涯，遽延爵於恩澤；慨斯」泉室，良未偶於幽閑。粤自冥途，爰求勝族，□」婚劉氏，結影夜臺。夫人即隨州刺史之□女，」葬於邙山，禮也。雖德音無昧，而桑海屢遷，既卜」兆於青烏，須勒銘於翠琰。其詞曰：」

北邙山下，東路城邊，黄河一曲，白日千年。賜耿之後，纂帝其先，新合二族，冥交兩賢。猗歟」顯德，燕爾幽泉，一諧琴瑟，萬古蘭荃。」

（周紹良藏拓本　河南千唐誌齋藏石）

垂拱〇〇二

【蓋】失。

【誌文】

大唐故將仕郎孟公墓誌銘并序」

公諱仁，字義，其先清河人也，因官遷徙，今爲洛陽人焉。原夫鼎緒疏基，」孝德彰乎茂華；金宗析胤，政化表於還珠。莫不烏弈汗青，葳蕤銀帛，詳」諸家牒，可略而言矣。曾祖顯；祖緒；父義，任將仕郎；並履仁爲郭，懷義成」巢。所謂百行垂芳，擅一時之秀傑；九德疏美，標累葉之英髦。惟公比德」璁珩，稟靈川岳，滋味經籍，嘯咏煙霞。加以神府該明，湛黄陂而鑒俗；靈」臺映徹，懸樂鏡以光時。於是晦迹陶門，銷聲蔣徑，偃南郭之几，則萬物」可忘，遡北窗之風，則三皇不遠。可謂德義重者而輕王侯，志意立者而」驕富貴。此乃達人之所尚，惟公之嗣焉。方期積善有徵，與金石而同壽；」輔仁斯驗，將松竹而齊貞。不意閲水長瀾，遽滔滔而東逝；奔曦迅轡，遂」冉冉而西頽。粤以龍朔三年正月十二日終於上東之鄉私第，春秋五」十有　，嗚呼哀哉！夫人南陽張氏之長女也。履柔居德，體順閑儀。徙門」標賢，佩六行而垂範；闖門流誡，苞四德而疏芳。遽而金魄飛空，迥落恒」娥之影；珠星麗漢，遥沉婺女之輝。春秋卌有　，以龍朔二年七月廿日」卒於上東鄉之第。第二子彦則，任通州通川尉；第」三子任陪戎副尉，第四子彦昉等，幼禀義方，夙趨庭誥，感風樹之不靜，踐秋霜而罔極，粵以」垂拱元年歲次乙酉正月丁未朔廿六日壬申子合祔於洛州洛陽縣」平陰鄉邙山之陽，禮也。九原膴膴，方成武庫之基；千載綿綿，遽掩滕公」之室。庶使方塼餘紀，共蘭菊而同芳；圓石遺文，與天地而齊久。其詞曰：」

弈弈金宗，巍巍鼎族，煥彼緹素，詳諸簡牘。陰德潛祉，高門演福，君子誕」生，禀靈岳瀆。不染塵滓，不汙榮禄，狎性煙霞，栖貞巖谷。一辭名利，長淪」過軸，齊潔虹琟，比貞龍竹。其一。婦容擅譽，姆教裁規，玉輝方折，珠媚圓畸。」履柔凝範，體順閑儀，四德流懿，六行無虧。莊樓月落，鏡匣星移，霜飛玉」碎，露泣珠危。哀纏驥隙，痛結風枝，勒三泉而紀範，庶千秋兮有知。其二。」

（周紹良藏拓本）

垂拱〇〇三

【蓋】失。

【誌文】

大唐故强山監録事成公墓誌銘并序」

若夫蹈禮依仁，扇芳徽於天下；羽儀千古，餘慶彰於」後昆。故宣父魯之陪臣，于公漢之廷吏。探翰藻之幽」邃，入文府之奧隅者，其唯成府君乎。君諱德，字運，有」周之苗裔，弘農人也。曾祖備，南陽太守；祖㥶，汾州長」史；父寬，函州司鎧参軍。君以鼎族承家，簪裾帝世，瑚」璉之量，汪汪如萬頃之陂；台輔之姿，聳聳若千尋之」巘。文峰擊射，上干牛斗之精；筆海雄宏，下括鯨　之浪。」鑒與南金等照，質與荆玉參貞，孝悌發於生知，仁恕」表於天縱。俄而逝川東徙，白日西傾，遘疾彌留，隤然」掩曜。咸亨元年十一月十八日，終於洛城。即以垂拱」元年歲次乙酉二月丁丑朔八日甲申遷窆於邙山」之原，禮也。前臨洛渚，頻驚帝女之鴻；却負榮河，永瀉」龍門之竹。青烏洽兆，白鶴標塋，嘶馬與哀鐸齊鳴，鐃」響與薤歌同韻。胤子給事郎、行宮闈丞弘意茹泣荒」庭，含酸隴阜，對風枝而喪魄，覿薤露以崩心，刊貞石」於泉途，俾芳猷而永播。其銘曰：

周晉盛族，公侯子」孫，如蘭之馥，如玉之温。爰在大唐，公實作貞，文華獨」秀，誕發韶齡。孝悌篤誠，起於岐嶷，未鏤已雕，不扶而」直。生爲物始，死乃身終，用刊貞石，以誌玄宮。」

（周紹良藏拓本　河南千唐誌齋藏石）

垂拱〇〇四

【蓋】失。

【誌文】

唐故上柱國張府君墓誌銘并序」

□諱貞，□□師，河南洛陽人也。昔帝軒氏之官正位烈□□□叔氏之子孫仕」爲司馬，用能匡諧霸道，闡演帝圖，君臣和而宗族安，□□□而軒□□。遠則天」文錯絡，降星象之精靈；近則人事飄飖，出崑嵩之□□。□鸞鳳峙，圖□□可以」紀其功；麟降免悲，翰墨不足以書其事。曾祖業，隋大司農、銀青光禄大夫、晉陵」郡守；神韻特秀，文武奇姿，其於地，則嚴嚴峩峩，氣擁嵩高之茂；其於天，則粲粲」□□，光連太白之星。□□西河，著仁恩於郡守；名高北海，赴□□於司農。祖洪，」相州安陽令、鄆州長史；機神特授，器宇非常，來去乘梟，□王喬於葉縣；□從□」轍，□吴□□□□。義味不□，□王澄而未許；清談見□，□桓温而多奇。考□，金」玉生光，芝蘭播□，確乎不拔，卓爾無階，損之又損，非□□□。光孝友於家室，孔」宣尼之立政奚□；□仁義於鄉閭，嚴君平之爲人正尒。君則地靈天骨，□□風」藹，生而有才，高擅洛陽之價；幼便多識，寧暫江夏之名。隱不違親，貞不絶俗。食客三等，□田文之□□；□幕千株，似石崇之好事爾。乃開別業，敞閑居，碧溜縈」迴，蓮峰欝起，□□數寸，之可以栖息烟□；□□半尋，□可以翔集梟雁。春歸亭」子，詠春草於池塘；秋□林園，把秋花於籬院。朋遊若市，□從如雲。加以志烈忠」貞，心懷耿介，至憤風雲之氣，思酬造化之恩。屬遼□□海隅有事，君乃潛設」□策，坐致良謀，□□□而興軍，便似泛舟之役；逗蓬萊而委運，□聞經國之勞。」天帝□□□□恩詔授上柱國。遂乃婆娑閭曲，縣□□儒，慠誕里閭，闡子弟」之模楷，□□朋之領袖，爲英俊之傑豪。悲悲哉哉！門人請禱，未聞夫子之容；朝」列懷□，□□莊周之夢。以垂拱元年二月廿一終於故□□□□之私第，春秋五十有九。嗚呼哀哉！重□風□□□行瑰琦，縱横之志未□，□□之道不墜，」彼天何負，殲我良人，粤以其年□□廿八日葬於邙上之嶺，禮也。長子□□，思劬勞之愛，類曾子之絶漿；憶陟岵之悲，等高柴之泣血。仍恐丘陵□□，□□□」騰，勒此□銘，□之不朽。其詞曰：」

惟天與善，惟嶽降神，名高東晉，譽重西□。□□川□，光貫星辰，今□□□，□代」無人。其一。挺生才子，抑揚人傑，學劍懷書，既□且烈。山泉縱賞，蓬萊塹□，□□烟」霞，莫味風月。其二。嗚呼哀哉！二豎俄催，溘從朝露，長歸夜臺。風□寡色，林□增哀。」此時相送，呼君不來。其三。丘壠從横，唯棘與荆，朗月空照，流波罷聲。東海桑田，高」阜復已平，人何代而不故，代何人而不生。其四。暉暉白日，皎皎素月，須爾今辰，俄」成古歲。松風夕悲，薤露朝歇，千祺□□，九族永别。」

（周紹良藏拓本）

垂拱〇〇五

【蓋】失。

【誌文】

大唐洛州河南縣故張夫人墓誌銘并序」

夫人諱貞，字無醜，南陽白水人也。晉司空華之後。祖」壽，隋鷹揚郎將，幼揭奇靈，壯標雄略；父才，賁帛不行，」履素無闕。夫人年十四，偏喪所恃，奉存追往，絶而復」續。嚴父繼母，譽動人倫；惠下恭上，德成閨闈。及從箕」帚，主饋稱勤，載歸定省，含喜就養。優遊清敏，美該六」行；婉嫕貞順，義光四德。親表娣姒，恩以相推；枝葉子」孫，敬而同悦。既而扶輝晉景，遽淪光於昧谷；蕣華飛」彩，俄碎影於芳林。大唐垂拱元年二月廿五寢疾，終」於思恭里舍，春秋五十四。太歲乙酉三月景午朔十」六日辛酉窆於河陰鄉邙山之左，禮也。恐陵谷貿遷，」音徽冥寞，式鐫貞琬，垂芳夜壑。其詞曰：」

黄神奄有，博望鑿空，星文上澈，兵法潛通。金貂侍漢，」寶劍横酆，地靈無歇，神道方融。其一。仿佛貞姬，窈窕淑」女，洛濱拾翠，巫山行雨。粉白黛黑，清歌妙舞，雁起鳴砧，」蠶稀弄杼。其二。禮稱侍櫛，易曰承筐，金翠煒煒，環珮鏘」鏘。參差荇菜，潄濯衣裳，娥奔月魄，婺墜星芒。其三。郭門」之外，邙山之隈，紅塵埋没，白日徘徊。寂寞蒿里，荒涼」夜臺。百身永謝，千祀悠哉！」

（周紹良藏拓本　開封博物館藏石）

垂拱〇〇六

【蓋】　失。

【誌文】

唐故處士張君墓誌銘并序」

君諱護，字懷儼，南陽白水人也。軒轅氏之後，因宦今」貫伊闕縣焉。夫華宗慶遠，」三爵啓基；後族紛綸，」五侯」承胤。此可略而言也。曾祖廉，隋任益州録事參軍；祖」璉，隋任懷州司户參軍；父濟，唐任同州參軍；並茂範」英聲，昭彰彫篆，羽儀訓俗，抑揚當代。惟君禀自幽閑，」心存雅素，性惟清溺，志列冰霜。但以隙駟難留，與逝」川而長往；奄從風燭，狀秋葉之辭柯。嗚呼哀哉！粤以」垂拱元年四月八日卒於東都私第，春秋六十有七。」即以其年歲次乙酉四月景子朔廿七日壬寅窆於」洛州河南縣平樂鄉界北芒之陽，禮也。哀子顯觀等，」勞悴之感，痛甚風枝；惸獨之悲，摧如霜葉。鐸鳴哀響，」雲慘風悲，仕庶悽傷，人懷鬱結。加以前　伊洛，信逝水」之不停；後望平原，故叢林之不絶。號聲擗踴，其悔難」收，雖復噬齊，終無能及。嗚呼哀哉！乃爲詞曰：」一代英奇，不終遐壽，何期竹栢，忽彫蒲柳。魂歸異壤，」煙生壟首，勒此徽猷，千齡靡朽。其一。朝風漸冷，夜月方」明，望峰落淚，聽鳥心驚。山□寒□，樹□□聲，□埋珪」玉，永别佳城。其二。」

垂拱元年歲次乙酉四月景子朔廿七日壬寅。」

（周紹良藏拓本）

垂拱〇〇七

【蓋】失。

【誌文】此志原爲垂拱元年乙酉六月乙亥朔廿二日景申，被人將首行「唐」字改「隨」，文中「貞觀」字改「開皇」，「垂拱」字改「大業」，歲次「乙酉」改「甲戌」，「乙亥」改「辛未」。茲將改鑿字作方圍。

大隋故朝散大夫行大學博士賈府君殯記」

君諱玄贊，字沖思，廣川人也。昔談高宣室，芳譽聞於才子；」狀寫雲臺，雄業垂於列將。文武不墜，亦何代而無之，故以」詳諸史諜，今可略而言矣。曾祖賓，齊襄州率道縣令；陳仲」弓之德望，位止太丘；密子賤之徽猷，名高單父。瞻言往烈，」我實兼之。祖演，隋齊王府文學；父公彦，」皇朝朝散大夫、行大學博士、弘文館學士；並道蔚人宗，行」成物範，或參榮鳳邸，陪後乘而表時英；或敷訓鱣庭，輔前」脩而傳代業。君家聲漸慶，門德資神，方弘絳帳之風，自得」緇帷之道。開皇十有八載，齒胄庠門。廿一年，以明經擢第，」初任洛州博士，尋除大學、國子等助教，又遷大學博士及」詳正學士。嗣聖初，授朝散大夫、行大學博士，仍於弘文館」教王子讀書。器則瑚璉，材爲廊廟，非忠孝之典不窺，非仁」義之規不習。德光遐邇，譽滿親朋，金籯照於邦國，玉昆映」於朝野。未申隆棟之材，遽結壞梁之痛，大業十年六月七」日終於神都時邕里之私第，春秋六十有一。即以其年歲」次甲戌六月辛未朔廿二日景申權殯于河南縣王寇村」之西北原。柳謚斯在，史殯俄遷，佇滕室之方開，慮鄒衢之」莫辯。乃爲銘曰：」道亞鄰幾，神照知微，蘭風已扇，薤露俄晞。五百一賢，瞻德」音而遽遠；七十二子，仰餘訓而何依？」

（録自《芒洛冢墓遺文四編》卷三）

垂拱〇〇八

【蓋】失。

【誌文】

大唐故處士河東柳君墓誌銘」

君諱偘，字承茂，河東解人也。昔周文公之子孫，象賢始乎喬木，魯孝侯之緒秩，」得姓因乎菜地。大夫從政，禮重於衛君；太守剖符，名流於漢室。曾祖慶，後魏驃」騎大將軍，開府儀同三司，兼司會尚書，左右僕射，後周萬、宜二州刺史，京兆尹，」大冢宰，平齊公，謚曰景。和平邦國，賁亮天地，萬人有命，懸於將軍；百官象物，聽」於冢宰。祖機，後周內史，車騎大將軍，隋少宗伯、納言、太子宮尹、開府儀同三司，」建安公，謚曰簡；稷偰分職於唐虞，裴王策名於魏晉。賀循以勞□之德，初拜九」卿；羊祜以佐命之勳，始同三事。父逖，」皇朝屯田職方二郎中、散騎常侍、泉州刺史、上柱國、樂平縣開國公；入參臺省，」粉壁青縑；出總班條，朱輪皂蓋。東京柱國，弈代相輝；西漢列侯，承家不隕。君即」樂平公之第三子也。籍山河之慶緒，體金木之上靈，天才英博，智謀深遠。明珠」若彗，入魏國而照車；利劍如霜，在豐城而衝斗。若夫爲子之道，事親之方，置之」而塞乎天地，敷之而横乎四海。生竭其養，積粟七年；没盡其思，高堂九仞。此則」君之純孝也。鶺鴒興歎，花萼陳詩，鄉里歸其德，僚友稱其悌。兩兄未仕，讓公府」之辟書；二子無衍，感齊王之赦令。此又君之雍睦也。君子之室，同心之言，經□」寒而不改，歷夷險而彌固。貧交一見，定吴祐於賃舂；死友言歸，藏趙岐於複壁。」此又君之善交也。攝囊聞道，負笈從師，見辰極於閬風，養蛟龍於積水。千門萬」户，漢后訝其多材；八索九丘，楚王知其博識。此又君之强學也。然後德成爲上，」道在斯尊，拂衣名利之境，濯足煙霞之外。天子欲致而無從，諸侯請交而不可。」名爲處士，當少微之四星；是曰賢人，連大雲之五色。與老莊合其德，與巢許同」其波。嗟乎！五十之年，忽焉已至；道惟隆煞，謂今是而昨非；數有窮通，方盡性而」知命。春秋六十七，奄疚終于南陽穰縣里也。梁鴻至士，死矣何歸？高鳳時賢，悲」哉無及。妻杜氏，即撫州刺史獎之長女也。孀閨曉泣，非無穆伯之悲；徙宅延慈，」並有平輿之稱。第二息始州黄安縣丞崇約等苴庭瀝血，訓感於鑿楹；蓼徑銜」哀，悲纏於陟岵。粤以垂拱元年七月廿一日遷窆於洛州北芒之原，禮也。滕公」石室，不獨表於佳城；槨里孤墳，豈長銘於露寢。其詞曰：」

彼汾一曲，長河千里，爰有高門，克生君子。佩服仁義，激揚文史，落落風生，軒軒」霞起。閨門孝悌，朋友温良，信横金石，節貫冰霜。不交當代，不事侯王，天降不永，」人之云亡。右庚辛，左甲乙，筮言從，龜言吉，嗟先生，居此室。」

維垂拱元年歲次乙酉七月乙巳朔廿一日乙亥。」

（河南千唐誌齋藏石）

垂拱〇〇九

【蓋】 失。

【誌文】

大唐故泉州刺史樂平公孫柳君墓誌銘并序」

君諱永錫，河東人也。魯桓□首，肇冕之高門；士師析木，啓河汾之令望。積」仁積智，直道紀其家風；爲孝爲忠，左殯彰於國史。曾祖機，後周内史，車騎」大將軍，隋少宗伯，納言，太子宫尹，開府儀同三司，建安公，謚曰簡；祖遜，」皇朝屯田、職方二郎中，散騎常侍，泉州刺史，上柱國，樂平縣開國公；入則」金鏵映首，出則銅虎握符，並亞中台，俱傳上國，神情秀起，逸韻孤騫，荷戟」參幾，曜鋒芒於武庫；良玉比德，疊珪璧於藍田。父偘，郄桂孤生，稽松直上，」指商山訪道，不向漢朝；臨潁水而尋真，將辭克命。素琴明月，濁酒清風，成」野客之賓朋，得幽人之會友。三千達運，作天地之一賢；五百膺期，爲帝王」之十哲。君則公之第三子也。鼎門效祉，珠岸流輝，建木千尋，靈陂萬頃。弘」言避席，横地紀而揚芬；花萼因依，照天經而開範。豈獨牽車趙喜，直流芳」於往時；共被姜肱，不傳榮於兹日。輪轅言在，方遊習郁之堂；組織不殊，洎乎温席扇枕之暇，耕耘荷插之餘，踐」仁義之場，履文章之域。

還入馬卿之」室。故得響超鳴鶴，名越士龍，總級冢以探微，窮茂陵而索隱。文山迢遰，峰」巖懸十日之輝；筆海深沉，波浪起五雲之色。雖復羽鱗將就，候搏扶而息」南溟；雲雨未騰，待濤而之北海。嗚呼！豈圖年已登於主簿，祿不逮於□儒，」爰虧積善之徵，忽孕禍盈之兆。春秋廿有四，奄疢終於南陽穰縣里也。即」以垂拱元年七月廿一日葬於洛州北邙之原，禮也。長兄崇約等，痛深手」足，恨切陟岊，爰刊易繇之辭，卜連山於宅兆。延陪陵寢，即在洛城之東；周」覽帝京，更似邙山之北。其銘曰：」

太嶽虧天，長河括地，伯禽開國，公孫命謚。舄弈珪組，蟬聯簪珥，魯惠垂仁，」衛莊流懿。其一。將軍旗鼓，刺史旌旃，牙門疊映，棨戟雙前。龍生翠渚，鳳出丹」田，瑤昆珠甸，必産璣琁。其二。箕潁吐精，少微流渥，挺生君子，澄陂峻岳。道廣」忘機，材高絕學，層峰累仞，逾高逾邈。其三。西州石折，東魯梁摧，仙人棺下，京」兆書來。俄辭白日，遽掩玄臺，伯牙弦絕，田橫曲哀。其四。悽愴丘隴，徘徊原隰，」地向墳孤，松深秋急。馬鬣纔封，鯨燈亟戢，千年兮萬古，風悲兮露泣。其五。」

維垂拱元年歲次乙酉七月己酉朔廿一日乙丑」

（周紹良藏拓本　開封博物館藏石）

垂拱〇一〇

【蓋】丁君之銘

【誌文】大唐故登仕郎丁君墓誌銘并序

君諱範，字師則，其先譙國譙人也。昔黄星掩祚，玉馬昇戎，歷宦前朝，因」家河洛，今爲洛州河南人也。自禹平水土，南陽建宛社之封；周徙邠岐，」東瀛應非彲之兆。海媛悲而尚父用，侯伯征而丁公立。而神仙胤裔，馭」白鶴於遼城；尚主才雄，耀金蟬於魏國。曾祖儀，後魏虞部侍郎、北豫州」刺史。職列郎官，望參喉舌，分武符於露冕，祈羽蓋於專城。祖順，齊寧遠」將軍。朱暉弱歲，即有雄心；鄧艾齠年，便知兵法。青龍踐位，爰登上將之」壇；蒼兕聯營，即受中軍之律。圯橋星略，子房之事業可追；廣漢兵圖，孔」明之龍蛇在目。祖君逸，周州都主簿。振響鳴皐，昇簪緝務，肅清總局，藩」采許其嚴明；光贊雄州，刺舉資其推擢。君風神動物，器局驚人，對日之」齡，雅好柔翰，觀檻之歲，頗獵羣書。至於墨化圓池，縑濡健筆，起騰猿於」札杪，驚反鵲於毫端，既窮雲露之姿，用極蟲魚之勢。弱冠知名，召補蘭」臺書手。不唯草聖，獨許張芝；孰云善隸，見推程邈。每國有綸册，命君」濡翰，累侍簪槖，有簡帝心，詔授登仕郎。趙岐有學，未駕華軒；顔子多」才，先歸厚夜。嗚呼哀哉！嗟乎！嵇生可養，追上壽於何階？莊涯若浮，痛中」年之莫駐。遼東之城闕空是，漢陽之陵谷易遷。以上元二年五月十五」日寢疾，終於思恭里舍，春秋四十有九。青烏未兆，權閟玉於龍門；玄龜」告期，版高臺於馬鬣。即以垂拱元年歲次乙酉十月癸酉朔十二日甲」申遷葬於邙山之高原，禮也。竹林永往，悲涼鸜鵒之盃；蘭亭不追，悽斷」蛟龍之筆。嗣子敬賓等，悲深扣壤，痛極捫天，式紀貞砥，永揚徽烈。其詞」曰：

昔在方嶽，光啓夏庭，璜浮渭曲，樓悲海靈。殷道斯替，姬業以寧，」錫征惟爽，命氏實丁。其一。闢簪接武，軸組聯華，高冠長劍，列國承家。鴻□」就駕，魚足圖車，天延地久，代邇人遐。其二。半千應期，挺生君子，仁義自天，」詩書閲市。辯發懸河，瓊飛落紙，形識雙化，人琴俱死。其三。塋遷伊瀍，宅兆」崇邙，徒悲四選，空歎千霜。望高碑而淚下，登孤隴而神傷，泉窅窅兮何」□，夜漫漫兮未央！其四。」

（河南千唐誌齋藏石）

垂拱〇一一

【蓋】失。

【誌文】

唐故洛州肥鄉縣令張公墓誌銘」

若夫含五靈者鳴□，」迴翔金穴之山；藴雲雨者神虯，蠖屈玉泉之水。騰輝閬苑，不爲」抵鵲之譏；秀氣斗牛，不被割雞之屈。婆娑桑梓，放曠百齡者，其」惟我張公乎？君諱濟，字幹，南陽白水人也。受黄軒之靈派，激珠浪」於天津，稟晉輔之英華，折瓊芳於月樹。契通黄石，留侯爲赤帝」之師；識辯紫雲，司空任化龍之相。昭彰史籀，焕可詳矣。祖仁，風」神肅爽，志度恢弘，周任相州安陽令。父昇，英風謨略，爲領袖於」搢紳；詞藻縱横，獨逸羣于朝野。授丞議郎、滑州酸棗縣丞。公孝」友基身，文華藻性，偏攻語默，玄鏡機微，晦迹隨時，諭王君之知理」亂；觀風聆樂，若季子之鑒存亡。豈如魯酒不施，穆生方逝；」漢臣」懷忌，疎廣言歸。公遂隱耀驪泉，韜奇鳳穴，全真竈北，遁影牆東。」既而五星入井，秦亡而漢興；兩日重明，殷滅而周熾。聖唐載張乾極，重」紉坤維，公晚棄商辛，似箕子之歸鎬；早投光武，若伊尹之奔湯。」授公相國府朝散大夫、檢校行臺事。公既奉義旗，辭不獲免，一騫鳳野，載」定龍川。

洎乎戎衣大定之秋，褒賞册功之日，公乃私歸故里，畢志丘園。」四皓難追，獨縱南山之樂；介推避賞，徒旌綿上之田。辟命頻加，竟不」奉詔，版授慶州華池縣令。公温潤自將，顯晦雙得，西園月上，雕龍」之友雲飛；東閤春開，鶴蓋之賓霧集。尤明釋典，洞曉諸墳，弱冠之秋，」含豪於風雅；知命之歲，寂入於真如。春秋八十三，卒于私第。夫人賈氏，」輔仁於君子，終嬪於夜臺。粤以大唐垂拱元年歲次乙酉十月癸酉朔十二日甲申合葬」長子城西北一十五里平原，禮也。恐陵谷遷移，泉扃紀德，其詞曰：」

白水之精，帝軒之胤，作天之柱，爲地之鎮。留侯佐漢，司空輔晉，」暉焕珪璋，蟬聯符印。其一。歲窮龍晦，城毁鵲飛，牆東遁影，竈北潛」暉。俄次白日，永閟泉扉，百齡君子，千月何之。其二。」

（周紹良藏拓本）

垂拱〇一二

【蓋】失。

【誌文】

唐故宋州録事爾朱府君墓誌銘并序」

公諱旻，字玄靖，河南洛陽人也。原夫金微北峙，玉塞南分，峻阯極□，」長瀾紀地。考其曾系，標盛德而割山河；稽諸遠葉，表殊庸而錫茅土。」自□厥後，人物載揚，並備列圖書，故可略而言矣。曾祖敞，博陵王嫡」子，隋金、徐二州總管諸軍事，金、徐二州刺史，邊城郡開國公。祖休最，」隋靈壽縣開國公，又除親衛大都督，轉任豫章王府司馬，襲封邊城」郡公。父義琛，唐同州長史，太僕少卿，工部侍郎，大理正卿，定州刺史。」並公子王孫，有才有命，或飛聲粉署，或緝譽棘司，撫千里而建旟，宣」六條而露冕。惟公中和延祉，上德凝神，北溟産其逸翰，東道標其駿」骨。天機性與，神用生知，王佐英才，公門盛緒。爰從地望，執戟天庭。考」秩既終，式陪英選，釋褐授公江王府兵曹參軍事，天人長坂，繼蹤書」記之賢；帝弟平臺，接武倦遊之客。尋改定州司户參軍事，燕南舊壤，」趙北餘甿，俗稱傲法，人多辯詐。盤根雖固，不足以盡雲飛；堆案實繁，」□可□其□器。公尊考，德隆舊齒，學贍前賢，暫辭銓禮之臺，方踐褰」帷之務。公以父子連任，持蒙改職。然而宋都雁沼，地控桂山；梁國兔」園，居臨竹苑。俗傳文□，人實豪雄，於是授公宋州録事參軍事。公探」詳物理，糺舉愆連，高居一郡之雄，直處六曹之首。方將位隆臺鉉，望」重搢紳，豈期五液無徵，九丹匪驗。西景不駐，俄歸京兆之魂；東川遽」閲，永閟岱宗之録。以咸亨四年七月廿三日終于宋州寧陵縣，春秋」五十有三。粤以大唐垂拱元年歲次乙酉十月癸酉朔十三日乙酉」遷窆于洛陽北邙山原之舊塋，禮也。長河北望，曲洛南臨，水含湍而」咽響，雲帶愁而結陰。墳塋寂寞，泉壤深沉，敬彫鐫於琬琰，庶傳芳於」古今。其詞曰：」

曾源昔弈，遠系蟬聯，盛德不泯，載誕英賢。令問令望，如珪如璿，未由」千里，先沉九泉。舊時風月，故里山川，池臺尚在，賞樂何年。惻愴登邙」之賦，沉吟出郭之篇，笳簫簫而空韻，旐飛飛而獨懸。野寂寞而無色，」山蒼茫而起煙，□□人之永謝，顧丘隴以潸焉。」

（武漢大學圖書館藏拓　河南千唐誌齋藏石）

垂拱〇一三

【蓋】 失。

【誌文】

維大唐垂拱元年歲次乙酉十月癸酉朔十三日乙酉」

大唐故潁州潁上縣令獨孤府君墓誌銘并序」

君諱守義，河南人也。曾祖琛，魏金部尚書，幽、恒、定三州」刺史。祖昏，齊特進，開府儀同三司，黄門侍郎，左領軍大」將軍，使持節成、普二州刺史，涪陵郡開國公。父宣，隋漢」内郡太守，濟陰郡通守。並德以潤身，材以幹蠱，禀銜珠」而申豹略，入青瑣而侍鸞階。惟君降靈山瀆，挺秀珪璋，」抱中和以自資，藴高才而韻俗。起家左金吾衛引駕。整」斯蘭錡，肅彼鉤陳，賞鑒渾金，任申陶壁。以龍朔元年授」君括州司法參軍事。念室務殷，浮訟多擾，鞫斯茂草，絶」彼分縑。秩滿，以咸亨三年授君汝州魯山縣令。動彼鳴」絃，良資善政，又以儀鳳三年改授君潁州潁上縣令。君」頻紆鳧舄，再理銅章，人不□於正朝，化自融於朞月。居」諸遞謝，秩滿言旋，豈謂積善無徵，纏痾不救，以垂拱元」年歲次乙酉七月乙巳朔廿二日景寅終於神都尊賢」里，春秋七十五。即以其年十月癸酉朔十三日乙酉窆」於河南縣平樂北原，禮也。嗟乎！草露墜珠，痛傷埋□，嗚」哀哉！哀子思謙等，蓼莪增慕，岵屺纏哀，將恐海變桑田，」山移雀澤，庶芳塵之無昧，勒貞堅之幽石。其銘曰：」

搢紳魏葉，冠蓋周京，惟賢之首，惟國之楨。其一。慶賞既延，」公侯思復，鶴鳴在野，鴻漸于陸。其二。道以濟時，學而從政，」□□□公，聲遐密令。其三。棲塵易落，逝水難留，西□□□。」

（周紹良藏拓本　河南千唐誌齋藏石）

垂拱〇一四

【蓋】失。

【誌文】

唐故處士張君墓誌銘并序」

君諱倫，洛陽人也。夫輕簪笏者，連器何以施其功；出朝廷者，」束帛豈能申其用。貞而不絶，隱而不違，既澄不清，亦混不濁，」此而□事，唯君獲之。祖隱，閑居在性，朗月入懷。挂冕晉門，疏」君入賞；孤遊白社，威輦同風。父義，閲禮觀詩，琢磨道德。紛綸」人士，京兆在其前；重疊□蟬，廷尉居其首。君雖承藉兩漢，而」終閉户下帷；衣冠七葉，卒亦高蹈無悶。昔庾易三代，但紀文」詞；荀爽八門，空傳封爵。豈若君之祖禰，知而不爲，富貴儻來，」優遊卒歲；王侯未拜，嘯傲當時。而積善無徵，夢楹俄及。蘭摧」幽徑，疑馥猶存；松落長巖，如貞不滅。嗚呼哀哉！春秋八十有」四，終于私第焉。夫人王氏。嬪儀有序，婦德在躬，錦字疏文，傳」乎竇氏；椒花發訟，起自春朝。方擬射雉邀歡，遥睹大夫之室；」齊眉取賞，親承處士之家。俄然兩劍俱沉，雙桐共死。安仁秋」簟，相伴黄泉；奉倩佳人，一時玄穸。嗚呼哀哉！以垂拱元年十」月廿五日葬邙山，禮也。有子仁亮等。哀深陟岵，釁聚號穹。曩」歲趨庭，終天靡日；昔時投杼，擗地何□。□而白馬有期，青烏」告吉，靈輴屆路，丹旐啓途，工女寢機，春人罷相，勒翠琬而書」銘，冀英聲而不忘。其詞曰：」府君張族，夫人王氏，釋之羲之，盡善盡美。九徵不去，三逕婆」娑，公卿意少，風月情多。嘗聞積善，報之餘慶，嚴霜早零，方春」斯勁。借問行者，何以沾裳？哲夫義婦，人琴總亡。鶴弔孤壟，風」生白楊，携絮酒兮相訪，問碑書兮北邙。夫人王氏，麟德元」年二月廿四日亡，張君以永隆二年四月十四日終於私第。」

（録自《芒洛冢墓遺文五編》卷三）

垂拱〇一五

【蓋】　失。

【誌文】

大唐故洛汭府旅帥上柱國韓君墓誌銘并序」

君諱郎，字德信，洛州河南縣人也。粤有叔虞，錫珪周社，爰逮武子，」受邑韓原，比德三卿，氏因分土。連衡七國，業擅旗常，代有傑人，已」詳惇史，門傳龜組，無待揄揚。曾祖哲，齊任潁州別駕，展驥未盡其」材，伏熊資其求廣。祖玄，隋任相州鄴縣令，將陪集鷺之階，先漸驅」鷄之職。父通，隋任揚州江都縣丞，抱楨國之宏材，爲下邑之元佐。」君跡混流俗，志邈煙霞，名利不羈，波瀾莫測。肇自弱齡，逮乎壯室，」孝兼百行，譽滿三川。以藏用非忠國之規，揚名乃立身之道，爰從」幕府，屢殄元凶，搴旗申逐雀之心，斬級展鷹揚之志。勳隆七萃，功」最三軍。詔授上柱國，表忠勇也。乃降志一旅之閒，不恥千」夫之賤，宣尼所謂執鞭之仕，吾亦爲之。豈謂未申鍾鼎之榮，遽泣」瓊瑰之夢。以垂拱元年十一月十八日遇疾彌留，終於私第，春秋」六十有四。嗚呼哀哉！人之云亡，□□興慟。夫人程氏，去永淳元年」七月十二日亡，即以其年七月廿七日葬於邙山河陰鄉之界。今」以垂拱元年十二月一日祔葬於夫人之舊兆，禮也。子弘損等，伏」趨庭而殞息，嚴訓長違；踼徙宅而崩心，慈顔永奪。將恐山移岸谷，」水變桑田，懼火之戀無依，聞雷之悲何託。敬刊貞琬，以旌孝道。其」詞曰：」

平林帝緒，胙土參墟，家傳龜紱，門承慶餘。其一。曰曾曰父，材高位下，」人榮雖屈，天爵無假。其二。恭惟上德，克隆丕緒，既漸鴻干，將圖鳳舉。」其三。聞之先哲，天道與善，未及期頤，錫年何淺？其四。謀龜習吉，先遠有」期，周簫引路，滕城已基。其五。雲愁萃嶺，風悲白楊，唯餘淑問，地久天」長。其六。」

（周紹良藏拓本　河南千唐誌齋藏石）

垂拱〇一六

【蓋】失。

【誌文】

大唐故游擊將軍黃君墓誌銘并序」

君諱師，字玄綺，其先江夏安陸人也。粵若漢水澄漪，貫銀河而引派；淮」陽聳構，建瑤邑以疏封。則有童子多能，對奇聞於喻蝕；仙人好技，馳妙」術以驅羊。洛陽騰萬頃之陂，長安號無雙之聖。星精間出，神氣挺生。曾」祖琬，隋任龍驤將軍，嵐、蔚、勝三州總管。象列乾坤，氣藏川嶽，天神下丹」衣之夢，吴童興五馬之謡。鑿闒權戎，揖漢君而不拜；銜珠冠壘，轉黄石」以銷氛。祖滿，皇朝任大理寺丞。白帝降祥，碧津上禁。執丹毫而下泣，宵」燭韜光；對清室以詳辜，晨關息浸。父粲，任蒙州録事參軍事。緝化緹油，」毘風熊輂，神姿秀朗，藻思□凝，爲列郡之紏繩，踐他方之從事。君承休」景烈，資和□氣，才包積玉，文擅鏘金。辯日下之遥天，論月中之桂隱。雄」標俠窟，勇冠戎場。列呰銜冠，幼挺拔山之力；穿楊落雁，多奇飲羽之能。」應辟揚明，超名甲第，詔授左驍衛翊府長上，即於洮河道征。入陪蘭」錡，出靜莎車，列星緯以環宸，類玉門而生返。尋定襄道檢校果毅、押」左奇兵執旗，勳賜上柱國，擬昭武校尉。申威玉帳，職總鈐牟，拔幟而下」平城，申績銘於燕岫。凱哥來獻，長清北代之妖；位以德昇，爰授西園之」校。又奉敕爲副使，往石州防禦，詔授游擊將軍左衛長上，勳官如」故。前軍後軍之任，左軍右軍之班，等陳豨以建封，越鄧隆之戎秩。萬乘」之主，慮宇宙而不安；一室書生，有掃除天下之志。既而災生蓂莢，禍降」泣環，以垂拱元年十一月十八日卒於私第，春秋卅有八。青青細柳，永」歇將軍之營；鬱鬱佳城，再啓文公之日。即以其年歲次乙酉十二月壬」申朔十三日甲申窆於河南縣北邙山，禮也。嗣子仲景，傷萬鍾之絶養，」痛九仞之俄傾，□貌劣存，茸容將滅，恐陵谷之遷化，冀芳猷而不隕。乃」爲銘曰：」

楚江分浪，漢域業昌，赫赫冠蓋，曄曄銀黄。出蕃裁葉，入禁含香，澄陂寫」鏡，對日流光。其一。爰應明詔，擢第甲科，氣融虹日，勇列山河。羽林肅棨，」丹陛持戈，勒功燕嶠，旋獻凱哥。其二。存歿俄隔，循虚若馳，夏輤容輿，周披」逶迤。松門日閟，隴樹煙披，唯餘圓石，長載宏規。其三。」

（河南千唐誌齋藏石）

垂拱〇一七

【蓋】失。

【誌文】

大唐故驍騎尉段府君墓誌銘并序

君諱雅，字德亮，其先雁門干木之後也，因官流派，迺爲兹焉。夫函川峻峙，宗郊鬱百代之基；原部龍飛，河洛播聯綿之業。本枝俱殖，高映珠琱，柯葉同滋，天波瀉溜。曾祖歡，齊并州司馬。器宇閑詳，風神秀逸，星辰蘊異，金碧含章。祖昌，隋任定州司户；父羅，并州兵曹。並資神昴宿，稟粹雷精，氣藴風雲，量寛河海。君體含冰潔，性理霜凝，風儀與素月齊輝，勁質共清松競爽。從先皇問罪於東夷，策勳驍騎尉。何期彼天不憖，永棄尊堂，窀穸猶猶，長爲幽壤，嗚呼哀哉！春秋五十有一，終於私第。夫人趙氏，闈芳育德，藴雅操於幽松；邃室理容，朗貞心於冰沼。豈期晷運不停，奄隨風燭。惟君性與道合，實以名昇，不忮不求，惟精惟一。粤以垂拱元年歲次乙酉十二月壬申朔廿五日景申同窆於段村東二里平原，禮也。前臨峭巘，萬仞韜□；郤背汾川，九逵飛蓋。孝子等恐陵谷之將變，痛風樹之先驚，扣泉臺而卜兆，積山河以勒銘。詞曰：

轡飛西汜，箭激東瀾，松摧桂折，玉碎珠殘。玄扃永秘，幽室長關，仰瞻懸井，俯聽陰湍。其一。陽風切響，隴月馳輪，音儀雖謝，令譽終存。

（録自《山右石刻叢編》卷四）

垂拱〇一八

【蓋】失。

【誌文】

唐故處士段公墓誌銘并序

公諱感，字名遠，其先雁門人也。原夫動物迴雲，非神莫感；延祥集慶，在聖必通。是知靈況所甄，祚隆於百代。是以派瑶原於萬國，列高封以稱家；疏玉葉於九州，開陝區而僉氏。斯並事芳油篆，道藹棉書，可略而言，豈繁覶縷。曾祖昌，隋任定州司户；祖羅，并州兵曹。並財包杞梓，節勁松筠，調玉軫而綰銅章，曳清縞而趨紫□。公疏芳桂苑，擢秀芝田，掩瑶瀣以凝輝，冠瓊峰而巫曜。音儀俶儻，擯賈氏於後塵；器宇深沉，制荀門於前録。不謂驚風乍拂，迴樹先彫，狂吹忽飄，鮮花早洛，春秋五十有七，卒於家第。嗚呼哀哉！一時著將窆九原，有安厝之期，爰卜良辰，告吉兹地，粤以垂拱元年歲次乙酉十二月壬申朔廿五日景申遷葬於段村東二里平原，禮也。前望危峰，卻背荒滐，慮恐田成碧海，陵谷驟移，刊誌墳中，以傳不朽。其詞曰：

藏舟易往，閲水難停，鮮花早落，迴樹飄零，處辭妙室，倏去佳城。其一。攸攸長夜，杳杳泉扃，風摇隴樹，月照荒庭，唯鐫翠石，振此英聲。其二。

（録自《山右石刻叢編》卷四）

垂拱〇一九

【蓋】失。

【誌文】

大唐故朝散大夫行洛州偃師縣令高安期故妻千乘縣君元氏墓誌并序」

夫人諱妃娘，河南人也。昌源浩蕩，曾構鬱盤，」夜列歌鍾，門傳棨戟，勒諸圖諜，不俟揄揚。」高祖志，周尚書左僕射、建昌王；祖乾，隋襲祖」廣陵王、徐州諸軍事、徐州刺史；父洪則，皇」朝陵州貴平縣令。道茂烹鮮，才光製錦，一同」播美，三異甄聲。夫人桂巘流芳，桃蹊授彩，四」德云備，六行克修，北堂始悅於調弦，東里遽」驚於逝水。以垂拱二年正月廿九日終於道」化里之私第，春秋卌有三。即以其年二月十」四日殯於洛州洛陽縣平陰鄉北邙山，禮也。」蘭儀永逝，蕙問空存，式彫玄石，用紀芳魂。其」詞曰：」

東川閱水，西谷馳輝，淑女云逝，芳魂不歸。高」堂已矣，幽室□依，松風飈飈，草露微微。式彫」玄楚，用紀芳徽。」

（北京圖書館藏拓本）

垂拱〇二〇

【蓋】失。

【誌文】

大唐故蔣王府參軍張府君墓誌銘并序」
君諱覽，字智周，清河人也。源夫姬室中興，孝友揚其令德；晉邦啓霸，延」譽播其風猷。開基朱鳥之
郊，傍臨烈宿；分枝黄石之甸，近叶兵符。軒冕」相承，兩漢光其盛業；衣冠遞襲，二晉闡其家聲。俊
傑連横，冠寰中而首」出；英賢繼軌，總區内而超羣。並國史家諜詳焉，固無俟而言也。曾祖洽，」陳太
學博士、金部郎中。學府詞宗，儀形國胄；清徽令問，遠駕郎官。祖載，」陳度支郎中、隋資陽縣令。天
爵高懸，映蘭曹而待價；清襟傲俗，泛菊蕊」而邀歡。父識，皇朝户部、刑部二郎中，交、泉二州長史。
或會計資材，」或恤刑佇則，或紛絲仰化，或佩犢欽風。入贊文昌，全星朗耀；出臨遠國，」半刺揚芬。
君誕自珠泉，照龍之光先發；涵輝璧岫，捎虹之氣夙彰。峻局」高人，軌儀肅物，摳衣受業，青衿推殆庶
之規；贈紵甲文，白珪無片言之」玷。貞觀十六年四月，任東宫右衛翊衛。文簡及第，隨牒蔣王府參
軍。望」府初開，盛求髦彦，以君南朝士族，音韻清通，諷詠談端，聲高蘭坂；琴英」酒俊，道冠猿巖。嚴
忌通賢，但爲清文見賞；楊脩達士，惟以博物擅名。多」藝多材，未見總於衆美；風流風尚，并有屈於
兼能。辭秩言旋，理超顯授，」羣賢慣賞，不樂莅人，於是退卜幽居，城闕有煙霞之致，坐安心迹，市
朝」得泉石之奇。好事相趨，詎睽寂靜；凝神閉視，自屏囂煩。雖欣皓鬢之期，」無驗還丹之術。春秋
七十有九，粤以大唐垂拱二年二月卅日卒」於德懋里之私第。夫人濟陽蔡氏，陳兵部尚書景歷之孫，皇
朝臨」淄縣令悦之第四女也。女德母儀，動成規矩；翰林談藪，取則風騷。道既」掩於謝庭，理方高於
衛室。藏舟易往，隙駟難留。朗月馳輝，潘簟起七哀」之詠；危橋迴度，雷匣成兩劍之歡。即以其年歲

次景戌三月辛丑朔廿」日庚申窆於邙山平樂原，禮也。嗣子琰等，悲風樹之難託，懼陵谷之潛」移，庶琬琰之有奇，遞蘭菊之無虧。其詞曰：

玉葉臨雲，瓊枝拂日，珪社」分樹，英賢間出。三星中坼，五馬東歸，簪裾位廣，纓冕生輝。猗歟君子！寔」人之望，道固藏名，位不充量。浮生無幾，頹齡速謝，悲哉碩德，俄歸大夜。」

（北京圖書館藏拓本　開封博物館藏石）

垂拱〇二一

【蓋】失。

【誌文】

大唐故高士王府君墓誌銘并序」

君諱行淹，字通理，太原人也。因官徙地，家於河南，故又爲縣」人焉。爾其仙駕上昇，踐緱山而逾遠；靈源迥派，等淮流而不」竭。宦達西京，齊聲五尹；名雄東國，高視八裴。歷代英賢，詳諸」史傳。曾祖整，齊潞州屯留令；祖肅，隋汴州浚儀縣丞；父琰，」皇朝襄州録事參軍事；並冰清玉潤，人傑地靈。潁川陳氏之」聯賢，弘農楊家之奕葉。爲邦潞國，朞月而政成；贊牧襄川，隨」風而響應。君擢英奇樹，晞幹靈根，踐詩禮之幽庭，入芝蘭之」奥室。故得宏材挺拔，秀穎孤生，逸調不羣，清襟獨邁。以乾封」二年明經高第，授文林郎，非其好也。解巾從職，雖陪南宫之」禮；挂冠辭榮，遽躡東都之迹。烟霞入賞，琴酒攄情，談老莊而」卒歲，詠圖書而盡日。以垂拱二年三月廿日寢疾，終於景行」里之第焉，春秋六十有二。惟君素履貞慶，黄中元吉，果行育」德，資孝惟忠，出入於仁義之間，周旋於名利之外，優遊天爵，」方膺五百之期；寂寞泉扃，奄見三千之日。嗚呼哀哉！以其年」歲次景戌四月庚午朔四日癸酉窆於河南縣平樂鄉之原，」禮也。有子懷素等欒棘毀貌，荼蓼居心，痛遺澤之仍留，仰遠」期之有日，攀松攬栢，孺慕何階？地久天長，聲芳未已。其詞曰：」

白蜺仙術，青鸞政道，誠感天地，功侔化造。靈根仙胄，奕代重」規，衣冠閥閲，人物英奇。猗歟宰邑，或善毘贊，鬱彼襄陽，高情」燦爛。宏材特邁，偉量孤凝，千尋木聳，萬頃川澄。沉研載籍，脱」□公侯，東都美遂，南澗良遊。福善無冀，與德何乖，泉臺忽掩，」玉樹長埋。」

（周紹良藏拓本）

垂拱〇二二

【蓋】失。

【誌文】

大唐中岳隱居太和先生琅耶王徵君臨終口授銘并序　季弟正議大夫行秘書少監東宮侍讀兼侍書紹宗甄録并書」

伊垂拱二歲孟夏四日悦㫚寅卯之際，吾六兄同人見疾大漸惟幾，將遷冥于未始，委化於伊洛之間，」僑居惠和里之官舍。自古有死，於乎哀哉！他日先誥其第一弟紹宗曰：吾宅住玄鄉，保和仁里，寄跡羣有，」遊心太無，乘陽以生，遇陰而滅，物之恒也，汝固知之。吾化後，汝何依道家無爲之事，諸子姪行儒教喪紀」之迹。吾聞精神者，天之有也；形骸者，地之有也。觸處而安，不須擇日；單車時服，不俟營爲。紹宗敬奉緒言，」不敢失墜。此時沛國桓先生道彦亦在吾兄之側，因歔欷而報曰：此真率之理，道流所尚，有情有信，安」敢違之。其後昇真潘先生門徒同族名大通，越中岳而來，自遠問疾，知吾兄真命已畢，又申勸曰：儻或」不諱，願歸神中頂石室之中。曩者昇真臨終，亦令宅彼，況與先師平生居止，宿昔神交，冥期不沫，宜還洞」府。再三敦請，則又從之，乃曰：此吾迹也，重違爾意。若然，不須別鑿堂宇，恐傷土石，但託體山阿而已。吾嘗」幽贊真誥，肇創玄圖祕録，別詳内本，人境不傳。如或不忘歘志，儻存其兆，可取一塊青石，其上有自然平」者，刊刻爲字，俾諸來裔知吾之用心也。其銘聞皆力疾綿微，勉情牽課，合精寓爽，藉響乘光，仿佛曖昧，不」獲已而口授之。外姻密友，憑其考行，强號曰太和先生，庶追道跡，光衆妙也。其銘曰：

於戲！昔有唐氏作，」吾中遇而生，姓王名玄宗，字承真，本琅邪臨沂人。晉丞相文獻公十代孫。陳亡過江，先居馮翊，中徙江都，」其肇錫考系，則國史家諜具矣。降年五十有五，直垂拱二年四月四日，順大衍之數，奄忽而終。終後可歸」我于中頂舊居之石室，斯亦墓而不墳，神無不在耳。且伊洛之閒，迺昔者周南之域，吾祖上賓之地，吾」身得姓之鄉。反葬中岳，幾不忘本也。舉手長謝，亦復何言，示人有終，乃爲銘曰：」

馮馮太清，悠悠太寧，混沌無我，其中有精。忽然爲人，時哉及形，理通寂感，陰聚陽并。知常得性，絶待忘情，」道無不在，神無不經。幽傳祕訣，默往仙京，萬物共盡，吾何以停？歸于真宅，此室冥冥，不封不樹，無狀無名。」託體嵩石，言追洛笙，玄來十洞，驅馳八靈。風雲聚散，山水虚盈，谷神不死，我本長生。」

（録自《中州冢墓遺文補》）

垂拱〇二三

【蓋】失。

【誌文】

大唐故管公墓誌并序」

夫萬物消息，憑陰陽而作象；千齡不朽，資德行而流名。非竹帛」無以紀其功，寄雕鐫可以彰其美。君諱基，字阿㲋，洛州河南人」也。器識宏通，神韻凝遠，尚履端秀，風度詳華。孝友表於冥資，忠」誠符於令德。謙撝居體，恭慎爲懷。處儉絶詭遇之情，在泰無驕」矜之色，立松筠之節，執金石之心，曾逮，祖貴，父卿。其先平原人」也。並承積德之美，膺川岳之靈，器宇宏深，幾神明秀，行爲士則，」言表身文。貞固之心，白珪非重；然諾之信，黄金已輕。故美譽播」於鄉閭，英名流於雅俗。君幼而明敏，鄉譽高於友朋；長而懸悌，」孝敬流於覆載。方當撫翼雲衢，驤首天路。而輔仁莫驗，福善徒」言，未申大夏之材，遽奄荆山之玉。以垂拱二年五月九日染疢」先縈，卒於景行坊本第，春秋六十有六。即以其年歲次景戌六」月己巳朔四日壬申葬于洛城北平樂鄉之界。徒使瞰洛踞邙，」無復登臨之望；瞻峭眺犖，永絶遊陟之蹤。可謂薤露將垂，更切」田横之歎；白駒流隙，有感莊叟之悲。嗚呼哀哉！乃爲銘曰：」平生好勇，俠志遊從，身期百載，奄入千重。本良家子，臨蹈雅蹤，」即今泉壤，無昔時容。其一。爲人愛友，醼滿堂驩，林傾竹葉，山折桂」蘭。生死既異，行路心酸，泉門無曉，窀穸盤桓。其二。春帳恒冷，夜詎」言朝，太山即目，潯陽未遥。對罇誰飲？横琴不調，何期名滅，永絶」相邀。其三。昔窮途泣，今岐路悲，河梁揮袂，函谷斂眉。地非秦隴，腸」斷即時，逆思背絶，相對無期。其四。靈轜背洛，神旐歸邙，人悲泣淚，」猨啼斷腸。松門慘惻，原野蒼芒，雲愁翠嶺，風悲白楊。其五。」

垂拱二年歲次景戌六月己巳朔四日壬申禮葬也。」

（周紹良藏拓本　開封博物館藏石）

垂拱〇二四

【誌文】

大唐垂拱二年歲次」景戌七月己巳朔十」二日，同州郃陽縣望」仙鄉故朝散大夫、蒲」州汾陰縣令王府君」孫懷璲之銘。」

（古文獻室藏拓本）

垂拱〇二五

【蓋】　大唐故王府君墓誌銘

【誌文】

大唐故左衛翊衛武騎尉王府君墓誌銘并序」

君諱行威，字國寶，其先太原晉陽人也；自後因官播越，又「爲雍州明堂縣人焉。若乃輔嗣談玄，濬沖閑放，纂清徽於「遠系，繼盛德以追縱者，於王府君見之矣。祖金，朝「議郎、益州司兵參軍事；父師保，朝散大夫。并志尚「老莊，屏忽名位，優遊天地之際，託賞風月之間。爰誕異人，「乃邦之彦，叶媚川而藻性，夙著温恭；稟圓折以資生，弱稱「岐嶷。起家以門蔭補充左衛翊衛，提戈玉宇，荷戟琁墀，既「申之以爪牙，亦罄之以心膂。秩滿不仕，從私欲也。於是孔「座陳筵，招攜於執友；牙琴嵇玉，留連於勝託。將謂永貞眉「壽，天假大年，豈期董澤先秋，榆關遽落。以垂拱二年歲次「景戌七月己亥朔十四日壬子遘疾，終於頒政里第，春秋「五十有六。即以其年九月戊戌朔五日壬寅歸葬於京兆「西南龍首之原，禮也。長子武騎尉義方、次子麟臺「御書手義端等茹荼集蓼，懼平海以成田；陟岵循陔，慮高「舂而徙照。敬刊貞琬，爲之誌云：其銘曰：「

景冑華宗，干霄括地，師王友帝，懷忠抱義。挺生才彦，有美「珪璋，留連風月，優遊老莊。入仕登庸，提戈荷戟，翊奉「宸極，罄於心迹。丘園養性，琴酒怡神，方希懸解，遽返天真。「云亡殄瘁，人良殲喪，霧黯雲低，松高野曠。勒方礎兮泉之幽，紀四序兮有迴周，庶滕棺兮照白日，識九原兮栢與楸。「

招福寺上座彦琮撰。「

（録自《八瓊室金石補正》卷三十九）

垂拱〇二六

【蓋】無。

【誌文】塼。

維大唐垂拱二年歲次景戌九」月辛巳朔，西州高昌縣前庭府」隊正、上騎都尉汜建□銘諱□。」竊以二儀應表，惠照郡萌；鵠樹」韜光，顯迢品物。真容出代，組綬」門傳。不謂妙體分留，玄潛永息，」靈誠終始，遐暢久臻，一沒長泉，」令名居代。在生差性幽讓，魂猶長」誓循文。登神淨業，德苞往右，道習」依仁，墓繼招宗，託隆三界，殊路有異，哀」切傷心，痛割崩摧，不勝躃踊。春」秋六十有已，七月十二日深患，廿二日緦」悌，用今月十七日葬在於城東北」原，禮也。孤子汜神力墓誌。

（録自《高昌磚集》）

垂拱〇二七

【蓋】失。

【誌文】

唐故田玄善妻張氏夫人墓誌銘」

田氏之妻，張氏第二女也。夫人諱起，字行，」潞州上黨人也。夫人戴德有輝，嘉聲遠」被，仙儀肅穆，美譽遐彰。耀□松姿，偃嵩丘」而并峻；孕懷金寶，涵□德以凝神。出適高」門，作嬪君子，播□儀於姻屬，貽婦德於閨」庭，秀木招風，□夫早逝，遂乃歸宗三寶，迹」屏六塵，□折骨於片言，亦捐軀於半偈。於」是十明十智，豁爾神開；三藏三乘，一聞領」悞。以空惠而摧六賊，永超三界之羅；用戒」定而伏四魔，長出六天之外。春秋六十有」三，垂拱二年十月四日卒於私第，其年其」月廿三日殯於州城東五里。

烏呼哀哉！日」□倏而逾遄，何今古之更作，年代俄而變」□。□□芳於金石，後令譽之空傳。其詞曰：」
□□□□，深閑聖旨，不染有爲，廣窮無理。」

（録自《山右冢墓遺文》）

垂拱〇二八

【蓋】失。

【誌文】

大唐故管君墓誌銘」

君諱思禮，字扙，洛州河南人也。器識宏通，神□」凝遠，尚履端秀，風度詳華，孝友哀於冥資，忠誠」符於令德。謙撝居體，恭慎爲懷，處儉絶詭遇之」情，在泰無驕矜之色。立松筠之節，執金石之心。」祖卿，父徹，其先平原人也。並承積德之美，膺川」岳之靈，貞固之心，白珪非重；然諾之信，黄金已」輕。故美譽播於鄉閭，英名流於雅俗。君幼而明」敏，鄉譽高於友朋；長而遜悌，孝敬流於覆載。方」當撫翼雲衢，驤首天路。輔仁莫驗，福善徒言，未」申大夏之材，遽奄荆巒之玉。以垂拱二年十月」八日卒於私第，春秋卅有八。以其年歲次景戌」其月戊辰朔廿三日庚寅葬于洛城之北平樂」鄉之界長崗之邙。可謂薤露將垂，更切田横之」歎；白駒流隙，有感莊叟之心。嗚呼哀哉！乃爲銘」曰：

朝光不住，物性短修，哲人斯委，身去名留。」池臺絶迹，墳隴混遊，於茲永罷，□□相求。」

（北京圖書館藏拓本　河南千唐誌齋藏石）

垂拱〇二九

【蓋】失。

【誌文】

大唐故處士陳君墓誌銘并序」

君諱沖，字務瓌，洛州鞏縣人也。曾祖義，祖」壬，父巳，並瑞岳開祥，仙筠挺操，明川上月，」識備中賢。君少挺淳仁，長逾恭恕，禮讓機乎」體性，孝友發乎天情。神不憖留，奄然遷化，」去永淳二年遘疾，終於私第，春秋二十。夫」人張氏，以垂拱元年遘疾，終於家第，春秋」廿一。以垂拱二年歲次景戌十二月丁卯」廿八日甲午冥婚，合葬於侯山西南十五」□平原之舊塋，禮也。丹旐牽風，素轜含霧，」悲川咽水，瀚海愁雲，將丘壑易湮，山原或」變，式憑貞石，用表生規。其詞曰：」

大□□浮，中庸肇性，孝發機心，仁明體正，」□□□迹，惟君獨盛。婉矣夫人，明哉惠悟，」令淑遐彰，言容有素。庶陵谷之不移，與天」地而齊固。

（周紹良藏拓本）

垂拱〇三〇

【蓋】大唐故郭府君墓誌銘

【誌文】

大唐故郢州司馬上輕車郭君墓誌銘并序」

君諱肅宗，字守烈，太原晉陽人也。夫慶源舒派，聲規弈葉，羽儀」今古，貽厥孫謀，舊史詳焉，可略言矣。曾祖崇，後魏七兵、都官、度」支三尚書，秘書監，岐州刺史，尚書右僕射，臨淄貞公；祖衍，周八」柱國，懷、衛、瀛、蔣四州刺史，左武衛大將軍，武山公；父儉，隋右千」牛鷹揚郎將，武賁中郎。或寄隆藩扞，或任重禮闈，或義屬爪牙，」或武賁外禦。是知楹屋柱天，理資梁棟；酬庸祚哲，實在於兹。惟」君秀標孤上，含章獨出，籥洪軌於前緒，嗣龍光於後葉。夷情友」愛，即同載於鍾車；植性孝慈，豈沉規於曾席。解巾雍王府東閤」酒，尋遷杞王府倉曹，宜君、鶉觚二縣令，唐郢二州司馬，英王留」輔，執禎祭於虔厄；帝子之藩，掌公糧於豐庾。涇川有望，人」福是祈，坊時遺歆，國祥斯詠。文昌所舉，僉曰允諧，頻擢二」邦，式符三異。然而唐鄉侯教，郢郡翹規，鶩鷫鷞以飛聲，和陽春」而治調。豈謂風摧秀木，霜刈崇蘭，泉明不留，休徵永謝。以垂拱」三年歲次丁亥正月景申朔廿一日景辰遘疾，終於洛陽縣教」業里之私第，春秋七十有五。嗚呼哀哉！即以其年閏正月七日」壬申權殯於洛陽縣之平陰鄉，禮也。嗣子崩心瀝血，式安」新措，懼陵谷之或改，儻玄石之長全，謹録庸勳，庶傳不朽。其詞」曰：」

盛德之祀，公侯之尊，福流百代，必復子孫。考父之殁，宣尼以存，」達人斯覯，禮悦詩敦。其一。春秋之代，列國書真，季年祚滅，璁珩次」陳。貴豪同賈，配饗齊荀，逸士名泰，占人字純。其二。解褐從政，宦通」名立，曳裾英邸，綰墨同邑。海沂未化，膏肓豎入，天地不仁，吉者」□及。其三。風淒月苦，阡迴墳孤，聲來妖服，土送悲烏。蒻靈已瘞，白」馬旋途，痛聞哀子，啼霑樹枯。」

（周紹良藏拓本）

垂拱〇三一

【蓋】失。

【誌文】

大唐天官文林郎周君故妻公孫夫人墓誌銘并序」

夫人諱平，字德齊，河南洛陽人也。原夫秦皃泛海，關西擅」開閤之榮；晉馬凌江，趙北挹曾樓之貴。其後簪裾閒出，代」有人焉。曾祖賢，祖才，父信，並名疏日下，響喝雲中，德潤珪」璋，業隆鐘鼎。夫人含姿洛雪，孕彩巫雲，四德爰標，迥符於」箴訓之則；六行方秀，遠合於緗紬之模。旋媾潘楊，遽敦劉」范，綺羅將列，聲溢於乘龍；琴瑟言諧，韻齊於鳴鳳。榛栗有」裕，蘋藻無睽，總柔順於靈衿，挺幽閑於雅趣。施衿延誡，斷」織垂謀，婦德攸歸，母儀斯在。方冀錦屏宵啓，永儷鴛衾；豈」謂莊樓曙開，掩辭鸞鏡。粤以垂拱二年歲次景戌十二月」丁卯朔廿七日癸巳遘疾，終於神都隆化里第，春秋五十」有五。惟夫人譽均萊婦，道洽梁妻，儁極二絃，妙窮三絶，何」悽塵之易落，而逝水之難停！公氣沮莊盆，淚橫潘簟，惜雕」梁之忽阻，悲寶匣之睽同，夢魂去而幽筵寂，宵魄陰而邃」帳空。即以垂拱三年閏正月十九日殯於邙山之陽，禮也。」風雲悽而斂色，煙日晦而收光，何生涯之倏盡，而泉路之」悠長！童稚號天而碎魄，親泗雨而霑裳，紀瑤石於塵壤，庶」終天而不忘。乃爲銘曰：」

巫岑孕美，洛渚騰芳，遽諧秦晉，遂穆潘陽。圖星散曆，寫月」開黄，夢蘭疏珮，蹊桃豔莊。合巹方悅，分劍遄傷，悠悠極陌，」沉沉幽隧。旐晦松煙，簫悲楊吹，荒隴徒紀，夜臺終閟。」

（周紹良藏拓本　河南千唐誌齋藏石）

垂拱〇三二

【蓋】失。

【誌文】

唐故東宮左勳衛騎都尉宣義郎馮翊吉君墓誌銘并序」

君諱懷惲，字崇東，馮翊人也。若夫曾構連雲，鬱瓊柯以布族；」昌源接海，湛玉液其疏流。匡周韞台衮之規，輔晉開佐時之」略。象賢弈景，鴻胄聯芳，聲溢管絃，勳流鍜帛。曾祖賢，齊青州」長史、行臺左丞；祖昂，隋任涼州總管府記室參軍、新安郡主」簿；父義臣，皇朝驍騎尉、朝散大夫。並風清邃扃，月鑒韶衿，軼」翠燕之曾騫，超白義之天捷。故得贊墨綬而孤出，貳彤襜以」高視，坐昇朱黻，行應紫綸。惟君劍蕣疎芳，琴梧擢秀，宏姿」天骨，人傑地靈。學海文波，孕驪泉而吐色；詞鋒竦仞，爍虹彩」其摛耀。解巾東宮勳衛，趨鶴關而肅己，陪執戟於銅樓；循雀」窗以祇心，奉懸猷於銀牓。君覃精三尺，鏡十簡之明科；專懷」九章，洞五刑之妙賾。既該條憲，俄應褎然，高第文昌，佇昇清」列。方振圖南之羽，遽閱歸東之流，以垂拱三年閏正月十日」遘疾，卒於延福里第，享年卌有五。則以其年歲次丁亥閏正」月己酉朔廿五日庚寅窆於邙山之陽，禮也。悲夫！奄扃玄壤，」長分白日，對雲隴之蒼茫，瞰松原之蕭瑟，勒風徽於泉宇，與」終古而相畢。其詞曰：」

玉流演派，瓊巖聳趾，弈景珪符，聯輝青紫。騰茱三異，翔英千」里，磊砢松竹，蕭森杞梓。烈祖温明，顯考韶令，詞峰山上，文波」海鏡。白賁光時，黄中孤映，宰人臨物，興謡動詠。爰誕瓌秀，卓」絶居貞，心臺月上，靈宇霜明。雀窗馳譽，龍闕飛聲，金條該總，」玉署昇榮。方騫五色，溘閟三泉，鱗摧運海，羽落排天。淒涼雲」日，蕭索風煙，一刊豐琬，盛烈長懸。」

（録自《芒洛冢墓遺文四編》卷三）

垂拱〇三三

【蓋】失。

【誌文】

大唐故崔府君之墓誌

公諱　，字貴仁，其先則齊丁公之□苗，魏尚書」之胄胤也。清規懿範，騰美譽於金編；妙辯雄才，」振芳聲於玉篆。并詳諸史諜，可略而言焉。祖逸，」隋齊州司馬；光毗露冕，惠霑四履之甿；盛贊褰」帷，仁被一匡之俗。公弱齡聰察，獨禀天機，晚志」安排，孤標野性。加以餐松餌栢，駐頽鬢於危魂；」養老乞言，沐天恩於非次。雖鄭生見禮，無以」顯此殊榮；枚叟蒙招，豈得方斯擢俊。春秋九十」有七，以垂拱二年十一月六日卒於神都洛陽」縣都會鄉之私第。嗣子元慶□悲纏風樹，痛結寒泉。夫人閻氏，汲郡良家之女也。人以垂拱三」年二月三日合葬於北邙山之曲，禮也。乃爲銘」曰：

綿綿遠慶，藹藹遥芳，分茅錫社，歷代賓王。」天不悔禍，殲厥忠良，佳城一閟，厚夜何長？霧昏」秋栢，風哀白楊，人非南洛，魂遊北邙。春蘭秋菊，」終古流香，雕文紀石，庶勒珪璋。」

垂拱三年二月二日嗣子元慶書。」

（録自《芒洛冢墓遺文續編》中）

垂拱〇三四

【蓋】失。

【誌文】

大唐故宣州參軍事許君墓誌并序」

君諱堅，字惟貞，高陽新城人也。汝墳初化，道被於周詩；」滎波既瀦，功包於禹迹。地靈肹蠁，人物昭彰，祭酒則清」白自居，徵君則名流當代，神仙脱俗，指茅嶺而無歸；仁」孝自天，植松栽而不犯。家風祖德，代有其人；桂馥蘭薰，」莫之與競。君標格風起，器宇霞軒，王恭之濯濯不羣，嵇」紹之昂昂自逸。博聞多識，温故新，錯綜丘墳，討論詩禮。學而爲已，方請益於籯金；才爲時須，即登科於片玉。年」廿五，本州明經舉，對策高第，授儒林郎，崇文德也。後以」選補授宣州參軍事。石包開府，見孫楚之參卿；角里坐」堂，驗伯堅之知命。以調露元年六月廿五日終于私館，」春秋卌有三。嗚呼哀哉！夫人隴西李氏，良鄉府君之第」六女也。幽閑比德，婉淑含貞，禮屬有行，作嬪君子。百年」偕老，未終鳴鳳之和；萬古歸魂，遽接棲鴛之影。以調露」元年四月廿九日遘疾，終履順里第，春秋廿三。即以垂拱三年二月十五日合葬於邙山之平原，禮也。黄河之」曲，清洛之隈，恐沉名於夫壤，聊紀石於泉臺。其詞曰：」
汝潁之士，芝蘭之子，月旦高談，風情孤峙。孫楚卑位，顔早死。掩千載於松塋，合雙魂於蒿里。嗟滕公兮此室，共」吞聲兮何已。」

（周紹良藏拓本　河南千唐誌齋藏石）

垂拱〇三五

【蓋】失。

【誌文】

大唐故朝散大夫使持節邵州諸軍事守邵州刺史上柱國長樂縣開國男賈」府君墓誌銘并序」
君諱守義，字守義，魏州貴鄉人也。原夫麗天垂象，資五緯以爲文；厚地分區，總」四溟而引輸。珠連璧合，三光所以再明；雲紫河清，萬乘由其首出。故知事諧風」武，道合雲龍，化俟丹青，國須梁棟。必降非常之寶，言生命代之材，則有出比空」桑，價踰垂棘，當仁不讓，其唯賈使君乎？公昴宿精靈，嵩山粹氣，獨運三千里，挺」生五百年，爰在綺紈，懸知日近；昔爲髫丱，遥對月初。風骨自授於天，才氣匪關」於俗。不彫其朴，用晦其明。落落千尋，夸父詎知其高下；汪汪萬頃，楊侯莫測其」淺深。曾祖光，周衡州別駕；祖邕，隨任岳州別駕。並金聲玉振，河目山庭，蘭桂均」芳，珪璋疊彩。將中展驥，仍參半刺之榮；暫屈涵牛，共闡專城之化。父積，隋任荆」州長林令。平輿泉内，更出龍駒；子賤琴中，還聞鳳曲。德星遥聚，遠臨陳寔之門；」神劍先衝，已識酆城之氣。公自出身事主，束髮從官，位列銅章，榮班墨綬，瞻」星不殆，朞月而成，屏詐銷姦，移風滅火。雖吴君善政，獨擅朝歌之美；而崔子高」才，終有長岑之屈。尋授眉州司馬，轉任眉州長史。清暉日遠，盛德彌隆，帝念」在兹，皇情允屬，又授杭州長史，又遷邵州刺史。翰舉垂天，方圖九萬；位隆分」岳，惟良二千。膏雨猶滋，自然隨傳；家風不墜，且復褰帷。望總還珠，清兼置水。方」欲發揮玄算，粉澤皇猷，豈其天爵已聞，地靈俄化，緜留氣序，寢伏牀茵，徒」煎玉釜之香，莫驗金丹之術。庭雋萃止，忽窮張氏之年；野鵂來遊，旋促長沙之」壽。以文明元年十一月廿四日薨於州府，春秋五十有九。是知罷廛之慕，有切」羊公；輟相之懷，情深鄭産。夫人尹氏，傳芳桂馥，育德蘭儀，淑慎外融，貞明内潔。」桐凋露井，雖留半死之心；鳳去秦樓，未合雙飛之影。長子秀等，棘心多感，茹歎」何從，空餘染柏之悲，無復採蘭之養。龜著宅兆，顧步鼎都，將營梓澤之傍，用託」蒿泉之所。庶芳猷而不隔，愿清風而無阻。其詞曰：」

周憑八士，漢資三傑，既作鹽梅，還成麴糵。年代緜邈，風猷歇滅，誰其繼之？允歸」明哲。其一。榮加析壤，位隆分甸，膏雨隨車，仁風逐扇。握珠流美，揮金不眄，誰分丈」夫，忽勞州縣。其二。不恃才高，無嗟調下，交如得兔，齊同指馬。辯玉猶希，知音尚寡，」達於時□，安於用捨。其三。高山暫仰，梁木斯摧，遐邇流慟，行路增哀。誰家阡陌？非」我池臺，寄言地下，修文有才。其四。生涯易往，夜壑難藏，寒松鬱鬱，苦霧蒼蒼。冥寞魂兮，已歸東岱，摧殘隴路，空瞻北邙。雲愁有色，日慘無光，思人愛樹，忽剪甘棠。」

垂拱三年二月十五日。」

（北京圖書館藏拓本　河南千唐誌齋藏石）

垂拱〇三六

【蓋】失。

【誌文】

□唐故襄州長史司馬府君墓誌銘并序」

若夫祇庸要道，光宣令德，自家形國。忠孝盡於一門；資父事君，愛敬全於二極。可以表相先」代，貽燕後昆，貫四序而不凋，總百行而無缺。保家風而幹蠱者，獨見於司馬君焉。」公諱寔，字仁最，河內溫人也。晉烈宗武皇帝之七葉孫。肇伊上古，揆厥所元，少昊氏之苗裔，」程伯休之官族，代襲重黎，實司太史。況乎晉京啓運，江左樂推。紫蓋黃旗，雖云歇滅；衣冠鼎」鼐，尚或蟬聯。備諸方册，可略言矣。曾祖裔，魏駙馬都尉，周以節義忠孝，特拜車騎大將軍，徐」蒲等十二州諸軍事，本州刺史，東道大行臺，琅耶定公。資忠作氣，藴義生風，榮極二朝，爵疏」五等，居惟桑而賦政，坐大樹而論功。祖雄，隋大都督平原郡守。虛心獨鑒，貞節孤標。霽彼威」嚴，方享朝廷之用；蒙其福潤，幾厭承明之遊。父晟，」皇朝徵士。幽人邈邈，真氣彫彫，一變魯儒，文戰稱其道勝；四營周象，索隱在於幾初。公珪璋」在躬，仁孝成性，天爵無假，地望有憑，諒具美於童年，實標奇於丱日。夫其風韻秀發，神用英」果，機也可以成務，通也可以適時。固能財成九流，發揮衆妙；允迪名教，移於家國者焉。在陰」振響，漸陸騰儀。貞觀中，□以門調事于齊府。府王縱狼成暴，刻鶴爲妖，江都載□子之旗，楚」厲置將軍之秩，乃與燕□作逆，擅相招聚，亮欲授君四品之位，君叱而言曰：吾當驅爾爲俘，」何敢授吾僞職。因與杜行敏等同志正城，疇庸有典，乃加上騎都尉，賜物二百四十段。公雅」杖名節，曾不屈撓，幸免中公之禍，竟封燕廣之侯，處死者難，見於斯矣。屬以彌留不調，銓藻」後時，所司授郴州司兵，安于命也。俄轉廣州士曹，滿歲，又補瀘州録事。聲□劇郡，□□□府，」外臺資其斷析，中録劭其廉平，乃擢□□□□□□□津監丞。溝洫事殷，河渠務總，允釐」厥政，智效惟人，轉利州司馬，尋加朝散大夫，涖慈州司馬。名兼半刺，迹超三轉，龐驥於焉展」足，柳金由是作歌。化鶴聞天，題輿寄重，俄授滑州長史。朞月有成，再徙襄州長史。地惟東郡，」境帶南陽，作貳百城，宣風萬里。捧唐彬之檄，匡救爲先；佩吕虔之刀，委任斯重。端右之望，實」賴攸歸，頻佐兩藩，時選爲允。既而晦明成疾，衡琯亟淹，乃竄清漳，依于曲洛。良田廣宅，體公」理之昌言；弋釣琴書，追季倫之引序。芝蘭曄曄，趨我階庭；鴻鶴昂昂，集君池沼。保真知命，天」遂同歸，養氣含光，彭聃齊致，行當時遊賈誼亡傳龜策之謀，而遠命所忠，忽求封禪之草。嗚」呼！彼蒼不憖，與善何欺，垂拱二年四月十二日終於□都弘教里第，春秋七十六。啓足歸全，」成蹊下泣。南州弔客，已薦生芻；北郭送終，還要死友。以今垂拱三年三月二十一日永窆於」邙山之河陰鄉瀍陽里，制也。少梁何遠，高門不歸。北望夷齊，元凱之言猶在；東瞻新□□僑」之本不忘。玉樹長埋，何能已已。嗣子潭州參軍承祐等，業傳良冶，毀極寅門。何怙銜哀，終天」永奪；如疑沈痛，扣地無從。刊實録於紀年，方圖青史；勒芳猷於見日，永閟黄壚。爾其念哉！乃」爲銘曰：」

西帝曰昊，南正曰重，獻天印地，歷代疇庸。乃錫官族，福禄攸鍾，實惟河內，爰始開封。綿綿我」瓞，肅肅我祖，家之象賢，國之良輔。誕生淑哲，疊規重矩，孝以光親，忠而報主。□敬兼之，才用」不匱，策名州部，翻飛黨遂。首席升寮，題輿作貳，盧耽化鶴，龐元展驥。康賴騰歌，彌留成疾，茂」陵移去，柴桑志逸。保性烟霞，養神芝茮，方要鶴駕，于嗟此室！卜宅何所？在山之邙，上堙石槨，」下枕沙牀。宿草年近，非春夜長，史公孔聖，五百相望。」

（録自《芒洛冢墓遺文》卷上）

垂拱〇三七

【蓋】失。

【誌文】側題「李夫人墓誌銘并序」八字。

朝散大夫行著作佐郎中山郎餘令故妻趙國李道真之墓」夫人隋行」臺兵部尚書子雄之曾孫、右領軍府」司馬公挺之孫、大唐真定令辯之女」也。年十有四，備禮言歸。早擅言容，夙」聞圖史，貞淑之性，終始不渝。與善徒」欺，中年溘盡，以垂拱三年三月廿七」日遘疾，終於神都毓財里第，春秋卌」有四。粤以其年四月一日假窆於河」南縣北邙山破陵東北。嗚呼！早晏同」塗，脩短恒分，有何憂喜於其間哉！既」須返葬，終期重啓，式旌幽穸，乃勒銘」云：影沉松路，薰盡蘭閨，悲幽明之」永別，顧夭壽之終齊。」

（傅熹年藏拓本）

垂拱〇三八

【蓋】失。

【誌文】

大唐故上柱國右武衛長史張府君墓誌銘并序」

君諱成，字文德，南陽西鄂人也。原夫天分五耀，族茂慶於云穹；地列九」州，宗派流於錫玉。而靈鈎表瑞，記昭晰於綿書；神劍呈祥，播葳蕤於史」册。固亦家承龜組，無墜箕裘；門繼蟬聯，有興堂構。誰其謂矣，在我張君」者焉。曾祖護，祖列，並學優才贍，移孝登朝，顯位揚名，盡忠光國。」父黄，皇朝蔚州參軍事，而金門射策，方同王子之年；玉扆承榮，始」逮終軍之歲。弼諧轓轂，毗上佐以稱英；翊亮郡官，贊下僚而導德。公則」赤水含胎，照金根而沓彩；丹山剖卵，瑩玉管而流詠。磥硌千尋，自挺凌」雲之節；汪洋萬頃，還開浴日之陂。武略紛紜，鏡孫吴於掌握；英姿摇裔，」挫韓白於心腑。劍動浮星，擊騰猨於迴樹；弓開明月，射集隼於高墉。屬」以桑津起浪，俠窟推名，蓬渚翻濤，良家入選。公乃荷苟戈而後殿，執楊」戟而前驅，九種以之冰銷，三韓於焉雹散。既而狼山霧静，却走馬於蓮」峰；鯷壑波清，返歸牛於桃野。疇庸錫賞，□績論功，校其優劣，唯公稱最，」授公上柱國，以酬勳效。天官掌銓人物，選舉賢才，事籍貞明，務資威德。」以公久持戎律，武藝少閑，夙厠行流，文充長史。雖才高位下，不慼慼於」貧窮；禄薄官卑，有欣欣於雅志。金方朔之朝隱，每戒居心；石季倫之家」饒，曾何挂口。豈其兩楹入夢，二豎挻災，蟻疾方留，蛇祆遂絶。以垂拱三」年四月十二日春秋五十有二卒於私第，即以其年五月九日殯於河」南縣平樂鄉北邙山，之禮也。南贍龜浦，則瞀雪飛天；北眺龍川，則長河」括地。於是簫葭晚而林野振，賓徒進而涕四零。庶圖芳於楊韙，永託懿」於松銘。乃爲銘曰：」

崇構凌邈，鴻源□濬，謀臣佐漢，英圖輔晉。代承芳緒，門傳令胤，乃祖」惟曾，金相玉振。其一。粤惟夫子，英髦秀峙，玄象降靈，長河□祉。少習弓」劍，長遊文史，箭去啼猨，弓開殪兕。其二。寂寥幽墓，荒蕪楊冢，宿草方滋，」長松易拱。苦霧晨縈，陰溝夕湧，此何年月，誰家丘壟？」

垂拱三年歲次丁亥四月甲午朔。」

（周紹良藏拓本　河南千唐誌齋藏石）

垂拱〇三九

【蓋】失。

【誌文】

大唐故高府君墓誌銘并序」

君諱夔，字安，本渤海蓨人也，因宦編貫洛州新安縣焉。源夫」千齡表聖，帝辛開寶曆之基；百代降神，漢起紹金柯之胤。英」靈間出者，其逮於君乎？祖齡，齊討寇大將軍、行臺兵部」郎中；父業，隋涂州沛縣令。授職齋壇，指虹旌而建號；昇」班製錦，曳龜綬以陶仁。君志氣宏達，風骨秀朗，恭順植性，忠」孝基身，武藝優深，文德洪贍。以夙遷榮任，遂除雍州萬年縣」丞，轉益州什邡、雍州新豐、揚州江都三縣令。十城充佐，已鴻」漸於丞班；百里君尊，載鶱遷於令秩。潘河陽之蒞職，則花綬」春榮；陶彭澤之去官，則菊盃秋冷。因公事免，卧疾伊州。豈謂」良木斯壞，哲人其萎者歟！以貞觀廿三年七月廿五日卒于」私第，春秋□十有二。夫人馬氏，即魏州司法之長女；後婚盧」氏，即綿州司功之長女。夫人等婦德夙彰，母儀先著，且女牀」鸞影，謂延明鏡之臺；而妻劍龍精，奄閱逝川之水。馬氏以武」德八年二月卒于私室，春秋卅有八；盧氏以貞觀十五年十」二月卒于私第，春秋卅有五。即以垂拱三年十月六日合祔」千金鄉金谷里之平原，禮也。將恐陵移海變，物是人非，慮違」德於金聲，載銘動於玉璲。乃爲銘曰：」

膺乾受籙，命帝惟辛，槃根玉樹，派溆瓊津。象賢儁德，易代英」臣，執麾誓於，錯節調人。其一。夫君挺質，間氣馳徽，風清志闡，月」朗心機。烹鮮有裕，弔俗無欺，喧盧夜靜，擾翟晨飛。其二。煌煌神」英，灼灼濃李，著德于廟，採蘋于沚。合體同榮，敬賓齊美，一朝」飛劍，雙龍閱水。其三。昔遊勝景，寔我林泉，今來厚夜，誰□風煙？」

（北京圖書館藏拓本）

垂拱〇四〇

【蓋】失。

【誌文】

唐故樊氏六娘七娘九娘墓誌銘并序」

若夫三臺之下，倏忽神仙；九疑之前，依霏靈跡。故有挺芝英而」不秀，契鸞鳳以時來。驚風敗蘭菊之芳，閲水逝芙蕖之影。疇咨」埒美，其在樊氏六娘、七娘、九娘乎？咸以寶婺延和，瓊田孕彩，髫」年日妙，丱歲稱神。懿範生知，不待曹家之訓；威儀自得，徒修鮑」氏之書。灼灼庭梅，佇飛華於玉樹；滔滔漢水，倏淪彩於珠璣。七」娘以顯慶二年閏正月九日在京夭年；六娘以麟德元年十一」月廿一日，九娘以麟德二年二月廿三日奄從傷逝。嗟乎！旦暮」蕣華，望仙樓而毀構；斯須電影，逐逝水以驚波。痛矣傷哉！不可」得而詳也。祖卿，朝散大夫、大理正；父叡，都水監丞。秋典克明，冶」霜鍾而逸響；巨川攸濟，鼓舟檝以騰聞。是知望重南陽，地華冠」蓋；功傳西漢，家擅珪璋。昆弟浮丘，類孝遊方，依仁晤扃，褰棠華」而積欷，踐宿草以傷懷。屬釁切茹荼，悲生泣血，哀纏叩地，痛結」終身。於是地脈五原，圖披蔓蒨，灼龜文於蒿里，啓鶴壠於滕城。」粵以垂拱三年歲次丁亥十月壬辰朔廿九日，移奉大塋，同窆」騏驎之穴，即邙山之陽金谷鄉石城里也。嗚呼哀哉！乃爲銘曰：」東京戚里，南陽鼎冑，鸞鳳時來，芝英不秀。傷哉璧玉，痛矣珠璣，」黼藻班訓，陶均蔡帷。蕣華旦夭，桃倏吹，始賀儀星，旋嗟上月。樓」虛吹靜，塵暗閨空，一刊貞石，千秋是同。」

（周紹良藏拓本　河南千唐誌齋藏石）

垂拱〇四一

【蓋】失。

【誌文】大唐乾封主簿樊浮丘李夫人墓誌銘并序」

夫人姓李，渤海蓧人也。惟昔柏樹凌霄，帝鄉鬱白雲之氣；英規拔」俗，天山起飛將之名。洎乎龜組相趨，龍門間峙，濟濟光其令範，赫」赫盛其簪裾。高祖潔，齊鎮遠將軍、司徒、右長史；曾祖茂，隋貢秀才，」不仕；祖思玄，皇朝深州司法參軍；考孝孫，雍州同官縣尉。並以」蘊玉摇英，含章擢秀，鏡靈臺於學海，竦貞幹於詞林。朱軒疊雷鼓」之威，丹筆落飛雲之藻。光十徵於帛賁，紆百練於黃圖。夫人以琁」緯凝姿，金華散彩，浮九春而吐絢，發四照以開神，得瑞氣於星河，」下芙蓉於靈岳。作嬪于室，叶鳳兆以來儀；撫有而宗，應雞塒而執」禮。令問將凰鳴共遠，貞猷與虹色同規。九族搴其芝蘭，四德由其」粉澤。曹家秦氏，且獵徽音；萊婦鴻妻，遥資潤色。椒花蘋葉，方興賓」則之謡；雹影星光，奄謝章臺之構。遂使河魴一去，乘渤澥以不歸；」穠李三春，落扶摇而莫返。以垂拱元三月廿五日遘疾，逝於西京」懷真里第，春秋卌有二。嗚呼哀哉！金閨匿耀，玉樹摧芳，賓族黯以」銷魂，房櫳闃其無色。鏡鸞宵掩，唯餘明月之輝；琴雉朝飛，空咽將」雛之引。粤以垂拱三年歲次丁亥十月壬辰朔廿九日祇奉大塋，」窀穸於河南縣芒山之陽金谷鄉石城里，即塋内之右地也。梁伯」鸞之五噫，響振薤哥；石季倫之萬株，光涵柳轄。雲車已夐，三周之」駕不留；桂户方銷，十步之芳逾遠。雖花朝月夕，獨望美於清臺；而」秋菊春蘭，庶傳芳於翠琰。其銘曰：

白雲懿族，丹山薦祉，」慶叶龜龍，華如桃李。智周粉澤，業光蘭芷，蓮沼披紅，芝房擢紫。禮」遵秉燧，詩明結褵，四一其德，」三千爾儀。星文曉珮，柳映齊眉，鳳鳴」方遠，鸞鏡俄移。怚嗟淑媛，吁哉今古，燕湘川，鴻驚洛浦。寂寞琴瑟，」淒涼雲雨，望軫據籬，情殫擊缶。玉津波謝，金谷花開，桐閽默默，薤」挽哀哀。人悲月簟，馬思章臺，唯餘別鶴，五里徘徊。」

（北京圖書館藏拓本　開封博物館藏石）

垂拱〇四二

【蓋】失。

【誌文】

唐故徵士樊君墓誌銘并序」

君諱赤松，字貞白，南陽人也。自山甫翼周，道隆衮職，舞陽佐」漢，位列台階。國史贊其人英，家牒光其濟美。高祖歡，魏伏波」將軍、散騎常侍；曾祖穆，周明威將軍、南陽太守；祖卿，大理正；」父叡，都水監丞。並雲翰孤騫，天姿秀絶，金神授氣，玉藻摛才。」據馬援之崇班，控咎繇之要職。澤虞資其綱紀，贊嶽賴其仁」明。□一日殊姿，七年奇幹，雛便擬鳳，友乃成龍，爰以弱年，聿」膺太學，環林竦幹，挺秀質於詞條；璧沼澄瀾，沃波濤於辯浪。」就朱監以成性，踐詩禮以基身。未下仲舒之帷，已擢孫弘之」第。選曹以例授君文林郎，蓋鴻漸也。既而潘生承弁，纔臨秋」興之年；顔子弱齡，遽從舟壑之運。以上元元年十二月廿八」日遘疾，終於洛州行脩里第，春秋卌有三。即以二年正月，殯」於邙山舊塋之後。頃惟禍降自天，哀纏罔極，慈堂毁構，陟」屺摧峰，將申宅兆之儀，以展飾終之禮。粤以垂拱三年歲次」丁亥十月　朔　日，移奉舊塋，遷厝於邙山之原金谷」鄉石城里，禮也。兄浮丘，抱栢窮號，思棠棣而無託；飛鳴係戀，」感原烏以增懷。爰啓玄扉，式陪新窆，即塋内之左。庶神遊九」地，長存温席之心；日見千年，永奉擇鄰之訓。其銘曰：」

台衡之族，公侯之孫，忠武不隕，衮冕盈門。盛德無已，允膺才」子，岐嶷髫初，貞明丱始。鳳毛五色，驥足千里，遊藝澡身，横經」入仕。纔登甲乙，俄驚辰巳，西州石折，東顧龜良。素轜夕，哀挽」晨鏘。山川道喪，風月神傷，空餘令範，金石傳芳。」

（北京圖書館藏拓本）

垂拱〇四三

【蓋】失。

【誌文】

樂師□□洛陽人也。立志冲寂，禀性忠貞，雅好琴罇，情敦文籍。以咸亨年際，遇疾卒」亡。幽顯異途，卅餘載。乃祖乃父，在魏在齊，」内孝於家，外忠於國。夫人南陽張氏，百能」疑美，四德揚輝，承上有方，訓下有序，清規」哲操，玉朗霜明，麗質貞顔，花叢月浦。積善無驗，痛酷如何。以垂拱三年十月一日卒」於私第，春秋□十有一。即以其月廿九日」合葬於邙山，禮也。□呼！風樹難停，隙駒易」往，痛長離於地户，悲永訣於泉亭。其銘曰：」人物遷改，歲序如流，長空日晚，隴際雲收。」前鄰洛汭，卜宅邙山，風生闕後，日落松間。」車馬餞哭，雜還城隅，悲聲遠振，淚下成珠。」泉扃一閉，相見無期，天寒月思，隴暗雲□，」千秋萬歲，長謝芳輝。」

（周紹良藏拓本　開封博物館藏石）

垂拱〇四四

【蓋】失。

【誌文】

大唐故上護軍龐府君墓誌銘并序」

君諱德威，字二哥，南安人也。昔三方鼎峙，王道中其爪牙；六國權衡，霸圖重其謀」略。泉原濬極，遠派靈長，擢榦扶疏，脩條蓲茂。公即其後也。曾祖隆，周任益州司倉」參軍事。賛分符於玉壘，佐剖竹於銅梁，仁教以之傍融，政化因而遠被。祖慶，隋任」潞州上黨縣丞。德宇奇廓，器量淹深，百里仰其成規，一同資其善政。父師，隋任廣」州司馬。嘉謨自蘊，妙善非因，灑落風煙，超攄雲漢。輔分珪於五嶺，道洽泣珠之鄉；」揚別扇於三湘，恩浹落星之境。公則器惟瑚璉，性乃珪璋，岐嶷表其齔年，魁岸章」其冠歲。英姿挺秀，天骨標奇，立行可模，出言成範。明明令德，莫測其淺深；滔滔雅」量，詎知其遠近。神機獨運，吞鎮北於胸間；智略兼人，揜征南於度內。深衷海濬，壯」志山高，學盡五車，書工八體。控雕弓而屈右，落雁啼猨；張空拳而啓行，批熊拉武。」往以三韓未附，鯷壑驚波，九種猶迷，鼇津駭浪。公荷霜戈而奮武，揮星劍以臨戎。」勇若鱄諸，捷如慶忌。遂授公勳官上護軍，酬勞效也。昔叔敖知履尾之懼，不受楚」國之封；仲連怯觸鱗之威，竟謝齊君之禄。公深明止足之誡，遠識無厭之譏，乃謝」病辭朝，自樂馬遊之乘；追驩宴友，方欣陸賈之田。怡怡弟兄，恂恂鄉黨。不謂輔人」虛説，天道無徵，二豎纏痾，兩楹興歎。名香何在，唯增啓足之悲；神竈空傳，詎免遊」魂之怨。以乾封元年十二月十七日寢疾彌留，卒乎私第，春秋六十有八。琴臺月」上，永息陽春之音；金埒風生，誰控桃花之騎？夫人王氏，其先太原人也。侍中遊覽，」警魏閣以流芳；將軍卧病，開秦基而演慶。祖尚，隋任銀青光禄大夫、相州長史；父」暉，隋任潞州司倉。並珪璋其質，松栢其心，處涅不緇，淩寒轉翠。夫人騰姿月魄，禀」質坤靈，道冠三從，行該四德。品摇空之舞雪，特妙因風；辯絶響之哥絃，懸明第次。」承巾奉食，重德輕鱻，禮逾晉缺之帷，義越楚莊之室。雖良人瘞質，彌軫畫眉之情；」而剋己明心，以表輕身之詠。豈謂百年難續，千月易窮，倏奄夜臺，俄辭白日。以垂」拱三年歲次丁亥十月六日卒乎私第，春秋七十有六。單凫獨逝，已悽潘子之懷；」兩劍雙沉，遽切丁君之慮。即以其年十一月辛酉朔廿二日壬午合葬于四池之」側，禮也。青烏獻兆，寧惟千載之墳；白鶴占原，自應三台之氣。孤子行基等，仰蒼穹」而無色，擗黄壤以崩心，痛結蓼莪，哀纏陟岵。恐山迴牝壑，海變桑田，爰紀芳猷，式」刊貞琰。其詞曰：

惟岳降靈，惟天降昂，誕兹明哲，信邦之寶。式贊」皇基，爰扶帝造，功成名遂，身退天道。其一。昂昂挺秀，鏘鏘雅士，脱略公卿，跌」宕文史。盛德推賢，謙撝剋己，妙閑韜略，尤明宫徵。世曰琳琅，時稱杞梓。其二。易美家」人，詩光女則，登機成素，之田奉食。海曲和鳴，河洲比翼，孝該籠水，慎深攀棘。月牖」霜帷，含貞抱直。其三。匣中雙劍，先後俱沉，泉中瘞玉，地下埋金，荒郊引霧，寒壟凝陰。」佳城鬱鬱，逝日駸駸，一歸窮壤，誰明恨心。其四。」

〔録自《金石續編》卷五〕

垂拱〇四五

【蓋】失。

【誌文】

大唐衛州長史裴君墓誌銘」
君諱胤，河東聞喜人也。漢晉之都，汾□□□」□多磊落，地實丘虛，□□□代而□□□□」有時而間出
楷即鈴衡才□晉代挹其風□」憲乃家書百帙，□□欽其名德，象賢不泯，□」□兹中。曾祖忌，陳都官尚
書；祖蘊，隋銀青光禄大夫、御史大夫；父爽，禮部員外郎、婺州長」史；並金鏘玉振，桂馥蘭芬。公百
代積祉，千□」餘慶，解褐亳州司倉□□□合冀州南宫□」縣令，除衛州長史，道映題輿，位光半刺□
□」飛名棘署，燮理槐庭，□石之位未登，九京之」悲俄及，垂拱三年十月廿九日終于私舍，春」秋七十。
爰以十一月廿四日歸葬於洛州洛」陽縣西面□也。嗣子仲由，茹血崩殞，□□□」□。瞻風樹而纏哀，
履霜庭而永絶。望□□兮」之遠，邙林野兮騷屑。舉丹旐而聯□□□」□□咽，勒幽礎，以旌懿德，芳徽
而無□□□」

（北京圖書館藏拓本）

垂拱〇四六

【蓋】失。

【誌文】

大唐故德州將陵縣丞李府君墓誌銘并序」

君諱敏，字知仁，趙郡人也。聖人丕業，飛將靈苗，家承龍德之餘，門積龜文之祉。地靈所孕，人物崩騰而挺生；門」慶所鍾，珪璜赫弈而相繼。曾祖嵩，齊任濟州刺史；祖寶，」隋任趙州司馬。百城馳譽，半刺宣風，美政顯於驅鷄，令」譽光乎展驥。父護，彩冠崇雲，高上逸人之氣；輝韜巨秀，」遥分處士之光。寵辱若驚，清虚不仕。公天生儁傑，神授」聰明，窮理盡生，自有春秋之癖；經明行修，坐延鄉曲之譽。永徽六年，歲貢明經高第，解褐汾州靈石縣主簿。秩」滿，任洛州永年縣尉，又任揚州江都縣尉，又任德州將」陵縣丞。文史足用，州縣徒勞，尺蠖之屈未申，青蠅之夢」俄起。垂拱三年歲次丁亥十月壬辰朔十六日丁酉遘」疾，終於將陵縣之廨宇，春秋六十三。惟公雄狀分明，高」情散朗，一朝長謝，萬恨何追。粤以垂拱四年歲次戊子」正月庚申朔二日辛酉窆於洛陽縣之北邙平陰原，禮」也。長子思貞等，悲纏露草，痛結風枝，爰疏馬鬣之塋，遂」卜龍心之兆。披文相質，是所望焉，握管彈毫，乃爲銘曰：」

仙舟遠派，李樹芳枝，精靈磊落，冠蓋陸離。龍門擅價，武」石標奇，代有君子，家傳禮儀。其一。青烏相塚，朱鳥開塋，亂」吟悲鐸，斜引危旌。草生荒逕，松滿蕪城，高臺曲池無處」所，重泉厚夜何時明？

垂拱三年十二月廿九日。」

（録自《芒洛冢墓遺文》卷上）

垂拱〇四七

【蓋】失。

【誌文】

大唐洪州都督府高安縣封明府故夫人崔氏墓誌銘并序」
夫人諱柔儀，清河東武城人也。四代祖休，後魏贈」尚書右僕射、文貞公；曾祖儦，隋散騎常侍、聘陳使」主。或位隆端貳，績裕當朝，或聲□禁闈，才光出境。」祖世濟，皇朝太子洗馬；考元敬，和州刺史。」金貞玉潤，鳳彩鵷姿，□懿德於兩宮，藹仁風於千」里。夫人禀粹婺津，□靈娥岫，柔明内映，端淑外融。」年十有七，適于封氏。三儀克茂，纂貞範於母師；四」德允彰，成好仇於君子。嚴堂奉色，行敷至順之規；」宴室承歡，不墜如賓之敬。輔德何爽，與善無徵，頻」丁考妣艱，竟不勝哀毁，以儀鳳二年十一月十五」日卒於安州孝昌縣官舍，春秋卅有一，權殯于汝」濆。以垂拱四年正月十四日遷窆於芒山河陰之」原，禮也。自安仁之結恨，中路奄乖；以奉倩之傷神，」前途詎幾。攜茲偏露，臨□泉壤，銜哀洟泣，式紀銘」云：」
挺生華族，作儷斯門，貞姿璧潤，淑性瓊温。藏舟閲」晦，拱木銷魂，九陵徒變，四德長存。」

（周紹良藏拓本　河南千唐誌齋藏石）

【蓋】　大唐故陳府君墓誌銘

【誌文】

唐故朝請大夫陳府君墓誌銘并序」

君諱護，潁川人也。昔鼇降二女，唐堯安洪水之災；運策」六奇，漢祖免白登之敗。其後太丘之長，道貫聚星；河朔」之才，文光倚馬。地靈相繼，時英不絕。曾祖並絕幹千尋，」斷山萬仞，一簣發籯金之彩，五車覽羣玉之書。君姿靈」秀氣，誕粹沖和，澄雅操以霜明，照清規而月舉。踐義爲」勇，履孝成忠，漸禮義之膏腴，嗣箕裘之聲訓。藏器而逢」亂代，進德以及明時，爰屬義師，蹔披誠款，推鋒後殿，擐」甲先登。雕弓挂滿月之輝，雄劍耿長天之色。蒙授朝請」大夫，賞有功也。既而輕忽簪組，踞傲泉石，魚山騁望，懷」子建終焉之心；鵬海驚濤，養孟軻皓然之氣。惜乎浮生」易夭，七百之壽未階；飄忽難留，千月之期行盡。以上元」元年終於私第，春秋一百有一。夫人蔡氏，即以垂拱四」年正月廿三日合葬於三時鄉，禮也。子文德，仰高天而」垂弔，蹐厚地以纏哀。恐舟壑潛移，莫辨藤公之室；海田」斯變，不曉原氏之阡。式誌陰溝，乃爲銘曰：」

至矣夫君，超然不羣，事君以敬，在家必聞。信著朋執，義」兼仁恩，早霑舜雨，夙奉堯雲。提弋杖劍，掃祲除氛，謀□」□略，功橫大勳。脩路頓阻，昭代俄昏，落徂光之□□，□」長夜之歸魂。

起寒煙於櫝隧，下白露於松門，□□□□」百代後，寧知埋玉此丘墳。」

（周紹良藏拓本　據《金石續編》卷五補字）

垂拱〇四九

【蓋】失。

【誌文】

唐故懷州河内縣丞李府君墓誌銘并序」

君諱善智，字有思，隴西成紀人也。靈源括地，若水派其長瀾；巨構淩天，」高丘疏其遠葉。周柱史之仙德，道藹猶龍；漢飛將之雄材，精開伏猨。門」慶斯襲，家聲克茂。曾祖凝，周觀州從事；祖進，隋司府寺左藏署令。並植」性端莊，胷懷夷簡。百城叅事，清徽浹於外臺；九署從班，茂績光乎内府。」父子徽，隋相州臨河縣令。宰斯大邑，烹彼小鮮，中牟上蔡之能官，擊磬」調琴之善政。□君白虹授彩，明月涵暉，璧價早馳，珠光夙潤。孝悌乃承」家之本，忠貞爲奉國之資。勁節茂於松筠，高情凛於霜霰。屬炎靈版蕩，」寰海沸騰，太嶽亡羊，中原逐鹿。於是韜光衡泌，晦跡林泉，遊心於徼妙」之門，濯足於滄浪之水。尋而運逢昇泰，道合由庚，樂堯舜之禎期，恥」巢由之小節。爰辭北澗，式解南薰，釋薜服而拜蘿圖，褫褐冠而佩黄綬。」武德之際，檢校懷州河内縣丞，負彼異才，屈兹常調。嵇康逸士，方得志」於烟霞；梁竦高人，遂徒勞於州縣。亭衢未騁，吏途先迫，甫贊絃哥，便彰」智效。翔鯤激水，方轉九萬之霄；蹋驥嘶風，忽見三千之日。以永徽三年」四月十九日終於私第，春秋六十有九。嗚呼哀哉！惟君宇量凝肅，襟靈」雅曠，導禮樂以基身，藴珪璋以成德。時逢屯詖，乃谷飲而巖栖；運屬」休明，遂策名而委質。可謂有始有卒，知幾知微者焉。夫人彭城劉氏，周」奉車都尉運之第二女，皇朝右威衛翊府郎將滿才之姊也。韶姿婉淑，」遷杜氏之階，以垂拱四年歲次戊子正月庚申朔廿三日壬午合祔於」北邙原，之禮也。嫡孫業傳隆構，道濟良箕，荷貽厥之深恩，崇孝于之至」德，永懷抱孫之愛，無忘述祖之風，思取誌於玄堂，敬圖徽於翠石。其銘」曰：

高丘白雲，函關紫氣，盛烈無泯，芳聲不墜。茂矣昌宗，悠然遠嗣，代」出英傑，人多秀異。其一。顯允賢族，猗歟德門，龍池出驥，鳳穴生鵷。操貞金」石，德潤璵璠，無時則退，有道斯尊。其二。途窮運圮，洗心清耳，備泰時康，牽」絲入仕。翊彼遷獸，副兹馴雉，去日難麾，悲風忽起。蒼蒼原野，洌洌泉扃」扃，霜繁隴白，月苦松青，荒墳走兔，古木飛螢，一朝至此，千載冥冥。其四。」

垂拱四年歲次戊子正月庚申朔廿三日壬午。」

（周紹良藏拓本　開封博物館藏石）

垂拱〇五〇

【蓋】　大唐故亡宮八品墓誌

【誌文】

亡宮八品」

亡宮不練姓氏，莫知何許人也。」原其性高淑慎，行美貞閑，預秋」算於良家，叶春茗於上閣。蘭宮」桂掖，用先宸之班；彤管清陽，見」昭容之墜。春秋年卅三，粤以」垂拱四年正月廿三日葬，爲禮」也。乃爲銘曰：」於穆淑人！承徽蘭室，婉嫕其行，」貞順其質。上月歛暉，中闈遘疾，」勒茲蒿里，千秋永畢。」

（河南千唐誌齋藏石）

垂拱〇五一

【蓋】失。

【誌文】

大唐故朝散郎守内寺伯飛騎尉成府君墓誌銘文并序」

稜層乾祚，大哉飛閬之峰；瀰迤坤靈，壯矣勇濤之澨。横三光而緬野，」廓九土以無疆。迴雲盪海之君，掩粹窮神之后。莫不並資閒氣，咸籍」化臣，業預開元，功高緯象。至若流聲軌運，播美風詩，年代罕聞，寂寥」難紀，誰能繼茲勳譽者，其惟寺伯成君乎。公諱忠，字弘意，先燕周成」之後，隨宦就封，徙族弘農。曾祖悉，周鎮遠護軍。氣摺三江，奔濤靜於」天井；功横十角，結霧銷於蹕林。帝賞其能，官標蕩寇。大父寬，幽州司」馬。令望孤標，英材獨秀，崇基聳日，積慶騰雄。父德，强山監丞，俄而退」秩，以爲輕班五斗，慕陶菊於寒園；小騎八巡，散踈金於雲綏。怡然自」得，無悶在懷。惟公質邁楚英，孕圓流而蕩照；名高趙彦，潤方折以騰」輝。岐峰五綵之毛，曾何足議；豫章七年之木，未可同言。鼓風翣以遐」遊，縱雲衢而迴逝。陽柯遽掩，遺餘棲鳳之梧；陰氣長凝，自息歸鸞之」影。始驗紫微列座，動奇照於四星；黄屋宸尊，引異材於九位。文明」元年，蒙授給事郎、行内侍省宫闈局丞。金貞不濫，玉潔彌高，出入」仙闈，頻繁獻納。垂拱二年，遷朝散郎、守内寺伯；馬驄癉惡，桓典退以」慙顔；烏樹飛聲，王吉由其斂翰。既而局無稽務，在事必通，霍叔智之」清懃，進多慙德；許子將之月旦，退有媿詞。方可閬壽延遐，俯玉京而」高宴；仙祈縱轡，仰紫闕以清遊。不謂鬪蟻成災，銀河墜月，庭熊」入夢，鋭嶽摧峰，以垂拱四年歲在戊子正月庚申朔八日丁卯，薨於」神都私第，春秋五十。蒙恩敕贈絹五疋、布五端。其年三月三日，葬」於河南縣北芒山，之禮也。而嗣子元璋等，蹟厚地而無依，翘高天而」靡及，痛霜露之濡已，哀几筵之在執，懼碧海兮成田，託翠銘兮可揖。」其詞曰：」

昭昭令德，謇謇王臣，譽隆藩扞，績著經綸。冰河蓄寶，神岳潛珍，嘉彼」令望，誕兹異人。其一。天貺普疇，德音獨紹，銀徽在飾，金榮賞要。鳳際霏」文，螢前引照，竭忠宣力，窮芳極妙。其二。隙駟難留，舜榮易落，珠傷巨海，」舟遷大塋。泣下悲羊，哀存故鶴，萬齡共盡，千秋誰作？其三。」

（周紹良藏拓本　河南千唐誌齋藏石）

垂拱〇五二

【蓋】失。

【誌文】

君諱威，字某，隴西金城人也。昔在有周，著玄宗於柱史；爰洎」漢日，樹奇策於左車。道德盈塞於天泉，英謀飛於今古。昔時」飛將，窮地際而論功；今日皇家，與天元而合姓。曾祖元」儉，齊任益州司馬。梁山黑水，三刀待別駕之功；劍道珠江，五」袴成半刺之舉。祖守禮，隋任懷州録事。河内名區，山陽奥壤，」字人阜俗，州將闡其風；管轄名實，督郵綜其要。關河重寄，公」有力焉。父感，皇朝任潤州司户。東口要樞，丹徒望邑，昔時江」外，徒號神州；今日寰中，猶稱列岳。公以鴻漸，爲其羽儀，君以」三葉淳仁，運鍾餘慶，蹝潔白之道，包貞固之德，英猷内朗，和」順外融，行在言先，身居物後。與朋必信，州壤推其風；爲謀必」忠，鄉閭服其德。庶採榮於四皓，德護摇山；翻歸逝於九原，魂」遊岱嶺。以垂拱四年四月十日寢疾，卒於章善里第，時年七」十有二。夫人施氏，其先吴興人也。漢代孟卿，經無滯議；吴朝」公緒，路不拾遺。夫人載誕蘭儀，光啓玉度，道協琴瑟，德懋蘋」蘩。思媚諸姑，于佐君子，庶長隆於正室，將永保於宜家。豈期」與善無徵，輔仁莫驗，以垂拱三年六月九日寢疾，卒於章善」里第，時年八十有五。今以垂拱四年四月十日祔葬於北邙」諸葛村之北原，禮也。胄孫暕等，痛風樹之不停，惜清徽之眇」默，恐陵谷之貿遷，授貞石而刊勒。其詞曰：」緬惟遠胄，邈矣有周，紫雲東望，青犢西遊。乃祖乃父，惟公惟」侯，君以盛德，棲遲泌丘。夫人恭順，嬪于好俅，同悲逝水，共泣」藏舟。階撤兩奠，庭引雙輀，荒埏一合，萬歲千秋。」

（北京圖書館藏拓本）

垂拱〇五三

【蓋】玄達先生田公墓誌銘

【誌文】大唐故田君亡妻衡墓誌銘」

夫人諱某，河南人也。其先周所封侯，即其緒也。惟祖」惟父，□羽儀鍾鼎，飛絢緗圖，弈葉分枝，揚蕤素諜。「夫人資靈嶽秀，禀神粹以貞堅；曜質坤儀，禮幽閑於」婉順。勳高仕伍，榮照里閭，禮盛閨門，譽馳鄉曲。湛黄」陂而不朽，越曹量以自高，比勁節於松筠，匹穠華於」桃李，裾隨微步，更似淩波，袖拂輕風，還同迴雪。鳴機」則鵷飛鶴舞，弄筆則鳳峙鸞驚。既而盛曹求凰，洪宗」奠雁，金屏不別，寶帳恒同。琴瑟之性日隆，松蘿之情」逾密。豈謂成龍兩劍，奄一存而一沈；棲鳳雙桐，忽半」生半死。以垂拱四年四月十四日遇患終於家，春秋」六十有六。嗚呼！馳誠葉縣，徒眷念於飛鳬；駐想陽臺，」空結戀其行雨。悲看陪惻愴於素書；泣對迴文，更悽」傷於錦字。珠簾一掩，銀樹成行，黄壚永秘，翠銘方啓。「乃爲頌曰：」

洛川迴雪，巫岫雲飛，展如淑媛，玉女披衣。採蘋採藻，」言告言歸，齊眉舉案，玉杼登機。其一。人生局促，世路推」移，曦輪不駐，隙馬恒馳。合昏葉落，日及花萎，雙桐半」死，貳劍長離。其二。」

大唐垂拱四年五月一日衡夫人墓誌銘，故記之耳。」

（周紹良藏拓本　開封博物館藏石）

垂拱〇五四

【蓋】失。

【誌文】

大唐故韓王府兵曹參軍延陵縣開國公陸君墓誌銘并序」

君諱紹，字承業，即吴郡之公子也，漸嬀川之餘潤焉。紫氣乘時，大夫見」稱於英彦；黄精降祉，太守標譽於神明。簪組蟬聯，屢傳於芳績；珪璋特達，」每著於嘉聲。高祖通，周使持節，柱國，大司馬，蒲、陝、秦、襄四州總管，綏德」郡開國公，食邑八千户；曾祖讓，顯、魯二州刺史，光禄少卿，開府儀同三司，」安澤公；祖善宗，皇朝駕部郎中，使持節德、光、懷三州刺史，洛州長」史，上柱國，延陵縣開國公；考仁徵，隋尚衣直長。器局疏通，操履清白，入」登八座，禮闈光主射之隆；出按六條，外臺肅褰襜之重。識凝文而韞」學，席寵丹墀；尚龍衮以呈材，參榮紫闥。君夙稟岐嶷，幼資」聰敏，讓玉門之菓，自睦天倫，懷金衣之實，逾敦地義。起家拜」文德皇后挽郎，即拜韓王府兵曹參軍事，襲延陵縣公。帝蕚名蕃，」皇枝望府，偶桂山之清宴，允屬英寮；簉竹苑之良遊，仍紆逸器。蕭何」舊爵，還承繼絶之恩；魏子新封，將延必復之慶。加以弋釣經籍，琴箏」文史。覽風雅之奥，景慕復珪；窺道德之門，庶幾懷玉。不夷不惠，久忘」健羨之心；非吏非隱，更得逍遥之性。何圖神仙無術，嗟鳳腦之難成；天」地不仁，恨鶱巢之奄及。以顯慶四年十二月一日遘疾終于私第，春」秋卌有四，嗚呼哀哉！粤以垂拱四年歲次戊子五月戊午朔十」五日窆于洛州洛陽縣平陰鄉之平原，禮也。嗣子濬等，號昊巨痛，撫」苴竹以崩心；陟岵深哀，循蓼莪而泣血。塗車木偶，思備物於平生；刊石」鏤金，庶揚徽於冥滅。乃書科斗之篆，用表騏麟之穴。其詞曰：」

黄軒降祉，黑帝垂精，始傳冠蓋，無絶忠貞。材惟公紀，文則士衡，或登三事，」或刺百城。其一。鶴起青田，鳳生丹穴，顯允君子，克嗣前哲。握瑜懷瑾，含冰抱雪，」澄之不清，渾之彌潔。其二。彈冠就列，執紼爲郎，乃辭天子，乃侍英王。劉禎逸氣，」徐幹彫章，佩蘭□馥，攀桂分香。其三。天道實長，人生何促？

日晞朝露，風驚夜」燭。魂歸洛水之□，□散邙山之曲，名永存兮簡素，德不朽兮金玉。其四。」

（河南千唐誌齋藏石）

垂拱〇五五

【蓋】失。

【誌文】

□唐韓府法曹參軍息蘭陵蕭君之誌」

君諱洛賓，字閱書，本蘭陵人也。昔玄鳥降祥，茂族由之肇」跡，白狼爰感，洪源於是逾濬。收籍乘車，昭晢於縑簡；蘊經」懷道，綺煥於圖牒。異代均榮，可略言矣。乃祖因宦，徙宅神」京，秀逐芝蘭，辛隨薑桂，門閥之盛，光映朝列。高祖造，刑、禮」二部尚書，太子太保，上柱國，梁郡開國公，道光喉舌，聲重」納言，制九品而定周行，演三秩而光齊職。曾祖鳳，朝散大」夫、林州長史，襲梁郡公，器局夷簡，風神英邁，蒞士元之顯」職，嗣休徵之茂官。祖仁表，越州餘姚縣令，尋授青州長史，」又受益州新都縣令，尋加朝散大夫，襲梁郡公。萬傾澄瀾，」千尋吐幹，題輿以光茂躅，明寮仰止；製錦而處清階，吏人欽德。父楨，宣德韓府法曹參軍事。入桂山而飛步，才地兼」優；簉蘭坂以從班，賓實雙茂。基忠履孝，得孔門之名節；和」光同塵，師老氏之炯誡。方期銷金延壽，練石保生；不謂逝」水難留，俄從化往。以垂拱四年五月十四日卒於洛州河」南縣之私第。君痛温清之永隔，泣血崩心；淹晷刻而纏痾，」魂離魄散。纔經二日，俄隧九泉。自非人同王郭，家傳曾憫，」焉能忘生殉死，若斯之孝者與？悲夫！春秋廿有四。即以其」年五月廿七日隨父遷措於洛陽縣之北平樂鄉，禮也。第」洛客，痛兼風樹，情咽古今，敬鐫貞石，永擅徽音。」

垂拱四年歲次戊子五月戊午朔廿七日癸丑。」

（周紹良藏拓本　開封博物館藏石）

垂拱〇五六

【蓋】失。

【誌文】

大唐故左□□□監察御史張府君墓誌銘并序」

君諱敻，字□□，清河人也。邈矣基構，偉哉濬遠。五代相韓，英精閒發；七葉」匡漢，風美聿宣。布族斯昌，分枝克茂。曾祖達，齊左光禄，周開府儀同三司、」本郡大中正；祖瑋，隋宗州別駕，皇朝宜君令；父選，皇朝益州郫」縣丞、相州司倉、司農寺主簿。並孤風俊邁，逸氣曾騫，擢太山之偉材，聳□」岳之靈秀。君資和毓德，踐粹含英，幼而清警，長而明濬。年未弱冠，□總經」闈，雕章以煥其文，博物以弘其器。早預國子生，應詔自舉，詔□」問焉。封奏者千有餘人，君蔚爲舉首。爰降明詔曰：少年聰穎，機神博」達，對□策問，詞義可稱。可待詔弘文館，准學士例，供食隨仗，入內供」奉。時年十九，雖賈誼英拔，晁錯智謀，望我高芬，失其歸趣矣。尋授易州永」樂縣主簿，又徙授宋州寧陵、揚州江都、魏州貴鄉三縣尉。鯤游鯢澤，鵬息」鷄藩，韜跡卑位，怡然自得。遷司刑評事，尋於御史裹行，俄授朝散郎、行左」臺監察御史。烏署申規，豸冠效職，權豪以之斂跡，臺閣於是生風。霜簡含」清，冰壺起照。尊賢容衆，糺謬在乎無私；弘量虛懷，徇法歸乎靡忒。屬契風」月，寓賞琴罇，促膝者必俟賢材，把臂者咸求儁秀。禮無違者，言必有章，放」曠不虧於直繩，倜儻未聞於撓法，可謂千載奇傑，一代通人者歟！瞰室生」災，閱川斯及，以垂拱四年七月四日終于思恭里之私第，春秋五十有三。」嗚呼哀哉！元既不存，贈言奚託；叔卿逝矣，故友長悲。夫人紀氏，丹陽人也。」歸周備禮，入齊保姓，弘風垂裕，代有人宗。夫人稟靈桂魄，孕芳蘭畹，六行」□紹，四德弘宣，嬪則峻於清閨，母儀照於彤管，降年不永，先悲夜臺，歲月」其除，復申同穴。還以其年七月十七日合葬于北邙山原，禮也。邙山北指，」洛川東注，笳迴思於秋雲，馬繁嘶於曉霧，嗟一朝之溘盡，永悠悠於大暮。」嗣子昇、暹、暠、務等，並秀發地靈，孝極天經，摧心魂於壟路，□□標於泉扃，」庶圖芳而撰德，垂百代與千齡。迺爲銘曰：」

邈哉崇構，遠矣靈苗，盛德盛烈，百代光昭。惟祖惟考，四海高標，哲人秀出，」焕彼瓊瑶。詞雄意匠，弱冠登朝，是司糺察，氣逸驚飈。遊鱗發諫，避馬興謡，」譽光百辟，聲馳九霄。警節俄盡，徂年遽凋，松風促夜，薤露晞朝。空山秋兮」落日迴，平野晦兮白雲遥，思故人兮徒掩泣，痛歸魂兮不可招。」

（河南千唐誌齋藏石）

垂拱〇五七

【蓋】失。

【誌文】

大唐汲郡吕君墓誌銘并序」

君諱行端，字張仵，其始祖則周太公吕尚父之後也。」裾不絶，代襲冠纓。周漢之朝，婚連貴戚；晉宋之世，名」列英賢。自兹已往，門承閥閲，其根源本汲郡人焉；屬」隋季亂離，分派遷轉，則河南洛陽人也。祖諱君道，隋」任秘書録事，文才挺特，藻翰芬芳，行喻詞林，敷弘至」理。父諱德威，唐上騎都尉，深謀沉算，標逸趣於三軍；」雄略宏圖，顯嘉猷於千里。君則公之長子也。君以弱」冠授陪戎尉，家途巨積，年七歲，喪所親，哀貫心靈，悲」纏骨髓。攀號擗踴，親懿摧肝；毁瘠竭情，鄰人罷社。君」禀性仁孝，立志忠廉，儀範峩峩，風神肅肅，貴賤欽其」令望，親戚挹其容規。實百代之英豪，一時之俊傑也。」豈謂石火不留，電光難駐，未秋風而落桂，方日夏而」摧蘭。春秋有卌，以垂拱四年六月卅日卒於洛陽之」私第，即以其年七月十七日殯於洛陽縣平陰鄉之」野。嗚呼哀哉！其詞曰：

器局踈朗，立性忠孝，有禮有則，」無剛無撓。氣調自然，風儀詎教，内順其心，外恭其貌。其一。」陰兔不停，陽烏遞上，忽滅精靈，空存響像。暫辭白日，」永潛丘壤，冥漠無知，魂兮何往。其二。昔在高堂，今處泉臺，」松壚有去，柳陌無來。一從幽閉，千年詎開！其三。」

（周紹良所藏拓本　開封博物館藏石）

垂拱〇五八

【蓋】失。

【誌文】

唐故左金吾引駕陳郡袁景恒墓誌銘」
國對粥熊，勳高大東，三年一舉，」四代五公。爲子則孝，爲臣則忠，」聿基巨闕，載誕良弓。玉色庭耀，」珠光雪融，聞天比鶴，漸陸均鴻。」瑚璉方重，瓊瑰遽夢，苗而不秀，」回也溘終。恨垂天之夭閼，歸若」斧之封崇，隴愁雲於日暮，墳思」月於霜空。北邙兮自此，唯聽兮」松風。」
垂拱四年歲次戊子七月十七日勒。」

（周紹良藏拓本　河南千唐誌齋藏石）

垂拱〇五九

【蓋】　大唐故袁府君墓誌銘。

【誌文】
唐故朝散大夫行恒州石邑縣令袁君墓誌銘并序」
君諱希範，字令規，陳郡人也。有嬀之後，在陳建國，安以漢朝台鉉，祝鳩之貴」五人；宏以晉室詞英，倚馬之文七紙。曾祖亮，陳侍中、豫章内史、吴郡太守。張」寬則博物多識，爲後車之侍中；陸雲則當代偉才，作清河之内史。祖崇業，陳」駙馬都尉、黄門侍郎，隋鄒縣令。清貞蓋俗，問望承家。揮翰紫宸，聽平陽之歌」舞；策名墨綬，屈重泉之惠化。父弘讓，皇朝珍州録事參軍事，□江司」録，十部騰聲，持匪石而有孚，泝貪泉而無惑。所以大丘既没，目陳紀而可知；」太尉忽諸，指阿恭而奚假。君闕門之黄氣，賢星之赤精，杞梓也廊廟之材，鵷」鸞也羽毛之長。貞規素履，猶井渫之潔焉；博聞强識，得典墳之要焉。是以堂」構不虧，鉉基克茂，睠龍津而可陟，頓鵬風而未遠。起家任左衛勳衛。乾封元」年，有事岱宗，擢授輦脚；總章三年，授通直郎、杞王文學。始奉圓丘之禮，即隨」小山之牒，睢陽東國，耀名實於長裾；清夜西園，陪賞託於飛蓋。秩滿，遷潭州」都督府户曹參軍事；秩滿，又遷幽州都督府法曹參軍事。湘沅舊俗，應推擇」而宰辭曹；燕薊名區，叶平反而光獄掾。至弘道元年，遺詔加階，授朝散大夫。」龍躍而昇，白雲飛於太昊；鶴鳴斯感，朱紱被於彝班。至垂拱三年，」詔行恒州石邑縣令，散官并如故。有命自天，惟德而禄。方使中牟狎雉，」表神化於魯恭；單父夜漁，諧至仁於子賤。豈謂夢桑生□刈蘭於庭，純嘏靡」錫，高明先瞰。以其年七月十日自洛之任，途次覃懷，俄然遘疾，卒于旅舍，春」秋五十有八。嗚呼哀哉！呂石之迎天駟，果契於幽冥；王褒之祭碧雞，溘終於」道路。嗚呼哀哉！即以垂拱四年七月十七日歸葬於神都北邙之塋，禮也。當」龍頭之貴地，建馬鬣之新封，隱隱而延睇二陵，巖巖而迥標雙闕。嗣子景慎」等，攀援荼蓼，挽者感而止輴；號泣旻天，鄰家聞而輟食。恐高岸爲谷，巨海成」田，用誌泉扃，遂裁銘曰：」

在昔隆周，分土苑丘，自兹得姓，爰襲重侯。左右王室，揮煥風猷，曜卿學贍，彥」伯文遒。其一。驪泉孕寶，鳳巖抽律，謇謇祖宗，彬彬文質。磨而不磷，動而愈出，」一代詞英，九流奧術。其二。生兹琬琰，耀彼珪璋，禮樂無替，邦家有光。克憑晟典，」爰儷遊梁，丹筆疇怨，朱紱斯皇。其三。處傷怛化，俄悲厚夜，埋玉何冤，號天不借。」舟移巨壑，梁摧大廈，凄慘賓徒，荒涼臺榭。其四。靈轜發軔，邙阜開封，□跨通谷，」彌望羣峰。露春秋而□草，風曉夜而吟松。儻子喬之挂劍，或千祀而爲龍。其五。」

（周紹良藏拓本）

垂拱〇六〇

【蓋】 失。

【誌文】

大唐故神和府折衝鄭法明夫人李氏墓誌銘并序」

夫人本安德郡蓨人也，因官遂家於洛陽，今即洛陽人焉。自」龍顔誕聖，鶴髪昌源，指樹播其先風，累葉繁其後胤，詳諸篆」榮，詎待抑揚。曾祖本，周任宜陽郡州都；祖善，周任岐州司馬。」並榮高貳職，寵茂題輿，既興來暮之哥，寧止不空之譽。父瓘，」唐洛州河陽縣丞，鴛鸞俊翼，杞梓良材，奉周郡之封畿，酌潘」令之風化。夫人祥和授氣，柔順資靈，邁翠渚之神儀，掩絳河」之淑媛。曁乎慶隆家室，義叶好仇，擊揚内則之風規，囊括中」闈之典訓，擅言容之懿德，總紘綖之奇功，中外挹其清規，長」幼憚其嚴肅。闢門昭德，徙閈依仁，訓子之道既隆，宜家之風」斯遠。嗚呼！桑榆晚照，遽侵桃李之年；摇落秋風，倏掩芝蘭之」馥。以垂拱四年九月三日卒於洛川里第，春秋六十六。以其」年九月卅日葬於平陰鄉邙山之陽，禮也。有子崇昉等，痛深」曾敏，禮極顔丁，瞻露薤而摧心，覽風枝而瀝血。凌遷谷變，恐」貞範之斯淪；刻石彫金，庶芳徽之未滅。其詞曰：」

龍顔毓德，鶴髪垂年，時多秀士，代有英賢。岐陽貳職，河右毘」絃，誕斯貞婉，降此芳妍。其一。鳳兆疏姻，魚軒降德，道光中匱，聲」芳内則。萬石嚴規，雙珠曜色，湅桂斯茂，謝芝爰植。其二。烏輝遽」落，蟾晷俄傾，潘輿舛候，皐樹難停。巫神散雨，婺彩綸星，慟深」沖籍，禮極顔丁。其三。洛水之陽，邙山之曲，茂席遷謝，風煙斷續。」隴嶂凝雲，泉臺罷旭，玉質幽翳，金聲照燭。其四。」

（周紹良藏拓本　河南千唐誌齋藏石）

垂拱〇六一

【蓋】失。

【誌文】

唐故右金吾衛胄曹參車沈君墓誌銘　朝散大夫秋官員外郎韋承慶撰」

君諱齊文，字正人，吴興武康人也。鳴岐兆慶，神基跨於九山；卜洛疏源，靈派涵□」四皓。胙土分蕃黄之國，地鬱汝潰；承家徙吴越之鄉，族盤江漢。文宗學府，葳蕤□」閒冉；究秀召英，爲弈於廊廟。曾祖孝恭，陳本郡主簿、零陵王諮議參軍。陳星曜□」師月澄襟，置醴而會賓庭，曳裾而參諷席。祖弘爽，隋上谷郡永樂縣令、潁川郡□」潁縣令。凛凛霜氣，軒軒霞彩，播絃歌於魯俗，絶風雨於周郊。父伯儀，皇朝英王」友、太子洗馬、太子中允、率更令、太子右諭德、弘文館學士、武康縣開國男。黄中藴」粹，素履凝貞，情澹學源，業優儒肆。西園玳席，會文友於平臺；東闕銀宫，參正人於」望苑。六經詮義，名登白獸之筵；五爵疏封，慶襲玄龜之印。使持節嘉州諸軍事□」嘉州刺史。廉範宰蜀，恩興來暮之歌；邵伯相周，化洽去思之詠。君地承通德，聞詩」聞禮之門；器出名家，良治良弓之子。資忠履孝，總百行而爲基；服義依仁，包四維」而成範。落落有千尋之榦，汪汪如萬頃之陂。學以聚之，遨墳素之場圃；禮以行之，」踐聖賢之閫閾。乾封元年，以國子明經擢第，補秘書省校書郎。横經問道，摳衣入」槐市之庭；射策登朝，載筆上蓬山之閣。刊羽陵之蠹簡，魚魯自分；辯汲隧之殘書，」商陰不謬。秩滿，改授右領軍衛倉曹參軍，又轉右金吾衛胄曹參軍。策名神衛，掌」八校之軍儲；分職禁曹，司五兵之戎器。如貔萬旅，鍾釜載盈；戴鶡千羣，戈鋋並□。」赤墀之下，方參振鷺之行；青冥之上，行舉飛鵬之翼。豈謂明祇爽祐，大造逢仁，霜」未秋而已零，月纔皎而俄晦，以垂拱四年五月三日，卒于神都尚善里第，春秋五」十有五。即以其年十月十七日葬于北邙山之塋。惟君雅質天成，英徽日就。白珪」無玷，千里應其嘉言；明鏡不疲，萬象入其靈鑒。其植操也，貞而不諒，其行事也，簡」則易從，察理懸晤於幾先，處身遠居於物後。在獨斯慎，依衆以和，臨財必廉，見義」能勇，求我師於周孔，無涉異端；得吾友於顔曾，不交非類。是謂保家之主，方爲□」國之臣。簫雲之逸足未馳，擊電之奇鋒尚鬱，惜乎賈生才子，奄喪於中年；趙掾□」人，溘終於下位。武康公五情交切，悼膝下之捐慈；萬感增懷，痛掌中之奪愛。幹□」之資靡託，析薪之業且虧。郗氏之喪嘉賓，哀纏晚志；楊公之亡德祖，恨結衰年。薤」露成歌，長罷鳳鷯之曲；松塋掩隧，空標馬鬣之墳。陰鶴警而霜甸秋，哀猨叫而寒」隧夕，瘞孔棺於窮壤，表滕記於幽石。其詞曰：

周王啓都，聖烈凝圖，九子」分國，靈源毓德。人物古今，江湖南北，積慶逾遠，重規允塞。其一。名父之子，家聲□□，」辯易稱烏，聞詩曰鯉。如銑如璧，爲蘭爲芷，資孝因心，蹈仁由己。其二。行立名□，□□」學優，蓬山握槧，蘭閣題油。分曹禁旅，比迹英儔，鱗方縱壑，翼佇遷幽。其三。化□□□，」生涯幾促，半岳頹峰，中衢頓足。掌碎隋寶，庭湮楚玉，袒誠誰傳，嬰書靡屬。其四。□□」□隅，旌挽□□，陵哀命也，夏愴天乎。松風夜切，隴月寒林，一掩穹隧，千秋永□。」

（河南千唐誌齋藏石）

垂拱〇六二

【蓋】失。

【誌文】

大唐故左監門衛校尉武騎尉弘農楊公墓誌銘并序」

夫闡積德之業者，焕乎元亨利貞，效立身之基者，資乎仁義禮智。故能廣」萬古而蘭薰，經千秋而雪白，殁而不朽者，其在兹乎？君諱寶，字貞，弘農仙」掌人也。若夫結曾雲之峻趾，引長源之派，鼎綬代承，英靈間出，固以備厥」典章，詳諸徽册，故可略而闕也。祖武，隨荔州廣平縣丞。器局凝閑，風神恢」遠，翼惠政於青鸞，洽仁風於寶翟。素業無替，清芬有嗣。考興，體尚夷簡，□」懷大正，紹玄識於門風，襲飛鱣於代業。加以氣感青雲，精迴白日，挺劍學」於千門，息書觀於六代。洎有隨失馭，生靈磣黷，上國龍潛，中原鹿走，」高祖神堯皇帝迺纂曆承天，乘機撫運，清區宇而截鯨鯢，闢山河而卷氛」祲。君克勵誠節，獻款轅門，擢授朝散大夫，以酬功也。公識鑒昭晉，韻宇清」爽，詞彩填胸，精神滿腹。是以不籍代資，鬱以父廕，蒙除左監門校尉，從班」例也。於是爲時器。養素林泉，栖神耕鑿，樂鵬鷃以一致，齊是非而雙遣。應」休璉之邙洛，從吾所好；鄭子真之巖石，與子來遊。其所玩也，右琴左書；其」所居也，一丘一壑。將以寄情文酒，棲遲衡必，蕭然放，終焉畢志。既而白榆」沈影，見處士之星亡；翠柳凋陰，覺先生之氣盡。以上元三年正月廿四日，」終於洛陽縣里第，春秋五十有九。嗚呼哀哉！夫人張氏，肅恭婉順，仙儀令」淑，四德高輝，三星增映，垂拱四年五月十一日亡，春秋六十七。即以其年」十月廿四日合葬於洛北邙之原。息連等並幼標□敏，夙承庭訓。一十八」章之孝敬，終始在身；廿七月之居喪，縗麻毀瘠。以□千年松梓，須存黃絹」之文；九京蕪沒，□勒青巖之石。迺爲銘曰：」

赫矣□□，光于烈祖，特秀人文，經綸代武。班爵□□，策功啓土，恩榮存歿，」慶流今古。其一。若考作靈，公承其基，若聖作象，公□□徵。軒載可謝，田園是」依，清言永日，白首所期。其二。寂寞玄情，踈蕪林宇，□□數片，長松一樹。□水」言談，春臺章句，以遊以逸，何思何慮。其三。南牕神玉，北堂道長，沉冥高志，□」鳥遐想。少微忽隕，高山誰仰？與善徒言，輔仁斯爽。其四。寒山暗梓，淒風春□，」掩此龍章，封茲馬鬣。月白霜連，雲黃露疊，□□湮沉，芳名洽浹。其五。」

垂拱四年十月　日。」

（周紹良藏拓本　開封博物館藏石）

垂拱〇六三

【蓋】大唐故張君墓誌之銘

【誌文】

大唐上柱國故張君第五息墓誌銘并序」

君諱安安，本系南陽，即爲白水望也；因居北里，遂」是赤縣人焉。若夫代襲榮貴，佩印珥貂彰其寵；

門」多詞筆，銘劍賦鷦擅其才。盛烈已振於芳聲，清規」無煩於潤色。迺祖迺父，天機天縱，位或光於文秩，」動則重於戎班。君岐然誕靈，生鳳毛而流彩；卓爾」標秀，挺麟角以含章。温恭表於髫年，孝友彰於丱」歲。閑庭躧步，始延輝於謝玉；逝水流目，遽沉彩於」韋珠。嗚呼哀哉！生平已矣。年甫弱冠，溺于灞涘，嗟」乎！灞川殊於洹水，忽有夢瓊之泣；狄岸異於蜀江，」翻同化碧之歎。雖卜筮言吉，已樹孤墳；而考妣難」違，將陪大墓。垂拱四年十月廿四日遷龍首原，禮」也。假使夜臺寂寂，何代何年？穸室沉沉，誰家誰地？」猶冀金鷄告曙，重昭晨省之儀；玉狗鳴幽，載崇昏」定之禮。孔懷等悲分武類，既勒石而銜酸；痛失雁」行，爰紀銘而茹慼。詞曰：

金鈎降祥，石印傳」芳，載誕君子，儼然容止。趨庭奉問，徙第承訓，孝極」懷橘，才兼夢筆。言違素里，暫涉玄灞，奄棄小年，俄」歸大夜。遷神馬鬣，改卜龍首，考妣同塋，天長地久。」

（北京圖書館藏拓本）

垂拱〇六四

【蓋】失。

【誌文】

大唐故文林郎李君墓誌銘并序」

君諱道瓘，趙群贊皇人也。昔馬喙□唐，迴陳蓍而作土；龍」德將聖，宅臨渦而啓族。故得李徑神飈，因生賜姓，茷渠帝」賦，爰降深恩。況乃作守三川，俱標峻節，貳師孤邁，特派靈」源。既而世濟其雄，實生合德，承家冀旌，而君茂焉。曾祖黑，」齊陝州刺史。祖雲，隋龍門縣令。所謂構業之子，必見良弓」之能；刺舉之明，並獲幹時之具。父石，皇朝任萊州録事」參軍。夙表楊庭，允居寮首，丹筆所振，周□以之自清；素業」可依，家風傳其獨秀。若乃天爵自高，人野同致，逮皇皇於所」務，故晦昭昭之跡，出入州里，還同王烈之嚴；吟嘯自若，每」得蒙莊之貴。忽焉寢疾，彌歷遷舟，以垂拱四年六月廿□日遘疾，終於私第，春秋六十有三。即以其年十一月十七」日窆于平陰鄉，禮也。嗚呼哀哉！嗣子大楷，彼蒼何極？敬撰」德音，申之孔棘。丹旐摇摇，越川漲而載急；白日杳杳，覩佳」城之未開。嘶驂顧慕，野鳥徘徊，紀之盤礴，惟以告哀。其詞」曰：」

于嗟淑人，味道周身，令猷登□，奇策謀秦，將軍之頸節，承」相之勤殷。其一。惟崇之茂，惟實之遠，或蒞專城，或棲薄奄，河」□□獸，草安馴雉。其二。一隨化往，千載空傳，如棲泣露，似水」□川，朝風撤道，夜鑿薤舷。其三。靡化伊矣，同淪幽穸，鶬樹分」霜，蟾空沈璧。苦霧生隴，傾義過隟，飲餘恨之無限，獨令□」□流昔。其四。」

（北京圖書館藏拓本）

垂拱〇六五

【蓋】失。

【誌文】

大唐故朝議郎行澤王府主簿上柱國梁府君并夫人唐氏墓誌銘并序」　四品孫義陽朱賓撰文　五品孫

滎陽鄭莊書

君諱寺，字師睞，雍州藍田人也。丕承帝緒，自雍墟而逮夏陽；克勤王家，由安定而宅京兆。」其如葛氏昆季，列於三方；有類林家昭穆，光乎十德。至若衣冠禮樂之盛烈，廉孝賢良之」儀表，固已爲弈當代，昭彰季葉者乎。曾祖遵，周秦州清水縣令。遽賖相用，勞逸兼資，重泉」之磬載昌，單父之琴斯洽。祖殊，隋監門録事參軍。德以潤身，學以從政，八屯由其式序，五」校於是克隆。父柱，皇朝奉義郎、騎都尉。識量夷雅，風神耿介，青田表秀，丹穴摛祥，」進而不榮，安乎散列；退而不野，鄰乎湫隘。君承積善之餘祉，挺生人之上姿，因心而好孔」墨，抗跡而齊曾閔，縱王佐之奇表，揚于王庭；屈公輔之宏量，薄游公府。咸亨四年，授文林」郎，隨班例也。日者東風爽候，西旅不庭，三軍乏坐甲之資，七萃興懸磬之歎。君散陶凝慮，」指囷推誠，躬親餽饁之勞，式周儲峙之務。恕己及物，下布人謡；憂國忘家，上紆」帝念。永隆二年，恩詔授上柱國。道光西漢，已極武功之尊；名冠南荆，竟保昭陽之」貴。既而上僊興慕，下代纏哀，梁山降白鶴之祥，畢陌啓青烏之兆。君悲深考逝，義」切子來，茂績顯於園塋，豐功徹乎旒扆。垂拱元年，授朝議郎、行澤王府主」簿。以枚馬之英規，偶間平之上邸，芳風扇乎蘭坂，茂躅隆乎桂山，東閣由是希聲，西園以」之藉甚。豈期攝生謬理，與善失常，西山何高，未接仙童之羽；南溟尚遠，翻墜化鵬之翼。以」垂拱四年十月五日終於長安懷德里第，春秋卌有一。夫人晉昌唐氏，名惠兒，後魏驍騎」將軍本郡守契之七葉孫，即故司農寺長樂監敏之第二女也。巫山降祉，巽位摛精，挺琬」琰以成姿，懷冰霰以清慮。纂組織紝之務，早擅女工；幽閑婉嫕之規，夙彰婦德。恭謙娣姒，」宗族所以推先；肅事舅姑，閨門由其作訓。將以鵷鷺並騖，常接影於仙樓；不意龍劍雙沉，」意連形於寶匣。以垂拱四年九月廿七日終於長壽里第，春秋卌有六。粵以其年十一月」十七日合葬於終南山楩梓谷口隋信行禪師林側，陪大父録事參軍之舊塋，申夙志也。」惟君器周大雅，德備中和，敏殫衆藝，好兼靈迹，牟子博之異録，動息會其情；虞孝敬之奇」記，俯仰該其術。黄金積釜，鎮寫真容；白玉成田，併開精舍。夫人亦凝心貝葉，屬思曇花，幼」彰龍女之功，長契勝鬘之德。婉兹嘉偶，咸借慶於一乘；倬彼好仇，並歸神於八正。其子景」先等，以爲形資業起，業立則形存；化以緣生，緣亡則化息。履霜增感，豈若奉於遺音；聞雷」警慕，固可説於真侣。式崇寶構，虔考勝因，寄篆刻於幽埏，庶飛芳於奪里。其詞曰：」有秦支子，始國于梁，帝堯景胄，必復其唐。易代載德，繼軌傳芳，雅符秦晉，信叶潘楊。其一。於」惟君子，夙承家慶，顯允夫人，早標門令。笙簧其德，黼藻其性，問望備隆，容工兼盛。其二。身由」業立，果乃因成，共資有相，並證無生。八正凝想，七覺馳情，德踰善德，名蓋淨名。其三。積善方」融，輔仁無准，始驚炭折，俄看薪盡。悲哉則豹騎連翔，痛矣則螭軒接軫，門庭兮蕭索，墟落」兮凄緊。其四。哀哀鞠子，感感遺孤，共詳勝地，式奉先謩。構曾臺於翠阜，刻貞石於黄壚，山山」兮□塔，往往兮真徒。其五。

（録自《古誌石華》卷七）

垂拱〇六六

【蓋】失。

【誌文】

唐故郭君墓誌之銘并序」

君諱本，字彦基，太原人也。自鸑響周岐，疏號」封而錫土；駿歸燕室，築碣館以分疆。曾祖」儒，齊并府刺史；祖益，隋孝義令。并揚扇清人，」揮琴撫俗，啓桑雒之舊化，燮筠驥之新風。君」育志煙霞，怡神泉石，鑑驪河而捐官，矖鵠樹」而辭榮。論文德異揚曹，叙儒功深馬鄭。豈其」天道不測，四時爲代謝之期；人事匪常，百年」成生死之限。夫人王氏等，嬪則承箴，包六□」而爲著；母儀稟訓，援四德以裁規。豈知南□」蕪城，委佳人於幽石；北山荒隴，瘞列女於窮」塵。嗣子威等，擁鎌追養，負米尋忠，即以垂拱」四年十一月十七日祔窆於壺關城南十五里」平原也。鶏山帶野，登頓萬重；龍岫襟天，蔽虧」千丈。冀玄石於夜臺，刊貞文於幽壤。其詞曰：」

西周命氏，東國妃倫，惟祖惟父，桂郁蘭芬。運」生杞梓，代殖松筠，如何彼天，殲我良人？」

（録自《山右冢墓遺文》）

垂拱〇六七

【蓋】失。

【誌文】

大唐故鄉長程君墓誌銘并序」

粤若唐郊演貺，五靈啓瑞；削棻錫珪，翼宗九正。晉后肅程鄭之禮，」德踐昇中；漢帝資休伯之儀，化覃有截。弈葉宗祊之貴，累代卿相」之尊，抑惟公之門矣。公諱丞，字祧，廣平郡人。昔祖上黨太守，子」孫因而卜居，今爲屯留人也。曾祖侯，太原丞。擢秀瓊林，澄光桂」浦，春芝湛露，凝八體於書池；

夏苑揚葩，泛九流於海翰。祖貢，許」州功曹、上護軍。氣凌風谷，彩映霞莊。屬隋運崩離，天綱弛紊，雰霧」屏三光之耀，濤波沸四海之濱。澤無田父之蹊，野絶植夫之徑。」皇家龍飛京兆，發雷霆之威；鳳起晉陽，動風雲之色。公投造義旗，」肅清武備，策名金牘，毘贊軍謀，掌渙當樞，擢才授職，徵爲邢州別」駕，辭以親老。優遊墳典，先達聞而懷畏；放曠林皐，後生瞻而取則。」父凝心淨域，託意慈船，轉讀大乘，室無虚月。可謂祇園寶蓋，飛」形花苑之中；靈鷲尊容，逞姿紺殿之上。公爰洎髫年，孝扶曾郭，」感頳鱗而躍凍，應籙篠以抽條。中寢再興，吮癱痊疢，心捐三界，不」食五辛，意仗法繩，恒披内典，逮於成立，目閲外書。握玩針肓，鄭君」之疑久決；筵庭奠醞，獨下陳侯之榻。鳴泉發洑，寫秋水而驚淡；義」窟騰埃，湛春雲而吐奥。任鄉長數年，冰鏡自居，貞心潔路，求瘼恤」隱，境蹕迎紛，字撫有方，俗歌來晚。不謂微霜早墜，先彫特秀之花；」嚴風暫扇，遂折翹林之幹。天道無徵，哲人斯逝，以垂拱二年三月」卒于里宅，春秋卅有一。夫人苗公之女。禮備六珈，珮玉之音有節；」姆儀四德，聽雞之響不虧。垂拱四年十一月　日，合葬于村西原，」之禮也。西苞翠巘，碧蘿聳於雲峰；東邇絳泉，清波震於暘谷。北連」三總，南俯汙池，勒兹貞礎，永誌幽扃。其詞曰：」

郊葛始宴，湛露方晞，攝齋南服，桂冕東扉。焚枯折芰，襲象窮機，嗚」嗚謙未極，幹志何依？其一。」

（録自《山右冢墓遺文》）

垂拱〇六八

【蓋】失。

【誌文】

大唐冀州刺史息武君墓誌銘并序」

君諱欽載，字景初，其先濟陰離狐人，本姓徐氏。皇運肇興□□」□佐經綸之業，賜以國姓。洎聖母神皇之臨天下，其父思文，表」忠貞之節，又錫同□聖氏，仍編貫帝鄉，故今爲并州文水人也。」若夫仁義騰芳，委五瑞而長往；神仙佇術，望三山而不歸。赤帝纂」圖，上書光來晚之譽；黄星御極，中聖標見識之榮。□其道駕蕭張，」功超吴鄧，締構雲雷之始，翊贊草昧之初。奄叓敬之宏規，載叨」仙屬；異君明之吹律，重忝天宗。國史之所具詳，家諜於焉甄序，」無煩縷述，可略而言。曾祖皇朝封濟陰郡王，後固辭王，授散騎」常侍、陵州刺史、上柱國、舒國公，薨謚節公；祖勣，司空、上柱國、英國」公，贈太尉、楊州大都督，謚貞武公。並星辰稟氣，山岳降靈，建大廈」之棟梁，運巨川之舟檝。寵高九命，位極三台，絢彩麒麟，銘勳鍾鼎，」□歷任嵐饒潤等州刺史，再除太僕少卿，兼知隴西事，又加」□青光禄大夫、上柱國、衛縣開國公，檢校并州大都督府長史，清」源道總管，除冀州刺史。今見朝集，職隆内外，政□廉能，類石建之」孝謹，同胡威之清潔，四知增慎，三命愈恭，目擊道存，無俟詮綜。君」藍田美玉，漢浦明珠，夙彰辯日之機，早著談玄之敏。縱横詞藻，卓」犖羣書，神童之譽鬱興，大成之目斯在。豈謂嘉苗不秀，與慕槿而」同萎；芳樹先凋，將朝菌而俱落。以調露元年八月四日卒於隴西」大使之館，春秋一十有五，權窆於縣慈門鄉。粤以垂拱四年」十二月十八日，改葬於洛陽縣平陰鄉北邙之原，禮也。司徒之夢，」儐百萬於黄泉；滕公之銘，覩三千之白日。甫遷故域，永託新塋，恐」碧海之將變，寄玄礎以流聲。

銘曰：」

偃王綿系，孺子後昆，寵高錫族，德貴標門。台鉉增曜，禮義逾尊，慶」融積善，遒叶謀孫。韋室沉珠，謝庭摧玉，翰苑餘藻，墨池遺躅。永□」人琴，空嗟鬼録，一遵泉路，長埋山曲。」

（周紹良藏拓本　河南千唐誌齋藏石）

垂拱〇六九

【蓋】　大唐故亡宫九品墓誌

【誌文】

亡宫九品，不知何許人也。惠性」天資，貞衿月淨，幽閑植操，明婉」馳聲。丹史飛名，庇椒宫而振」馥；紫宸趨□，翊清禁而騰芳。方」謂常沐寵靈，永承宫掖。遽辭」榮於昭運，俄閟影於幽扃，嗚呼」哀哉！以垂拱四年十二月十八」日葬於北邙山，禮也，春秋年七」十。其詞曰：」

承恩蘭掖，庇景椒庭，遽辭明」代，奄閟幽扃，松阡月皎，薤管風」清，百年斯畢，萬化徒驚。」

（北京圖書館藏拓本）

唐代墓誌彙編

永昌

永昌〇〇一

【蓋】大唐故李夫人墓誌銘

【誌文】

大唐潭州都督府司馬贊皇縣開國男李君故夫人弘農縣君之銘并序」

夫人弘農仙掌人也。曾祖達，周平陽郡守；祖嵩，隋」儀同三司、車騎將軍、大都督；父幹，皇朝大丞」相府朝請大夫。或玉映珠聯，揄揚絶代；或紆青拖」紫，照耀當年。夫人纂慶祥鱣之庭，昭章淑譽；作嬪」□龜之室，婉孌貞規。銘菊蕊以飛文，馳芬無絶；頌」□花而軫思，警藹有餘。琴瑟之契克諧，不爽陳風」之籍；蘋藻之儀殷薦，有符非月之經。」詔授弘農縣君，表其令德；錫隆石窌之婦，卲彼曾」猷。本言永照杏梁，天長地久；豈意先歸蒿里，影滅」光沉。以大唐永昌元年歲次己丑正月乙卯朔廿」三日壬申，薨於東都之第焉。春秋六十有七。其月」廿八日權殯於洛陽城東北五里平陰鄉邙山之」原，禮也。哀子惇，行高曾閔，情深愛敬，報之罔極，如」何不待。地訪青烏之子，庭悲白鶴之賓，刊翠琰而」不傳，庶清芬而無泯。其詞曰：」

迢迢地望，肅肅家風，其先何有？四代五公。其後何」襲？良冶良弓，載誕照梁之媛，行歸指樹之宗。賓儀」□□，母訓日融，小年電謝，大暮雷同。龍鐔偏掩，鵲」鏡長空，舟移夜壑，花落春叢。」

（北京圖書館藏拓本）

永昌〇〇二

【蓋】失。

【誌文】

唐故忠州司馬匹婁府君墓誌銘并序」

君諱德臣，字孝先，河南洛陽人也。自金行不競，水德斯昌，有魏鬱興，宗」臣傑起，豐功勒於彝器，鴻烈賁於旗常。道德爲尊，不資軒冕之貴；公侯」必復，靡替弓冶之榮。備諸前志，可略言矣。曾祖仲達，魏員外散騎侍郎，」齊儀同三司、武衛大將軍，滄、寧、肆三州諸軍事，三州刺史，又除侍中、特」進、濮陽郡王。秀氣冠時，英風邁俗，崇勳輔漢，績茂於蕭曹；異姓封王，秩」均於梁楚。大父普樂，齊太子舍人，建內將軍，散騎侍郎，開府儀同三司，」北豫州刺史，驍衛將軍，廣安郡王，隋右驍衛，武牙郎將。出臨藩部，敷至」化於雄州；入踐台庭，表懋功於皇極。父善長，隋左勳衛，朝散大夫，開府」儀同三司；位不侔量，道隨運往。府君門承累慶，地襲豐腴，爲政資於孝」友，取樂在於名教。自一貫而遊羣藝，則盛業靡遺；擅三端而彫衆材，則」能事斯盡。君子不器，斯之謂歟？解褐虢王參軍，營、越二都督府兵曹參」軍事。曳裾英邸，夙表俊人，列寀名藩，尤稱善吏。尋除冀州鹿城、瀛州樂」壽、潤州延陵三縣令，又充行軍兵曹，授上柱國。鳴絃驛化，聲馳吳冀之」郊；入幕推英，氣懾疆垂之表。道敷揚歷，化穆循良，尋除忠州司馬。晦明」貽疾，膏肓表夢，車胤之清輝遽戢，奄歎螢書；盧躭之仙術不成，空悲鶴」履。以垂拱四年八月廿日遘疾，終於官舍，嗚呼哀哉！即以永昌元年四」月十五日葬乎北邙山，禮也。嗣子知節等，並因心罔極，至性過人，思撰」家聲，式旌門範，用陳不朽，乃作銘云：」

晉圖失馭，魏德乘時，爰開茂緒，載峙靈基。武殫猿臂，文開鳳詞，可大可」久，茲焉在茲。其一。懿王岳立，功宣佐命，武牙傑起，克傳餘慶。棨傳聯輝，旌」符交映，公印無絶，王門斯盛。其二。累德攸歸，英材秀出，風韻韶爽，神期沖」謐。松篠其性，珪璋其質，茂彼上才，享茲優秩。其三。梁園表譽，燕館參榮，累」昇列郡，頻臨屬城。全椒仰德，上蔡慙名，鳴絃作宰，入幕參卿。其四。士元勝」躅，車公逸價，式佐名藩，行宣偉化。未窮脩軌，俄淪厚夜，大壑遷舟，悲泉」□駕。其五。旌驂顧慕，塋隧丘墟，宿草春合，荒郊夕虛。音容永閟，歲月其除，」貞石無朽，芳塵有餘。其六。」

（録自《芒洛冢墓遺文三編》）

永昌〇〇三

【蓋】失。

【誌文】

大唐故瀛州東城鄭明府君墓誌銘并序」

君諱贍，字行該，榮陽榮澤人也。珠源帶地，漸靈液於榮波；瓊巘干宵，峙崇基於」巖邑。西京顯秩，締賓卸而載遠；北海濡津，庇德門而有閲。革履馳聲於讜議，雲」屏表貴於殊私。代載周行，聲明家諜。曾祖伯遠，北齊員外散騎常侍、太尉諮議」參軍、司徒左長史；祖子仁，齊通直郎；父植，皇朝歷屯田都官、司勳左司郎」中、長安縣令、將作少匠、檢校太常少卿。並望重珪璋，跡儔鵷鷺，台階贊務，步高」蹤於鼎鉉；秩宗司禮，緝遺篆於容臺。咸摛照乘之珍，俱擅在壇之寶。君鳳鶵鸞」翼，外肅羽儀；折水圓流，內融符彩。昇曦缺景，架黃童之幼智；荷戟參玄，窮烏□」之深識。馬客卿之岐嶷，應接諸公；張辟強之趨侍，階資舊葉。即以門蔭調授左」衛翊衛，俄擢藝能，遷左金吾衛引駕。既弘武術，仍厠文場，材預銓衡，出任坊州」司倉參軍事，秩滿入爲右金吾衛兵曹參軍事，尋應八科，舉授英王府法曹參」軍事，轉太子詹事府主簿。褒然光薦，侶猨巖之上客；總司樞轄，排鶴關於望苑。」俄因公事左貶，授瀛州東城縣令。屈牛刀之霜鍔，且遊刃於驅鷄；撫棲鳳之椅」梧，自諧音於挾鷚。蓬因枲匠，革厚貌於潛梁；草偃風行，樹清規於伐棘。萊蕪塵」甑，雖凛操於一同；彭澤芳罇，乃消聲於三徑。遽縈沉疾，遂偃高扉。想潘令之閑」居，還依洛浦；思仲長之大隱，即背邙山。優哉游哉，不夷不惠。松貞桂馥，庶含芳」於永年；嶽墜梁摧，竟飄魂於大暮。粤以大唐永昌元年歲次己丑三月甲寅朔」十八日辛未卒於永昌縣福善里之私第，春秋六十。即以其年四月癸未朔十」五日丁酉，旋葬於洛陽縣平陰鄉北邙之原，禮也。嗚呼哀哉！夫人渤海封氏，」皇朝右僕射、密國公之孫，淄州刺史、尚淮南大長公主駙馬都尉蒨公之第二女也。公門戚里，派蓬渚於天潢；寶婺瓊娥，湛星津於月鏡。稟忠孝之餘烈，」蹈規矩於生知。自儷通門，早申弘訓，齊眉展敬，剋踐師資，餂耨成賓，仍蚩體泰。」方冀雍雍鏘鳳，契比翼而于飛；矯矯乘龍，偶雙蛟而孕影。豈謂青田仙鶴，悲失」侶於鳴琴；丹穴祥鸞，痛孤棲於舞鏡。雖聲裁夜哭，而口絕晨漿。蟬鬢蓬驚，執鑾」刀而斷髮；龜手永裂，集鳥塊而崇墳。茹此深哀，營茲厚穸，提挈孤幼，躬親塋壟。」指栢舟以誓心，望杞墉而積思。晦愁雲於宰樹，葉頽張眉；泣晞露於陳荄，筋流」甄瞼。即以望夫之石，旋銘孝婦之詞，用紀幽埏，式旌芳烈。其詞曰：」

咸林總秀，制邑分圻，業疇青社，代襲緇衣。英賢舄弈，緒閲芳菲，謀孫翼子，銑鑒」瓊輝。其一。顯允哲人，猗歟貴仕，濯纓方茂，紐銅知止。心安寵辱，跡和朝市，方冀松」貞，遽歸蒿里。其二。哀哀淑媛，嗷嗷遺孤，鳴琴思鶴，風樹啼烏。鬢蓬行斷，淚柏隨枯，」悲纏石槨，氣□泉塗。其三。超忽□□，□□孔樹，夜臺懸月，朝曦促露。迴跨崇邙，長」臨武庫，萬古遺烈，千秋安厝。其四。」

（周紹良藏拓本）

永昌〇〇四

【蓋】失。

【誌文】

唐故張君墓誌銘并序」

君諱宗，字德，南陽白水縣人也。姓因賜立，晻映南陽」之郊；郡以官臨，赫弈西迴之地。祖懷，洺州肥鄉縣」令，父遠，蘭州金城縣丞。殘梟滅響，高傳閔子之仁；野」雉存風，獨擅魯恭之化。二公方之，彼何足稱。君幼而」聰敏，長實儒雅，聲明之姓，無累於人；文武之道，不墜」於地。從征例受勳官上騎都尉。偃演墳素，發揚百氏」之宗；陵略勍敵，冠帶三軍之衆。豈謂天年不永，仁壽」無徵，摧擢節於千尋，落爲山於一匱。春秋卌九，以永」昌元年四月三日終於私第，復以其月廿七日歸葬」於合宫縣平樂鄉墓陵塋阜平原，禮也。遠近咸悼，親」踈同恤，生平舊像，長辭洛邑之中；髣髴遺形，永去邙」山之下。嗚呼哀哉！川原幽坱，壟路蕭條，向玄之杳杳，」去白日之昭昭，勒芳猷於無歇，庶金石之不凋。其銘」曰：

南陽居郡，西迴住鄉，分源地久，引流天長。族成」九子，文號三張，山河偉傑，天地禎祥。公侯連累，牧宰」芬芳，英規玉振，盛德金相。維君竚望，稟若懷霜，智侔」泉湧，言等風揚。存亡有渾，殀壽無常，送君北陸，吞恨者多。愁雲上隴，孤」月臨阿，人生已矣，傷如之何？銘嘉猷於泉路，永終古而不磨。」

（河南千唐誌齋藏石）

永昌〇〇五

【蓋】大唐故李府君墓誌銘

【誌文】

□□□朝議郎行并州大都督府太原縣令李君墓誌銘并序」

君諱沖，趙郡人也，今家臨清縣焉。自咎繇種德，開洪緒於理官；伯陽可名，派□」於柱史。崐河五色，滔滔不窮；常山萬仞，巖巖直上。豈唯在秦作相，即爲剖蚌之」珍；輔漢臨戎，特賜青驪之馬。亦將文簡既歿，不墜家聲；滕薛爭朝，方爲國族。祖」辱，隋北永州刺史；父弘節，皇朝任杭、慶、原三州刺史，大理卿，尚書工部」侍郎并檢校工部尚書，金紫光禄大夫，并州大都督府長史，雍州别駕，交、桂二」州都督，上柱國，清平縣開國公。入司九棘，出總六條，登綺閣而揚清，按黄圖而」播美。享兹茅社，貽厥枝孫。君含閒氣之靈，禀淳和之質，昂昂千里，濯濯九春，風」韻清疎，性植剛簡，不容塵雜，獨造煙霞，甲冑忠信，干櫓禮樂。故知□滋蘭畹，□」而自芳；抱潤藍田，不琢成器。有君子雅量，懷達人高旨。崇德奮身，干禄代養，解」褐爲潞王府法曹參軍。雕筵翠閣，坐曳長裾；清景良宵，方追飛蓋，轉蒲州永樂」縣令，非其好也。既而梁亭側席，池竹淹閑，碣館虚懷，芳樽晤語，實惟英選，無非」豪彦。除沛王府騎曹參軍，尋丁艱罰，殆不勝哀。左相劉仁軌亮采端揆，具瞻令」望，懸衡品物，雅相器重，恒推轂佇薦。屬有詔行焉，方振九皋之間，爰應」八科之首，對策高第，令授岐州録事參軍，改任并州太原縣令。屈瑚璉之宏材，」士龍由其蹶足；從州縣之小職，叔敬於是長懷。及其秩滿旋鑣，去思彌切，五鼓」已曙，拖而不留，一錢送歸，念其將遠。而吴質謝朝歌之日，悄悄沉痾；崔駰任長」岑之後，忽忽不樂。與善無徵，夢年俄讖，春秋六十五，卒于洛陽樂城里第。以永」昌元年歲次己丑五月壬子朔十日辛酉葬于平樂鄉之原，禮也。不知流涕，同」好畢至，嗟乎！王喬飛舄，但見玉棺；郭泰仙舟，空悲珠唅。惟君藴藉道德，埃塵聲」利，信景行之表綴，爲一代之模楷。其妻即滎陽鄭氏，沛公粲之猶女也。嬪彼淑」德，柔兹内外，成君子之令望，爲閨閫之軌儀。提孤廓然，相時就禮。黔婁請謚，彼」獨何人，白日佳城，我將誰紀？庶邙山洛水，爲谷爲陵；百代千秋，無凋無泯。命鐫」芳婉，式播遺芬。其詞曰：」

洪軸遠派，靈基峻趾，襲德傳芳，因官命祀。其一。公侯嗣美，纓冕蟬聯，剖符遺愛，菁」茅在旃。其二。惟君誕秀，揭焉作則，龍駒千里，鳳毛五色。其三。擢質從宦，在陰應言，琴」清單父，賦賞梁園。其四。陔蘭露變，靜樹風急，既謝鸞遊，空悲燕集。其五。乾道無親，鄧」侯絶胤，輔仁有爽，君斯不振。其六。天長地久，古往今來，池平草宿，隴暗松摧。其七。粤」惟令家，滎陽茂族，爰儷君子，覃于幽谷。其八。乃發語言，盤盂何記，想鄴城之遺跡，」冀形影之髣髴。其九。邙山北峙，鞏樹南吟，命雕青石，式篆芳金，既恭承兮嘉惠，庶」□之於德音。其十。

永昌元年歲次己丑五月十日」

（北京圖書館藏拓本）

永昌〇〇六

【蓋】失。

【誌文】

永昌元年歲次己丑七月辛亥朔十八日戊」辰，五品宮人卒，不知何許人也。宮人叶氣晨」虹，連光夕月，潔白之行，追梁氏而委餘；貞介」之心，躡恭姜以高步。遂得執巾柘觀，掌紱椒」闈。婉娩之容，既振聲於彤史；幽閑之德，仍發」□於□宮。但以舟壑易遷，隟駒難駐，近覿洛」浦，□□共寸晷無留；遠矚漢皐，玉佩與尺波」□□。□以其年八月五日葬于北邙山，禮也。」哀哉！□□難久，松門易摧，珠簾地發，銅馬山」□。□□彩於朝鏡，庶留芬於夜臺。其詞曰：」

□□□□大姝，捧巾帝閤，寒暑推移，日」□□□。□□花隱，三珠葉落，未遇雲裝，已隨」□□，□□東岱，形留北洛。長連闕下，永翳山」中，□□□□，臉落桃紅。蘅薄芳盡，芝田路窮，」顧清音與淑德，接環景而俱融。」

（北京圖書館藏拓本）

永昌〇〇七

【蓋】失。

【誌文】

大唐左豹韜衛宿衛陪戎副尉張君故妻邢夫人墓誌銘并序」

夫人邢氏，先河間郡人也。往因遷任，莅職河南，隨主將真，」宦遊中壤。家風祖德，叔臺作刺於魏朝；文伯儒宗，元郁著」名於宋國。求諸載籍，可得而詳焉。夫以峻岳靈源，必孕非」常之寶；仁宗茂族，自多希代之材。故能柔令夙彰，婉則聞」乎早歲；孝慈天至，淑譽暢於笄年。鳳集朝陽，既和鳴於田」氏；烏晞早露，俄獨拜於任筵。自辭家以來廿餘載，虔奉宗」祀，無虧婦禮，所望園林獻壽，恒怡潘岳之歌；庭樹催年，遽」切皋魚之哭。以永昌元年歲次己丑八月辛巳朔十九日」己亥遘疾，終於神都尊賢里之私第，春秋卅有五。嗚呼！輔」仁斯爽，郭翻遺令，空存老子之經；袁安喪親，以卜書生之」地。即以其年九月庚戌朔廿四日卜兆遷柩於邙山平樂」鄉之原杜郭村北次，禮也。哀子慈脩等，訴高天而靡及，痛」遠日之俄臨，援壟柏以增哀，懷海桑而警慮。思紀德於荆」阜，希不迷於杜預。其詞曰：」

邢子大賢，飲市號天，劉侯運遇，神契欣然。二哲之後，千齡」慶延，潘陽好合，秦晉婚連。其一。莊子擊缶，恭姜自逝，紃組不」虧，詩禮無廢。高行逾肅，貞規日勵，菜婦慚容，鴻妻斂袂。其二。勞宣靡效，獻壽徒言，壑舟俄往，隙駟何存。長還月路，永秘」泉門，草疏春近，松深霧昏。其三。北瞻陵陸，南望郊坰，芝潯淼」淼，蒿里冥冥。浮涯一往，永隔千齡，儻萬古兮遷貿，庶留鑒」□□銘。其四。」

（周紹良藏拓本）

永昌〇〇八

【蓋】失。

【誌文】

唐故僞高昌左衛大將軍張君夫人永安太郡君麴氏墓誌銘并序」

君諱雄，字太歡，本南陽白水人也。天分翼軫之星，地列燉煌之郡，英宗得於高」遠，茂族擅其清華，西京之七葉貂蟬，東土之一門龍鳳。則有尋源崐閬，倚柱涼」城，跗蕚散於前庭，波瀾流於右地，因家遂久，避代不歸，故爲高昌人焉。祖務，僞」朝左衛將軍、綰曹郎中；父端，僞建義將軍、綰曹郎中。並蒿萊巨雀，蹄涔尺鯉。文」成七代，實相亡韓；右侯一身，惟忠僞趙。公天資孝友，神假聰明，爰自弱齡，襲居」榮職。衣冠黼黻，不以地望高人；禮樂詩書，不以才優傲物。屬奸臣作禍，僞祚將」顛，公出乾侯，兵纏絳邑。君執奉羈靮，經始艱難，功冠却燕，勳隆復郢。僞王返國，」寵命偏優，拜威遠將軍兼都官郎中，答勤勞也。尋遷左衛大將軍兼兵部職。公」以太妃之姪，外戚之家，懼梁冀之奢亡，誡霍山之侈滅，所寄逾重，所執惟謙。殫」罄粟帛，散惠親友。貞觀之初，聖人啓旦，占雲就景。公懷事大之謀，阻漠」憑沙；國有偷安之望，規諫莫用。殷憂起疾，成都石折，智士其當，以僞延壽十年」二月甲申卒於本郡，春秋五十。君主哀慟，歸賵誄德，追贈南平太守、護軍大將」軍，縮曹如故。夫人隴西金城麴氏，皇朝永安太郡君。祖愿，僞寧朔將軍、左衛大將軍、横截太守；父明，僞寧朔將軍、」横截太守。青樓甲第，盛軒冕於中京；」赤坂荒區，徙邦家於下國。誕生英淑，作配仁賢，賓敬克申，卿親益固。芝蘭今胤，」始植階庭；膠漆良人，遽悲泉壤。廣被斷機之訓，教子多方；靡他自誓之心，望夫」何及！膏澤不御，五十餘年，于嗟彼蒼，莫恤煢獨。以垂拱四年歲次戊子三月戊」午朔廿八日景戌遘疾，終於高昌縣之淳風里第，春秋八十有二。長子定和，前」庭府折衝都尉，基構纔隆，盛年早卒；次子懷寂，朝請大夫、行疊州長史、假右玉」鈐衛翊府右郎將。二聞漸誡，三徙承規，永懷資事之恩，載深創巨之痛。倚閭斷」望，入室增號，式備衣衾之舉，以崇封樹之製。粤以永昌元年十一月廿七日祔」葬於高昌縣之西原，禮也。嗚呼哀哉！鳳鳥樓前，昔年孤往；蛟龍匣裏，今此同歸。」輴車動而涼野愁，晝翣移而寒泉閉。長松肅肅，漸生懸劍之枝；高壠峩峩，猶存」若斧之煞。陳德音於不朽，俾泰山其如礪。銘曰：」白水英宗，朱門貴族，裘冕不墜，公侯載復。金運道銷，沙場地福，雖鄰赤坂，亦盜」黄屋。其一。我家有子，君實挺生，青囊曉術，白面知兵。神機俊爽，心鏡虚明，忠申夙」事，智若老成。其二。惟彼伐柯，求此灼實，于歸百兩，好合琴瑟。林鶴纔雙，鏡鸞遄一，」昔年分劍，今來共室。其三。生榮已矣，哀送何之？郊原漫漫，旌翣遲遲。霜櫝晨慘，風」楊暮悲，刻貞琰於兹日，傳德音於幾時？其四。」

（北京圖書館藏拓本）

載初

載初〇〇一

【蓋】失。

【誌文】

大唐故韓王府記室參軍元君墓誌銘并序」

君諱智威，字景略，河南洛陽人，魏廣陵王羽之後也。昔化龍東度，」割據江淮；神獸南遷，光宅嵩洛。辯方正位，過於二百年；叙穆頒韶，」稱爲八柱國。人地兼美，纓冕相暉。曾祖孝遵，周使持節侍中、驃騎」大將軍、開府儀同三司、尚書左僕射；祖巖，周開府儀同三司，隋給」事黄門侍郎、龍涸縣公；父德操，皇朝中大夫，普、潤二州司」馬，中山男。並望隆八座，名重二離，踐去病之崇班，闢公衡之盛府。」既擅揚雄之博，亦展麗統之能。君器包上德，體叶中庸，合浦摛光，」價越隨侯之寶；藍田振彩，聲高趙郡之珍。孝悌表於門庭，信義著」於鄉邑。聞詩聞禮，遊於六藝之間；非隱非吏，齊於萬物之表。屬鄧」王分珪樹屏，市骨招賢，君以顯慶三年爲鄧府執仗，雖解褐資其」濫觴，而屈迹實爲絆驥。永淳元年，調補王府記室參軍。實兼孫惠」之才，仍置穆生之醴。崇蘭被坂，簉應阮於西園；脩竹夾池，預鄒枚」於東苑。豈圖藏舟難固，過隙易流，杳杳岱宗，竟動劉楨之詠；遥遥」京兆，忽從王矩之遊。以垂拱三年五月廿八日遘疾，終於絳州之」官舍，春秋五十有八。粤以載初元年歲次己丑十一月庚辰朔五」日甲申葬於洛州洛陽縣平陰鄉崔知温墓東北一百步邙山，禮」也。惟君淳和植性，貞粹在躬，雅量恢弘，清襟秀徹。但人生有命，聞」之仲尼；天實無知，傷於伯道。夫人薛氏，晝哭纏懷，精思貫於杞城，」哀感切於潘賦。窮泉且閟，俄分鄭國之環；幽穴方同，終合延平之」劍。式刊玄石，永扇芳塵。其銘曰：」

降居若水，得姓軒丘，授圖北代，定鼎東周。盛開枝葉，濬發源流，不」墜軒冕，克嗣箕裘。載誕斯人，夙標雅士，質潤珠玉，節高松杞。弋獵」仁義，耕耘經史，唐宋連鑣，應劉方軌。悵矣朝露，嗟乎夜壑，未終歡」賞，奄歸冥漠。宿草前衰，悲楊早落，百年長謝，千秋靡作。」

（録自《芒洛冢墓遺文五編》卷四）

載初〇〇二

【蓋】失。

【誌文】

唐故忻州司户參軍事陳君墓誌銘并序」

君諱平，字行滿，潞州壺關人也。昔業昌敬仲，表龜第之」家風；道顯太丘，聚德星於霄漢。鬱爲時望，其在兹乎？曾」祖喜，周任虞州安邑令，後任徐州長史。漳濆俊乂，晉甸」英髦，揚製錦之清風，贊褰帷之美化。祖俊，隋任壺關縣中」正。清幹居時，貞明植性，同晝遊之盛列，得惟桑之必恭。」父才，王志林泉，藏珍衡秘，不顧丘園之召，直取煙霞之」姿。君禀氣温柔，承芳蘭菊，聳嵇松而拂景，湛黄水以浮」天。釋褐任昌平尉，改博昌尉、真陽丞、忻州司户。既而衣」移初服，翼百里於昌平；聲振聞天，佐六條於忻部。將以」位符舟檝，用疋鹽梅，豈知風樹難停，隟駒遄往，以咸亨」三年十月十八日卒於公館，春秋六十有九。夫人樂氏，」南陽人也。父卿，三品，雅州刺史。永昌元年十月卅日奄」從物化，春秋六十四。即以載初元年歲次己丑臘月己」酉朔一日己酉合葬於州城東二里之原，禮也。　呼哀哉！」鏡中鸞徙，匣裏龍飛，延白羽於墳前，集玄禽於隴際。良」辰將逼，理洽制儀，佳城既開，須標盛德。銘曰：」

爻象標盛，星區表德，簪組連輝，仁賢流則。秦鏡停粧，衛」羊休駕，羅帳既寂，書帷復暇。馬白聲驚，烏青兆成，慘塋前」之月亮，苦松裏之風清。」

（録自《山右冢墓遺文》）

載初〇〇三

【蓋】失。

【誌文】

唐故高君墓誌銘并序」

君諱珍，字行仁，其先渤海人也。分珪食邑，橘徙蘭移，」簪裾魏壤，遂留相土，今爲安陽人焉。若乃崇構巖巖，」儷嵩衡而挺秀；洪源淼淼，伉淮泗以騰漪。莫不邁德」積善，光國光家。曾祖樂，齊任沂州瑯琊令；祖相，隋任汴州中牟丞；父進，志樂山泉，意唯風月。君乃松林養性，蘭杜怡神，高蹈鄉閭，匪求名利。輕財重義，智叶孔」周；敬士欽賢，道侔莊惠。履仁履孝，基信基忠，行本貞」良，言唯謙讓。訓勗諸子，咸蹈禮經，居富不驕，在言無」玷。可謂惠迪君子，斯焉取斯。何期天道無親，幽明頓隔，欻以載初元年正月廿二日卒於私宅，春秋七十」有一。夫人王氏。質曜東鄰，道光南國，言芳蘅杜，節鑒」珠璣，四德無虧，」三從有允。彼蒼不顧，貞質鳳摧，以調」露元年十二月十日奄晞朝露。即以其年臘月十三」日遷窆於州西北二里平原，禮也。嗚呼哀哉！嗣子仲」方等，孝齊曾閔，哀毁難勝。將謂杞國天傾，上無星月；歷都地陷，下躍魚龍。恐令德芳名，遠無憑託，不惜青」凫之鏹，旁求白鳳之詞。下官不材，濫承恩屬，式鐫琬」琰，以著銘文。

周星五墜，堯日九零，況居人位，誰能」不傾？歎淑人兮君子，故抽思兮爲銘。」

（周紹良藏拓本）

載初〇〇四

【蓋】大唐故徐府君墓誌銘

【誌文】

大唐故武騎尉徐府君墓誌銘并序」

府君諱澄，字巨源，東海人也。大廉啓胤，徐國肇興，靈基資始，盛族斯茂，英賢間出，簪」紱由是相暉。太尉光烈於漢朝，文學騰規於魏室，弈葉昌顯，奇姿挺秀，蓋昭彰於圖」籍，何假一二談焉。曾祖凌，梁尚書度支郎、散騎侍郎、東魏黄門侍郎、五兵尚書、吏部」尚書、侍中、尚書左右僕射，贈特進，謚曰章侯。材惟時傑，德乃文宗，獨步前英，高視當」代。踐三台之位，獻替表其芳規，昇八座之榮，輔弼流其雅譽。曾祖儉，梁元帝召爲學」士、尚書金部郎中、東太子洗馬、東從事中郎兼侍中中書郎、給事黄門侍郎、尚書左」丞、戎昭將軍、晉熙王長史，封建昌侯。器曰琅玕，志弘韜略，道高物外，情出塵表，早預」機衡之寵，彌彰叶贊之功，清徽迴發，沖襟遠映。祖法言，陳秘書郎、太子舍人、太子洗」馬、中舍人、司徒左西掾鎮衛、儀同、鄱陽王從事中書郎，隋益州總管參軍事，任蜀王」揚府司水參軍，皇朝任陝東道行臺百工監。父翁歸，隋任吴郡司户書佐，」皇朝汴州小黄縣丞、幽州都督府倉曹參軍事。并雲姿卓絶，風首自然，或參侍銅樓，」克贊詩書之美；或馳芳黄綬，竟勞州縣之班。逸氣横飛，孤風濬激。君禀氣山河，降精」精辰象，溪陰之機自息，山陽之趣可追。隱不建規，貞無聞俗。簪裾絶跡，豈邀寵禄之」榮；風月是依，自得琴樽之樂。蔣元卿之幽徑，即是□遊；仲長統之閑園，早諧深契。談」渠迴秀，藝苑疏芳，寒松千丈，斷巖孤積。參玄則妙窮□理，在塞能通；論道則境涉幽」微，惟深必應。莫非仁智所洽，德義居先，亦何媿於莊周，固無慙於柳惠，優遊未幾，遲」暮相催，風景不留，桑榆遽晚。嗚呼哀哉！以載初元年四月一日卒於德懋里，即以載」初元年五月九日窆於　，禮也。唯君操踐忠貞，神栖隱逸，閑居養志，園蔬充朝夕之資；」别業留情，梓澤得山河之勢。百年倏忽，一旦蹉跎，痛平生之若浮，仰光儀之如胝。

悲」深慮歎，怨切芝焚，閲川不停，匪被逾遠。嗚呼哀哉！有子恪等，哀纏禮訓，痛切心靈，誓」泣血於三年，已絶漿於七日，毁瘠踰禮，期於滅性。苦風枝而不静，悲蓼莪而何極！佳」城遽掩，白日空懸，恐盛烈湮沉，芳猷蕪没，式隆琬琰，播美泉扃，天長地久，存而益固。」孝子之事親終矣，死生之禮義畢矣，嗚呼哀哉！迺爲銘曰：

洪流海濬，曾構雲飛，夕命載啓，靈祚斯歸。昭彰珪紱，焕爛樞機，象賢斯應，宗盟是依。」赫弈昌基，穹崇永固，地靈肸蠁，雲姿布護。漢室騰軌，魏朝高步，開代飛聲，文場武庫。」禕歟祖德，緝熙儒墨，學海清瀾，文江麗則。弼諧有裕，忠諫無式，器乃光時，材唯符國。」惟君降精，河岳之英，謙謙君子，鏘鏘令名。退唯守素，進不干榮，琴樽對月，丘壑馳情。」優遊賞託，大隱南郭，蕭散怡神，閑居東洛。白玉招恥，黄金謝諾，歲聿云暮，光陰蕭索。」天道悠悠，人生若浮，遽悲過隙，空歎藏舟。一歸厚夜，萬古長秋，寒扃月慘，荒壟雲愁。」薤露宵吟，松晟晚深，長悲寂寞，永愴湮沉。式圖貞琰，以播靈襟，同夫檟樹，千載森森。」

（周紹良藏拓本）

載初〇〇五

【蓋】失。

【誌文】

大唐故陪戎副尉前□□□□霍府隊正徐君墓誌并序」

公諱恭，字慈，雁門人也，因官而居洛陽焉。茂緒靈長，疏源濬遠，」鴻閥流芳，光耀不墜。祖齊諫議大夫、萊州刺史。剋宣皇化，軒冕」六條；鯁議揚庭，道光九宇。祖隋鎮東將軍，檢校嬀、檀二州諸軍」事。六奇要妙，本屬天材；萬里安邊，非窮地脈。考隋朝散大夫、上」柱國。理懷簡□，□用淹通，操履貞脩，襟情邃遠。君稟靈川岳，」誕秀英宗，言叶芝蘭，行珍珪璧，體仁成性，因孝爲心。宛洛衣冠，」神畿朱紫。爾其花開蓮沼，德水湛智鏡之輝；玉散香臺，五蓋晉」三明之慧。王孫知其名行，帝子識其仁明。□□通玄，不縻好爵，」去上元二年，蒙舉授霍府隊正，考滿絕仕，韜影權衡，銷聲林藪，」不受鄉曲之薦，不應東帛之徵，絕干時之榮，怡味道之志。天無」與善，神爽福謙，遽棄崇堂，言歸泉路，以載初元年五月七日終」於私第，春秋六十有六。即以其月廿七日還殯合宮縣平樂鄉」邙山之原，禮也。白日方遠，玄夜將深，男□慟以摧心，女懷傷而」泣□。悲感行路，崩切親朋。恐陵谷貿遷，音徽銷歇，敬雕玄石，以」表洪猷。其詞曰：

弈弈高門，悠悠遠祖，軒冕在昔，珪璜振古。」文以輔天，武□安土，鴻名烈代，垂之不朽。其一。積慶無昧，垂裕有」聲，蘭薰桂馥，玉潤含貞。懷道嘉隱，養志閑庭，曰若君子，抱素馳」名。其二。神高入室，□逸通玄，性融一指，□盡□邊。和光似鏡，獨步」如蓮，滌除詬地，□息福田。其三。壽非金石，命均霜露，光音詎歇，餘」芳尚覩。淒風夜寒，愁雲朝度，□彼叢蘭，傷茲琪樹。其四。一生意氣，」千古不追，暫辭白日，永掩玄扉。松凋偃蓋，桂落蓂虧，□斯貞石，」□飾名輝。其五。

載初元年五月廿七日。」

（北京圖書館藏拓本）

載初〇〇六

【蓋】慕容夫人

【誌文】

慕容夫人墓誌銘」

夫以璧曜騰暉，靡駐西流之景；玉津浮液，無停東軼之波。是以」玄隧杳冥，賢愚不聞，夜臺蕪昧，今古同歸。夫人諱稚英，河南洛」陽人也。粤以洪瀾括地，層構極天，其先祖並國範人英，匡秦翼」漢，金蟬遞映，玉珮交輝，簪珥相傳，冠纓不絕。祖英，泉石怡神，煙」霞養性，無爲自樂，每暢春臺之懷；有待都捐，且安秋水之致。父」父遠，銅駝人物，金谷英靈，浮洛水之波瀾，擁邙山之氣色。高尚」無悶，王侯不能屈其誠，嘉遁居貞，軒冕豈可移其操。夫人黄祇」孕粹，素魄標靈，言合典謨，無勞傅母之訓；行成表式，不待女史」之箴。禀質嚴凝，不妄言笑。諒乃規模婦德，首望母儀。進可以激」俗敦風，退可以作則垂範。雖梁稱高行，曹號大家，代有古今，人」無優劣。方擬楷模九族，綱紀百年，豈期日隟難留，風枝易擾，蒿」宫長夜，一去無春，玉樹幽泉，千齡永隔。嗚呼哀哉！春秋六十有」六，以載初元年五月五日寢疾，終於里第。即以其年六月十五」日殯于邙山平樂原，之禮也。哀子仁哲等，悲纏鶴隧，思絕烏田，」陟霜屺而摧心，遶雷墳而切慕。聊憑貞石，敬勒芳猷。乃爲銘曰：」

峩峩層阜，淼淼□津，高宗遠祖，翼漢匡秦。魚軒雜踏，鶴蓋繽紛，」軌模前哲，流裕後人。其一。惟祖惟父，輕冕輕軒，銅駝人物，金谷英賢。」無爲自樂，有待都捐，泉石怡抱，煙霞養年。其二。曹號大家，梁稱」高行，挺兹柔則，連蹤比映。女圖女史，爲箴爲鏡，備禮外成，允釐」内政。其三。言標婦德，作範母儀，俄驚露薤，遽切風枝。東阿瑩啓，西」邙旐飛，玄宫有限，泉路無期。其四。寂寂蒿里，悠悠泉路，璧月沉暉，」銀河湛素。霜屺摧感，雷墳軫慕，銘徽猷於幽隧，與金石而長固。其五。」

（周紹良藏拓本　開封博物館藏石）

載初〇〇七

【蓋】　失。

【誌文】

九品亡宫，不詳姓氏，不知何許」人也。蕙性幽閑，蘭姿雅麗。自然」婉娩，清徽振於女儀；天生淑慎，」素範流於閫則。娥眉螓首，虹梁」推曜日之輝；菊頌椒文，鳳藻掩」凌雲之氣。既而選應八月，寵侍」千門，陪班左之遊，接徽容之貴。」浮漚雅製，共彤史而俱傳；行雨」仙雲，帶草露而俄盡。春秋八十」三，載初元年六月十五日，葬於」北邙山，乃爲銘曰：」

惟大德之何曠，嗟小年之何短，」昭溥汎之洪慈，播淑行於彤管。」

（北京圖書館藏拓本）

唐代墓誌彙編

天授

天授〇〇一

【蓋】失。

【誌文】

周右豹韜衛倉曹參軍裴公夫人王氏墓誌銘并序」

夫人太原晉陽人也。昔者東周馭曆，國儲開得姓之源；西晉校圖，」王盌負問名之貴。乘軒服冕，天下具瞻；人物家聲，寰中籍甚。祖貴，」隋楚州山陽縣令。名流第一，」高視楚林；善政無雙，旋聞郎□。父衛」春，皇朝銀青光禄大夫、使持節都督嶲州諸軍事、嶲州都」督、上柱國、楚丘縣開國公。望允專城，慶合三刀之夢；寵隆開國，榮」受五等之封。夫人即都督公之第七女也。柔順天資，聰惠神授，習」禮義而行也，蘊貞孝而爲心，賢淑譽滿於親姻，言容動合於規矩。」柳花亂起，便驚對雪之詞；荇菜分流，即負在河之德。洎乎言歸鼎」室，作配金夫，克諧君子之心，實允夫人之望。嗚機擢手，效勤内則，」舉案齊眉，盡敬中饋。温恭自得，見重於舅姑；室家攸宜，豈勞於師」傳。將謂春園芣苡，長此叢生；豈期露井梧桐，忽焉半死。以載初元」年七月廿一日終於洛陽縣之從善坊私第，春秋五十有二。以天」授元年十月六日葬於北邙山之原，禮也。素輴隱隱，丹旐翩翩，背」城闕而逶遲，歷山原而出没。柳園蘭室，長辭歲月之遊；蒿里松扃，」空積風煙之思。長子延京、次子延宗等，並芝蘭疊秀，欒棘纏哀，泣」血無追，陟岵何望，庶刊琬琰，明紀貞徽。乃爲銘曰：」

姓出周儲，家開晉地，蒻授師律，祀旬占位。龍顙標奇，武才膺師，軒」冕莫比，箕裘不墜。其一。鴻源演慶，虺夢闕祥，婉順聰哲，□閑貞芳。聞」詩習誡，玉潤珠光，才超謝室，道茂齊姜。其二。萋萋葛葉，灼灼桃花，□」茲德行，宜其室家。齊眉合禮，行已無奢，內政可法，出言可嘉。其三。西日易落，東川難駐，人生有涯，短折無數。遺桂仍在，遊魂何赴？痛□」金夫，哀纏玉樹。其四。龍分匣靜，風去樓空，北邙山北，東門郭東。□蕪」泣露，松檟悲風，萬歲千古，長埋此中。其五。」

（河南千唐誌齋藏石）

天授〇〇二

【蓋】大周故處士達節先生孫府君墓誌銘

【誌文】

大周故處士達節先生孫府君墓誌銘并序」

先生諱澄，字元規，吴郡富陽人也。曾祖孝成，陳征虜將」軍、江州刺史；祖闉，隋荊州刺史；父眴，唐朝岳州巴陵」令。原夫聯耀挺生，含章孤秀，我家不乏，陸燁知於從兄；吾」宗必興，愿和聞於族父。恂恂焉，汪汪焉，州閭欽孝悌之規，」鱗介仰龜龍之德。蘊青箱則研精圖緯，該百氏而知幾；飛」綵札則組織風雲，包九能而擅妙。固辭辟命，實執沖撝。蔡」父汝南，徒識封侯之骨；喬卿山北，終無筮仕之心。悠哉長」往，確乎不拔。故遠近瞻仰，稱爲達節先生。昔陶徵君幽居」南嶽，郭有道令譽東都，代則古今，人無昇降。方欲紹巢□」之絶軌，追洪安之遠跡，而禀運不昌，春秋五十有九，以天授元年九月廿八日終于私第。朝野搢紳，生平交友，誰不」雨淚，罕能雪泣。先生禮樂基身，忠和植性，守貞固之道，抱」夷簡之節，遽揖松風，俄聞薤露。嗚呼哀哉！則以其年十月」十二日葬于邙山之陽，禮也。長子景明，有才無命，時年十」八，所著文集一十卷；次子景志，孤露無依，荼原躃踴。所以」孀妻悢悢，茹恨蘭閨；孝子哀哀，崩魂蒿里。此時瘞玉，已披」科斗之銘；何代模金，更得蟾蠩之寶。其銘曰：」於昭先生，抱朴居貞，依仁遁俗，樂道遺榮。陶泉南嶺，郭泰」東京，封侯有骨，筮仕無情。音徽遽奄，臺沼俄平，川原暮色，」松檟秋聲。山迷古墜，路奪荒塋，何年白日，復見佳城。」

大周天授元年歲次庚寅十月甲辰朔十二日乙卯。」

（北京圖書館藏拓本）

天授○○三

【蓋】失。

【誌文】

大唐故項城令邢君墓誌并序」
君諱郭，字買，瀛州河間人也。承北祖虬公」之後，本帝嚳之苗裔，殷周之繼統焉。高祖」顒，魏尚書
左僕射、解邑侯；曾祖魯，隋任陽」翟潁川郡守，祖□隋唐繼□，抗節忠誠，刷」羽應唐，與□誠□□□
懷□抱德，息僞歸」真。君卌强仕，□無□□，隱不違親，高卧山阿，」閉門却掃，□□□□□□詔版授
項城令，」春秋八十□□□咸亨年中，遊洛修道，」卒於履信坊私第。夫人趙郡吕氏，則太公」之胤，隋
荆州刺史□父□正縣令兩正丞」尉，無後，今合葬於少室之南潁濱之北崗」巒勝地平原，禮也。其
詞曰：
泰山其頽，梁」木斯墜，筠虚日殤，松幽月思。其一。磻磻石藪，」公侯之後，纓化北溟，冠衝南斗。其二。」
天授元年歲次庚寅十月甲辰廿九日壬申。」

（周紹良藏拓本）

天授〇〇四

【蓋】失。

【誌文】
大周常州司法參軍事柳君故太夫人京兆杜氏墓誌銘并序」
夫人諱　，字　，京兆杜陵人，晉鎮南將軍、當陽侯預之十五代孫也。昔居唐受氏，」聞乎劉累之先；在
周得性，明乎范丏之祖。自茲已降，弈代其昌，固以歷秦漢而彌光，」逾魏晉而增劭，雖國史家諜，言之

已詳；而古往今來，思弘載德。曾祖景仲，周司會大」夫、兵部侍郎、太常卿、岐山郡公。星臺務總，蘭錡之寄以深；秩宗任切，棘署之榮莫貳。」祖整，隨庫部郎中、衛尉卿、禮部侍郎。衛尉八屯，光被孟堅之賦；春官五禮，著自宗卿」之書。父孝奨，唐許州長史、撫州刺史。題輿展效，剖竹騰芳，列岳仰以增高，小山籍而」逾峻。夫人資靈盛族，□懿公宮，折桂苑之芳菲，漸瓊田之腴潤。聽絃之歲，慈父目以」稱奇；弄筆之年，諸兄嘉而表異。而資雅令，神用虛明，飾婉嫕以爲身文，佩幽閑而成」性與。言容著□，纂組傳工，允矣好逑，是膺邦媛。年十有九，歸乎柳氏，皇辟諱偘，字承」茂，即唐散騎常侍、泉州刺史、樂平公之第三子也。德傾朝望，譽重士林，道在則尊，終」於高尚不仕。於是榮均釣鱗，義切乘龍，條枚肅林下之風，琴瑟叶萊庭之致。而小星」推惠，中饋流芬，履箴誡而悦性情，顧詩史而兢環珮。躬服浣濯，志安疏菲，不重曳地」之衣，豈欲鮮禽之□。冀氏如賓之敬，懷之若有求；梁妻舉案之規，景之如不及。恭慎」之道，造次不忘；孝義之心，□始愈厲。及乎所天捐館，憂毁不形，朝哭誓心，瞻穹殞目。」思栢舟之賦，更切恭姜；□陶□之悲，彌傷黃鶴。垢衣蓬髮，以永終朝，貞節苦心，於焉」卒歲。而斷機昭訓，徙宅□仁，教義有方，克昌貽厥。長子崇約，前始州黃安縣丞、常州」司法參軍事。色養無違，效宦遊方，弘昔賢之負米，禄足代耕，企前哲之鹽魚，位卑而」仕，板輿之任，一紀于茲。視膳餘閑，既無忘於簿領；從政多暇，曾不虧於服勤。豈所謂」居孝移忠，自家形國者也。既而西春不借，東逝難留，空傳玉釜之香，詎識瓊田之草。」粤以永昌元年秋九月遘疾于常州之廨宇，尋又移寓於天興寺之別院，廿一日終」于其所，春秋七十有二。嗚呼！天道無親，何益謙之不驗；神介以福，乃瞰室之無褰。崇」等茹毒銜冤，摧欒毁棘，發自東汜，旋于北京。即以大周天授二年正月十八日」合祔于柳府君之舊塋，禮也。陟屺終天，哀莪没齒，懼遷陵谷，庶紀徽猷。其詞曰：」
鴻宗遠系，傳芳濟美祚惟長，踵武賢哲道彌昌。奉常衛尉，人英天爵盛龍光，撫州懷」道穆蘭芳。降生淑令，好仇君子爲嬪則，幽閑婉順昭壼德；内言無擇，中饋聿修心宗」嘿，服勤織紝思無忒。陳詩習禮，鏡史觀圖懷萬古，張箴荀誡惟師祖。惠班恧令，文姬」讓德斯爲矩，和音麗服心無取。偕老難終，崩城奄遘悲以傷，凌虚去翼淚沾裳。提孤」疾首，埋羊斷織垂義方，克成令德振英芳。蒸蒸孝道，色養無違名以彰，弘斯負米及」高堂。風樹難靖，藏舟不固邈已遠，大耋小年逝不返。東汜北京，途遥路阻煙波緬，萬」家五甫規模闡。暫啓龜謀，還封馬鬣永有終，聞雷攀栢寒泉厚。夜鬱不通，梁寡崇節」德有融，曾徽懿範播無窮。」

（北京圖書館藏拓本　河南千唐誌齋藏石）

天授〇〇五

【蓋】大周故亡宫墓誌之銘

【誌文】

亡宫九品，不知何許人也。禀惠天質，真」矜月淨，幽閑植操，明婉馳聲。彤史飛名，」庇椒宫而振馥；紫宸趨侍，翊清禁而騰」芳。方謂常深寵靈，永承掖　，遽辭榮於昭」運，俄閟影於幽扃。嗚呼哀哉！以天授二」年正月六日終於神都，春秋七十有六。」即以其月廿四日葬於北邙山，禮也。百」身靡及，萬化徒傷，爰誌泉陰，式旌遺美。」其詞曰：」

承恩蘭掖，庇影椒庭，遽辭明代，奄」閟幽扃。松阡月皎，薤管風清，百齡斯畢，」萬化徒驚。」

（周紹良藏拓本 河南千唐誌齋藏石）

天授〇〇六

【蓋】失。

【誌文】

大周故均州武當縣令李府君誌銘并序」

君諱叔，字德英，其先趙郡人也。原夫紫氣呈休，」仙宗演派。聲高六國，翊全趙以垂模；勇冠三軍，」匡盛漢而飛譽。代濟英傑，家襲仁明，因宦洛州，」即爲河南人也。祖伽，齊博州刺史；父儒，隋洛州」司法參軍事。公唐任均州武當縣令。並懷天爵，」各擅人英，雅望攸歸，芳猷藉甚。情深風月，政埒」絃哥，幾傷遊岱之魂，俄及逝川之歎。嗚呼哀哉！」春秋七十有九，唐開耀二年二月八日，卒於私」第。夫人董氏，嬪儀遠劭，母範克隆，恨鸞鏡之孤」遊，切龍劍之雙美，忽隨朝露，俄奄夜臺。嗣子行」基，粤以大周天授元年歲次辛卯正月癸酉朔」廿四日景申夙奉神柩遷祔於洛陽縣北」里之高原，禮也。恐壑舟靡固，陵谷行遷，式紀清」猷，略刊玄石。銘曰：

顯顯令族，光光雅胤。價重」珠胎，聲高牆仞。榮問既暢，芳猷自振。大夜有期，」小年俄盡。孤鸞不舞，雙蛟遽沉。青烏兆見，白馬」時臨。杳冥蒿里，悽斷松陰。天長地久，如玉如金。」

（李希泌藏拓本）

天授〇〇七

【蓋】　失。

【誌文】

唐故南州刺史杜府君誌文并序」

若夫陶唐氏之子孫，或在殷而在夏；當陽侯之祖禰，亦立事而立功。」基構鬱盤，峻猶山岳；血脉委輸，派若江河。故有酌廷尉之重輕，則于」公爲拙；論長安之利害，則班固非工。斯又善慶所生，忠良間出。公諱」舉，京兆杜陵人也。曾祖嵩，周奉朝請、齊王府司馬、豳州刺史、煦山公；」祖忍，隋易州司馬、毛州長史、燕郡通守、疊州總管，襲封煦山公；考舒，」隋太府寺丞、少府監丞、少府少監、左衛將軍。並廣度出羣，高林動俗。」或曳裾露冕，賦脩竹而詠甘棠；或夾鹿分蛇，坐長松而休大樹。汝南」人物，授青箱者不窮；豫北衣冠，乘朱輪者無絶。惟公幼而行滿，長而」德潤，文彊發迹，天下無雙。士龍初起，雲間絶對，孝由率性，學不爲人。」鵬飛溟海之隅，自摶風路；鶴唳長洲之曲，坐出雲霄。隋大業五年對」策甲科，解褐授寧州司功參軍，從班例也。尋授宋州柘城，又轉亳州」城父二縣令。白羽遷訛，緑絃調化。仇蒲亭之鎮俗，終見鸞棲；鄭蓮芍」之辭官，還聞人戀。尋加朝散大夫、行渝州別駕，又除麟宕忻鄯南五」州諸軍事、五州刺史。夷鍾不犯，盧鵲無喧。陳別駕之生平，長留賓榻；」殷揚州之志事，忽盡庭槐。貞觀十五年九月廿日薨於荆府，春秋五」十有五。夫人京兆韋氏，荀室瑟琴，三星不駐；曹家箴誡，萬古空傳。粤」以大周天授二年歲次辛卯二月癸卯朔七日己酉葬於洛州合宮」縣河陰鄉北原，禮也。漢西陵之原野，日暗佳城；郭北墓之山川，風悽」古隧。旌旐翩翩而不待，松檟蒼蒼而永閟。沉兩劍於幽泉，送雙鳧於」此地。嗚呼哀哉！遂爲銘曰：」

滔滔遠派，峨峨峻趾，三輔馳聲，五陵擅美。衣冠疊映，珪璋間起，雅訓」相傳，清徽不已。其一。恭惟令緒，式誕英賢，學行兼著，藝業俱傳。材標杞」梓，芳叶蘭荃，從來擲地，本自聞天。其二。彈冠入仕，操刀就列，水鏡膺明，」冰壺共潔。百城攸寄，六條爰設，甘雨行飛，仁風載悦。其三。忽驚遷壑，俄夢」歎楹，悲纏荒隴，思斷佳城。空山日落，古樹煙平，千秋萬代，令譽嘉聲。」

（周紹良藏拓本　河南千唐誌齋藏石）

天授〇〇八

【蓋】大唐故杜府君墓誌銘

【誌文】

唐故大周故滄州弓高縣令杜君墓誌銘并序」

君諱季方，京兆杜陵人也。昔帝堯之後，有劉累焉，在夏殷之世，」自豢龍氏能守其業，歷主會盟，以至于周，後爲唐杜氏，則君之」始也。弈代率德，必濟厥美，斯所謂金基鬱構，玉派流光者焉。曾」祖忍，後魏易州司馬、燕郡通守、疊州總管、煦山公；祖舒，隋太府」丞、少府監丞、少府少監、左衛將軍；父舉，唐宋州柘城縣令，渝州」别駕，麟、宕、忻、鄯、南等州刺史。或露坐朱轓，或山立玉帳。禮樂爲」國，仰絃歌之聲；詩書是化，遷楚趙之節。君夙禀奇智，雅懷峻檢，」能讀三墳之書，罕存一室之務。始以世資，弱冠爲密王府法曹」參軍。鴻漸于干，已負冥冥之翼；驥服于坂，方維皎皎之場。俄遷」資州司兵參軍事。式振王旅，夏參帝閑，恭乎司存，能稱其職，歲」滿授滄州弓高縣令。政以仁先，功以德舉，惟化穆穆，厥聲洋洋，」士偁羽儀，人曰父母。方將發丹青於神化，振光暉於邦族。昊倉」不惠，殲我良人，以大唐永昌元年九月廿三日卒，春秋六十有」六。嗚呼哀哉！所謂人壞梁木，物悲逝川，已矣乎！百身奚贖。以天」授二年歲次辛卯二月庚辰朔七日癸巳改窆於北邙山之河」陰鄉，禮也。出郭直視，痛蕭蕭於楊林；臨穴長號，悲鬱鬱於滕室。」有子惇宗等，哀同孺慕，志盡無窮，感不崩而不蹇，懼爲陵之爲」谷，爰刻貞石，以昭淑徽。其詞曰：

於穆弓高，觀國有輝，惟念是克，在仁不違。實邦之幹，伊家之基，」錫年靡永，同彼露晞。白楸長掩，黄鳥于飛，蕭蕭墓門，魂兮來歸。」

（北京圖書館藏拓本）

天授〇〇九

【蓋】失。

【誌文】

大周唐故儒林郎行魏州館陶縣主簿皇甫君墓誌并序」

君諱玄志，字正平，安定朝那人也。夫玄鳥降靈，緒昌原之遠系；素」狼效祉，導茂族之英苗。固以業峻緗油，事昭圖牒，可略而言者矣。」曾祖德，後魏泰山郡守；祖深，周奉朝請；父滔，唐梓州通泉縣主簿；」妙贊翔鸞，獨步銅梁之野；才符擊隼，摶飛玉壘之郊。君少玩詩書，」早登璧沼，昇堂獨得，高視金門。貞觀十九年明經及第。學富三冬，」兼閑六藝，朝廷延首，人物傾心。解褐授蜀王府參軍事。載筆西園，」陪笳北渚，桂叢馳譽，竹苑騰芳。秩滿，永徽三年授恒州九門縣主」簿。翊政調人，常山靡化；繩違騁俊，全趙潛姦。親喪去職，哀毀過禮。」餐荼茹痛，悲感鄉鄰；泣血銜酸，悽纏行路。服闋，顯慶二年授魏州」館陶縣主簿。揮毫輔化，標茂範於漳淇；乘駟宣風，邁沉痾於秦隴。」曁顯慶四年十一月十一日終于原州公舍，春秋卌有六。梁木俄」摧，芳草易歇，俗沉模楷，人失軌儀。夫人隴西董氏，唐慶州弘化縣」令淳之第三女也。令淑早聞，家風夙著，一嬪高族，四德無虧。釁結」移天，孀居叩地，誓松筠而等操，詠柏舟以表心。曁載初元年壹月」伍日寢疾，終于洛陽縣遵化里，春秋六十有五。擇鄰罷訓，投杼離」恩，時闕母儀，家虧内則。粤以大周天授二年歲次辛卯二」月癸酉朔七日己酉同遷窆於合宮縣平樂鄉之原，禮也。龍劍初」分，紘驚別鶴；鴛機罷織，鏡偶孤鸞。琴瑟俱沉，韻切黄泉之樂；閨庭」失望，咸軫昊天之悲。恐碧海成田，青山爲谷，佳城無紀，誰覩徽猷？」聊寄彤管，迺爲銘曰：」

天命玄鳥，祥開素狼，基仁積德，錫土于商。時移運改，洎乎成湯，食」邑宋地，榮啓姬王。於昭得姓，弈葉重光，枝幹繁茂，代濟賢良。篤生」明哲，蘊藝含章，遠符遺愛，身没名揚。三從流譽，六行騰芳，聲高杞」婦，名越恭姜。傳火不息，逝水俱傷，痛幽扃兮永閟，哀泉夜兮何長！」

（周紹良藏拓本）

天授〇一〇

【蓋】 失。

【誌文】

大周天授二年趙王親事洛州故王君墓誌銘一首并序」

君諱，字智通，周大王之少子王季歷之苗裔，因官食宷，自岐山徙」家焉。原夫秉挹踰梁，四乳得三分之二；觀兵振旅，九野有一統之」威。或執御以飛英，或登樓而播譽。呂虔高鑒，服能而遺佩刀；郭璞」先知，見興而誓淮水。昭彰晉魏，赫弈嬴劉，聲蓋於今，諒爲君氏。根」柯胤胄，史牒詳焉；茂範宏勳，可略言矣。曾祖諱穆，梁任趙州欒城」縣令。製錦一同，譽該千里，烹鮮二載，功最十城，期賤不足稱奇，恭」茂詎堪標異。祖諱多，隋任齊州司馬。稜威統伐，曹璋謝其披堅；翼」鼎班條，張奮慚其清白。考諱達，唐朝爲上輕車都尉。星驍占募，勇」冠三軍；獻凱策勳，名流四海。伊君系祖，抑多翘彥，家承閥閱，代襲」簪纓。乃欲紹封高門，嗣基堂構，豈謂腹松輟夢，未申丁固之榮；桑」井告徵，已兆何祇之釁。春秋七十，載初元年三月廿二日卒於私」第，嗚呼哀哉！今於大周天授二年二月七日與夫人李氏合葬於」城北八里之舊塋，禮也。譽滿鄉閭，聲沉蒿里，光暉眇默，餘慶寂寥。」哀子行模等痛深攀栢，感極惟桑，顧祭鳥以摧傷，仰巢鴈而結欷。」恐青驃絶響，少君之魄難尋；白驥停悲，滕公之塋詎辯。乃刊貞石，」以著銘云：」

伊君系祖，遠自隆周，三分易爲，一統難儔。弈代明允，對揚王休，秦」漢績著，晉魏名流。其一。代襲簪纓，官不虛假，或任縣令，或爲司馬。功」最千里，譽該九野。其二。時遷代轉，地久天長，盛衰恒理，生死其常。腹」松輟夢，桑井羅殃，牛山共泣，逝水同傷。行因伏顯，德以銘揚，聊旁」鬃乎胤胄，庶彌久而逾彰。其三。」

（周紹良藏拓本）

天授〇一一

【蓋】似無。

【誌文】誌石上首側邊刻「楊君誌銘」四字，下首刻「千年城郭，萬古泉門，冥漠去世，福流子孫」八字作兩行。

唐故疊州密恭縣丞楊公及夫人丁氏墓誌文并序」

公諱師善，字緋，漢太尉震之後也。家本弘農，因官徙居於此焉。曾祖」具，魏瀛州刺史；祖球，齊太子賓客、平昌縣公；父德倫，隋鴻臚丞，唐相」州成安、洪州豫章二縣令。世儒，素傳清節。初曾叔祖愔，齊侍中、司空、」尚書令、廣武王，輔翼三主，以忠誠遇害，故子孫常誡止足，不居顯要。」公岳瀆授氣，仁孝資靈，博綜經史，尤工著述。明經擢第，起家太州參」軍，枉以公事被譴，閑居養志，久之左授疊州密恭縣丞。雖才高位卑，」樂天知命，怡然也。龍朔元年，問罪遼東，鏤方道總管程名振奏公充」行軍兵曹，軍謀戰策，多所決勝，大鵬始騫，垂天墜羽，巨魚方縱，窮波」暴鱗。如何彼蒼，摧殘玉樹，春秋五十有八，以其年十月十六日卒於」軍所，旋窆於合宮之界。夫人譙郡丁氏，曾祖澤，周任汝陽郡丞；祖」叔」則，隋亳州總管、山桑公；父行本，隋濛州别駕，唐任趙州象城縣令。夫」人四德該備，百兩有行，早喪所天，藐爾孤幼，躬親顧復，弘濟艱難，同」孟母之斷織，等陶親之撤薦。生資慧晤，歸依正覺，不食魚肉，斥絕珍」玩者卅餘年。冀神理輔仁，薰脩永壽，雙童莫效，二豎成災，有唐載初」元年五月十日遘疾終於西京長興里第，春秋八十一。有子慎知，行」雍州明堂縣尉。捧檄承歡，斑衣候色，板輿方馭，隙駟驚而不留；薤露」行晞，蓼莪哀而罔極。沉痛瘖巨，殆至滅性。粵以大周天授二年」歲次辛卯二月癸卯朔七日己酉遷祔于北邙之舊塋，禮也。琴臺兩」鶴，中路分飛；劍匣雙龍，終年合影。恐陵谷遄貿，莫識京兆之阡；霜露」亟濡，式紀寒泉之思。其詞曰：」

既分周族，亦派齊侯，二子光魏，四公佐劉，世載明德，人被芳猷。鳳皇」和鳴，秦晉爲匹，河魴宋子，金相玉質，庶保椇椿，永諧琴瑟。日月相代，」舟壑潛移，光沉石火，響滅風枝，時殲領袠，家殄母儀。占龜宅兆，弔鶴」依塋，哀哀孺慕，鬱鬱佳城，春秋非我，空播家聲。」

（周紹良藏拓本）

天授〇一二

【蓋】 大周斛斯夫人墓誌銘

【誌文】

大周故河南郡丞格善義妻斛斯氏墓誌并序」

蓋聞混元初闢，先標父子之規；品物纔分，遽啓死生之節。則有」受靈者耋，或乃禀命夭昏，皆冥運之攸苻，豈聖賢之可測。夫人」斛斯氏，河南郡人，即司賓寺司儀署令禮之姊也。父叔，懷州主」簿，轉永嘉府司倉參軍事。夫人禀圓星之麗則，授靖月之光輝，」羈貫之初，習女功於錦室；乘鳩之始，事婦德於桑津。挺翠羽以」流姿，乃仙蛾恧采；凝横波而寫態，則艷宿慚容。諒當時之藻繪，」誠一代之妍媚。年一十六，適于同郡格氏，即隨河南郡丞善義」之齊體也。奉姑融執盥之禮，事主竭如賓之節，娣姒欽其懿德，」僚友高其孝敬。夫義雅量恢弘，殆有不羈之志，風神俊逸，終懷」物外之心；積善無徵，雄圖早絶，青松未拱，白楊已悲。夫人空館」賦詩，勤雕美玉；孀閨弄杼，幾瑩明珠。宜應祚以永年，享之多福。」何期輔仁不驗，靈草無徵，以天授元年十月廿六日終于私第，」春秋七十有七。于時親鄰悚動，並雨泗而霑裳；邑里吁嗟，咸煩」怨而喪志。長子上騎都尉豐都、小子將仕郎公土處沖等，或崩」心褫魄，徒懷負米之心；或茹痛摧魂，空藴崇堂之痛。是用修墳」龍嶠，集瑞羽以挺哀；執紱龜川，儼靈驂而泫泣。嗚呼哀哉！嗚呼」哀哉！即以二年二月七日窆於北邙山之高原，合於故夫，禮也。」是時青烏兮顯跡，玉狗兮傳芳，天地兮融朗，風雲兮順序。實恐」居諸日月，遷易丘陵，故勒翠銘，冀存不朽。其銘曰：」

禀靈星婺，挹慶娥輝，風姿秀潤，儀範逶迤。其一。年甫十六，嬪于格」氏，奉盥流芳，停機表異。其二。如何不淑，奄棄聖朝，鳳臺蕭滅，」鸞鏡菱銷。其三。靈輀夕駕，素紼晨霏，子孫崩心而泣血，閭里罷市」而銜悲。故題翠琰，用紀貞徽。縱山移而海變，冀婉淑之無遺。其四。」

（周紹良藏拓本　開封博物館藏石）

天授〇一三

【蓋】 失。

【誌文】

大周朝議大夫使持節伊州諸軍事伊州刺史上柱國衡府君」墓誌銘並序」朝散大夫行冀州下博縣令史寶定製文」

公諱義整，字義整，齊州全節人也。漢儒林大夫咸之後，晉相國」府參軍凱之九代孫。曾祖則，周大將軍；祖生，隋萊州別駕、本州」大中正；父長孫，唐嵐、朔、翼、渭四州刺史、左監門將軍、長山縣開」國公。萬户千門，資徼巡之寄；丹襜皂冕，信風教之原。故得開國」承家，貽列土之貴；紳河礪嶽，擅銜珠之寵。公竻勤琢玉，早習籯」金，始自鷃遷，終期鴻漸。起家右勳衛，俄授蔣王府兵曹參軍事。」竹園防露，妙選英寮，蘭坂清風，公爲領袖，累遷夏州寧朔、瀛州」清苑二縣令。浮陽故俗，渤海遺黎，化梟有期，集鸞何遠。以公勤」恪夙著，課最尤高，特加朝散大夫行普州長史，勝州都督府司」馬，西州都督府長史。山連古塞，乍偵胡塵，地接長城，時修漢堞，」恩制授朝議大夫，使持節伊州諸軍事，伊州刺史。不謂藏山易」往，逝水不留，以永昌元年四月廿一日薨於官舍。嗣子守直等，」攀橋枝而永慕，感吹棘以崩心；式訪烏占，爰興鶴隧。粤以天授」二年二月十八日，與夫人元氏河南郡君合葬於洛陽縣清風」鄉之原，禮也。惜桑田之有變，懼陵谷之將移，内彫芳琰，外樹豐」碑。日繩難繫，露草先吹，石扉徒掩，金聲不訾。乃爲銘曰：」

六氣迴薄，四序推遷，春秋已矣，霜露先焉。家焚芝蕙，國喪貞賢，」禍延止服，譽跕飛鳶。聲沉于地，魂散于天，陵闕森聳，神靈翳然。」風雲蕭索，原野芊蕓，劍留松樹，海變桑田。山深少日，谷邃多煙，」夜臺一閟，幾度千年。」

文林郎齊州歷城縣尉董履素書。」

（河南千唐誌齋藏石）

天授〇一四

【蓋】失。

【誌文】

大周故溱州司户崔府君墓誌銘」

君諱思古，字官奴，博陵人也，因官雍州家焉。」祖唐芮州刺史、散騎常侍弈之孫，唐海州刺」史、陽信縣大方之嫡子，母曰隆山縣主。公鼎」門演慶，貴胄逸羣，唐益州都督、蜀王愔，領賞」異才，奏娉長女寶安縣主，以咸亨元年五月」十一日襲封陽信縣開國子。文昌銓綜。三年」四月廿九日授朝請郎、行始州司倉參軍事。」儀鳳二年，加武騎尉，奉敕五品以上薦」舉。儀鳳三年十二月八日擢授冀州司兵。永」隆二年加雲騎尉。文明元年四月七日授承」議郎、行太僕寺主簿。垂拱元年正月廿八日授永州司士。永昌元年九月一日加朝議郎，」尋加溱州司户。未經之任，遂夢奠楹，以天授」二年二月九日卒於懷仁坊私第，春秋卌九。」即以二月廿四日殯於洛州合宫縣平樂鄉」瀍陽里。銘記。

天授二年二月廿四日。」

（周紹良藏拓本　河南千唐誌齋藏石）

天授〇一五

【蓋】　失。

【誌文】

大周故常州無錫縣令楊公墓誌銘并序」
公諱陶字安師，本弘農郡人也。將軍下甲，動武帳」而宣□；太尉光朝，翊文昌而振彩。祖處樂，隋
林慮」郡王；父賛，唐陳州司馬；陳思王之鸞舉，行樂鬬鷄；」龐士元之龍伏，方堪展驥。公天極麟
友，丹穴鳳雛，」生而五色，一日千里。爰自小年，甫遊大學，昇堂覩」奥，得夫子之文章；良玉不瑑，
即先王之瑚璉。大周」任常州無錫縣令。百姓自理，獨富鳴琴；督郵無事，」但觀馴雉。吏人著去思
之詠，鄉城立生禮之祠。乃」偭洛背伊，俯臨城闕，丘園養性，心迹罕尋。與善無」徵，奄隨往化，以載
初元年五月廿九日卒於思順」坊之里第。以天授二年二月廿八日葬於北邙之」原，禮也。桓君山之
賓客，揮涕無從；陳仲舉之子孫，」攀號何及。粤以天長地久，爲谷爲陵，行勒不朽之」名，式表邙山
之首。銘曰：
長河渾直，仙掌削成，禀」之粹氣，誕以英靈。家傳烏弈，代襲簪纓，父則展驥，」祖乃維城。公之秀哲，

載闡嘉聲，四科鬱茂，百里馳」名。聊辭下秩，言歸上京，歲窮鄭巳，夢奠殷楹。朋友」慼慼，胤嗣煢煢，百年之外，式表堅貞。」

（周紹良藏拓本　河南千唐誌齋藏石）

天授〇一六

【蓋】失。

【誌文】

大周故前魏州録事參軍王公之銘

粵若大象開圖，肇鴻名於姬氏；微言纘聖，導遠派於沂川；豹文騰彩，應編珠而演貺。君諱裕字士寬，并郡太原人也。輔魏則七葉貂蟬，匡晉則三台烈位。祖業，魏授虢州司馬；父儒，隋并州晉陽縣令；并蘋風遞響，桂藹聯葩，雙虬婉而欲飛，二驥疲而待□。惟君性行忠謹，越鄧禹之爲仁；踈散襟神，逾孔融之高尚。□以芝蘭比性，水鏡方心，射策蘭臺，甲科高第，特授魏州録事，春秋七十有二，告盡于里第。即以天授二年辛卯之歲，建巳之月八日，并長男德、次子開、次子滿同窆於長子縣城西北十里之原，禮也。左巒右碧，前邑後崗，式遵故事，乃爲銘曰：

公之令範，茂實嘉猷，未登卿位，處於林優。佳城鬱鬱，松櫝颾颾，泉扃一閟，萬古千秋。

（録自《山右冢墓遺文》）

天授〇一七

【蓋】失。

【誌文】

大周故上騎都尉掌思明之銘」

惟君宿禪英名，早飄令譽，運籌帷幄，倜儻不羣，蒞」政能師，堪以鹽梅帝道；但以情高不仕，偃」仰丘園。忽以天授二年歲次辛卯四月壬寅朔九」日庚辰，孝悌憂勤，因勞染疾，卒於私寓，嗚呼哀哉！」祖長仙，隋任太常録事；父徹，志好文儒，性多温雅，」不慕市朝之慾，惟崇孝悌之懃，未盡曾參之心，早」逝東流之奄。今子終於故里，瘞在邙山，親友傷嗟，」感於行路。其葬地也：南瞻闉闕，平如轉彈；北負」榮」河，清風屢激。東臯隱軫，車馬堪停；西畝丘區，垙連」獸陌。既歸長夜，窀穸莫移。恐陵谷一遷，身名兩滅，」聊題短誌，以詠長辭。留去既殊，悲傷痛訣。其詞曰：」

公擅英名，有文有武，行兼孝悌，能恩能撫。其一。倜儻」不羣，情高英仕，丘園自縱，出入閭里。其二。倏忽纏痾，」因寢成卒，嗚呼哲人，俄頃相失。其三。不見姿儀，唯觀」墳隴，荒郊苦慟，憶君千種。其四。親友將還，死生長隔，」恨淚交流，傷心怨積。其五。遠瞻丘隧，鬱鬱荒臺，青松」未植，白樹新栽。其六。車馬散去，狐菟頻來，念何已，唯」贈悲哀。其七。」

（周紹良藏拓本　河南千唐誌齋藏石）

天授〇一八

【蓋】失。

【誌文】

大周故夫人任氏墓誌銘并序」

夫□□望長安，因事遷播，羈離鄉邑，流寓神」都，睦九族於三從，和六親於一行。年十有三，」適于龐氏，垂日麗質，仰雲路而星空；落月仙」姿，望天河而□□。婦德婦禮，鏡箴誡以標心；」母道母儀，□□蘭而表象。雖芳猷有稱，而善」積無徵，俄□風樹之期，遽奄穸臺之路。以天」授二年四月四日薨于陶化里之第，春秋卌」有五。即以其月廿四日權殯於神都城北芒」山，之禮也。□顏掩彩，長懷□地之悲；玉□韜」輝，永切終身之恨。故勒禎□，用紀芳猷。嗚呼」哀哉！乃□銘曰：」

孝敬明行，忠□□德，□悟神工，天資妙識。婦」道推先，母儀成則，流譽兩京，傳芳四極。其一。」神姿頗測，志節難□。□□清慎，保守恭姜。歎」時終而運改，嗟德喪而人亡。掩黃泉而地久，」辭白日而天長。其二。」

（周紹良藏拓本　河南千唐誌齋藏石）

天授〇一九

【蓋】失。

【誌文】

大周朝散大夫上柱國行司府寺東市署令張府君妻田雁門縣君墓誌文」

錯絡緹緗，憑陵縹帙，命氏胥庭之表，得姓皇軒之初，周漢蔚興，曹馬彌盛，或封」茅土而列子男，或剪珪桐而總侯伯。擊鐘鼎食，縱横於六國之奇；動珮鳴珂，響」亮於二劉之際。衣冠簪紱，可略言焉，祖德家風，則雁門縣君也。曾祖達，隋魏州」冠陶縣令，懸車捨仕，灌園自樂。祖文政，唐沛王府大農，器局宏壯，基宇高深，鄉黨挹其風規，縉紳推其道義。父什善，鄜州三川縣令，廊廟其姿，瑚璉其質，冰潔」其清，玉潤其白，豈止臨淮朱季，吏敬其威；蜀郡張堪，人歌其惠。固可擬儀嵇幹，」准的黄陂，鳴弦素翟之馴，製錦朱鸞之舞。其縣君即明堂縣人也。交川降德，龍」嶠誕靈，端淑爲姿，婉柔成性。聰惠明辯，廣讀詩書，兼善管弦，知音絶代，無嫉無」忌，惟孝惟貞。每以雞曙傳音，無不晨而問舅；落鵶沉彩，會晚拜以參姑。内外所」以和安，大小咸其無怨，論其婦德，實曰成家。假若張氏修箴，懸知少伴；曹家設」誡，定是無般。何煩苦説三從，深陳四德者也。頃以儀鳳之歲，出歸張氏，一經繾」綣，十有三年。當時洛浦親迎，芝田引駕，雙輪轉路，五馬連珂，燭光將扇月爭明，」花影共桃蹊競色。冀與南山比壽，北極齊年。何期積善無徵，禍殃先至，雖越人」秘術，不救將至之魂；秦媛神方，寧駐欲歸之魄。痛芳桃之墜瞼，悲翠柳之凋眉。」哀隻影而無依，歎孤魂而何託？春秋卅有三，以天授二年五月十六日薨於萬」年縣平康坊之私第，嗚呼哀哉！哀子承家等，悲纏扣地，殆莫能興；痛貫捫天，杖」而後起。一溢之禮，不逾酌飲；三年之喪，情過泣血。其張君遠哂王生，違詩不哭；」近嗤莊氏，越禮盆歌。覩明鏡而傷神，對空牀而泣簟。以其年六月三日，遷窆於」城東龍首原長樂鄉王柴村南一里，向南與壽春坊路通也。其地北帶涇渭，南」望秦原，四塞之固，名箸安葬，自無殃柩，必出公侯。于時晝輀東送，侍翣排進，風」雲隱其郁彩，蔽日沉其霞影。田歌起頌，行路興少夭之悲；楚吹傳聲，親戚恨上」年之歎。恐日月之深遠，防馬鬣之荒摧，援立斯題，紀標刊石。其詞曰：」

家傳舃弈，族茂蟬聯，安平五里，賓客三千。朱邸流眄，緑軫鳴絃，霜高白雪，月上」青煙。其一。飛皇啓兆，丹鳳來儀，穀城秘府，薛縣多奇。道義膠漆，芳蘭被涯，千金白」首，一代清規。其二。閨門令淑，綺帳流芳，昔聞秦晉，今是潘陽。聲同琴瑟，風度筠篁。」三星百兩，地久天長。其三。鳳樓絶響，鸞匣沉輝，桂花夕落，薤露朝晞。白楊風斷，翠」櫝煙歸，紅顔掩兮隴黑，素質秘兮泉扉，一朝寂寞，萬古霏微。其四。」

還以其年歲次辛卯六月庚子朔三日壬寅。」

（周紹良藏拓本）

天授〇二〇

【蓋】失。

【誌文】

大周故唐夫人墓誌銘并序」

夫人諱小姑，太原人也。丹陵啓運，逗瓊派於」天潢；明月降精，曜珠胎於水府。父寬，唐任車」騎將軍，情田外秀，心鏡内融，矯矢啼猨，虚弓」落雁。惟夫人三英有粲，四德莫違，皎團扇於」班文，絢椒花於蔡筆。心遊八解，超覺路於愛」河；跡去六塵，企慈舟於彼岸。處俗離俗，在家」出家，泡幻不留，霜露俄及。春秋六十有六，卒」於私舍。名歸北帝，岱宗有一去之魂；藥絶西」山，仙籙罷一丸之驗。以天授二年六月三日」葬於杜郭村北崗，禮也。青烏啓兆，白鶴臨塋，」地久天長，乃爲銘曰：」

惟珠有浦，惟玉有田，英靈畢萃，代有人焉。梁」門表孝，孟室推賢，風樹不息，隟影俄遷。青烏」卜地，白鶴辭絃，北邙山上，東洛門前。帷帳罷」月，松栢凝煙，陵移谷徙，萬古千年。」

（周紹良藏拓本）

天授〇二一

【蓋】失。

【誌文】

大周故陳府君墓誌銘并序」

君諱崇本，字光一，潁川許昌人也。若夫地載嫣川，始配繼天之」業；墟傳少皞，方開列土之封。八代昌基，奄有龜蒙之野；三君茂」範，旋荒虎據之郊。並布在油緗，可得言也。高祖蒨，陳文皇帝；風」行寓縣，電掃湖瀵，延鼎祚於金陵，胤承家於玉樹。曾祖伯謀，陳」桂陽王、侍中、智武將軍、丹陽尹，隋龍州刺史；朱邸富東平之書，」素業盛河間之禮。豈爵臺新詠，擅美於童年；象舫陳謀，見稱於」弱歲。祖酆，隋鼎州弘農縣令，唐肅州別駕；栖鴛表讓，絆驥流聲，」無濫贈刀之知，有狎題輿之請。父瓚，見任使持節、都督黔辰等」卌七州諸軍事、黔州刺史、許昌縣開國子；允應帝命，用欽厥」職。振威聲於徼外，慰彼夜郎；敷惠政於黔中，絶兹晨飲。何止威」令獸去，清懼人知而已哉。君幼味道腴，早欽閑尚，輔衛王室，」資選勳門，起家任左衛翊衛。子雲執戟，迹在人間；蔓倩爲郎，心」存事外。雖門盈龜組，代襲公侯，而土木形骸，粃糠輿服，性窮機」巧，理契沉冥。每以靜默自居，未嘗一入城市。嗟乎！藏舟易遠，隙」馬不留，荆南悲文考之墳，臨海想孔郎之廟，嗚呼哀哉！君即許」昌公之第三子也。春秋卅有四。粤以天授二年五月廿七日寢」疾，卒於私第。即以其年六月廿二日陪葬於慈親遂城縣君之」㽦右，禮也。邢皐開塋，必依圓石之制；桐鄉列隧，果諧歸葬之心。」勒貞琰於九原，播芳塵於萬古。其詞曰：」

緬彼虞賓，俾祚于陳，業光南服，道蔚東秦，迴龜襲祚，乳獸依仁。」夫君挺秀，惟嵩降神，中林撫翼，清流振鱗。燒金靡遂，液玉徒勤，」俄辭千月，奄下窮塵。丹旐遥裔，白馬悲驤，藤壺飾祭，柳駕登卬。」愁烟晦隴，晚吹悲楊，哀真長之塵贈，悼子敬之琴亡。莫不山埋」玉腠，地掩珠芒，涕臨泉而一雪，代何遽於千霜！」

（北京圖書館藏拓本　河南千唐誌齋藏石）

天授〇二二

【蓋】失。

【誌文】

大周故新城郡樊太君墓誌銘并序」

夫人姓樊，南陽新城人也。自保姓受氏，析系分宗，宏既爲」其光禄，梵有登其郎位。仲尼誕聖，須爲弟子之風；漢祖興」王，噲有忠臣之節。家聲祖德，可略言焉。大祖盛，隋建節尉；」祖韜，唐夏州統萬監；考惠，唐任江州潯陽縣令；並英靈閒」發，操行高標，家開鍾鼎之榮，人有鵷鸞之選。夫人地承軒」冕，德秀閨房，柔順發於天機，詩禮成於學性。貞儀獨步，忽」謂神仙；明艷相輝，即侔霞月。屬摽梅有序，穠李逢時，年逮」初笄，適于許氏。夫人以志凌冰雪，望重芝蘭，保山澤而習」詩書，契松蘿而奉箕箒。自天授二年二月十三日」敕授新城郡太君。嗟乎！神道難知，生涯易往，昔年歌扇，頓」起秋風；今日粧臺，空懸夜月。春秋六十有七，以天授二年」寢疾，二月廿六日卒于洛陽城東積閏里第。粤以天授二」年七月十六日窆于合宮縣北邙山，之禮也。嗚呼哀哉！嗣」子玄琮，朝散大夫、行右千牛衛長史。悲深蒼昊，痛結玄廬，」有節在於誠哀，行喪期於祭禮，庶傳千載，敬託銘云：」

有女如玉，出其南陽，必宋之子，必齊之姜。鬱爲蘭菊，皎若」冰霜，養德安志，含芬吐芳。君子好仇，女儀成匹，既穆齊體，」將欽異室。義協松蘿，道符膠漆，以兹淑問，加其榮秩。小年」忽盡，大暮俄歸，神道難測，生涯有違。泉扃日閉，丘壠魂飛，」琴瑟方絶，閨庭路稀。玄武之前，青龍之側，林薄無潤，天雲」寡色。月思風哀，春生望極，北邙之上，空餘荆棘。」

（北京圖書館藏拓本　河南千唐誌齋藏石）

天授〇二三

【蓋】失。

【誌文】

大周故雍州美原縣扈府君之墓誌銘并序」

公諱小沖，字大亮，京兆杜陵人也。竊以洪源演派，滔滔混」江漢之流；茂德昭章，落落蘊山河之氣。自齊梁之後，冠冕」相輝；漢魏以來，衣纓靡絕。並傳芳史册，不可略而言矣。祖」萬壽，任朝請大夫。父世感，任建節尉。公任太平公主左右。」少懷雅操，長慕權豪，出入將相之門，來去王侯之第，人皆」仰慕，能留物外之情；遊俠爭趣，意重琴樽之賞。是知詞高」調逸，樂道安貧，志遠情疏，不遺疵賤。或束髮從宦，政績播」於鄉閭；仕伍辭親，孝悌稱於里閈。蕭蕭然如幽松之偃蓋，」飄飄兮若舞雪之流空。直以養性蓬門，居然一室，怡神蓽」户，苞括百家。豈期西景難留，東川易往，旋驚夕夢，遽迫晨」歌。以天授二年辛卯七月庚午朔二日辛未，於洛州永昌」縣通利坊終於私第，春秋五十有一。嗣子懷慶心悲扣地，」七日依牆；慟哭號天，三朝泣血。忘生滅性，終虧温席之方；」殉死抽肝，無復痛親之義。於是長離膝下，永別慈顔，荼蓼」居心，酷裂無極。以其年八月四日窆葬於洛陽縣平樂鄉」界邙山，禮也。將恐平田海運，幽壑陵遷，敬勒遺芳，式旌不」朽。其詞曰：

顯顯令緒，猗猗哲人，既明歲改，還嗟日」新。白墳數丈，丹霞四鄰，忽焉長往，俄悲短辰。其一。逝川易往，」閱水不停，雲歸岱嶺，魄散寒坰。荒原慘色，楊樹風聲，百年」無幾，千載留名。其二。愁雲暮結，薤露朝晞，黄泉有隔，白日無」期。幽途理別，扃路何依，去去已遠，行行不歸。其三。」

（北京圖書館藏拓本　河南千唐誌齋藏石）

天授〇二四

【蓋】失。

【誌文】

大周岐州雍縣故將仕郎張君墓誌銘并序」

公諱褘，字福實，南陽人也。粵若珠連璧合，天文」也，張星耀其南；列壤分疆，地理也，張掖疏其右。」因生胙國，導白水之靈源；誕姓承家，得黃石之」幽贊。高門長戟，代有人焉。曾祖桃，隋任鳳州司」馬；祖湯，隋任隆州長史；父伯，唐任朝散大夫；並」奇略過人，英規邁俗。龐士元之展驥，名動搢紳；」陳仲舉之題輿，聲振朝野。公稟乾坤之粹氣，孕」岳瀆之精靈，一日千里之雄姿，三傾五城之神」彩。書劍俱就，文武兼資。解褐將仕郎，從班例也。」然而志輕簪組，性重丘園，豈期天不憖遺，哲人」斯殁，春秋五十有六，遘疾卒於私第。夫人韓氏，」不幸先亡。雖生前之雅好暫乖，而殁後之佳期」終合。即以天授二年八月四日合葬於岐州北」原，禮也。嗣子上柱國文幹，循陔軫思，茹蓼崩心。」恐岸谷之有遷，庶金石之無泯。爰求翠琰，式叙」清規。見憑無媿之文，敢振當仁之筆。其詞曰：」

黃軒啓胤，白水疏源，髦彥雲委，冠蓋星繁。其一。若」人挺生，奇才間出，儒墨道長，林泉性逸。其二。神丹」莫就，彼蒼斯忍，鶴駕罕期，龍輴遽引。其三。夜臺不」曉，幽路無春，庶千載之生氣，振萬古之芳塵。其四。」

（北京圖書館藏拓本）

天授〇二五

【蓋】失。

【誌文】

大周故王府君墓誌銘并序」

君諱朋，字鳳爽，潞州壺關人，蓋黄帝之遺芳，王鍾之胤」緒。五侯拜爵，鼎足光於漢朝；八座分珪，台鉉隆於秦代。」或揚麾靜亂，將軍奮百戰之威；或制禮經邦，儒默總九」流之術。既而名彰西蜀，摛絢藻於碧雞；道邁東吴，掞登」樓之逸思。至若芝房蘭室，挹芬馥以傳芳；玉匣金籯，擅」英名而播美。騰今軼古之妙，其唯王府君者乎？軒冕繼」於周篇，簪組傳於漢策。祖遊，洮州刺史；父宰，隋任」新豐縣令；並揚輝紫陌，飛益黄圖，流雅譽於青編，箸芳」猷於翠簡。君璜川吐液，碧嶠凝精，臨辯岸而驚濤，瀉」言河而激態。環姿朗潤，佩星劍以含章；逸氣霜飛，挺蓮」鋒而泛彩。然則錙銖軒冕，玩衡泌以棲遲；系縻貂蟬，坐」桃蹊而縱賞。豈謂高春落景，舟壑潛移，生也有涯，摧梁」忽暨，春秋八十有二，卒於私第。夫人李氏、令狐氏并以」早喪川娥，久空鸞鏡，行雲變質，雄劍長淪，鴒穴斯幽，當」歸就日，以大周天授二年歲次辛卯九月十八日合葬」於內村西三里之原，禮也。太行南峙，出雲路以分空；熊」耳北臨，入星躔而黯色。東瞻麥岫，西瞰漳流，恐陵谷貿」遷，勒茲泉户。其詞曰：

軒黄胤胄，帝嬀遥緒，振響汾川，」飛聲洛浦。英髦秀出，克光前矩，志列冰霜，才兼文武。其一。」逝川東注，落日西傾，悲纏七日，掩奠兩楹。林戕杞梓。」

（録自《山右冢墓遺文》）

天授〇二六

【蓋】失。

【誌文】

大周朝散大夫行鳳閣主書皇甫君故妻南陽縣君張夫人墓誌銘并序

夫人先南陽白水人也。述夫天文成象，珠躔降三傑之精；地勢承家，」金貂隆七貴之業。其有蟾儀啓憲，術該造化之端；龍劍通神，識洞幽」明之際。衣冠舄弈，代有英才；軒蓋蟬聯，時稱公子。斯並編諸松槧，著」自芸緗。祖懿，父匡，並學窮三篋，業擅於鏘金；義冠五車，聲馳於積玉。」宦輕彭澤，歸陶亮之田園；名振京師，宴許詢之風月。宏猷大觀，行可」人模；碩量沖襟，言爲士範。與善斯驗，餘慶有徵，靈應吉祥，誕兹淑媛。」夫人金娥寫態，寶婺騰姿，風絮驚謝琰之詞，霜紈逸班姬之詠。初笄」之歲，方候三星；鳴鳳之辰，言從百兩。年十有七，託嬪君子，義昭傾鳳，」道叶乘龍，包巽位以裁規，總坤儀而擅則。謙承娣姒，恭惟舉案之儀；」肅事舅姑，親奉提甕之節。不謂孔川朝逝，終閲紅渠之波；梁日夕沉，」竟凋芳蕣之彩。以天授二年八月廿五日終於思恭里之私第也，春」秋五十有七。惟夫人婦德邕和，母儀婉順，六行均美，七誡齊芳。主書」□命鳳池，慕秦樓之俱學，豈期影孤鸞匣，對潘簟而增悲。嗚呼哀哉！」□以其年九月十八日窆于北邙之原，禮也。昔時芳院，不言桃李之」蹊，今日墳埏，俄成楸櫝之路。哀纏遺挂，恨起安仁之詞；慟感撫盆，寧」有子休之樂。長子貞慎，宣德郎、行殿中省主事；次子貞節，承務郎、守」定王府國尉；並陟屺崩心，覽扇摧慮，訴旻何極，扣壤奚追。式配天長，」圖徽猷於翠琰；靡惶陵變，鏤範懿於佳城。乃爲銘曰：」

於昭令族，浚發昌源，聿符赤帝，錫胤黄軒。文藻盍作，帷幄謀言，貴摽」金珥，術表銅渾。其一。字雄方闢，名高顯昱，積善脩徽，誕兹令淑。婦道恭」仰，母儀端肅，其德光四，其行昭六。其二。風危夜燭，壑徙藏舟，塵埋鵲鏡，」波閲龜蕖。蕙樓晨寂，月簟宥餘，神沉蒿里，步閴蘭除。其三。麝柏藏摽，鶴」松結靄，露泣薤而風咽，雲凝旌兮日晦。宅兆青烏，闢壤兮黄壚，儻陵」遷兮谷變，冀幽礎之不渝。其四。」

（周紹良藏拓本　河南千唐誌齋藏石）

天授〇二七

【蓋】失。

【誌文】

唐故廉州封山縣令爨府君墓誌」

君諱古，字英，其先雁門人，燧皇氏之後也。祖酋，父仁，」並以英靈冠代，粹氣韜時，志蔑公侯，心輕州縣。張平」子之作賦，唯喜歸田；左太冲之詠詩，獨嘉招隱。公廉」素承家，貞良接武，解褐潤州句容縣尉，累遷至黔州」信寧縣丞。所在皆以清昚恩惠早著。俄遷於康州司」户參軍，又任廉州封山縣令。雖治長縲絏，已見明於」魯臣；而賈誼遷排，庶逢思於漢帝。豈謂迴飛氛霧，跕」鳶之悲望遂興；忽降災祥，止鵩之祆徵俄見。藥石無」救，膏肓斯甚，以永隆二年六月十八日卒於封山縣」官舍，春秋六十七。嗚呼哀哉！夫人汝南周氏，先孌君」即代。以大周天授二年十月十二日合葬於」洛州之北邙山，禮也。子左豹韜衛録事參軍事玄劭，」痛叶摧蘭，啼流染栢，欲表黄泉之路，式琱翠琰之文。」嗚呼哀哉！乃爲銘曰：

一氣坱」圠，萬化推遷，何直道兮信爽，何平分兮理偏。天地虧」於輔德，神明乖於祐賢，忽膏肓之入夢，復辰巳之丁」年。向秀悲笛，鍾期絶絃，魂兮何歸東岱下，車兮何指」北邙前。龜文卜宅，馬鬣開埏，郊原積霧，松栢含煙，千」秋已矣，行路悽然。」

（周紹良藏拓本　河南千唐誌齋藏石）

天授〇二八

【蓋】失。

【誌文】

唐故渠州司倉楊府君墓誌文并序」

府君諱紹基，字克構，家本弘農，後因從宦，又爲洛州合宫人焉。系自」周室，祚始楊侯，導赤泉之靈派，傳白環之景閥，代襲冠纓，可得而略」也。曾祖球，齊汝州刺史，封弘農郡開國公；祖貴，隋任左衛布政府鷹」揚郎將；父德，唐任洪州豫章縣令；或褰帷製錦，文武居中；或執戟司」階，外内斯寄。惟君河岳炳秀，珪璋□□，光彩駿發，藹若神仙之中；襟」情爽朗，皎似風塵之外。始摇筵於璧序，譽美籯金；俯拾芥於環林，名」高片玉。明經及第，釋褐襄州義清縣主簿。贊牛刀於下邑，有類猨木；」佐鸞舞於重泉，實均鴻漸。秩滿，選授渠州司倉參軍事；才高位卑，昔」賢猶其不遇；樂天知命，今我於是逍遥。乃浪情琴酒，得性風月。雪皓」江塗，思安道而乘興；草蕪園徑，棄彭澤以歸來。其志尚也，脱略軒冕；」其事迹也，棲遲丘壑。遂因襄陽別業，保終焉之志。葺宇習池，締交峴」嶺，晨霞夕靄，秋日春泉，符我宿心，期之卒歲。方□輔仁無爽，積慶有」徵，豈期過隙難留，閱川長逝，春秋六十有四，垂拱二年十月二日遘」疾，卒於襄州之私第。出處傷歎，遠近同哀。粤以天授二年歲次辛卯」十月十二日遷窆於洛州洛陽縣界之北邙山塋，禮也。寂寞玄壠，倉」茫夜臺，風儀與塵露消沉，音徽將蘭菊無絶。恐陵移谷徙，莫識京兆」之阡；地是人非，式紀蒿丘之隴。乃爲銘曰：」

於惟得姓，源派靈長，遠承禘嚳，迥襲封楊。赤泉演慶，白鳳成章，四公」繼軌，百代其昌。其一。川岳降精，英靈閒起，盛德不替，誕生君子。桂林一」枝，騏驥千里，邦欽其量，代濟其美。其二。名超後進，道□能人，雅調風舉，」遒文日新。琴歌出俗，弈思參神，高揚淑問，遠播芳□。其三。翼彼光輝，迫」其徵薦，屈此材力，勞於州縣。管輅神清，馬卿詞絢，生平若是，窮通可」見。其四。蒼蒼者天，如何不吊？未覩雄飛，先驚鶴召。玉磴收彩，珠軒掩耀，」永罷重玄，長孤衆妙。其五。千月斯須，九泉冥漠，魂魄杳眇，音徽如昨。寒」交暑□，星移日落，何歲來歸？重著城郭。其六。」

（北京圖書館藏拓本　河南千唐誌齋藏石）

天授〇二九

【蓋】失。

【誌文】

大周故曹王府隊正韓府君墓誌并序」

君諱傑，字弘感，新安人也。自崑泉列派，軒構疏陰，垂玉册於東周，」散金章於西漢。長安遠日，鸞紫府之仙丹；歷宦如雲，代皇闈之社」錫。曾祖才，隋任倉州洛陵令；問津儒首，佇寢牛刀之譏；察化邦君，」遥揖翬馴之感。祖端，唐任雅州盧山縣尉；父任曹王府隊正；警棠」□之置水，贊洽蓼禾；符孟宰之還珠，毗覃贈篠。三山之穴，無復易」於鴛鷄；十德之門，固多誕於英傑。君即隊正之元子也。道由胎教，」才自天然，歲在銅車，辯郎官之察李；名高漆簡，究謁者之遺書。有」道先生，叔度之波瀾獨遠；博物君子，建章之門户立成。德充雅頌，」韻合鐘律。假磨霄之翼，鵾路風高；附横海之鱗，龍門水急。所以低」徊鈎浦，冀入兆於非熊；分奮朝榮，籍栖名於尺木。解褐王府隊正，」陪輿蘭坂，時聞明月之篇；賜賞竹園，乍觀陵雲之作。才宏位薄，下」調興賈傅之悲；命舛時休，答客起金郎之難。方欲藏功盟，騰聲三」蜀之魚；列畫甘泉，播美一賢之象。豈期孤仁有驗，輔德無徵。鬼拜」三公，恨鄭辰之俄及；犬歌二子，嗟孔奠之非遥。以天授二年六月」十九日遘疾，卒於私第，春秋五十有八。嗚呼！落景還星，泣止非臣」之歎；頹山感物，悲纏羽客之儀。夫人楊氏，禮訓玄遠，貞節峻拔，萋」萋覃葛，早施中谷之方；詡詡遊荆，忽落高唐之薦。以天授二年十」月十二日遷葬洛陽之北陵，禮也。雙魂有託，沉駐馬之泉門，千日」何依，没登鴻之嶺下。銘曰：」

□矣玄冑，猗歟挺生，龍盤何嶽，鱣服公卿。其一。惟君之德，琬琰其色，」鸞舳難窺，鼇濱莫測。其二。曳裾王室，授縉帝臺，克配之子，如何朋才？」其三。□光奄奄，逝水滔滔，松風咽韻，簫吹□號。其四。石迎似起，墳聞轉」□。□街□歸，芻靈出宿。野迥雲低，童升兔蹊，唯餘令問，無復沉泥。」

（北京圖書館藏拓本）

天授〇三〇

【蓋】失。

【誌文】

大周亡宮六品墓誌銘」

亡宮者，春秋七十有七，桑梓莫識，□族未」詳，鞶帙線纊之功，服之無斁；籩豆酒漿之」□，爲之有庸。方期永命，展采椒風，何遽夭」□，旋晞薤露。以天授二年九月十三日卒。」□帷之念，尚惻乾心，賜帝之恩，彌增士」禮。即以十月十□日葬於北邙山之原也。」天官地久，谷實陵夷，五雲散黄泉之□，三」舟開白日之景，庶使誌佳城之隧，居室則」嗟滕公；記沙丘之塋，奪埋則不憑其子。史」脩故事，乃作銘云：」

內作彌恪，申饋逾誠，未申長算，俄窮促齡。」一辭丹掖，永閟幽扃，夜臺玄水，側聽」泉聲。」

（周紹良藏拓本　河南千唐誌齋藏石）

天授〇三一

【蓋】失。

【誌文】

故朝議郎行辰州司倉參軍事屈突府君墓誌銘并序」

君諱伯起，字震代，本昌黎之族，因官徙居京兆，今爲長安人也。□□□□□□□□□」宗；析木開津，中尉即徒河之胤。慕天爲姓，納龍管於燕南；跋地稱元，開□□□□□。□□□□」復，代有人焉。曾祖長卿，周開府儀同三司、少宫伯、司木大夫，邛、隴二州刺史，□□□□□□」大將軍、唐兵部尚書、使持節洛州都督、左光禄大夫、尚書左僕射、蔣國公，謚曰□□□□□□」閣贈司空，食實封九百户。並韞櫝珪璋，彌綸忠孝，門承開府，南荆起佐命之勳；座委□□，□」升發迴車之問。按青州於下國，置水而肅專權；閟黄紙於中臺，懸鏡而清内外。印文龜伏，□」多太尉之封；劍氣龍迴，家有司空之贈。父詮，營州都督、瀛州刺史，大周銀青光禄大夫，行籠」州刺史、上柱國、燕郡開國公；惟嶽降靈，連珠作氣，因井田而食舊，傳國香而自遠。柳城持節，」問馬從河北之軍；桂嶺褰帷，棄犢出湘南之鎮。委身炎瘴，特勵窮堅。君養粹風雷，炳靈江漢，」挺王生之瓊樹，曜應家之金社，發揮詩禮，推後進於倚屏；佩服仁義，效先鳴於入室。九章鸞」鳳之德，則蔽日生姿；三君羔雁之行，則聚星流彩。參玄綺歲，荷戟而赴楊林；飛白淩煙，題版」而懸魏帳。卑以自牧，載懷旌德之門；學以從政，即事摳衣之序。年甫弱冠，以門蔭補弘文館」學生。左雄專業，大成增甲乙之科；郭憲當時，中朝有鳳凰之賦。以咸亨元年敕授宣德」郎、太子宫門丞裏行，秩滿，又授左清道率府倉曹，俄而又授殿中省尚乘局直長。門題鶴禁，」先從向凱之班；衛總鷹揚，終得山濤之選。王恭在列，叙皇儲而進表；金磾入仕，閲信駉而作」頌。至垂拱元年，敕授辰州司倉參軍事。恭惟宸旨，隨牒夷陬，應十部而推賢，臨」五溪而錯節。家非東府，載鶩牀下之牛；地是南中，旋遺座隅之鳥。以永昌元年九月廿一日」終於任所，春秋卌有九。池臨季雅，覩歷絮以增悲；花映武陵，痛長年而不遂。嗚呼哀哉！惟君」少宅仁里，生當善地，愛敬其性，極珍饌於南陔；友悌其心，橫鐵障於西晉。棲翔翰苑，虞浦□」丹青之材；彈壓士林，許劭卷雌黃之論。可謂連城非寶，將楚相而登壇；濟巨爲舟，共殷臣而」入夢。何圖山摧闕里，哲人有晨杖之悲；星落吳中，隱士無夜光之氣。粤以大周天授二年歲」次辛卯十月戊戌朔十八日乙卯，遷窆於洛陽北邙之原，禮也。前扶梓館，却指蘭圖，悲風起」而瀍水咽，落日下而平津暗。首陽西望，空餘敕賜之塋；鞏縣東臨，唯有慎終之室。飛禽暫示，」隨玉棺而長逝；白馬相期，自金鄉而遠別。雖蒿丘晦昧，九原爲聚魄之歌；而棣林生死，萬古」積同衾之恨。懼遷陵谷，鏤礎泉臺。庶夫庾氏新亭，再披文於六字；滕公朽壤，咸見日於千年。」道在河東，敢爲銘曰：

漢水稱池，楚山作鎮，建爲令尹，原則天問。有子相賓，愛家沛郡，」都尉之後，昌黎之胤。其一。揚聲北野，入仕南燕，代烈功舊，門稱象賢。三台弈葉，九命蟬聯，歌種」間起，帶礪相傳。其二。業著臣道，生爲帝弼，出宰藩維，入榮簪紱。侍中珠映，司空劍出，翼子謀孫」攀雲永□。其三。海出非常，君獨含章，披丹肅肅，伏皂昂昂。□□□圃，學閟青箱。龍樓入侍，駉□」連芳。其四。兩宮輟務，五溪從職。握素澄清，當官正色。夢□□□，涼桃不植。鳥思長沙，人亡遠□。」其五。素書來問，青烏共飛，桓山切別，棣萼凋輝。書帳塵滿，□□露晞，蘇韶有去，隨劍無歸。其六。□」昌故人，北芒何許！龍兆之葬，鴻溝之所。笛送田橫，墓連温序，往來歲月，哀傷行旅。其七。□□□」旐，蒼蒼丘壟，歧□嘶驂，荒亭弔鶴。樹悲風起，山寒日落，絮酒平生，祭書冥寞。其八。黃埃蒿里，□」布桐丘，金踐海□，□鎮襄州。生涯眇眇，泉路悠悠，不刊六字，誰能千秋。其九。」

（河南千唐誌齋藏石）

天授〇三二

【蓋】失。

【誌文】

大周故宣義郎騎都尉行曹州離狐縣丞高府□□□□」

君諱像護，字景衛，其渤海蓨人也，因仕居洛，今爲陽翟人□。□」鞭乘運，襲炎帝之宗；蒼兕應期，承太公之胤。崇勳霸業，光烈□」存。曾祖脊，北齊中舍人，贈冀州刺史；青宮近侍，光寵朝班；皂□」追榮，恩崇國禮。祖欽仁，隋左親衛大督、檢校秘書郎；帶七尺劍，」始遊天子之階；持三寸筆，終入芸香之閣。父袖，唐江州潯陽令、」舒州懷寧令；絃哥之化，身不下堂；神明之威，蝗由避境。君即懷」寧府君之長子也。黄河一直，青松千仞，性唯仁孝，行實温恭，文」義必以潤身，名節由其徇物。唐龍朔元年，有制舉忠鯁，君對策」及第，試守永州湘源縣尉。位卑黄綬，志在青規，秩滿，以常調補」鳳州黄花縣丞。梁竦長懷，尚勞州縣；桓譚不樂，空負琴書。又轉」易州遂城縣丞。以管輅之材，從趙典之任，人斯在君子居之。大」周革命任曹州離狐縣丞，而春秋已高，日月方出。武盡美矣，不」待夷齊之臣；文哉郁乎，自邈夏商之道。於是因階秩滿，告老歸」閑，閉郊扉於南野，習巖居於東澗。詩書琴酒，以觀先達之風；山」水丘園，將遺老之賞。天授二年歲在單閼七月廿日，考終厥命，」卒于陸渾朋高之山莊，時年七十有二。嗚呼哀哉！君雅尚清節，」素履元亨，懷古人之遠圖，慕先賢之遺烈。以爲桓魋石槨，非則」於禮經；墨翟桐棺，實宜於聖典。遺令薄葬，務取隨時。即以其年」十月戊戌朔廿三日庚申，葬于北邙山平樂之原，禮也。白楸槨，」爰遵古葬之儀；丹漆題封，即表永年之記。銘曰：」泱泱大風，其太公兮；穆穆君子，紹厥宗兮。忠鯁察廉，仕漢宮兮；」才高位卑，考永終兮。哀孤子，號蒼穹兮；歸葬平陵，松栢桐兮。」

（北京圖書館藏拓本）

天授〇三三

【蓋】失。

【誌文】

大周故上柱國太原王府君墓誌銘并序」

君諱玄裕，字玄裕，太原祁人也。若夫昌宗淮浦，分寶派於靈長；疏阯緱山，」擁瓊林而蔭映。齊八裴於晉代，標格羽儀；建五侯於漢朝，抑揚冠冕。邦家」繄賴，圖諜連芳，兼而美之，可略言矣。曾祖達，周任涇州刺史；榮高列岳，寵」寄專城，匡惠化於六條，揚仁風於千里。祖震，隋任滑州録事參軍；滑臺西」跨，楚望南臨，贊剖竹而興功，翊甘棠而綴美。父才，唐任左武候疑山府統」軍。折衝罇俎，鳥獸旌旗，肅八校而揮戈，整六戎而按甲，忠以奉國，班超之」事漢皇；孝以承家，徐庶之辭蜀帝。公星辰作氣，岳瀆效靈，玄女神符，蓄潛」機於度内；黄石兵略，藴長册於胸中。屬狼望之挻災，逢鳥夷之樂禍，親當」矢石，錫以勳庸，爰授柱國，旌有功也。方冀鷹揚鶚視，與日月而長懸；何期」棟折梁摧，共人琴而永絶。以唐朝咸亨二年十一月廿九日遂終於德懋」里之私第，春秋六十有一。夫人南陽張氏，晉州長史纂之孫，越州司倉參」軍念祖之第二女也。禀坤儀而秀質，頌美河洲；資巽位而成形，易稱家室。」自作嬪君子，配偶良人，叶琴瑟而和鳴，體陰陽而定位。冀畦彰德，謙敬如」賓，梁氏承歡，虔恭舉案，結褵箴訓，方教被於百年；轉壑移舟，已俄成於萬」古。粤以大周天授二年歲次辛卯九月戊辰朔廿日丁亥，奄遘疾卒於神」都德懋里之私第，春秋六十有九。嗚呼哀哉！即以其年十月戊戌朔廿三」日庚申遷葬於北邙山合宫縣平樂鄉之杜郭村東北原，禮也。青烏卜兆，」察丘隴之蕭條；白鶴成墳，撫泉臺而歔欷。猶以爲合葬非古，姬旦所存；石」槨開塋，滕公啓域。嗣子思過等，號天罔極，扣地無從，想庭訓而長違，慕家」聲而永隔。哀纏岵屺，禮備於送終；痛結心胸，識周於追遠。將恐陵遷谷徙，」憑琬琰而疇庸；日居月諸，契山河而作固。銘功紀德，其在兹乎？嗚呼哀哉！」迺爲銘曰：」

周儲命氏，秦將承家，世載其美，爲國之華。其一。涇水州將，滑臺録事，道洽六」條，官連千里。其二。彼美統軍，朝廷心膂，書得黄老，符開玄女。其三。猗歟柱國，幼」挺殊姿，智周三令，策縱六奇。其四。司倉之女，長史之孫，言辭張氏，將適王門。」其五。壑舟夜徙，薤露朝晞，同歸幽穴，共掩泉扉。其六。邙山隴上，平樂塋前，青龍」卜地，白馬開埏。紀芳猷於萬古，勒茂績於千年。其七。」

（周紹良藏拓本）

天授〇三四

【蓋】失。

【誌文】葬日重刻，原爲八月，後加改作十月，己亥朔，加改爲戊戌朔。廿八日改作廿四日。

大周故程府君故夫人張氏墓誌銘并序」
原夫玄象應靈，列繁星而降祉；甄形輿載，闢奥區而延慶。三台」雅望，秦后資其燮理；四隱貞規，漢儲仰其調護。家風祖業，」史不絶書；名流重價，代稱其美。程君曾祖照，齊任洺州録事」參軍。祖政，隋任并州太原縣令。並發彩丹山，騰姿渥水；祥通」虚白，理照黄中。或沐化方馴，或風雨自却，抗終賈之直，懷鄒」馬之交，無矜皎察之容，詎辯霜毫之操。踐漳濱而詢豹跡，登」鄴壘而弔表分。風韻高奇，頗得垂帷之趣。夫人稟訓閨儀，承」規閫則；嗣紅姝而挺質，資路媛以凝規。茂範端詳，振酌椒房」之秀；神情散朗，超遥井下之風。四德外融，星館杼幽閑之態；」三英内湛，雲郊開淑慎之姿。爾其月幌飛花，賦班詞於桂牖；」風延舞雪，題謝韻於椒房。植藝因心，摽能率志。悲夫！雕梁始」照，蒙汜方沉，雨岫行霏，陽臺掩色。清波激韻，時聞雙鯉之遊；」明鏡空懸，無復孤鸞之影。去載初元年七月廿日終於私第，」春秋五十有九。粤以天授二年歲次辛卯八月己亥（十月戊戌）朔廿八（四）」日景寅單葬於屯留縣西北卅里蒲谷村北百步。素輀徐引，」魚躍拂池；金鐸時摇，哀哥切路。孝子仁則等痛結風枝，哀纏」陟屺，悼桑海之行變，眷舟壑之丘墟；窀穸有期，泉扃須掩。故」勒兹銘石，欲嗣嘉聲，傳芳不朽，迺爲詞曰：」

古之遺良，時秀時芳；今之淑哲，超然卓絶。貫霧分姿，參娥啓」列；靈岫乘雲，仙波委雪。顧媛猗歟，王嬪照晰。其一。質凝方字，德懋初笄；女圖流想，姆訓無乖。風筵夏賞，月賦秋」題。銜恩膝下，舉案眉齊。椒途一謝，永閟泉闥。其二。」

（古文獻室藏拓片）

天授〇三五

【蓋】失。

【誌文】

唐遂州方義縣主簿河南元府君墓誌銘并序」

公諱罕，字客子，河南洛陽人，魏昭成皇帝之後也。保姓受氏，因」天地以疏宗，開國承家，與人神而協慶。祖鐘，隋驃騎將軍、開府」儀同三司，獨運六奇，專精三略。中權後勁之術，所向無前；追奔」逐北之謀，所征無敵。父叡，隋密州巫山縣長，擢文藻於杏壇，授」榮班於蘭閣，緝政衡楚，作宰江淮，譽重搢紳，道光時代。公奉雉」之歲，讀書而識疏通；乘羊之年，執禮而加莊敬。以唐貞觀十九」年州辟孝廉，射策上第，解褐任商州上雒縣尉。綰茲黄綬，翊彼」青鸞，抑以浮囂，敦其敬讓。俄而考績課最，黜幽陟明，改授遂州」方義縣主簿。毗贊百里，家行廉恥之心；糾舉六曹，人知禮讓之」節。而九秋未至，千日猶賒，倏共朝露同晞，奄與夜舟俱逝。以唐」永徽元年十月一日寢疾，終於官第。春秋卌有九。夫人唐汾州」司户參軍事、南陽張公之女也。騰芳蘭室，挺秀芝田，粉黛無加，」穠鉛弗御。初笄之歲，謂嫁爲歸，松蘿之契聿修，琴瑟之儀式序。」香有反魂之説，玉釜徒煎；藥有長生之名，金丹無效。以麟德元」年正月四日寢疾，歿於私第。以大周天授二年歲次辛卯十月」戊戌朔廿四日辛酉合葬於邙山之原，禮也。蘭巖雙鶴，終共没」於悲松；豐城兩龍，竟同歸於逝水。嗚呼哀哉！將恐陵變谷遷，天」長地久，勒茲豐礎，庶旌弗朽。其詞曰：」

惟彼有魏，我祖之先，雖改天歷，猶盛人賢。德應時須，才由代出，」玉律奇策，金壇祕術。莅茲墨綬，綰彼銅章，翬馴表異，鸞舞呈祥。」糾舉六司，毗贊百里，俗興禮節，家知廉恥。芝田淑媛，蘭室芳姿，」蔦蘿有託，粉黛無施。降年弗永，生厓忽暮，遽遷夜壑，奄歸晨露。」千秋蒿里，萬歲滕城，庶茲鐫勒，長存令名。」

（周紹良藏拓本）

天授〇三六

【蓋】大唐故焦府君墓誌銘

【誌文】大周唐故文林郎焦府君墓誌銘并序」

君諱松，字貞節，其先安定人。前漢外黄令貢以識知名，後左僕射辯貴」重當代。屬金行不競，宇内分崩，子孫遷播，因家於此，爲洛陽人也。祖仲，」隋任揚州六合縣令，敷化一同，宣風百里，器均卓魯，望重劉潘。父寶，唐」文林郎，譽滿州閭，聲高里閈，未申大用，俄促小年。君誕降英靈，茂茲純」嘏，氤氳天地之氣，貞明日月之輝。肇自夢熊，巴老成之德；逮乎舞象，時」稱廊廟之材。不學而知，率由孝□，盡周孔之能事，究今古圖書，萬頃狹」其波瀾，千仞蘖其枝幹。隱其能而聲雷宇宙，藏其用而譽滿環裨。顒顒」昂昂，猶珪璋之成五器；芬芬郁郁，若椒蘭之御八風。信合四時，言應千」里，德乃天縱，代實須材。由是鶴鳴在陰，竟徹九皋之響；蘭生幽谷，終成」十步之芬。遂枉不事之高，聊屈趨王之志。唐授散官文林郎。意輕軒冕，」性重丘園，乃棄佐時之資，還從物外之賞。繼奇輝於赤野，襲彩羽於丹」山。不謂皇天無親，神欺與善，積慶無效，殲良有徵。以大唐永昌元年七」月三日遘疾彌留，卒於私第。春秋六十有九。惜乎石折武檜，星亡處士，」梁木斯壞，哲人其萎。鳳腦龍胎，空傳聞於玉勝；膏肓骨髓，竟不救於金」丹。夫人種氏，河南洛陽人也。有德曜高尚之風，敬姜貞柔之操。如賓捧」案之禮，闇室不違；廣被斷機之訓，倚閭忘倦。以大唐垂拱二年三月十」五日卒於私第。粵以大周天授二年十月廿四日合葬於北邙山之高」原，禮也。嗣子善慶等，仰旻天而泣血，踴厚地以崩心，長違顧復之恩，永」絶晨昏之養。勒銘泉户，」式旌孝道。其詞曰：」

虹精邁斗，電樞襲日，餘慶門傳，芳聲射越。龜組葉茂，蟬纓代閥。其一。惟祖」惟父，能温能雅，道蔑公卿，才高位下。人榮雖屈，天爵無假。其二。蘭儀誕降，」葛茂中谷，亦既有行，于歸著族，令譽騰播，嘉聲淑穆。其三。聞之先哲，天道」與善，未及期頤，錫年何淺？鄰里氣喪，親朋淚泫，歡心未極，哀情遽展。其四。」青烏問兆，玄龜習吉，卜宅崇邙，玆焉窆室。原野殷畛，山川秀逸。其五。雲愁」翠嶺，風悲白楊，唯餘淑問，蘭桂同芳，古來今往，地久天長。」

（周紹良藏拓本　開封博物館藏石）

天授〇三七

【蓋】失。

【誌文】

大周故泗州刺史趙府君墓誌銘并序」

公諱本質，字崇文，其先隴西天水人也。原夫叢臺聳構，竇符之序克昌；漳派疏源，愛日」之暉方遠。復有聞歌瑶水，御騄驥以勤王；聽樂鈞天，射熊羆而夢帝。平原則連衡於函」谷，計吏迺長揖於司空。斯並績藹緹緗，道光油素。曾祖演，魏驃騎大將軍、開府儀同三」司、秦州刺史；長驅細柳，坐大樹而無言；高詠附枝，契小童而不爽。大父亮，周拒陽郡守，」御佰下大夫，聘陳長揖陳項，還荆州總管府長史、武陶公。蘇屬國之英邁，不屈節於虜」庭；藺將軍之抗誠，獨睨柱於秦殿。父方海，洛州總監、職方郎中、太僕少卿、晉王府長史，」持節諸軍事、申州刺史；榮参列棘，績播褰帷，比喬卿而不慙，儔季倫而有裕。公誕靈川」岳，禀粹星辰，鄒辯談天，闞名飛月，淹中起譽，江下馳聲，動合容臺，標成准的，□枯共泯，」喜愠不形。文掞懸金，顧楊班而高視；學該羣玉，掩游夏而先鳴。至若憑軾下齊之規，沉」沙破楚之略，吟猨失木之妙，彎弧中戟之奇，故可孕育淮陰，牢籠廣野，起家神堯」皇帝挽郎。屬宮車晏出，鼎湖昇遠，攀龍髯而不逮，對蜃紼而增哀，釋褐王府參軍。曳裾」長坂，屢陪飛蓋之園；託乘小山，幾神仙之座。累遷嘉、陜二州司倉參軍事，冀州都督府」兵曹，雍州司功、始平縣令。山河四塞，翦鶉探白之郊；畿甸三成，鳴鳳彈金之地。高衢隱」賑，跨石柱而西遊；長劍陸離，擁横橋而南度。縱輕死重氣之少，譬其道者自新；而塵起」盜楊之夫，震其威者改旦。扶枝裹裹，中牟之翟已馴；閏葉離離，重泉之鸞自舞。俄除豫、」楚二州司馬，右率府郎將。晨趨蘭錡，夕警槐衢，既執戟而疲楊，乃翦珪而作牧。又授泗」州諸軍事、泗州刺史。同汲黯之爲政，且高枕於淮陽；類龔遂之能官，持亂繩於渤澥。□」乎！潘河陽之八徙，不躡平津；張廷尉之十年，仍悲下調。於是挂冠樂道，散太傅之黄金；」褫紱遺榮，賞大夫之寶劍。以天授二年五月三日寢疾，薨於履道坊之私第，春秋七十。」惟公器宇宏遠，雅亮孤標。養拙林泉，軒冕以之糠粃；屈材州縣，琳琅於是楷模。冰壺無」以潔其清，霜雪何以昭其白。行欲祈求鴻寶，接吠犬於雲中；何悮冥昧鶴書，竟爲郎於」地下。夫人楊氏，隋成州上禄長、戴國公之女。凝規月魄，苞琬琰以爲姿；毓態星躔，總芝」蘭而成性。演四德而貽訓，符三徙而擇鄰。悲夫！鸞鳳雙桐，忽一生而一死；雌雄兩劍，竟」同合而同飛。嗚呼哀哉！即以天授二年十月廿四日合葬，窆於北邙山平樂原之下，禮」也。巖巖雙闕，方觀折臂之公；列列行楸，即見彈禽之客。有子思問等，循陔靡及，陟岵何」依，思負米而增悲，感累茵而長息。俾夫英規懔懔，梗槩與金字俱生；神理綿綿，運往與」玉音無歇。其銘曰：」

天孫北鎮，王澤南鄰，連從合楚，變服觀秦。將朝假寐，弄印當仁，西遊契李，北海尋賓。詞」駭秋濤，思繫春苑，道齊語默，行高舒卷。簪紱屢羈，山河稍遠，運籌方少，頹曦遽晚。逍遥」曲洛，跌踼天泉，梢雲冉冉，戲葉田田。霞杯泛酎，山溜調絃，棲遲未幾，辰巳催年。紫峰玄」鶴，金鄉白馬，宰樹邙前，山門洛下。寂漠臺觀，荒涼原野，永閟黄壚，長辭白社。出金堰之」南分，歷銅街而北度，旌遲遲而委鬱，馬蕭蕭而顧步。青松吟兮晚復晚，白楊悲兮暮還」暮，庶懸劍於龍盤，亦何慙於武庫。顧瞻遺跡，獨見邯鄲之道，暮還」

天授〇三八

（北京圖書館藏拓本）

【蓋】失。

【誌文】

大周故潞州□府君墓誌之銘并序」

蓋聞洛浦潛輝，□存□斗之氣；零珠未剖，□□□□」之光。必如異物休徵，發陰陽而祥化；長淮南寫，嗚□」北浪之郊。贇躍□□□，澄波而凝粹。」君諱堯，字志剛，徐州太山人也。宣以避地□區，遂即」居上黨，因茲土壤，玉樹榮於本枝，顧南畢於玉波，望」北辰而發發，漢景帝徵爲丞相，又授太中大夫，封上」黨君屯留侯。曾祖顥，品量四海，用爲司徒公；祖哲，封」建節尉；父剛，皇朝奉制授泗、淄等五州縣令司」馬。以□忽之際，幽明遂□，寤寐之間，彌流遘疾，梁」木斯壞，哲人其□，春秋九十有一，以天授二年春三」月卒於館舍。俄奠兩楹，奄然長往。即以其年歲次辛」卯十月戊戌朔卅日丁卯合葬於村北圍內二里平」原，禮也。夫人申屠氏，代州雁門人也。疑星上月，言□」女之□來，六行聿脩，四德兼備。□□□□□□□□」但以窀穸厚夜，移窆泉扃，占卜全宮，無過此勝。又恐」山谷遷改，丹青磨滅，勒文此石，永固不朽。其詞曰：」

大德星往，小年何速，始悲列鶴，終棲就木。白日上懸，」玄烏下卜，朝辭舊館，暮依窮麓。其一。自黄有死，人誰不」終，鎮莊貽闕，載德傳風。梁山或朽，滄海時空，殲我良」仕，簫瑟悲風。其二。」

（録自《山右冢墓遺文》）

天授〇三九

【蓋】　大唐襄陽郡張君墓誌

【誌文】

唐故益州大都督府功曹參軍事張君墓誌銘并序　」司元大夫李行廉撰」

府君諱玄弼，字神匡，范陽方城人也。閥閲遊宦之資，詳之碣文别」傳。五歲而孤，志學，伏膺於大儒谷那律。律爲諫議大夫，紬書秘府。」府君以明經擢第，隨律典校墳籍。八儒分畛，五墨殊途，劉歆析九」流之區域，鄭默辯三閣之同異。五十五部，卌四家。訪寧朔之新書，」禮窮莊敬；覽南陽之統論，易盡精微。緘篔秘文，委壺前記，并登靈」府，一以貫之。逸思煙迴，清飈霞舉，言同神遇，理叶天成。七徙職爲」益州府功曹參軍事，以賢良徵，册入甲科，未拜職，以龍朔元年五」月十九日終於洛陽，春秋五十有五。夫人吴興丘氏，以永昌二年」九月三日終於私第，春秋七十有九。柬之識不逮遠，禀質愚昧，趨」詩禮之訓，承顧復之恩，早預微班，驅馳賤役。自禍蒼昊，諸弟皆幼。」夫人勞斷織之訓，深噬指之慈，刻心提耳，孜孜不倦。今蘭發玉暉，」多從化往，唯柬與晦，僅存喘息，三復規誡，萬古不追。奉夫人遺誨，」使改卜新塋。府君先窆南山，今移與夫人合葬於安養縣西相城」里之平原。府君友人司元大夫李行廉撰銘，柬之等不敢改易，謹」刊李銘，以存不朽。其銘曰：」

廷尉名卿，東阿良相，積慶鍾美，清徽遐暢。顯允哲人，克標令望，憲」章顔冉，牢籠舒向。氣芳蘭芷，價重璵璠，望之逾肅，即之也温。高情」月舉，逸調霞軒，彫章綺合，縟藻星繁。爰初筮仕，彈冠奉檄，式佐名」邦，盤根遽析。乃昇州部，平反著績，孰謂蹄涔，能申海擊。濯纓金狄，」主吏銅梁，善立惟敬，謙道以光。白生虛室，穎曜錐囊，焚林佇秀，遠」應明敭。縱棹江波，觀光洛浦，調高文囿，思盈書圃。擢第金門，淪軀」泉户，未終千日，俄成萬古。弔賓絮酒，貞龜卜筮，風急長原，雲低荒」隧。佳城莫啓，幽埏永閟，玄石圖徽，芳塵不墜。」

（周紹良藏拓本）

天授〇四〇

【蓋】大唐故處士張君之銘

【誌文】

□處士張君墓誌銘并序」

君諱景之，字仲陽，功曹府君之第二子也。沉」默少言，博涉史傳，每慕於陵仲子之爲人。好」稼穡，樂名教，家無擔石之儲，晏如也。不應州」郡之辟，專以琴書自娛，春秋卌有四，以唐之」咸亨四年十二月十二日卒於家。子嶠，志學」而孤，俯逮成立，天不悔禍，俄隨怛化。嗣孫逖，」歲在垂髫，奠酹攸託，惸鼇孀藐，遞相憑附，固」乃哀纏中外，痛傷心目者焉。余與晦之以爲小年」雖遽，大暮同歸，松城合兆，蒸蒸有寄，乃」以大周天授之三年正月六日改卜先墳於」安養縣之西相城里，移諸兄弟並窆於新塋」之內。

青烏效吉，白楸速朽，惟堯典與孝經，共」天長而地久。乃爲銘曰：
念彼生涯，循」兹怛化，川有閲水，日無停駕。共惜小年，同歸」大夜。令範將煙霞俱遠，儀形與炎涼并
謝，痛」萬始之不留，獨汍瀾而長啨。」

（周紹良藏拓本）

天授〇四一

【蓋】　唐孝廉張君墓誌之銘

【誌文】

唐孝廉張君墓誌銘并序」

君諱慶之，字仲遠，功曹府君之第三子也。」儀形簡秀，風神峻整，引義望於胸懷，轉山」泉於襟袖。泛
覽流略，尤明左氏。州辟孝廉」不赴。燒金未救，夢珠徵禍，春秋卌有二。以」唐之咸亨四年十月十七
日卒於家。以大」周天授之三年正月六日與妻京兆杜氏」同改窆於安養縣西相城里。君孝友之行，」冠
絶等夷，仁恕之情，超邁羣輩。而伯道不」嗣，仲宣無後，彼蒼者天，孰云報施？援翰雪」泣，用銘幽礎。
其詞曰：
山以玉暉，水」因珠媚，我有明哲，蒸蒸匪匱。彼美仲兮，其」心貞愿，贈瓊化泣，趨舟遂遠。漢流東注，
驕」岫西盤，棣野風急，鴒原日寒。扣櫬遺車，惟」兄惟弟，誰云不痛，永絶遺體。」

（周紹良藏拓本）

天授〇四二

【蓋】唐將仕郎張君墓之誌

【誌文】

唐將仕郎張君墓誌銘并序」

君諱敬之，字叔謇，功曹府君之第五子也。耿介不」羣，文藻貫世，年十一，中書舍人王德本聞其俊材，」當時有□□制舉天下奇佚」召與相見，賦城上烏，」勒歸飛二字，仍遺七步成篇。君借書於手，不盈跬」息。其詩曰：靈臺自可依，爰止竟何歸？祇由城上冷，」故向日輪飛。王公嗟味，乃推爲舉首。文昌以其年」幼，第不入科，以門蔭補成均生高第，授將仕郎，非」其好也。遂與諸兄紬校經史。專以述作爲務。唐咸」亨四年七月十六日卒於家，春秋廿五。大周天授」之三年正月六日改窆於安養縣西相城里。君未」及婚娶，胤嗣永絶，著書無荷戟之童，刻石闕鬻環」之女，執奠惟弟，紀德乃兄，撫櫬操觚，號咷横集。其」辭曰：

楊童不秀，顔子未實，妙跡參微，神機」入室。嗟爾貞懿，才高漢佚，夢蛟翻紙，雕龍散筆。其一。陳車夜動，馬帳晨開，議深白觀，言窮紫臺。禍徵斷」石，悲纏贈環，道存金素，書留玉杯。其二。漾池東騖，驕」山南拒，燭乘埋隨，連城碎楚。蕭颸風隧，蒼茫月緒，」仲兮淑兮，胡寧忍予！其三。」

（周紹良藏拓本）

天授〇四三

【蓋】失。

【誌文】

大周故處士申屠君墓誌之銘」

君諱寶，名達，隴西金城人也。漢丞相嘉之後，」因官至此，遂居斯邑。祖歡，儀同三司；父」士，朝散大夫。公蘊端嶷之姿，懷韶亮之氣，縱」容下澤，放曠高丘，逍遥林壑之間，跌宕煙霞」之上。豈徂輝易謝，逝水無停，春秋七十有一，」麟德元年三月終于私第。夫人李氏，令淑外」融，温恭内湛，豈金烏不駐，彩電難留，年卌五，」咸亨三年九月卒於内閣。第三子宗慶，秀落」秋前，早從異代，以天授三年歲次壬辰正月」戊辰朔十七日甲申合葬於潞城縣西北二」里之高原，禮也。恐山海有變，刊紀泉幽。」

漢光挺傑，魏著英豪，千年盛列，萬代芳謡。言」行無玷，德音孔昭，琴樽逸趣，風月逍遥。非□」非吏，若漁若樵，屈跡申道，流淳變澆。」郭門一送，□路千秋，行行日盡，處處雲愁。何」以叙德，播之清猷，何以紀事，刻之泉幽。」

（録自《山右冢墓遺文》）

天授〇四四

【蓋】失。

【誌文】

大周故承議郎行德州蓨縣令上騎都尉蘇君墓誌銘并序」

公諱卿，字仕隆，汝州梁縣人也，其先自武功徙焉。祖宣，隋東宮千牛、」萬年中正、鹽亭太守；道光人傑，德邁時英。銀牓仙宮，參黑衣之近侍；」銅符列郡，曳丹襜而刺舉。父相，隋蘭州都督府户曹，唐潤州司法，荆」州松滋、金州黄土二縣令，太常丞，上柱國；德優十室，宦歷兩朝，南陽」聞坐嘯之風，中牟見稱仁之化。豈止子雲佐漢，初踐太常；昭陽戰秦，」爰膺柱國。公載世休烈，承家茂緒，志學而有大成，弱冠而馳令譽。觀」先王之德行，踐其要道；覽古人之遺書，探其至賾。唐貞觀中，以國子」明經擢第，累遷德州司功、虢州司倉、幽州録事參軍事。公始於卑秩，」頻參望府，理劇繩姦，率由公至。雖宗資在職，顧顗當官，比事擬倫，曾」無等級。是以導俗勤王之節，下被於風謡；疇庸進善之規，上流於」天渙。文明元年，敕授德州蓨縣令。爾其柳亭通邑，蒲領遺墟，」趙國惟都會之川，漢家稱難理之俗。公清以潔己，德以服人，令簡而」善勸，罰輕而惡止。固以籠蒲密於前史，駕阿鄴而孤邁。而歲月不居，」俄然更滿，晦明成癘，奄迫桑榆，春秋七十有五。以大周天授二年十」月廿一日終於神都之私第。惜乎！中都見於良宰，未階司寇之榮；下」邳著於能官，不踐尚書之列。嗚呼哀哉！即以天授三年正月十七日」葬於北邙清風之原，禮也。嗣子上柱國崇本、崇亮等，孝實天性，義貫」人靈，居喪過禮，殆將毁滅，式遵遠日，爰宅斯兆。夫天地有盈虚之運，」陵谷有遷貿之期，自非鏤彫篆刻金石，則不朽之事，幾於息矣。式揚」徽範，迺作銘云：

關西六輔，洛汭三川，地有餘慶，人惟象賢。擁」旄辭漢，食駃遊燕，豐貂列職，祥鶴隨仙。其一。我有明德，高門載祉，雅量」泉渟，雄標岳峙。汝南人物，洛中名士，終日爲仁，三冬閲史。其二。解巾應」務，束髮從王，既紆黄綬，亦綰銅章。條侯故邑，蒲領名鄉，不言而化，有」道惟良。其三。人代飄忽，生涯迴互，寂寂神理，悠悠大暮，周氏簫歸，滕公」馬顧，没而不朽，空餘篆素。其四。

麟臺正字倪若水文。　匠李阿四鐫。」

（周紹良藏拓本）

天授〇四五

【蓋】　失。

【誌文】

大周故文林郎上柱國董君墓誌并序」

公諱本，字行恭，隴西成紀人也。因官播遷，遂居洛州洛陽縣」焉。若夫保姓受氏，封建肇於豳川；服冕乘軒，正直光乎晉史。」祖善，隋任齊州司馬；父淹，唐任定州北平縣令；並時稱善政，」代號能官，翼宣化於鳴琴，助揚風於别扇。公即縣令之長子。」襟情散朗，識量清高，挺王粲之風流，懷許將之月旦。黄中通」理，成名於賈誼之年；素節標奇，表譽於甘羅之歲。年廿一，明」經及第，唐授文林郎，即公稽古之力也。公心追鳥雀，志擊鷹」鸇，出書帳而捐觚，入轅門而按劍。年卅五，授勳官上柱國，即」公壯烈之效也。既而凱歌旋旆，載戢干戈，放曠琴樽，賓友下」陳蕃之榻；逍遥風月，詩賦經曹植之園。所重者忠孝，所行者」仁義。維天授三年歲次壬辰正月戊辰朔八日乙亥寢疾，卒」於洛陽縣殖業坊之私第，春秋七十四。嗚呼哀哉！梁木斯折，」太山其頹，天不憖留，人何以律？長子玄璧、次子玄敏、女大娘」等，歎清風於靜樹，惜欒棘而崩心，傷白雪於梁山，集蓼荼而」疚髓。粵以其月廿九日景申，葬於邙山之陽合宮縣平樂鄉」之原，禮也。玄璧等恐慈顔永謝，徒叫蒼天，盛德無追，長辭白」日。是以式鐫貞石，用紀芳猷，嗚呼哀哉！又爲銘曰：」長源浴日，峻趾于天，分苗晉史，啓派嚴川。公侯遞襲，卿相蟬」聯，傳芳孝子，表譽忠賢。其一。惟君烈烈，挺志昂昂，克傳弓冶，識」用行藏。文光鶴石，武擊鷹揚，鋭情書圃，盡節戎行。其二。梁木斯」折，哲人其委，連城碎趙，明月吞隨。行悲掩桂，坐歎焚芝，徒傷」欒棘，終送龍轜。其三。白鶴來門，青烏啓宅，天黑雲霧，地蒼松柏。」原野蕭條，荒郊阡陌，佳城忽□，□人之石。」

（周紹良藏拓本　河南千唐誌齋藏石）

天授〇四六

【蓋】失。

【誌文】

大周故渭州利爾鎮將上柱國李府君墓誌銘并序」

君諱字文疑，陸渾縣隴西人也。世有崇高之業，家開邦□」之基，構遠葉於扶桑，道長原於蒙祀。君禀山岳之志，玆昴」宿之神，庭異綺九，記明旦哲，内無聲色之好，野絶犬馬之」虞。道生知得猶天縱。仁義遍於周里，孝敬洽於閨門，懸明」敬於兇懷，開雲務於袍抱。然則千尋特秀，梁涑之器先標；」六翮翅飛，羽儀之望以顯。家是冠蓋，世隴稚居行寂餘休。」遂蒙受渭州利爾鎮將上柱國。君閑居養性，不給給於榮」華；樂道望憂，豈慼慼於貧賤。方謂天葱普得，神監楉善，錫」此永年，申慈遠業，塗中消墮羽，旭日收光，風燭奄然，玉摧」珠萃。君春秋五十有八，即以天授二年歲次辛卯十月戊」戌十日丁未卒於私第，可謂朝烏西落，終無載返之期；逝」水來流，寧有更還之狀。鄰春罰想，收樹佇哥，叔忽風神，娥」然魂路。即以三年歲次壬辰三月丁卯朔四日庚午遷殯」在於城東北十里三家店北一里平陰鄉北芒山之原，禮」也。恐河物岳致，海變城田，故勒斯銘，以勘長永。烏」呼哀哉！乃爲銘曰：長波帶地，高崖極天，素德以遠，清規自然。或公侯，光啓山」川，申昭日月得出爾。其一。命命不時，與雲能九，忽如開電，奄」同過牖。永指行賓，長年荒阜，靈洛山蟲，蹉馳隴畝，墓川與」葱隴樹永。其二。天土地分，古往今來，西陵永閟，東閣不開，丹」清有變，勘記玉堂。其三。」

（周紹良藏拓本　河南千唐誌齋藏石）